Bibliografische Information Der Deutschen Bibliothek
Die Deutsche Bibliothek verzeichnet diese Publikation
in der Deutschen Nationalbibliographie; detaillierte
bibliografische Daten sind im Internet über
http://dnb.ddb.de abrufbar.

Manfred Mai / Rainer Winter (Hrsg.):
Das Kino der Gesellschaft – die Gesellschaft des Kinos.
Interdisziplinäre Positionen, Analysen und Zugänge
Köln : Halem, 2006
ISBN 3-938258-04-7

Den Herbert von Halem Verlag erreichen Sie auch im
Internet unter http://www.halem-verlag.de
E-Mail: info@halem-verlag.de

SATZ: Herbert von Halem Verlag
DRUCK: FINIDR, s.r.o. (Tschechische Republik)
GESTALTUNG: Claudia Ott Grafischer Entwurf, Düsseldorf
Copyright Umschlagfoto: Filmmuseum Landeshauptstadt Düsseldorf
Starporträts der schwedischen Schauspielerin Greta Garbo (1905-1990).
Copyright Lexicon ©1992 by The Enschedé Font Foundry.
Lexicon® is a Registered Trademark of The Enschedé Font Foundry.

Manfred Mai / Rainer Winter (Hrsg.)

Das Kino der Gesellschaft – die Gesellschaft des Kinos

Interdisziplinäre Positionen, Analysen und Zugänge

Herbert von Halem Verlag

Inhalt

MANFRED MAI / RAINER WINTER

Kino, Gesellschaft und soziale Wirklichkeit. Zum Verhältnis von Soziologie und Film

Die Verdrängung des Sozialen in der Medien- und Kommunikationswissenschaft

Auch wenn sich die Soziologie schon früh mit dem Kino beschäftigt hat – man denke an Emilie Altenlohs Studie zum Kinopublikum in Mannheim von 1914, an den Aufsatz von Andries Sternheim bereits im ersten Jahrgang der *Zeitschrift für Sozialforschung* 1932 oder an Herbert Blumers Arbeiten in den 1930er-Jahren –, so hat die Disziplin den Film in den letzten Jahrzehnten doch sehr vernachlässigt. Dies lässt sich nicht damit entschuldigen, dass sich die Medien- oder gar die Kommunikationswissenschaft dieses Themas angenommen haben. Zum einen haben sie dies nur am Rande getan, zum anderen sind die sich in Deutschland herausbildenden Medien- und Kommunikationswissenschaften oft dadurch geprägt, dass sie das Soziale verdrängen. Die Soziologie, die sich schon früh mit Massenkommunikation und Medienwirkung beschäftigt hat, wird von ihnen gerne in die (Vor-)Geschichte verwiesen. Zudem werden in der Medien- und Kommunikationswissenschaft genuin medien- und kommunikationssoziologische Themen besetzt. Daher ist es keine Übertreibung zu behaupten, dass hier eine Kolonialisierung des soziologischen Diskurses stattgefunden hat.

Die gesteigerte Verfügbarkeit von Filmen durch neue Technologien und die damit verbundene filmische Durchdringung unseres Alltagslebens, unserer Gefühle, Fantasien und unseres Selbst veranlassen zu fragen, was Filme über die soziale Wirklichkeit aussagen können, welche Effektivität das Kino im Alltagsleben entfaltet und was die Soziologie von ihm lernen kann. Welche Einblicke in soziale, politische und kulturelle Strukturen und Prozesse können uns Kinofilme vermitteln? In welchem Verhältnis steht das Kino zur empirischen Sozialforschung? Wie wird z.B. die qualitative Forschung durch die Konventionen des realistischen Films, die uns allen vertraut sind, geprägt? Vielleicht wird der Film in der Soziologie auch deshalb nur am Rande betrachtet, weil er uns zu nahe und zu vertraut ist.

Einführend möchten wir vor allem zwei Punkte des Verhältnisses von Gesellschaft, Soziologie und Kino ansprechen: den Zusammenhang von Filmanalyse und Gesellschaftsanalyse sowie die Beziehung von Filmsoziologie und Interpretativer Soziologie. Insbesondere in der Tradition des Symbolischen Interaktionismus war der Film nämlich schon früh ein wichtiger Forschungsgegenstand.

Kinoanalyse als Gesellschaftsanalyse

Der Hollywood-Film, der schon seit seinen Anfängen auf einer hoch industrialisierten und rationalisierten Produktionsweise beruht, die durch Kommerzialisierung und Gewinnorientierung geprägt ist, stellt ohne Zweifel die dominante Form der Filmproduktion dar. Von Anfang an standen in den Vereinigten Staaten – anders als in Europa – primär die kommerziellen Aktivitäten im Mittelpunkt, die von den Unterhaltungsindustrien geprägt und bestimmt wurden. Schon in den 1930er-Jahren war die amerikanische Filmindustrie »zu einem Industriezweig wie jeder andere geworden« (ENGELL 1992: 107) und ist es bis heute geblieben. »Auf die Erschließung der Terra incognita ist ihre Industrialisierung gefolgt, und die Pioniere in Cowboystiefeln haben bebrillten Spekulanten Platz gemacht« (RENÉ CLAIR 1995: 157).

Sehr schnell wurde das Kino populär und einflussreich. Als wichtige Freizeitaktivität nahm es Einfluss darauf, wie Menschen sprechen, sich kleiden, sich inszenieren und handeln. Das Kino wurde zu einem wichtigen Medium der Enkulturation. Da es den Studiobossen darum ging, möglichst viele Zuschauer und Zuschauerinnen ins Kino zu locken, wurde deren Träumen, Ängsten, Fantasien und sozialen Problemen große Aufmerksamkeit geschenkt. Bereits die ersten kritischen Analysen gingen davon aus, dass Hollywoodfilme die sozialen und kulturellen Lebensweisen, Konflikte und Ideologien reflektierten und so ein Spiegel der psychischen und sozialen Befindlichkeit seien.

So analysierte Parker Tyler in *The Hollywood Hallucination* (1944) und in *Myth and Magic of the Movies* (1947), wie Walt-Disney-Cartoons und populäre Filmgenres Einblicke in die sozialpsychologische Verfasstheit des Publikums vermitteln können und wie Filme Mythen zur Lebensbewältigung bereitstellen. In ihrer berühmten, psychoanalytisch inspirierten Studie *Movies: A Psychological Study* (1950) entschlüsselten Martha Wolfenstein und Nathan Leites Ängste, Träume und Hoffnungen, die sich in Hollywood-Filmen der 1940er-Jahre verbargen. Sie stellten fest, dass die gemeinsamen Tagträume einer Kultur zum einen die Grundlagen, zum anderen jedoch die Produkte ihrer populären Mythen, Geschichten und Filme sind. Robert Warshow (1970) brachte Licht in die gesellschaftlichen Bezüge klassischer Hollywoodgenres wie den Western und den Gangsterfilm, indem er sie auf die Sozialgeschichte und die ideologischen Auseinandersetzungen der amerikanischen Gesellschaft bezog. Schließlich zeigte Barbara Deming in *Running Away from Myself* (1969), dass Filme uns zum einen reflektieren, indem sie die dominanten Ideologien, die uns prägen, zum Ausdruck bringen. Zum anderen verkörpern sie aber auch die Träume einer Epoche, die im Widerspruch zur dominanten Ideologie stehen können und sie in gewisser Weise auch dekonstruieren.

Bereits diese frühen Untersuchungen machen also deutlich, dass Kinoanalyse immer auch Gesellschaftsanalyse sein sollte, um der Komplexität ihres Gegenstandes gerecht zu werden (vgl. DENZIN 1991; WINTER 1992). Die ausschließliche Konzentration auf die Filmform und -ästhetik, auf Filmwirkungen oder auf die Rezeption durch ein aller sozialen Bezüge entkleidetes Subjekt, wie wir sie oft in der deutschsprachigen Medien- und Kommunikationswissenschaft finden, führt zu Vereinseitigungen, Verzerrungen und zur Ausblendung der gesellschaftlichen Wirklichkeit und ihrer Konflikte. Ergänzend weisen soziologisch orientierte Filmanalysen implizit auch darauf hin, dass populäre Filme eine gewisse Hegemonie in einer Gesellschaft ausüben können, indem sie existierende, zentrale und wirksame Sinnmuster, Werte und Ideologien bestärken, gegenläufige dagegen ausschließen oder an den Rand drängen (vgl. KELLNER 1995). Dabei darf Hegemonie nicht einfach als Manipulation missverstanden werden. So schreibt Raymond Williams (1977: 190f.): »Es handelt sich um ein Bündel von Bedeutungen und Werten, die, da sie als Praktiken erfahren werden, sich gegenseitig zu bestätigen scheinen. Und dies konstituiert für die meisten Menschen der Gesellschaft einen Sinn von Realität, von absoluter, da erfahrener Realität, über den sie in ihrem normalen Lebensbereich nur schwer hinausgelangen können«.

Auch wenn das populäre Hollywood-Kino dominierende Sinnmuster, verbreitete Wünsche und Fantasien sowie soziale Institutionen bestärkt, so lassen sich dennoch auch alternative Sichtweisen und gesellschaftskritische Äußerungen innerhalb des Genresystems ausmachen. Differenz, Modulation und Variation innerhalb eines durch ein Genre gesetzten Rahmens zeichnen gerade erfolgreiche Hollywoodfilme aus (SCHATZ 1981; WINTER 1992: 37ff.). Zudem gelang es immer wieder Filmemachern wie u.a. John Ford, Frank Capra oder Alfred Hitchcock im Rahmen des Studiosystems ihre eigenen künstlerischen Belange und Visionen auszudrücken, ohne auf soziale Kommentare und Kritik verzichten zu müssen. *Zum einen* finden sich demnach soziale Konflikte und Widersprüche in Kinofilmen wieder, *zum anderen* gibt es auf den ersten Blick eher konservative Genres wie den Horrorfilm, die jedoch dominante Ideologien in Frage stellen und Gesellschafts- bzw. Zivilisationskritik üben. Der britische Soziologe Andrew Tudor (1989) hat dies in einer methodisch aufwendigen Genre-Analyse gezeigt.

So werden in dem von ihm beschriebenen Idealtyp des ›paranoiden Horrors‹, der für die 1970er- und 1980er-Jahre typisch ist, die Werte, Normen und Institutionen der gesellschaftlichen Ordnung in Frage gestellt und unterwandert. Es gibt keine soziale und moralische Ordnung mehr, die es wert ist, verteidigt zu werden bzw. die man überhaupt zu verteidigen imstande ist. Der paranoide Horrorfilm enthüllt eine Welt, in der es keine verlässlichen Orientierungen und Sinnbestände mehr gibt. Tudor kommt zu dem Schluss, dass er in einer Welt Sinn gewinnt, die einem noch nicht abgeschlossenen gesellschaftlichen Wandel unterworfen ist.

Das erinnert an die Diskussion um die Postmoderne oder die »reflexive Modernisierung« (BECK/GIDDENS/LASH 1996). Ergänzend hat Robin Wood (1986) gezeigt, dass der inkohärente Text, der voller Widersprüche, Ambivalenzen und sich widersprechender Ideologien ist, in den 1970er-Jahren dominant war und auf seine Weise die gesellschaftlichen Konflikte der damaligen Zeit zum Ausdruck brachte. Schließlich haben Michael Ryan und Douglas Kellner in *Camera Politica* (1988) analysiert, wie das Hollywood-Kino der 1980er-Jahre den für die 1970er-Jahre noch typischen Liberalismus unterhöhlte und den politischen Konservatismus der Reagan-Zeit unterstützte, indem es z. B. gemeinschaftliche Lösungen diskreditierte und den individuellen Heroismus favorisierte. Die *Rambo*-Filme (1982, 1985 und 1988) sind hierfür das berühmteste Beispiel.

All diese Studien zeigen, dass Kinofilme als Element der Repräsentationsordnung einer Gesellschaft aktuelle soziale Diskurse artikulieren, in gesellschaftliche Konflikte und Auseinandersetzungen eingebunden sind und deshalb mit sozialen Bedeutungen gesättigt sind. So geben sie Einblick in die jeweiligen Codierungen von Intimität, von Ängsten oder ethnischen Konflikten. Sie stabilisieren dominante Sinnmuster, stellen sie aber auch in Frage. Kritik und Legitimation können sogar in einem Film zum Ausdruck gebracht werden. Deshalb stellen für John Fiske die Widersprüchlichkeit, Ambivalenz und Polysemie von medialen Texten die Voraussetzung für ihre Popularität dar (vgl. WINTER/MIKOS 2001). Durch Filme können wir also sehr viel über soziale und kulturelle Wirklichkeiten westlicher und auch nicht-westlicher Gesellschaften erfahren. Umso mehr überrascht es, dass die Filmanalyse in der Soziologie heute kaum eine Rolle spielt. Eine wichtige Ausnahme stellen jedoch die Arbeiten in der interpretativen Soziologie, insbesondere in der Tradition des Symbolischen Interaktionismus dar, beginnend mit Herbert Blumer bis zu Norman Denzin.

Das Kino in der Tradition der Interpretativen Soziologie

Vor allem Erving Goffman, der an die Tradition des Symbolischen Interaktionismus anknüpft, aber einen eigenständigen Ansatz entwickelt hat, hat in der *Rahmen-Analyse* (1977), in der er an vielen Stellen auf filmische und mediale Wirklichkeiten Bezug nimmt, aufgezeigt, wie unsere erfahrenen Wirklichkeiten durch Rahmen und deren Modulationen bestimmt werden. Er untersucht die engen Verschränkungen von medialen Wirklichkeiten und unseren Alltagserfahrungen. Dabei dekonstruiert Goffman die Auffassung, das Alltagsleben sei das Original, das im Film oder in anderen medialen Darstellungen kopiert würde. Wenn wir handeln, greifen wir auf Vorstellungen zurück, die wir auch fiktionalen Darstellungen wie dem Film oder Modemagazinen entlehnen. Diese wiederum modulieren das Alltagsleben, ahmen es nach, wie er am Beispiel des Mannequins demonstriert. Goffman (1977: 604) kommt zu dem Schluss: »Das Leben ist vielleicht nicht gerade eine Nachahmung der Kunst, doch das gewöhnliche Verhalten ist in gewissem Sinne eine Nachahmung des Schicklichen, eine Geste gegenüber dem Vorbildlichen, und die beste Verwirklichung dieser Ideale findet man eher im Reiche der Erfindung als in der Wirklichkeit«. Jean Baudrillard (1978) hat diese Auffassung radikalisiert, weil er der Auffassung ist, dass die Dominanz und die Zirkulation von Simulakra in der postmodernen Welt die Wahrheit hinter dem Bild hat verschwinden lassen. Es gibt nur unterschiedliche Simulationen, aber nicht die Wirklichkeit, auf die wir uns beziehen können. Unabhängig davon, ob wir uns der mehr phänomenologischen Auffassung von Goffman oder der semiotischen von Baudrillard anschließen: beide legen nahe, dass auch das ›gewöhnliche Handeln‹ sehr stark medialen Einflüssen ausgesetzt ist.

Norman Denzin verknüpft in seinen Büchern *Images of a Postmodern Society* (1991) und *The Cinematic Society* (1995) die Traditionen des Symbolischen Interaktionismus und der postmodernen Sozialtheorie. Dabei kommt auch er zu erhellenden Einsichten. Unter anderem wird deutlich, wie Formen qualitativer Sozialforschung eng mit der Dominanz des Visuellen, einschließlich des Kinos, zusammenhängen. Nach seinen Analysen ist die zentrale kulturelle Figur in der heutigen Gesellschaft der Voyeur, der als Laie oder als Experte soziale Welten erkundet. Kino, Fernsehen und Video, aber auch die sozialwissenschaftliche Exploration des Alltags haben seinen neugierigen Blick allgegenwärtig gemacht, indem sie private Bereiche und Lebenswelten aufdecken und deren verborgene Wirklichkeiten öffentlich machen. Als Filmfigur wird der Voyeur in der Regel als neurotisch, paranoid (z. B. in *Dialog* [*The Conversation* 1974]) oder als moralisch indifferent und skrupellos vorgeführt (z. B. in *Blow-Up* [1966]). Man würde seine Bedeutung aber unterschätzen, wenn man ihn lediglich als jemanden betrachten würde, der die Normen des Alltagslebens auf oft aggressive Weise verletzt. Vor dem Hintergrund der von Michel Foucault analysierten Disziplinargesellschaft der Moderne lässt sich der Voyeur als Nachfolger des Überwachers in dem von Bentham entworfenen Panopticons begreifen, einer architektonischen Überwachungsanlage, die auf der strikten Trennung von Sehen/Gesehenwerden beruht (vgl. FOUCAULT 1976: 251ff.). Während dieses »Laboratorium der Macht« der lückenlosen und systematischen Überwachung von Menschen im Gefängnis und in anderen (totalen) Institutionen dienen sollte, erschließt der obsessive Blick des Voyeurs im Kino – Ähnliches gilt für den Sozialforscher – auch Welten, die vor nicht allzu langer Zeit als privat, geheim und unantastbar galten. Auf diese Weise verschafft die Kamera dem Zuschauer eine unsichtbare Präsenz in dem, was gesehen wird, und verwandelt auch ihn in einen Voyeur. So wird er im dunklen Kinosaal dazu angehalten, die Normen höflicher Unaufmerksamkeit (GOFFMAN 1974: 23ff.), die den Kontakt mit Fremden in der Öffentlichkeit regeln, zu verletzen. Kein Bereich der Gesellschaft wird ausgespart, alles wird dem überwachenden Auge der Kamera unterworfen. So werden unsere Erfahrungen und unser Erleben im Alltag zunehmend von unseren Medienerfahrungen geprägt und überlagert.

Das Kino, die Medien, aber auch der (Enthüllungs-)Journalismus und die empirische Sozialforschung fügen sich – in der Foucault'schen Sicht – als Überwachungssysteme des 20. Jahrhunderts in die Logik der Disziplinargesellschaft ein, die freilich immer mehr zu einer Kontrollgesellschaft wird. Die visuelle und auditive Überwachung, die implizit auf Kontrolle (durch die Repräsentation und die Enthüllung) und Normalisierung (durch die Vorgabe von Normalitätsvorstellungen) sozialer Welten und Verhaltensweisen zielt, ist Teil unseres Alltags geworden. In der Auseinandersetzung mit den Symbol- und Bilderwelten der Medien bilden wir unser postmodernes Selbst aus, das zu einem immer größeren Teil Produkt eines filmischen Blicks wird. Auch Denzin problematisiert also die phänomenologische Auffassung, dass unser gewöhnliches Handeln, wie Goffman schreibt, Bestandteil unserer stärksten Wirklichkeit sei (1977: 31ff.).

Im Weiteren müssen wir uns fragen, wie die Formen qualitativer Sozialforschung durch unsere visuell geprägte Kultur bestimmt werden. Inwiefern wird die realistische Ethnographie durch die Erzählmodi des realistischen Films bestimmt? Hat der Ethnograph, der soziale Wirklichkeiten erschließt, nicht sehr viel mit einem realistischen Filmemacher gemeinsam, der Zuschauern ihnen nicht bekannte Welten (z. B. von Subkulturen) nahe bringen möchte? Die Dekonstruktion des realistischen Films durch Autorenfilmer und den avantgardistischen Film zeigte seine visuellen und erzählerischen Konventionen auf. Wäre es nicht an der Zeit, auch die realistische Ethnographie in der Soziologie zu dekonstruieren und auch mit neuen Formen der Darstellung zu experimentieren? Nachdem die Writing-Culture-Debatte in der deutschsprachigen qualitativen Sozialforschung kaum zum Thema wurde, bietet eine intensive Auseinandersetzung mit dem Verhältnis von Kino und gesellschaftlicher Wirklichkeit vielleicht die Möglichkeit, zu Formen der Forschung und der Darstellung zu kommen, die der Komplexität der transnationalen Mediengesellschaft des 21. Jahrhunderts gerechter werden.

Das könnte in letzter Konsequenz auch die Dekonstruktion der großen Systemtheorien und -entwürfe der Soziologie bedeuten. Die Vielfalt der ›Parallelgesellschaften‹, Subkulturen, Szenen und ihr Nebeneinander in der Moderne kann in Gesellschaftstheorien, die die Abstraktion vom Akzidentiellen und Individuellen zum methodischen Reinheitsgebot erklären, nicht auf den Begriff gebracht werden. Es sind Filme wie z. B. *Short Cuts* (1993) von Robert Altman oder *Fight Club* (1999) von David Fincher, die weit mehr über die moderne Gesellschaft und ihre Menschen aussagen als etwa die Abstraktionen der soziologischen Systemtheorie, die nur funktionale Differenzierungen, Autopoiesis oder Kommunikationsakte kennt und erkennt. Die unterschiedlichen Formen der Gewalt und Entfremdung in der Moderne können durch die Bild- und Formensprache des Films (aber auch der Literatur) weitaus angemessener ausgedrückt und kommuniziert werden, als durch die von jeder Subjektivität gereinigten Begriffe und Methoden der Soziologie. Auch dies sind Gründe, den Diskurs zwischen Filmanalyse und Gesellschaftsanalyse konstruktiv zu führen.

Das Kino der Gesellschaft – die Gesellschaft des Kinos

Unsere notwendigerweise kurzen, programmatischen Hinweise sollen deutlich machen, dass der Film ein wichtiges Erkenntnisinstrument der Soziologie sein kann. Filmsoziologie ist keine marginale Bindestrichsoziologie – sozusagen eine nette Ergänzung zu den ›eigentlichen‹ soziologischen Themen –, sondern Gesellschaftsanalyse, die uns direkt zu den gesellschaftlichen Konflikten, Sinnstrukturen und Ideologien führt, die unser Handeln prägen. Darüber hinaus lädt sie dazu ein, unser eigenes Handeln als Sozialforscher zu kontextualisieren. Wir sollten also den Film nicht den Medien- und Kommunikationswissenschaften überlassen, die bisweilen einen Affekt gegen das Soziale kultivieren, denn diese treiben dem Film gerade das aus, was ihn *wirklich* spannend macht.

Dagegen möchte *Das Kino der Gesellschaft – die Gesellschaft des Kinos* zeigen, wie wichtig es ist, Filmanalyse als Kultur- und Gesellschaftsanalyse zu betreiben. Nicht philologische oder andere disziplinäre Selbstzwecke, sondern die kulturelle und gesellschaftliche Relevanz des Kinos stehen im Mittelpunkt der interdisziplinären Beiträge. Die Filmanalyse kann dann Einblick in gegenwärtige soziale Prozesse, Auseinandersetzungen und Konflikte geben, wenn sie Filme in den sozialen Kontexten ihrer Produktion, Zirkulation, Rezeption und Aneignung analysiert. Welche Rolle spielen sie für die Sinnzirkulation einer (globalen) Gesellschaft? Welche Funktion nehmen sie für die Identitätsbildung und die Handlungsmächtigkeit des Einzelnen ein? Welche affirmativen oder utopischen Gesellschaftsentwürfe enthalten sie?

Das Kino ist Teil der Flows von Bildern, Zeichen, Waren, Technologien, Kapital etc., die unsere Gesellschaften umstrukturieren und eine globale Informationskultur hervorbringen (LASH 2001). Deshalb ist eine differenzierte Bestandsaufnahme erforderlich, die die gesellschaftliche und kulturelle Rolle des Films im 21. Jahrhundert bestimmt, der als DVD oder über das Internet als kulturelles Objekt in einem nie erwarteten Maße ubiquitär verfügbar geworden ist. Dabei tritt anscheinend nicht die gefürchtete Homogenisierung des Filmschaffens durch Blockbuster aus Hollywood ein: Im Gegenteil feiern nationale Kinos und die Cinéphilie ihre Wiedergeburt (ROSENBAUM/MARTIN 2003). *Das Kino der Gesellschaft – die Gesellschaft des Kinos* zeigt mit unterschiedlichen theoretischen und historischen Zugängen sowie mit perspektivenreichen Analysen populärer Filme und Filmgenres aus verschiedenen Disziplinen, wie Erkenntnis bringend und wichtig eine Analyse des Kinos sein kann, die es in seiner gesellschaftlichen Relevanz und Bedeutung zu analysieren und begreifen versucht.

MANFRED MAI sieht Filme wesentlich als Produkte künstlerischen Schaffens mit einem spezifischen Eigensinn und somit trotz ihres Doppelcharakters als Kultur- und Wirtschaftsgut nur begrenzt für ökonomische oder politische Ziele einsetzbar. Ob beabsichtigt oder nicht: Filme haben einen nennenswerten Einfluss auf den Zusammenhalt moderner Gesellschaften. Sie treten teilweise an die Stelle nationaler Mythen als kollektives Gedächtnis. Filme tragen wegen ihrer globalen Präsenz auch zur kommunikativen Anschlussfähigkeit über die verschiedenen Kulturkreise hinaus bei. Wegen ihrer großen Bedeutung sind Filme immer auch Gegenstand von Politik. Filmpolitische Ziele wie die Erhöhung der Qualität und des Exports deutscher Filme werden jedoch seit Beginn der Film(förderungs)politik nach dem Krieg immer wieder verfehlt. Wesentliche Gründe dafür sind die Zersplitterung der überwiegend mittelständischen deutschen Filmproduzentenlandschaft sowie der föderalen Strukturen der Filmpolitik. Zudem werden immer mehr Filme als ›Content‹ für multimediale Verwertungsketten produziert. Was dadurch an finanzieller Sicherheit gewonnen wird, geht an ästhetischer Freiheit verloren. Es muss daher bezweifelt werden, ob die aktuelle Novelle des Filmförderungsgesetzes eine nachhaltige Verbesserung bewirkt.

LORENZ ENGELL will zum einen Filmgeschichte und Mediengeschichte vor dem Hintergrund der Geschichte der gesellschaftlichen Sinnzirkulation als gemeinsamen Bezugshorizont aufeinander beziehen. Zum anderen geht es ihm darum, den Film als Kunstwerk und das Kino als kulturelle Praxis zusammen zu begreifen. Dabei wird Kommunikation vor allem als sinnvoll und nicht nur als zweckhaft begriffen. Das Medium Film müsse deshalb weniger über die Zweckbindung, als vielmehr über Sinnprozesse begriffen werden. Gerade in der modernen Gesellschaft werde ›Sinn‹ zu einer essenziellen sozialen Ressource. Das sei auch der Grund dafür, dass moderne Gesellschaften eine Kulturindustrie entwickelten. Zur Bestimmung dessen, was den eigentlich Sinn sei, überträgt die Gesellschaft einem Leitmedium – dem Fernsehen – die »Hoheit über die Sinnzirkulation«.

Ausgehend von psychischen und sozialen Systemen als Sinnsystemen, die analog seien, nimmt er Bezug auf Siegfried Kracauer, der Medien als Teil des Wirtschaftskreislaufes mit dem Ziel der Erwirtschaftung eines Mehrwerts sieht und den Gebrauchswert des Films individuell wie gesellschaftlich als Bedürfnisbefriedigung und Funktionserfüllung beschreibt. In einer Zeit, in der das Leitmedium Fernsehen von digitalen Medien abgelöst werde, ermögliche der Film eine Außensicht auf den Sinnhorizont und diene so als Experimentierfeld zur Erprobung von Sinn und Weltbildern. An einigen Filmen der 1990er-Jahre lasse sich zeigen, dass sich Sinn heute als Verhältnis zwischen Form und Medium artikuliere und nicht länger, wie in früheren Phasen der Filmgeschichte, als Form oder als Medium. Sinn werde also als Prozess realisiert und nicht mehr als ein Zustand oder ein Verhältnis. Dadurch stelle sich aber auch die Frage nach dem Sinnganzen. Da jede Form die jeweils andere Form enthalten könnte, enthält Sinn sich selbst. Aus dieser Selbstreferenzialität des Sinns folgt eine Umkehr der Perspektive: von der Differenzperspektive zur Einheitsperspektive, zur Innenwelt ohne Außenwelt.

ANGELA KEPPLER widmet sich einer ontologischen Überlegung zur »Einheit von Bild und Ton« und will damit zeigen, welche methodischen Konsequenzen für die wissenschaftliche Analyse von Filmen aus diesen Überlegungen resultieren. Für eine angemessene Film- und Fernsehanalyse sei eine vollständige Transkription aller Komponenten des Filmes notwendig, um so der qualitativen Forschung oft vorgeworfenen Beliebigkeit zu entgehen. Ein so facettenreicher Gegenstand wie der Film verlange nach einer ebenso komplexen Theorie, die zugleich die Begründung dafür bietet, warum sich die Filmanalyse einer perspektivenreichen Methode bedienen sollte. Nach ihrer Einschätzung würden die meisten Theorien und erst recht die meisten ›Empirien‹ filmischer Gegenstände der Komplexität des filmbildlichen Geschehens noch nicht gerecht. Gerade aus den ›ontologischen‹ Überlegungen zum Status von Bild und Film entsprängen wichtige Hinweise für ihre methodische Erforschung. Wenn der Film einen virtuellen Bewegungsraum eröffnet, der zugleich von akustischen Bewegungen gegliedert ist (und zumal im Kino um einen geschlossenen akustischen Raum erweitert wird), so gibt es allen Anlass, das Ineinandergreifen des bildlichen und des akustischen Rhythmus von Filmen gleich welcher Art ernst zu nehmen. Denn diese doppelte Rhythmik sei mit konstitutiv für das, was den Gehalt dieser Filme ausmacht. Eine seriöse Filmanalyse kann es hier nicht bei einem bloß intuitiven Erfassen der immer zugleich simultan und sukzessiv präsenten Strukturen belassen. Sie müsse die Gleichzeitigkeit des visuell und auditiv Gegebenen auch mit hinreichender Deutlichkeit dokumentieren können. Wer den filmischen Prozess verstehen will, müsse den filmischen Verlauf experimentell anhalten können. Nur so werde deutlich, was alles in der Bewegung eines ›bewegten Bildes‹ in Bewegung ist.

RAINER WINTER kritisiert, dass die Filmtheorie, insbesondere im deutschsprachigen Raum, soziologische Perspektiven vernachlässigt. Gerade die Untersuchung der Rezeption und Aneignung von Filmen zeige aber, dass der soziale Kontext bei der Interpretation von Filmen eine entscheidende Rolle spiele. Eine kritische Betrachtung der kognitivistisch und formalistisch ausgerichteten Filmtheorie von David Bordwell u.a. macht deutlich, dass die Suche nach einer immanenten Bedeutung von Filmen nur ein Zugang zur Filmanalyse ist. Werden der soziale Kontext der Rezeption und die damit verbundenen Praktiken berücksichtigt, so werden eher ›unreine Lesarten‹ erwartet. Filme gewinnen ihre Bedeutung durch ihren sozialen Gebrauch, was in der Filmanalyse – so die Schlussfolgerung von Winter – angemessen berücksichtigt werden sollte. Die Vorstellungen vom perversen bzw. produktiven Zuschauer seien hierfür wegweisend.

LOTHAR MIKOS untersucht das Verhältnis von Film und Fankulturen. Die Möglichkeit der Bildung von Fankulturen resultiere aus der Struktur populärer Filme und ihrer Textualität, die nach einer Bedeutungsgenerierung im Prozess der Rezeption verlange. Ausgehend von einem Verständnis von Film als Medium der Kommunikation stellt er fest, dass Filme zum Wissen, zu den Emotionen und zur sozialen Aneignung der Zuschauer hin geöffnet sind. Filme und Zuschauer sind Teile einer gemeinsamen Kultur. Darin liege ihre ethnophatische Funktion, über die die Zugänglichkeit von Bedeutungen mit der sozialen Zugehörigkeit von Zuschauern koordiniert wird. Auf der Basis lebensweltlicher Bezüge handeln Fans im Rahmen von Fankulturen die Bedeutungen der Objekte ihrer Begierde aus und überführen sie in die Produktion von Fansymbolen. In der aktiven Aneignung werden Filme in die kulturelle Praxis handelnder Individuen transformiert. Fankulturen basieren auf einer Kommunikation zwischen Filmen und aktiven Aneignungsprozessen seitens der Zuschauer.

KARL LENZ geht in seinem Beitrag der Frage nach, was Paare in Spielfilmen über real existierende Paare aussagen können und ob Filme als empirisches Material in der Paarforschung genutzt werden können. Bereits Siegfried Kracauer habe darauf hingewiesen, dass man aus Filmen einiges über den Alltag erfahren kann: »Die ganze Dimension des Alltagslebens mit seinen unendlich kleinen Bewegungen und seiner Vielzahl an flüchtigen Handlungen lässt sich nur auf der Leinwand enthüllen« (KRACAUER 1996: 16). Grundlegend für das hier vorgestellte Forschungsprojekt seien die Institutionalisierungsprozesse in Zweierbeziehungen. Die ersten Ergebnisse des Projekts werden anhand von ›Pick-up‹-Szenen, die das erste Kennenlernen von Paaren als Gegenstand haben, erläutert. Grundthese ist dabei, dass Spielfilme Dokumente sozialer Wirklichkeit seien. Filme werden dabei nicht nur – wie häufig in den Cultural Studies – als Kristallisation von Diskursen aufgefasst, sondern er geht davon aus, dass Spielfilme Aufschlüsse über das alltäglich verfügbare Handlungsrepertoire geben können.

BRIGITTE HIPFL fragt danach, was für unser Filmerleben ausschlaggebend ist. Es zeige sich, dass es bei der Rezeption von Filmen immer auch um die Art der Beziehung gehe, in der wir uns zu diesen Filmen befinden. Diese Beziehung sei eine der wichtigsten kulturellen Praktiken, mit der wir unsere soziale und psychische Identität (re)definierten und (re)konstituierten. In diesem Sinne untersucht sie in ihrem Beitrag den Zusammenhang zwischen Film und Identität anhand zweier theoretischer Zugänge: der Psychoanalyse und der Cultural Studies. Sie geht dabei auf die wichtigsten Entwicklungen ein und skizziert, wie die Beziehung zwischen Filmen und Filmzuschauer/-innen jeweils konzipiert wird. Vor diesem Hintergrund argumentiert sie, dass eine umfassende Analyse des Zusammenspiels von Film und Identität nach einer Kombination dieser Zugangsweisen verlange. Erst damit bekäme die Alltagserfahrung, dass Filme uns sehr persönlich ansprechen, eine angemessene theoretische Untermauerung.

Mit ihrem psychoanalytisch-kulturtheoretischen Ansatz betont sie die Fantasiedimension als wichtige Komponente bei der Konstruktion von psychischer Realität, die in der Kommunikationswissenschaft nicht vernachlässigt werden dürfe. Von zentraler Bedeutung sei das Verständnis des Filmerlebens als unbewusste und affektive Komponente, die einen Teil unseres Selbstverständnisses ausmache und unserem Handeln zugrunde liege. Vor allem anhand der Theorien des Imaginären, der symbolischen Ordnung und des Realen bei Jacques Lacan geht sie der Frage nach, wie das gesellschaftliche ›Außen‹ zum individuellen ›Innen‹ wird.

DIRK BLOTHNER widmet sich in seiner Fallstudie dem Film *American Beauty* (1999) vor dem Hintergrund jugendsoziologischer und -psychologischer Erkenntnisse. Mit einer enormen Vielfalt an Lebensmöglichkeiten konfrontiert, stünden junge Menschen in Gefahr, dem Diktat der Mode, der Freizeittrends oder auch den eigenen Ängsten zu erliegen. Gegen diesen Sog bringen sie ihre Fähigkeiten zur Ästhetisierung und Ironisierung ins Spiel. Die ›Coolness‹ der Jugendlichen könne daher auch als Haltung verstanden werden, mit der sie sich gegen das Diktat der Konsumstile zu Wehr setzen. Indem *American Beauty* seine Zuschauer in das Dreieck von Zwang, Obsession und Ästhetisierung versetzt, erlaube der Film ihnen, Grundverhältnisse der zeitgenössischen Alltagskultur zu erleben.

Weil Filme die hohen Kosten, die in ihre Produktion investiert werden, wieder einspielen müssen, suchten ihre Produzenten nach Geschichten, in denen sich aktuelle Grundverhältnisse ausdrücken lassen. Filme könnten so zu Erlebnissymbolen der Zeit werden, in der sie entstehen. Sie greifen Hoffnungen und Befürchtungen auf, die die Menschen bewegen. *American Beauty* sei ein Film, der im Rahmen einer Satire ein Kernproblem der zeitgenössischen Alltagskultur zum Thema mache: In einer durch Individualisierung geprägten Gesellschaft sind zwanghaft sich durchsetzende Muster und Leidenschaften Wertungen, über die die Menschen Sinnerfahrungen sammeln. Sie bedeuten eine spürbare Orientierung und halten in ihrem Zusammenspiel den Lauf des Lebens in Gang. Der Film mache darauf aufmerksam, dass sich in unserer Alltagskultur eine Neubewertung der menschlichen Obsessionen vollzieht.

BRIGITTE ZIOB analysiert den Film *Fight Club* aus der Sicht einer praktizierenden Psychoanalytikerin. Der Held des Films, so ihre These, leide unter dem Trauma der väterlichen Ablehnung. Dies erkläre seine Faszination für die männliche Gegenwelt und Gegengewalt des ›Fight Club‹. Dem Regisseur gelinge es, durch sein Psychogramm eines Durchschnittsbürgers das Unbehagen darzustellen, das der zunehmende Bedeutungsverlust des Männlichen in den westlichen Kulturen auslöst. Vor dem

Hintergrund der Flexibilisierung des Einzelnen und des Rückgangs einer patriarchalischen Weltordnung entstehe eine wachsende Marginalisierung der Männerrolle. Die zunehmende Verweiblichung des Mannes führe dazu, dass Eigenschaften, die bisher Männern zugeschrieben wurden wie Kraft, Aggression, Sexualtrieb immer weiter zurückgedrängt werden. Verbunden mit immer stärkeren Anforderungen an den Erfolg lässt dies viele Männer unsichtbar werden, weil sie die neuen Werte für sich nicht umsetzen können. Die Beschämung des Einzelnen lasse die Enttäuschung über die Unzulänglichkeit der eigenen Existenz anwachsen und ermögliche eine Entladung in einem negativen Narzissmus, der sich dann als Destruktionstrieb gegen die neuen Stressoren wende. Das daraus erwachsende destruktive Potenzial kann zu einem gesellschaftlichen Sprengsatz werden, indem es zu extremen Zuspitzungen wie Amokläufen oder Attentaten kommt – scheinbar eine der letzten Möglichkeiten, in dieser Welt als Mann Bedeutung zu erlangen.

RAINER B. JOGSCHIES untersucht die Chiffrierung von Atomkriegsängsten in B-Filmen der 1950er- bis 1980er-Jahre in den USA, Großbritannien und Japan. Der Film sei ein flüchtiges Medium. Er erzeuge gleichwohl bleibende Eindrücke. Wir könnten in ihm Bilder sehen, die es – noch – nicht gibt. Und wir sähen, was bildhaft damit gemeint war. Die gesellschaftliche Wirklichkeit sei also gerade dort zu sehen, wo sie vorgeblich nicht abgebildet werden soll.

Die Genre-Entwicklung über drei Jahrzehnte markiere hilflose Formulierungsversuche, die mit dem Tempo der gesellschaftlichen Entwicklung nicht Schritt halte: Atombombenabwürfe, Aufrüstung mit Massenvernichtungswaffen, ›Kalter Krieg‹ sowie eine hemmungslose Re-Industrialisierung. Dies alles beschleunige den Zerfall gesellschaftlicher Sinnstrukturen, dem in den SF-Filmen simple Sinnfälligkeiten entgegengesetzt wurden. Spätestens in den Studentenunruhen kam die Frage nach der gesellschaftlichen Veränderungsfähigkeit auf die Tagesordnung. Auch wer sich den Grundlagen der Proteste gegen die atomare Aufrüstung entzog, kam nicht umhin, die Dimension des ›Bösen‹ hinter den täglichen Meldungen zu ahnen. Die filmischen Fiktionen befreiten ironischerweise davon, obwohl sie teils mit dem Impetus der Aufklärung daherkamen. Ihre teils zynische Abrechnung mit dem Krieg gerann in dem spektakulären Scheitern der Fiction-Heroen oder zweifelhaften ›happy ends‹ zu einer Ergebenheitsadresse an ›das Böse‹. Ohne dass dies ausgesprochen werden musste, verband sich diese Realitätsentlastung mit einer Art Zukunftsaufhebung. Man musste sich nicht mehr vor dem ›Fortschritt‹ fürchten.

URSULA GANZ-BLÄTTLER fragt nach dem Verhältnis von Fiktion und Wirklichkeit, Virtualität und Aktualität in Katastrophenfilmen der 1990er-Jahre und stellt dies anhand ultimativer Weltende-Szenarien in Filmen der letzten Jahre dar. Hierbei geht sie von dem von Wilhelm Hofmann geprägten Begriff der ›Risikokommunikation‹ aus, bei dem der Katastrophenfilm als Simulation von potenziell realen Desastern fungiert. Wilhelm Hofmann habe dabei ein interessantes Paradox festgestellt: Auch wenn im Vordergrund des Katastrophenfilms die angekündigte Katastrophe stehe, die uns Zuschauer nur gerade soweit in Mitleidenschaft zieht, als wir unsererseits bereit sind, Anteilnahme zu entwickeln, scheint das Genre auf moralischen Wertungen zu bestehen. Es müsse nicht immer ein unüberlegter Eingriff des Menschen in die Natur sein, der in seinen Auswirkungen drastisch visualisiert wird. Es werden aber stets Protagonisten und Antagonisten als Gegensätze aufgebaut, die den Kampf ›gut‹ gegen ›böse‹ stellvertretend austragen.

Der Prozess der computergestützten Animationen komme auf jeder Stufe des Produktionsprozesses zum Einsatz. Es sei unbestritten, dass die Schöpfer von computergenerierten Fantasiewelten stets auf eine möglichst große Realitätstreue pochten. Dahinter stecke nur zum Teil die Angst, vor dem kritischen Auge des Zuschauers zu versagen. Vielmehr gehe es um einen Markt, in dem ›Realitätstreue‹ als etabliertes Qualitätsmerkmal gesetzt erscheint, jedoch laufend neue Standards hervorbringt. ›Realität‹ sei dann aber bereits ein äußerst dehnbarer Begriff, der sich aus Produzentensicht je nachdem auf einen postulierten Gegensatz zwischen der Projektierung eines Films und dessen Ausführung beziehen kann, auf die Vorlage, an die man sich zu halten gedenkt, auf den illusionistischen Charakter, den man zu wahren hofft, oder einfach auf jegliche Fiktion, die Anspruch auf Glaubwürdigkeit erhebt. Berühmt-berüchtigt sei hier James Camerons Anspruch auf Authentizität hinsichtlich seiner *Titanic*-Verfilmung (1997) geworden.

OLAF SANDERS arbeitet die Bezüge zwischen der Filmtheorie von Gilles Deleuze, *Videodrome* (1983) von David Cronenberg und dem ersten Teil der *Matrix*-Trilogie der Wachowski-Brüder vom Jahr 1999 heraus. Godard und Straub folgend, entfaltet Deleuze eine Pädagogik der Wahrnehmung, die – wie die Cultural Studies – zur Erschließung neuer Denkmöglichkeiten und zur Erweiterung von Handlungsmöglichkeiten beitragen möchte. Sanders'

Analyse der Filme zeigt, dass sie gekonnt mit der Unterscheidung Realität/ Virtualität spielen und zu vielfältigen Lektüren einladen. So stellen die weiße Leinwand am Ende von *Matrix* und die schwarze am Ende von *Videodrome* unser herkömmliches Verständnis dieser Differenz in Frage.

MARKUS WIEMKER zeigt schließlich, dass Filme wie *Matrix, Videodrome, Wag the Dog – Wenn der Schwanz mit dem Hund wedelt* (1997) oder *Die Truman Show* (1997), in denen soziale Wirklichkeiten simuliert werden, gemeinsame Merkmale haben, die es erlauben, von einem neuen Genre zu sprechen. Nach einer Analyse des Genrebegriffs in der Mediensoziologie bestimmt er die Thematisierung der Mediatisierung von Realität als ein wesentliches Kennzeichen des Simulationsfilms.

Der Beitrag von SEBASTIAN NESTLER thematisiert abschließend die widerständigen Potenziale des populärkulturellen Mediums Film am Beispiel von *Dead Man* (1995) von Jim Jarmusch. Mit Blick auf die Diskussion um hybride Identitäten werden Zusammenhänge von Genre und Gesellschaft dargestellt sowie die Möglichkeiten der Genreparodie als Mittel zur Offenlegung und Verschiebung von Machteffekten erörtert. In diesem Sinne wird in *Dead Man* nicht nur die Kultur des Westens, sondern auch das Genre des Westerns dezentriert.

Literatur

ALTENLOH, E.: *Zur Soziologie des Kino*. Heidelberg 1914

BAUDRILLARD, J.: *Agonie des Realen*. Berlin 1978

BECK, U.; A. GIDDENS; S. LASH: *Reflexive Modernisierung. Eine Kontroverse*. Frankfurt/M. 1996

BLUMER, H.: *Movies and Conduct*. New York 1933

CLAIR, R.: *Kino. Vom Stummfilm zum Tonfilm*. Zürich 1995

DEMING, B.: *Running Away from Myself*. New York 1969

DENZIN, N. K.: *Images of Postmodern Society. Social Theory and Contemporary Cinema*. London u.a. 1991

DENZIN, N. K.: *The Cinematic Society. The Voyeur's Gaze*. London u.a. 1995

FOUCAULT, M.: *Überwachen und Strafen. Die Geburt des Gefängnisses*. Frankfurt/M. 1976

GOFFMAN, E.: *Das Individuum im öffentlichen Austausch*. Frankfurt/M. 1974

GOFFMAN, E.: *Rahmen-Analyse. Ein Versuch über die Organisation von Alltagserfahrungen*. Frankfurt/M. 1977

KELLNER, D.: *Media Culture*. London/New York 1995

KRACAUER, S.; E. PANOFSKY: *Briefwechsel 1941-1966*. Herg. von H. Breidecker. Berlin 1996

LASH, S.: *Critique of Information*. London u.a. 2001

ROSENBAUM, J.; A. MARTIN (Hrsg.): *Movie Mutations. The Changing Face of World Cinephilia*. London 2003

RYAN, M.; D. KELLNER: *Camera Politica. The Politics and Ideology of Contemporary Hollywood Film*. Bloomington 1988

SCHATZ, T. A.: *Hollywood Genres*. Philadelphia 1981

STERNHEIM, A.: Zum Problem der Freizeitgestaltung. In: *Zeitschrift für Sozialforschung*, 1932, S. 336-355

TUDOR, A.: *Monsters and Mad Scientists. A Cultural History of the Horror Movie*. Oxford 1989

TYLER, P.: *The Hollywood Hallucination*. New York 1944

TYLER, P.: *Myth and Magic of the Movies*. New York 1947

WARSHOW, R.: *The Immediate Experience*. New York 1970

WILLIAMS, R.: *Innovationen. Über den Prozeßcharakter von Literatur und Kultur* (herausgegeben und übersetzt von H.G. Klaus), Frankfurt/M. 1977

WINTER, R.: *Filmsoziologie. Eine Einführung in das Verhältnis von Film, Kultur und Gesellschaft*. München 1992

WINTER, R.; L. MIKOS (Hrsg.): *Die Fabrikation des Populären. Der John Fiske Reader*. Bielefeld 2001

WOLFENSTEIN, M.; N. LEITES: *Movies. A Psychological Study*. Glencoe 1950

WOOD, R.: *Hollywood from Vietnam to Reagan*. New York 1986

Die Herausgeber danken dem Ministerium für Wissenschaft und Forschung Nordrhein-Westfalen und dem Kulturwissenschaftlichen Institut Essen (KWI) für die Unterstützung der Tagung der Sektion Medien- und Kommunikationssoziologie der Deutschen Gesellschaft für Soziologie am 9./10. Mai 2003, auf der die meisten (aktualisierten und überarbeiteten) Beiträge dieses Bandes vorgestellt und diskutiert wurden. Für eine sorgfältige Lektüre des Manuskripts danken die Herausgeber Elisabeth Niederer.

MANFRED MAI

Künstlerische Autonomie und soziokulturelle Einbindung. Das Verhältnis von Film und Gesellschaft

1. *Film als Kunst – methodologische Anmerkungen*

Der Film als Objekt der Wissenschaft, so zeigt ein Blick in einschlägige Publikationen und Forschungsprojekte, scheint im Wesentlichen für die Literatur- und Kulturwissenschaften von Interesse zu sein. Auch die Medien- und Filmwissenschaft im engeren Sinn sind weitgehend den Paradigmen dieser Geisteswissenschaften verpflichtet (ALBERSMEIER 1998). Diese können naturgemäß nur die Aspekte erhellen, die sich aus dem Zeichen- und Symbolcharakter sowie aus den ästhetischen Qualitäten des Films ergeben. Die gesellschaftlichen, ökonomischen und politischen Dimensionen des Films bleiben den methodischen Zugriffen einer der Linguistik, der Semiotik und dem Strukturalismus entlehnten Begrifflichkeit dagegen umso mehr verschlossen, als es keine schlüssige Theorie darüber gibt, wie die gesellschaftlichen, ökonomischen oder politischen Momente in das Kunstwerk gelangen.

Die Kunst und damit auch der Film sind nicht einfach ein Abbild der Realität. Die Künstler wussten das schon immer, wenn sie für sich das Recht auf die buchstäbliche ›künstlerische Freiheit‹ und radikale Subjektivität reklamierten. Gebunden sind sie einzig an gewisse Konventionen der Gattung oder des Genres. Aber in der modernen Kunst haben sie fast gänzlich ihre ordnende Funktion verloren oder laden, weil sie vermeintliche Beschränkungen der künstlerischen Individualität sind, gerade deshalb zum Tabubruch ein. Künstler stehen an der Schnittstelle von Gesellschaft und Kunstwerk. Das macht sie zum Vermittler, Zeugen und Seismographen gesellschaftlicher Krisen, Widersprüche, Moden und Stimmungen, selbst dann, wenn sie sich aus allem zurückziehen und scheinbar verstummen. Gerade das Verstummen der Sprache, das Schweigen »ist eine der originellsten und bezeichnendsten Äußerungen moderner Geisteshaltung« (STEINER 1973: 106ff.).

Keine Theorie gibt bisher eine befriedigende Antwort auf die Frage, wie das Gesellschaftliche in das Kunstwerk gelangt. Die naive Widerspiegelungstheorie des Marxismus, wonach das Kunstwerk als Teil des idealistischen Überbaus im Wesentlichen die materielle Basis widerspiegele, ist nicht deshalb aus der Mode, weil ihre Sponsoren verschwunden sind, sondern weil sie kunst- und rezeptionstheoretisch überholt ist. Die historisch-materialistische Ästhetik, die in jedem Detail eines Bildes oder in jedem Ornament ›Belege‹ für die ›historisch-konkrete Realität‹ und für den Stand der Klassenkämpfe herauslesen wollte, lebt in sublimierter Form in einigen modernen Filmtheorien fort, allerdings ohne expliziten Bezug auf die materialistische Kunsttheorie und ihre Kritik etwa durch die ›Kritische Theorie‹ und ohne Bezug auf die Klassenkämpfe – denn deren Rolle haben in heutigen Theorien die Globalisierung, die Vereinzelung und der Geschlechterkampf in der Postmoderne eingenommen.

Herbert Marcuse (1977)[1] und Theodor Adorno (1974) haben die Eigenständigkeit des Kunstwerks und seinen utopischen Charakter – im Sinne von Stendhal: »Schönheit ist das Versprechen des Glücks«[2] – gegen die marxistische Kunstauffassung aber auch gegen die ›bürgerliche‹ Theorie verteidigt. Vor allem aber hat die ›Kritische Theorie‹ Kunst in erster Linie an der Form und weniger an ihren Inhalten festgemacht. Erst durch die Form sei das Kunstwerk revolutionär und nicht durch seinen manifesten Inhalt. Ein Drama von Beckett ist aus diesem Grund gesellschaftlich relevanter als z. B. ein eingängiges Stück, das in bester Absicht zur Solidarität aufruft. Es waren auch immer wieder die *Formen* der Kunstwerke und Filme, die den Argwohn totalitärer Regime hervorriefen: Der Vorwurf des ›Formalismus‹ – er traf neben Filmemachern und Komponisten auch die Besten unter den jungen russischen Dichtern der Sowjetunion: Sergej Jessenin, Ossip Mandelstam, Alexander Blok – kam unter Stalin oft dem Todesurteil gleich. Im deutschen Faschismus – im Unterschied zum

---

1   »Als autonomes Werk, und nur als solches, erhält das Werk politische Relevanz. Seine Wahrheit, Stimmigkeit, Schönheit sind ihm immanente Qualitäten der ästhetischen Form. Als immanente negieren sie die Qualitäten der repressiven Gesellschaft: deren Qualität des Lebens, der Arbeit, der Liebe« (MARCUSE 1977: 58).

2   »La beauté ne qu'est la promesse du bonheur« (Stendhal. De l'amour).

italienischen – wurden abstrakte Malerei und Dichtung schlichtweg als ›entartet‹ bezeichnet und die Folgen waren für die betreffenden Künstler ebenfalls tödlich. Totalitäre Regime wollen der Kunst die Inhalte *und* die Form vorgeben. Die Kunst und die Künstler sollten sich in den Dienst des Klassenkampfes oder der Nation stellen und das Leben so darstellen, wie es die Machthaber als ›realistisch‹ sehen wollen. Das Ergebnis sind keine Kunstwerke, sondern Parteiprogramme.

Gleichwohl sind auch viele dieser Kunstwerke ambivalent und beweisen umso mehr die Eigenart jedes Kunstwerks, nämlich seine prinzipielle Mehrdeutigkeit. Diese Polysemie provoziert verschiedene Lesarten, Interpretationen und Fragen: Was ist an den Filmen Eisensteins Kunst und was ist Parteiprogramm? Was ist an den Filmen, an der Ästhetik Leni Riefenstahls faschistisch – oder sind es ›nur‹ ihre persönlichen Einstellungen, zu denen sie offenbar auch noch im Alter von 100 Jahren stand? Die Fragen des Verhältnisses von Form und Inhalt sowie von künstlerischer bzw. filmischer und gesellschaftlicher Realität werden von den modernen Filmtheorien kaum beantwortet. Die dennoch in einschlägigen Theorien über den Film zu findenden Aussagen über die politischen oder gesellschaftlichen Aspekte von Filmen bleiben daher weitgehend spekulativ und/oder sind Projektionen ihrer Protagonisten. Die Schaffung eines theoretischen oder Hypothesen-Rahmens, der die semiotischen und ästhetischen Strukturen des Films mit denen der Gesellschaft verbindet, bleibt ein anspruchsvolles Projekt. Kunst ist zugleich autonom und *fait social*. Die Arbeitsteilung der organisierten Wissenschaft führt dazu, dass entweder das Gesellschaftliche in den semiotischen oder ästhetischen Studien unreflektiert vorausgesetzt wird oder dass eine elaborierte Gesellschaftstheorie den Eigenwert des filmischen Kunstwerks verfehlt und in ihm nur ein Abbild der gesellschaftlichen Strukturen und Konflikte sieht.

Diese grundlegenden Fragen betreffen auch das Verhältnis zwischen filmwissenschaftlichen Ansätzen zur realen und nicht nur filmisch konstruierten Politik. Beide Welten, die der Filmtheorie und die der Politik, scheinen durch einen unüberbrückbaren Graben voneinander getrennt. So haben etwa die Diskurse darüber, ob die Formensprache des italienischen Neorealismus politischer ist als die des jungen Godard mit der realen Politik nichts zu tun und sind nur innerhalb eng abgegrenzter akademischer Subkulturen von Bedeutung. Beide Bereiche, die des Films und die der Politik, stehen sich weitgehend auf ungeklärter theoretischer

Grundlage gegenüber. Zentrale Kategorien wie Erzählstruktur, Bedeutung und Symbolik auf der Seite des Films sowie Macht, Interesse und Konflikt auf der Seite der Politik sind nicht ohne weiteres miteinander kompatibel. Das schließt nicht aus, dass Filme eine – oft unbeabsichtigte – politische Wirkung haben können und eine bestimmte Filmpolitik – ebenso unbeabsichtigt – auch die Qualität von Filmen beeinflusst. Aber keine Theorie kann erklären, warum die erwartete Wirkung häufig ausbleibt: Weder haben ›revolutionäre‹ Filme Einfluss auf die politischen Machtverhältnisse noch hat eine gut gemeinte Filmpolitik die Filme geschaffen, die sie schaffen wollte. Die Wechselbeziehungen zwischen den Strukturen des Films mit denen der Gesellschaft oder Politik sind weitaus komplexer als es naive Abbild- oder Widerspiegelungstheorien nahe legen. Das ›Revolutionäre‹ von Filmen bleibt weitgehend immanent auf die Bild- und Formensprache beschränkt, deren Decodierung ohnehin nur geschulten Eliten möglich ist.

Die Differenz zwischen Film und Gesellschaft, zwischen symbolischer Darstellung und dem Gegenstand dieser Darstellung, erzwingt auch eine unterschiedliche Begrifflichkeit, die, einmal entfaltet, diese Trennung weiter verfestigt. Soziologisch gesehen ist dieser Prozess der Entstehung autonomer Subsysteme, in diesem Fall der Kunst, eine Folge gesellschaftlicher Differenzierung, wie sie für moderne Gesellschaften typisch ist. Da die verschiedenen Subsysteme der Gesellschaft trotz aller Autonomiespielräume auch voneinander abhängig sind, böte sich die Möglichkeit, nach diesem Modell die verschiedenen Beziehungen zwischen Film und Gesellschaft zu untersuchen. So wäre z. B. die Abhängigkeit des Films von ästhetischen Formen, finanziellen Zuwendungen und rechtlichen Garantien erklärbar. Nicht erklärbar wäre aber auch innerhalb dieses Modells die Frage, wie individuelle Kreativität und Fantasie sowie kollektive Traditionen mit gesellschaftlichen Strukturen zusammenhängen, ob Kunst als gesellschaftlicher Überbau nur die Widerspiegelung der materiellen Produktionsverhältnisse darstellt oder ob die Kunst eine Sphäre sui generis darstellt, der deshalb auch eigene Qualitäten zukommen: das Kunstschöne als »sinnliches Scheinen der Idee« (Hegel) und »interesseloses Wohlgefallen« (Kant).

Sofern sich das Erkenntnisinteresse auf den Film als Kunstform bezieht, ist infolgedessen die Verwendung einschlägiger Methoden und Termini aus den Geisteswissenschaften zwingend. Wenn es aber um Zusammenhänge zwischen Film und Gesellschaft geht, etwa um Fragen der milieuspezifischen Aneignung von Filmen oder ihre Wirkung als Sozialisationsinstanz, wird der kategoriale Rahmen, den ästhetische oder semiotische Theorien liefern, gesprengt. Letztere können nur an den immanenten Kriterien des Films als Kunstwerk ansetzen. Die komplexen Beziehungen zwischen der kollektiven Rezeption eines Films, seiner Wirkung auf spezifische Subkulturen und die möglichen Rückwirkungen auf die Produktion anderer Filme bedürfen eines völlig anderen Begriffsrepertoires und Theoriegebäudes. Einschlägig wären hier zum Beispiel Ansätze aus der Soziologie der Freizeit, des Konsums und der Mediensoziologie sowie insbesondere der Wirkungsforschung zu nennen. Neuere Ansätze wie die Cultural Studies haben die Beschränkungen der empirischen Medienwirkungsforschung (WINTER 1995: 11) kritisiert und versucht, zwischen dem Kunstwerkcharakter des Films und seinen sozialen Wirkungen zu vermitteln. Eine realpolitische Konsequenz dieses Ansatzes ist, dass die bisherigen Diskussionen um die Gewaltdarstellungen in den Medien und ihre rechtlichen Konsequenzen z. B. für den Jugendschutz einer Revision bedürfen. Die Medienpolitik und -gesetzgebung scheint nur den idealen Gesamtzuschauer zu kennen, eine Fiktion, die die Rezeptionsforschung überzeugend widerlegt hat.

Durch die konstruktivistische Sicht und Einbeziehung des *produktiven Zuschauers* (WINTER 1995) in den Prozess der Filmrezeption werden die weitgehend auf dem Reiz-Reaktion-Schema beruhenden Gesetze gegen Gewaltdarstellungen in den Medien deutlich relativiert. Eine Revision oder wenigstens kritische Diskussion dieser Gesetze ist umso weniger zu erwarten, als der Gesetzgeber unter dem Eindruck spektakulärer Amokläufe und der von den Medien konstruierten Kausalität (»Der Täter war Konsument von Horrorvideos – da musste es ja so kommen«) von der Öffentlichkeit eher dazu aufgefordert wird, die Vorschriften für den Jugendschutz zu verschärfen. Anders als ästhetische Reflexionen können also mediensoziologische Ansätze unmittelbare politische Konsequenzen haben.

Dies zeigt, dass Filme als Objekt wissenschaftlicher Erkenntnis nur interdisziplinär erschlossen werden können. Es ist fraglich, ob es jemals eine Filmwissenschaft geben kann, die ihr eigenes Paradigma gegenüber den etablierten Disziplinen abgrenzen kann. Auch andere Objekte lassen sich aus der Sicht einer einzelnen Disziplin oder gar nur einer einzigen ›Schule‹ analysieren. Das Ergebnis wird immer davon abhängen, was vom jeweiligen Begriffsradar eingefangen wird und was darunter herfliegt. Wer, wie etwa die auf der Psychoanalyse beruhenden Methoden, in Filmen Urängste und kollektive Archetypen der Erinnerung sucht, wird sie auch finden, zumal das eigentlich zu Beweisende – die tatsächliche Existenz von ›Urängste‹ bei Regisseuren und Zuschauern – konzeptionell vorausgesetzt wird: Wer sie bestreitet ›beweist‹ damit nur, dass er sie ›verdrängt‹ (vgl. LAPLANCHE/PONTALIS 1972). Kristin Thompson spricht in diesem Zusammenhang von der »Plätzchenform-Variante, die aus jedem Film Kastrationsängste ausstanzt oder feststellt, dass ›wer über den Blick verfügt, auch über die Macht verfügt‹« (THOMPSON 2001: 427). Was methodisch als Entlarvung inszeniert wird, ist wissenschaftstheoretisch ein hermeneutischer Zirkel.

Immanente Interpretationen sind ein wichtiger Zugang zum Film als Kunstform. Sie erlauben Vergleiche mit anderen Künsten und können Entwicklungen des Stils, der Sprache oder der Codierung von Filmen untersuchen. Aussagen über die Wirkung der Filminhalte auf die Gesellschaft oder bestimmte Zuschauergruppen sind mit diesen Methoden nicht möglich. Auch die Frage nach den Wechselwirkungen zwischen Filmen und Gesellschaft (Wie verändern Filme die Gesellschaft, die ihrerseits den kulturellen und sozialen Rahmen für die Produktion von Filmen bereitstellt?) bedarf zu ihrer Klärung anderer Kategorien und Ansätze. Da der Film auch eine Kunstform ist, wären hier z. B. Ansätze aus der Kunstsoziologie geeignet. Aufgrund der Tatsache, dass ein Film auch ein Wirtschaftsgut ist, darf man die Bedingungen der Produktion nicht außer Acht lassen. Das öffnet den Blick auf die arbeitsteiligen und vernetzten Strukturen der Filmproduktion und die darin handelnden Akteure sowie ihre Interessen.

Schließlich haben Filme aus der Sicht ihrer Macher und Zuschauer erwünschte und unerwünschte Wirkungen. So sind es die expliziten und erwünschten Ziele der Filmpolitik in Deutschland und in der EU, den deutschen bzw. europäischen Film sowohl als Kulturgut als auch als Ware zu fördern (MAI 2001). Als Indikatoren für den Erfolg gelten u. a. Auszeichnungen und Preise bei Festivals und vor allem die Reichweite und der Anteil am Weltmarkt. Als unerwünschte Wirkungen von Filmen und ihrer Rezeption gelten u. a. die Verbreitung sozialer und kultureller Klischees. Dabei wird in der Regel ein naives Medienwirkungsmodell unterstellt, das zwar nicht dem medienwissenschaftlichen aber dem politischen Diskussionsstand genügt.

2. Filme als Faktoren der gesellschaftlichen Integration

Ob beabsichtigt oder nicht: Filme haben einen Einfluss auf die gesellschaftliche Integration. Allein dadurch, dass in vielen Kulturen weltweit zum Teil die gleichen Filme gesehen werden, sind sie soziologisch und kulturell relevant. In den verschiedensten Gesellschaften der Welt sind sie ein Thema für die Alltagskommunikation. Fast in der ganzen Welt sind die Stars und Geschichten von *Baywatch, James Bond, Raumschiff Enterprise* u.v.a. bekannt. Ein gesellschaftlicher Zusammenhang beruht wesentlich auf der Möglichkeit, gemeinsam interessierende Themen zu finden, über die man sich austauschen kann. Die Kommunikation über Filme geht weit über die Fankulturen hinaus und kann soweit gehen, dass derjenige, der z. b. noch nie einen Bond-Film gesehen hat, ein Problem hat, sich in alltäglichen Kommunikationen einzubringen.

Die globale Verbreitung von Filmen wird aber auch kritisch gesehen. Fast alle dieser ›Blockbuster‹ kommen aus Hollywood und liefern damit nicht nur einen Themenvorrat für Alltagsgespräche, sondern auch Werthaltungen und Rollenmuster. Zwar sind auf den Filmfestivals und in den kulturellen Nischen des Fernsehens umgekehrt auch Filme aus anderen Kulturen bei uns zu sehen. Sie finden aber selten einen kommerziellen Filmverleiher und daher auch kein Massenpublikum. Ursache dafür ist nicht die künstlerische Qualität der Filme, sondern die erdrückende ökonomische Dominanz der us-amerikanischen Filmwirtschaft. Jugendliche in aller Welt lernen über das Medium Film Vorbilder, Rollenangebote oder auch nur den Jargon typisch amerikanischer Subkulturen (z. B. den von Jugendgangs oder Polizisten) kennen, an die sie sich ihr Leben lang erinnern. Sie bilden unbewusst einen Maßstab für die eigene Kultur und nicht nur Kulturkritiker, sondern auch ideologisch motivierte Zensoren in vielen Ländern, denen der westliche Lebensstil zuwider ist, sehen in diesen Filmen die Gefahr der Entfremdung von den eigenen Wurzeln. Während in der ganzen Welt ›Hollywood‹ zu einem Symbol für den amerikanischen ›Kulturimperialismus‹ geworden ist, zeigte sich während des us-Wahlkampfes 2004, dass ›Hollywood‹ innerhalb der USA eher für unamerikanisches, ja europäisches Denken steht. »Unter dem Strich sind die Politikstrategen des Weißen Hauses offenbar zu dem Schluss gekommen, Front gegen Hollywood zu machen« (SCHRÖDER 2004).[3]

---

3   In der Wahlkampfrede George W. Bushs am 25.10.2004 in Davenport, Iowa, heißt es: »Most American families do not look to Hollywood for a source of values. The heart and soul of America is found in caring and loving communities like Davenport, Iowa.«

In jüngster Zeit wird im Zusammenhang mit den Ursachen des Terrors auch die Erfahrung der eigenen Unterlegenheit gegenüber der westlichen Zivilisation diskutiert. Filme haben nicht nur die oft unterstellte Funktion der Ablenkung von der eigenen Situation, sondern offenbar auch die der Erzeugung von Hass und Frustration. Seit der Diskussionen über die Terrorursachen ist auch die Frage auf die medienwissenschaftliche Agenda gerückt, ab wann z. B. die Rezeption von *Baywatch* nicht mehr als Ablenkung, sondern als Aufruf verstanden wird, die hinter diesen Episoden stehenden Werte zu bekämpfen. Was für die Kulturwissenschaft nur eine andere, dekonstruktivistische ›Lesart‹ darstellt, bekommt für die Kulturpolitik eine völlig divergente Dimension: Inwieweit kann und darf der westliche Lebensstil als Vorbild für andere Kulturen dienen, ohne als Provokation zu gelten und durch Terror dafür bestraft zu werden?

Die sozialisierende Funktion von Medien ist in den Sozialwissenschaften schon früh erkannt und herausgearbeitet worden. Der Film ist in seiner Funktion als Sozialisationsinstanz stärker geworden, weil seine Verfügbarkeit über die Kanäle Kino, Fernsehen, DVD und Internet deutlich gestiegen ist und in immer mehr Wohn- und auch Kinderzimmern die entsprechende Hardware vorhanden ist. Kinder und Jugendliche werden heute eher mit Filmen groß als mit einer ›Normalfamilie‹, zumal gerade das Fernsehen im Vorabendprogramm diese Zielgruppe durch die Daily Soaps maßgeschneidert anspricht. Medienkompetenz, der selbstbestimmte und kreative Umgang mit Medien aller Art, ist daher viel mehr ein Problem für ältere Menschen. Die in der Tradition der *Frankfurter Schule* stehende Kulturkritik hat in den Massenmedien nur die Bewusstseinsindustrie erkannt, die für den Verblendungszusammenhang in unserer Gesellschaft verantwortlich sei. David Riesman (1958) hat dagegen zur gleichen Zeit auch die positiven Potenziale von Filmen gesehen. Geblieben ist bis heute die Ambivalenz beider soziologischer Schulen in der Beurteilung der gesellschaftlichen Funktion von Filmen.

Die Befreiung des Individuums von seinen häufig als autoritär und repressiv empfundenen Bindungen im produktiven und reproduktiven Bereich wurde einerseits als Emanzipation begrüßt, andererseits als Verlust und Zerstörung einer natürlichen Harmonie beklagt. Hinter diesen unterschiedlichen Bewertungen stehen zwei miteinander unvereinbare Fortschrittskonzepte: Während die konservative Weltsicht die vermeintlich natürliche Einheit zwischen Mensch und Natur wieder herstellen will, geht es der liberalen Weltsicht gerade um die Befreiung des Menschen aus möglichst vielen Bindungen im Sinne der Aufklärung. Die kulturellen und politischen Krisen Ende des 19. Jahrhunderts haben gezeigt, dass das Individuum mit der Übernahme der Verantwortung, als Kehrseite seiner Emanzipation, überfordert war. Die Dialektik der Aufklärung wurde mit fortschreitender Emanzipation sichtbar: Der Einzelne ist zwar befreit, aber er hat Angst vor dieser Freiheit. Aus dieser »Furcht vor der Freiheit« (Erich Fromm) kann künstlerische Kreativität aber auch die Flucht in individuelle Neurosen und totalitäre Ideologien erwachsen.

Die moderne Gesellschaft ist wesentlich eine Multioptionen-Gesellschaft, die es dem Einzelnen ermöglicht, seinen Lebensentwurf weitgehend selbst zu bestimmen. Welchen Beruf man erlernen, welche Tätigkeit man ausüben, mit welchen Partner man zusammenleben und welchen Verpflichtungen man nachgehen will, ist heute weit weniger festgelegt als vor zwei oder drei Generationen. Was aber hält eine Gesellschaft noch zusammen, wenn die traditionellen Bindungen zur Familie, zur Gemeinde, zu den Kollegen am Arbeitsplatz immer brüchiger werden? Es ist kein Zufall, dass gerade in vermeintlich aufgeklärten und materiell gesicherten Gesellschaften antimoderne Strömungen immer stärker und sogar ein ernst zu nehmender politischer Faktor geworden sind. Die Selbstverständlichkeit, mit der frühere Generationen ihre Rollen und auch ihre Werthaltungen erworben haben, ist heute weitgehend verloren.

Je mehr stabile Beziehungen in den Elternhäusern, in den Schulen, zum Wohnumfeld und an den Arbeitsplätzen abnehmen, umso wichtiger wird die Rolle der Medien, vor allem des Fernsehens, als Sozialisationsinstanz. Was für konservative Kulturkritiker zwar der endgültige Beweis dafür ist, dass unsere Gesellschaft der Erneuerung und Besinnung auf traditionelle Werte bedarf, lässt sich auch als Chance sehen, seine Identität aus mehreren Sinnangeboten weitgehend selbst zu bestimmen. Es ist schließlich kein Wert an sich, in ein vorgegebenes soziokulturelles Milieu schicksalhaft eingebettet zu sein. Viele erleben gerade dies als ihr Schicksal, dem sie entkommen möchten. Es ist aber ein Unterschied, ob man freiwillig auf diese Bindungen verzichtet oder ob man in eine Gesellschaft hineingeboren wird, die keine natürlichen Solidaritäten und verbindlichen Werte mehr kennt. Die Suche nach Orientierung und eindeutigen Werten ist einer der Gründe für die Attraktivität fundamentalistischer und totalitärer Ideologien in der Moderne.

Es ist nicht nur das Schwinden der traditionellen Bindungskräfte in der Gesellschaft, sondern auch die wachsende globale Präsenz der Medien, die ihre Bedeutung als Vermittler von Sinnangeboten ausmacht. Medien – insbesondere Filme – spielen aber auch eine immer größere Rolle als Teil des kollektiven Gedächtnisses in einem Land und – teilweise länderübergreifend – in einer Generation. Wenn z. b. über 10 Millionen Zuschauer in Deutschland den Film *Der Schuh des Manitu* (2001) gesehen haben, ist die Wahrscheinlichkeit hoch, in zufälligen Gruppen im Bus oder im Urlaub auf Menschen zu treffen, mit denen man sich darüber unterhalten kann. Es gibt nicht allzu viele Ereignisse, über die man generationen- und schichtübergreifend kommunizieren kann. Filme und andere Bereiche der Populärkultur gehören zweifellos dazu. Die radikalen Kritiker der Kulturindustrie aus dem Umkreis der *Frankfurter Schule* konnten in den 1940er-Jahren nicht wissen, dass die Gesellschaft einmal froh darüber ist, überhaupt noch über etwas zu verfügen, was sie wie der »Kulturkitt« zusammen hält (MAI 2003).

In der Vergangenheit waren die jeweilige Nationalgeschichte, ihre Mythen und Symbole die wichtigsten Quellen für die kulturelle Identität. Ihre Vermittlung fand in allen Schulen statt und die Praxis der Gedenktage und Traditionspflege tat ihr Übriges, um eine kollektive Identität auf der Basis eines Fundus gemeinsamer Erfahrungen zu formen. Das alles geschah in einem nationalen Rahmen. Kollektive Identität war immer auch aggressive Abgrenzung der eigenen gegenüber der anderen Kultur. Die gegenwärtigen Konflikte auch in Europa zeigen, dass dieses Denken noch virulent ist und z. B. eine kollektive europäische Identität (vgl. *Bergedorfer Gesprächskreis* 2003), wie die Diskussionen um eine Europäischen Verfassung gezeigt haben, nicht so recht gelingen will. Gelungen ist zweifellos die Orientierung an der internationalen Popkultur, die trotz aller lokalen Aneignungen die ›Leitkultur‹ in der modernen Gesellschaft schlechthin ist.

Sie ist es auch, die weite Teile einer Generation über alle Grenzen hinweg zusammenführt. Über Songs, Mode und Filme kann man mit Jugendlichen in der ganzen Welt reden – weil eben dies ein wesentlicher Teil ihrer Welt ist. Dabei ist es fast unerheblich, ob die Pop- und Unterhaltungskultur in einer offenen Gesellschaft oder gegen den Widerstand der offiziellen ›Leitkultur‹ rezipiert wird. Dennoch gibt es in jedem Land einen Fundus an Filmen, der für die spezifische nationale Geschichte und Identität eine besondere Rolle spielt. Was früher die großen Erzählungen, die Nationalepen waren, das sind heute teilweise Filme. Sie haben im kollektiven Gedächtnis die Stelle der historischen Gedenktage verdrängt. Obwohl viele Filme an den Eigenarten der jeweiligen Nationalkultur (etwa beim Humor oder beim Verhältnis zu Autoritäten) anknüpfen, sind sie in der Regel nicht mehr wie die klassischen Mythen und Epen nationalistisch. Das national-kulturelle Erbe von Filmen ist längst ein Motiv der europäischen Filmpolitik, insbesondere auch der Bundesregierung. Sie hat z.B. 2003 erstmalig einen Kanon von Filmen vorgestellt, der auch an den Schulen vermittelt werden soll.

Filme wie *Rosen für den Staatsanwalt* (1959), *Die Ehe der Maria Braun* (1979), *Der bewegte Mann* (1994), *Good Bye, Lenin* (2003) u.a. haben zu verschiedenen Zeiten in Deutschland ein großes Publikum gefunden und sind weit mehr im Gedächtnis verankert als nationale Gedenktage oder literarische Klassiker. Vor allem auch deshalb, weil sie das Lebensgefühl einer Generation treffen und ihm filmischen Ausdruck verleihen. Sie haben darüber hinaus auch Diskurse über typisch deutsche Probleme angeregt und sind damit auch politische Filme. Im Ausland dagegen sind diese Filme selten in die großen Kinos gekommen. Selbst die besten unter den deutschen Produktionen laufen fast nur in studentischen Filmclubs oder im Rahmen von German Studies an den Universitäten.[4] Andererseits sind Produktionen aus Hollywood nicht nur überall in Europa präsent. So prägen etwa auch die zahlreichen Beziehungskomödien das Lebensgefühl einer Generation von Großstadtsingles, deren Probleme in der ganzen Welt offenbar die gleichen sind.

3. Film als ›content‹ multimedialer Verwertungsketten – die Rolle des Fernsehens

Filme wurde in ihrer Pionierzeit als Pausenfüller in Varietés und auf Jahrmärkten gezeigt und erst das Kino ermöglichte nicht nur eine andere Art der Rezeption, sondern auch die Entstehung der rasch expandierenden Filmindustrie (WALDERBERG/ARPE 1956; PAECH 2000). Schon zu Beginn des 20. Jahrhunderts war Hollywood eines der ökonomisch und künstlerisch bedeutsamsten Zentren des Filmschaffens. Trotz aller Krisen (ENGELL 1992: 189) hat Hollywood seine Position festigen können und ist heute unangefochten das Zentrum der Filmindustrie schlechthin. Das

---

4 Eine der wenigen Ausnahmen ist *Good Bye, Lenin*, der auch in Frankreich und England beachtliche Zuschauerzahlen hatte. Komödien, die in deutschen Kinos Erfolg hatten, floppten dagegen fast immer im Ausland.

gilt nicht nur für technische, organisatorische und ästhetische Innovationen, sondern auch für den Vertrieb von Filmen. An Masse ist nur die indische Filmindustrie (›Bollywood‹) der amerikanischen überlegen. Die europäische Filmwirtschaft mit ihren traditionellen Produktionsstätten in Paris, Rom, Berlin, Madrid, Stockholm und London fällt dagegen weiter zurück und wäre ohne staatliche Hilfen nicht existenzfähig.

Längst ist die Rezeption von Filmen nicht mehr an das Kino gebunden, sondern ist seit der Verbreitung des Fernsehens in den 1950er-Jahren und später des Videorecorders sowie der DVD auch in den eigenen vier Wänden möglich. Zunächst schien es, als sei das Fernsehen der Grund für den Niedergang der Filmwirtschaft, da die Kinobesuche in dem Maße zurückgingen wie das Fernsehen zum Massenmedium wurde. Vor allem die deutsche Filmwirtschaft und fast alle Filmemacher erkannten im Fernsehen den Totengräber des Films und lehnten jede Kooperation mit dem neuen Medium ab. Heute ist es gerade das Fernsehen, das der Filmwirtschaft zu einer neuen – wenngleich im internationalen Maßstab kleinen Blüte – verholfen hat. Durch die Einführung des privaten Fernsehens 1984 entstand ein gewaltiger Bedarf an Serien, Filmen, Shows, Daily- und Weekly Soaps und anderen Sendeformaten, der zumindest in den vier deutschen Filmregionen – Berlin, München, Köln und Hamburg – einen Boom auslöste (SEUFERT 1999).

Obwohl die Produktion von Spielfilmen nur eines von mehreren Standbeinen der immer mehr zusammenwachsenden Film- und Fernsehwirtschaft war, wurde sie durch die regionalen Filmförderungsinstitutionen der Länder seit den 1990er-Jahren zunehmend unterstützt, wogegen die Förderung des Bundes – die Filmförderungsanstalt FFA – stetig an Bedeutung verlor. Mit der Filmförderung durch die in erster Linie aus standortpolitischen Gründen geschaffenen Filmstiftungen der Länder (vor allem in Berlin-Brandenburg, Hamburg, Nordrhein-Westfalen und Bayern) wurden auch die Grenzen zwischen Kinofilm und Fernsehfilm zunehmend verwischt und so u.a. das neue Format des ›TV-Movie‹ geschaffen, das die bestehende Kunstgattung ›Fernsehspiel‹ fast völlig verdrängt hat (NIELAND 1996: 179). In den Filmstiftungen der Länder sind neben den jeweiligen Landesregierungen auch private und öffentlich-rechtliche TV-Anstalten Gesellschafter. Deren Interesse besteht vor allem an interessanten Filmstoffen und Drehbüchern, um sie für ihre Programm- und Markenpolitik zu sichern. Die ideale Verwertung eines Films aus der Sicht einer TV-Anstalt sieht so aus, dass er zunächst im Kino ausgewertet wird, dann zur Primetime im Fernsehen ausgestrahlt und anschließend nach Wiederholungen im eigenen Sender eventuell an andere Interessenten verkauft wird. Durch den Verkauf von Rechten vor allem ins Ausland, auf dem Video- und DVD-Markt sowie Merchandising werden weitere Erträge erzielt, die einen Film ›rechnen‹.

Die Politik der Filmstiftungen und der TV-Anstalten hat Konsequenzen für die Produktion von Filmen. Da von vornherein mit der mehrstufigen Verwertungskette für Filme gerechnet wird, gibt es eigentlich kaum noch echte Spielfilme, die in erster Linie für das Kino produziert werden. Kaum ein deutscher Produzent kann und will dieses Risiko tragen, ohne eine TV-Anstalt und/oder eine der regionalen Filmstiftungen mit ins Boot zu nehmen. Damit sind auch die Folgen für die Formen und Inhalte der so produzierten ›Movies‹ verständlich. Ausschlaggebend sind die Bedürfnisse des Fernsehens an bestimmten Stoffen. Je mehr durch die Vielzahl der Fernsehsender die Unterscheidbarkeit für Zuschauer und Werbewirtschaft schwieriger wird, umso bedeutender stellt sich eine gezielte Markenstrategie für die einzelnen Sender dar – das ›Branding‹. Eines der wichtigsten Instrumente, sich im wachsenden Fernsehmarkt durch ein unverwechselbares Profil zu unterscheiden, ist die Produktion von image- und markenbildenden Filmen. Obwohl, wie das Beispiel des Senders RTL2 zeigt, der Ende der 1990er-Jahre eine Reihe anspruchsvoller TV-Movies in Auftrag gab und diese mit großem Aufwand bewarb, diese Strategie nicht immer den erhofften Effekt erzielt, wird das Image eines Senders wesentlich durch die Inhalte und Qualität der Filmproduktionen bestimmt.[5] »Mit diesem Genre setzen die Anbieter ihre Programmhighlights« (NIELAND 1996: 179).

Der Wettbewerb um Zuschauer und Werbeerträge auf dem Fernsehmarkt ist auch eine der Hauptursachen für die wachsende Konzentration der Filmproduktionsfirmen (FORMATT 2000). Inzwischen gibt es kaum noch Produzenten, die wirklich unabhängig sind und nicht zu einer der Senderfamilien gehören. Aus der Sicht des Fernsehens ist dies nur konsequent: Auf diese Weise sichern sie sich den Zugriff auf interessante Stoffe und Drehbücher, die sie andernfalls auf einem freien Markt erwerben oder der Konkurrenz überlassen müssten. Aus diesem Grund sind die TV-Anstalten auch an den regionalen Filmstiftungen beteiligt. Da den Filmstiftungen durch die nach wie vor existierende freie Produzenten- und Autorenlandschaft ständig Projekte

---

5   Diese kann so gut sein, dass ein eigentlich nur pro forma ins Kino gebrachter Film (wie der vom ZDF produzierte Film *Musterknaben* [1997]) dort so erfolgreich ist, dass er erst später ins Fernsehprogramm übernommen wird.

vorgeschlagen werden, können vielversprechende Stoffe, Drehbücher oder Talente entdeckt und für den eigenen Bedarf gebunden werden.

Die Kritik, dass die Filmstiftungen durch den Einstieg der Fernsehanstalten noch mehr zu einer *Fernseh*förderung und damit zu einer Selbstbedienung für die Sender geworden ist, kann auch mit Hinweisen auf die formale Unabhängigkeit der Fördergremien innerhalb der Filmstiftungen nicht völlig entkräftet werden. Das Geld, das die TV-Anstalten in die regionale Filmförderung investieren, ist aus ihrer Sicht gut angelegt, zumal die Alternative, sich auf dem freien Markt die Stoffe und Rechte sichern zu müssen, kostspieliger und risikoreicher wäre. Dennoch bleibt festzuhalten, dass durch das Fernsehen zwar die Filmproduktion in Deutschland stabilisiert und vor der Marginalisierung bewahrt werden konnte, aber durch die ästhetische und inhaltliche Orientierung an den Bedürfnissen des Fernsehens ist das eigentliche Filmschaffen – die Produktion auch für den internationalen Markt geeigneter Filme – zu einer riskanten Randaktivität geworden.

Mit der Erfindung des Internet und der DVD sind seit Mitte der 1990er-Jahre weitere Kanäle für die Verbreitung und Rezeption von Filmen entstanden – und neue Probleme für die Filmwirtschaft. Ähnlich wie die Musikindustrie beklagt auch die Filmbranche durch das Herunterladen von Filmdateien in so genannten ›Tauschringen‹ – nach dem Vorbild *Napster* (GROSS 2003: 25) – Verluste. In bestimmten Subkulturen ist es Standard, schon vor der Weltpremiere eines Films die entsprechende Datei aus dem Cyberspace herausgefischt, auf CD gebrannt und im Freundeskreis ›getauscht‹ zu haben. Dennoch ist die Integration der Filmproduktion in multimediale Verwertungsketten für die Filmwirtschaft eher ein Erfolg. Ohne die ständige Zulieferung mit Inhalten (›contents‹) wie Musik oder Filmen macht die gesamte Infrastruktur von Kabelnetzen, Satelliten, Endgeräten, Servern, Rundfunksendern und Spielkonsolen wenig Sinn. Unterhaltung ist in einer Freizeitgesellschaft die killer-application für das Internet und andere informationstechnische Innovationen schlechthin. Dagegen sind die Nutzungen dieser Infrastruktur etwa zu wissenschaftlichen und kulturellen Zwecken fast vernachlässigbar und auch die Beschränkung des Internets auf geschäftliche Interaktionen hätte niemals zu seiner schnellen Verbreitung geführt. Viele Betreiber von Kabelnetzen und Hersteller von Endgeräten haben dies erkannt und versucht, die Produktion von Filmen durch den Kauf von Studios in den Griff zu bekommen. Wirtschaftliche – die Preise für Studios waren aufgrund der gestiegenen Nachfrage deutlich angestiegen – und kartellrechtliche Gründe haben teilweise verhindern können, dass von der Drehbuchwerkstatt über den Vertrieb bis zum Decoder und Kabelzugang alles von einem einzigen Multimediakonzern gesteuert wird.

4. *Künstlerische Autonomie und Kreativität*
   als Grundlagen des Filmschaffens

Die Gründe, warum die Filmpolitik sowie Marketing und Marktforschungen der Filmwirtschaft so oft ihr Ziel verfehlen, nämlich Filme erfolgreich in den Kinos zu platzieren, liegen in der Unkalkulierbarkeit der Publikumsgunst und im künstlerischen Kern jeder Filmproduktion. Das unterscheidet Filme von anderen Wirtschaftsgütern. Bei Industrieanlagen, Autos oder Investitionsgütern lassen sich in etwa Bedarfe und Trends erkennen, auf die die Hersteller reagieren und die sie teilweise beeinflussen können. Bei einem Filmprojekt dagegen ist selbst die größte Marketingkampagne nicht in der Lage einen Flop zu verhindern und umgekehrt kann eine mutige Produktion scheinbar gegen jede Vernunft unerwartet ein Erfolg werden. Wer weiß denn schon, wann Gladiatoren- und Piratenfilme wieder erfolgreich sind und wann die Mode der Katastrophen- und Mysteryfilme vorbei ist? Während z.B. die Automobilindustrie durch Markt- und Lebensstiluntersuchungen in etwa unterscheidet, welche sozialen Milieus über welche Kaufkraft und welchen Distinktionsbedarf verfügen, steht der Filmindustrie eigentlich nur die Intuition der Produzenten zur Verfügung, die einfach mal eine Produktion riskieren.

Die Filmgeschichte ist reich an Geschichten von Drehbuchautoren und Regisseuren, die die Studios und Produzenten überzeugen wollten, dass jetzt die Zeit für einen bestimmten Stoff gekommen sei. Oft wurden abgelehnte Drehbücher von Außenseitern und mutigen Verleihern dennoch Erfolge. Das ist es schließlich, was den besonderen Reiz des Filmschaffens ausmacht: Jeder von den ›Studiobossen‹ abgelehnte Drehbuchautor fühlt sich durch Beispiele wie das von Jim Jarmusch u.a. ermutigt, die es später mit ihrem Erfolg allen gezeigt haben. Das Filmschaffen ist trotz aller Technisierung und Industrialisierung wesentlich auf die künstlerischen und kreativen Potenziale seiner Akteure angewiesen. Zwar müssen alle an der hoch arbeitsteilig organisierten Filmproduktion ihr Handwerk als Autor, Kameramann, Beleuchter, Schauspieler, Regisseur, Tonmeister,

Cutter, Aufnahmeleiter etc. verstehen. Aber fast alle Filmberufe haben ein Selbstverständnis, das Professionen ähnelt. So verfügen sie z.b. über berufsspezifische Qualitätsmaßstäbe, die sie eher informell als in formellem Ausbildungswegen, die es teilweise nicht einmal gibt, tradieren. Die Elite unter den jeweiligen ›Filmhandwerkern‹ besteht aus international gefragten Partnern für Filmproduktionen, die häufig über eigene Firmen verfügen. Nicht nur gute Studios wissen die professionelle Qualität dieser Spezialisten zu schätzen, sondern auch Cineasten erkennen die ›Handschrift‹ bestimmter Kameraleute und Filmarchitekten.

Mit dem Einzug der Digitaltechnik und spezieller Software in die Filmproduktion sind die Spezialisten für Spezialeffekte[6] fast schon zu Garanten für erfolgreiche Filme geworden, da sich das Publikum an diese Spezialeffekte gewöhnt hat und eine perfekte Technik einfach erwartet. Jede Produktion setzt internationale Standards, hinter denen die nächste Produktion nicht mehr zurückfallen darf. Die ständige Perfektionierung computergestützter Effekte wie Morphing, extreme Zeitlupen oder die Erzeugung neuer Charaktere etwa in den Filmen *Men in Black* (1997), *Mars attacks!* (1996), *Matrix* (1999) u.a. ist zu einem Selbstzweck geworden, der seine eigenen Maßstäbe und Anhänger geschaffen hat, die allein wegen der Special Effects diese Filme sehen wollen. (Dass andere Zuschauer auf die oft dürftige Handlung oder Story in diesen Filmen hinweisen, halten die Fans technischer Effekte eher für ein Missverständnis.) Während auf der einen Seite also Filme produziert werden, die im Wesentlichen den jeweiligen ›Stand der Technik‹ in Szene setzen, gibt es immer mehr Regisseure, die die neuen Techniken als erweiterte künstlerische Möglichkeiten erkennen und nutzen. Einen Technikdeterminismus gibt es beim Filmschaffen daher ebensowenig wie bei der Musikproduktion.[7] Die hohen Kosten computergestützter Filme haben in letzter Zeit die Filmstudios und die Hersteller interaktiver Videospiele einander näher gebracht. Inzwischen scheinen die Spielehersteller nicht nur technisch gegenüber

---

6   Typisch dafür ist die Firma Industrial Light and Magic (ILM), die mit ihren Effekten Standards in der Filmproduktion gesetzt hat. Die Bedeutung der Technik für das Filmschaffen zeigt sich auch im Börsenwert eines der mit über 700 Mitarbeitern größten Trickfilmstudios, den Pixar Animation Studios, die an der Börse etwa 5 Milliarden Dollar wert sind (Stand: Januar 2005).

7   Volker Kalisch vertritt demgegenüber die Ansicht, dass »jede Computeranwendung, jedes computergenerierte Erzeugnis von politischen und wirtschaftlichen Kalkülen durchdrungen [ist] und [...] deshalb beständig Gefahr [läuft], von ihnen aufgesogen und nihilisiert zu werden« (KALISCH 2003: 49).

der Filmwirtschaft die Oberhand zu gewinnen, sondern geben zunehmend auch die Erzählstruktur von Filmen vor: »Warum sollten sich Computerspiele den ästhetischen und erzählerischen Konventionen einer über hundert Jahre alten Kunstform unterwerfen?« (KLEINGERS 2004). Damit sich die Filme rentieren, enthalten einige vermehrt spieltaugliche Szenen, um sie später auf dem Spielemarkt auswerten zu können. In jedem Fall werden die Sehgewohnheiten des Filmpublikums zunehmend durch die weite Verbreitung von Computerspielen beeinflusst.

Die neuen Techniken haben die Filmproduktion fast auf jeder Produktions- und Vertriebsstufe verändert: Bei der Aufnahme und Nachbearbeitung schon jetzt sowie in naher Zukunft durch komprimierte Dateien, die via Satellit oder Internet in die Kinos und auf die Festplatten individueller PCs kommen. Aber es ist immer noch der Regisseur, der souverän über die Hard- und Software verfügt und ihre Potenziale nutzt. Auch die Berufsbilder und Kompetenzen der anderen Filmschaffenden haben sich durch die Technik verändert. Geblieben sind aber ihr Habitus an Anspruch als Künstler und Kreativer, der sie von den Facharbeitern in der industriellen Fertigung unterscheidet. Zwischen der Welt der Industrie und der des Films lassen sich immerhin Annäherungen feststellen. Während in der Industrie schon seit längerer Zeit immer flexiblere Formen der Arbeitsorganisation eingeführt werden, ist in der Film- und Fernsehproduktion umgekehrt eine verstärkte Standardisierung und Industrialisierung festzustellen. Typisches Beispiel dafür sind die Weekly- und Daily Soaps, die quasi wie am Fließband produziert werden.

Der künstlerische Kern des Filmschaffens, die kreative Orientierung an Stoffen, Genres, Erzählstrukturen, Traditionen und Fantasien, die selbst in den billigsten Produktionen noch entfernt erkennbar sind, machten Filme letzten Endes zu einem sperrigen Objekt für heteronome Zielsetzungen. Nicht nur die Produzenten und Studios bekommen das zu spüren, sondern auch die Politik, die eine bestimmte Art von Filmen erwartet. In totalitären Systemen war und ist Filmpolitik immer in den Dienst der Propaganda und Umerziehung im Sinne des Regimes gestellt. Schließlich verdankt sich auch die Entstehung der deutschen Filmindustrie wesentlich der Tatsache, dass der Film im Ersten Weltkrieg von der deutschen Heeresleitung als Propagandainstrument entdeckt und systematisch eingesetzt wurde, nachdem es die Alliierten vorgemacht hatten.

Die Geschichte des deutschen Films während des Faschismus zeigt, wie Massenmedien in einem totalitärem Regime vollständig für politische Ziele instrumentalisiert werden können. Erreicht wurde dies nicht nur durch Zensur und Verbot unliebsamer Filme (etwa *Im Westen nichts Neues* [1930]), sondern auch durch deutliche Vorgaben an die Filmemacher und nicht zuletzt durch Terror gegenüber jüdischen Filmkünstlern. Das Reichspropagandaministerium als letzte Instanz für die gesamte Kultur in Deutschland[8] war, abgesehen von expliziten Propagandafilmen zu Beginn des Dritten Reiches wie *Hitlerjunge Quex* (1933) oder *Jud Süß* (1940), später in erster Linie an Unterhaltungsfilmen interessiert, die scheinbar unpolitisch waren. Es war sogar verpönt, explizit politische Themen anzusprechen. Die heile Welt in den Filmen der Nazizeit sollte vom Kriegsalltag ablenken und zum Durchhalten ermutigen (wie in dem noch kurz vor Kriegsende fertiggestellten Film *Kolberg* [1945]).

Die Film- und Kulturpolitik in totalitären Regimen zeigt, dass Filme verboten und ihre Macher, die auf ihrer Autonomie bestehen, eingeschüchtert oder verhaftet werden können. Es ist eigentlich müßig, in den Werken, die in totalitären Regimen entstanden sind, nach Spuren künstlerischer Autonomie oder des Widerstandes zu suchen. Dennoch gibt es auch in solchen Regimen nicht selten eine Subkultur oder private Nischen, die sich der totalen Kontrolle entziehen. Viele Filmemacher aus totalitären Regimen dürfen eigentlich nur im Ausland ihre Filme zeigen und müssen nach der Rückkehr von einem Festival mit ihrer Verhaftung rechnen. Spätestens seit der Ermordung des niederländischen Filmemachers Theo van Gogh[9] ist eine weitere, ›postmoderne‹ Variante der Zensur bekannt: Nicht nur staatliche Zensoren totalitärer Regime definieren die Grenzen des Erlaubten, sondern auch selbsternannte Wächter einer vormodernen Moral.

5.   *Die politische Dimension des Films –*
      Thesen zur aktuellen Filmpolitik

Der Film braucht wie jede Kunst Freiräume, um sich zu entfalten. Die historische Grundlage dafür ist die Entwicklung einer von Staat und

---

8   In der Verordnung des Reichskanzlers vom 30. Juni 1933 heißt es: »Der Reichsminister für Volksaufklärung und Propaganda ist zuständig für alle Aufgaben des geistigen Einwirkung auf die Nation [...]« (*Kunst im Dritten Reich* 1981: 34).
9   2004 wurde Theo van Gogh in Amsterdam auf offener Strasse von einem Migranten regelrecht hingerichtet. Van Gogh habe durch seinen Film, der sich kritisch und polemisch mit der Unterdrückung der Frauen im Islam auseinandersetzte, religiöse Gefühle verletzt. Dieser Fall löste in ganz Europa eine Diskussion über Toleranz, Integration und Gewalt aus.

Religion unabhängigen Sphäre der Kunst etwa seit der Renaissance. Philosophisch wurde vor allem durch Kant und Hegel die Kunst als Bereich sui generis erkannt und definiert. Die historische Entwicklung der Kunst und die Konzeption einer eigenständigen Sphäre des »interesselosen Wohlgefallens« (Kant) führte im 19. Jahrhundert zu einer »Neubestimmung des Verhältnisses von Staat und Kultur. [...] Der einzige Beitrag des Staates zur Kultur lag dann in der Abstinenz von jeder kulturellen Betätigung« (GRIMM 1987: 110). Soziologisch gesehen handelt es sich bei diesem Prozess um die Ausdifferenzierung eines gesellschaftlichen Subsystems mit einer eigenen Funktionslogik. Das bedeutet, dass ästhetische Fragen nur innerhalb der Kunst, die dafür Maßstäbe entwickelt hat, selbst beantwortet werden können und nicht von anderen Subsystemen wie dem der Wirtschaft oder dem der Politik. Ob ein Kunstwerk ein solches ist und welcher Rang ihm zukommt entscheidet also weder ein Parlament noch ein Gericht oder die Börse. Der Markt mag zwar den Preis eines Kunstwerks kennen, aber nicht seinen Wert.[10] Die unterschiedlichen gesellschaftlichen Subsysteme sind trotz ihrer Spezialisierung auf verschiedene Weise miteinander verbunden und voneinander abhängig. Schließlich gibt es in der Praxis nicht ›die Kunst‹, die als geschlossenes System ›der Politik‹ oder ›der Wirtschaft‹ gegenübersteht. Die individuellen und institutionellen Akteure aus diesen Subsystemen sind aufeinander angewiesen und legen z.B. in Verhandlungen ihre jeweiligen Interessen dar.[11] Eines der wichtigsten Interessen von Institutionen und Akteuren aus dem Bereich der Kunst (und damit auch des Films) ist die Wahrung ihrer Autonomie. Diese ist keine natürliche Systemeigenschaft, sondern sie muss von z.B. Künstlern, Stiftungen und Museen eingefordert und durch private Sponsoren, öffentliche Zuwendungen und Rechte gesichert werden. Die Autonomie der Kunst ist ebenso wie die der Wissenschaft und die des Rechts durch totalitäre Regime aber auch durch finanzielle Kürzungen ständig bedroht. In demokratisch verfassten Staaten wird die Autonomie der wichtigsten gesellschaftlichen Subsysteme in der Regel von der Verfassung garantiert, so z.B. im deutschen Grundgesetz, das die Freiheit von Wissenschaft und Kunst zu den Grundrechten zählt. »Die Grundrechte erkennen damit eine dem jeweiligen Kulturbe-

---

10 Dies unterscheidet – frei nach Oscar Wilde – den Zyniker vom Romantiker.
11 Das beweist nebenbei die Unhaltbarkeit der systemtheoretischen Annahme, dass moderne Gesellschaften im Wesentlichen funktional differenziert und zwischen den einzelnen Subsystemen nur strukturelle Kopplungen möglich seien.

reich innewohnende Eigengesetzlichkeit an, die sich nur unter Autono-
miebedingungen entfalten kann« (GRIMM 1987: 130).

Die politische Dimension von Kunst und von Filmen liegt nicht nur in
ihrem Bedarf an rechtlich garantierter Autonomie, sondern auch in ihren
Wirkungen auf die Menschen, wobei es unerheblich ist, ob diese Wirkungen,
wie im Falle von Propagandafilmen, von der Politik erwünscht oder – wie
bei regimekritischen Filmen – unerwünscht sind. Filmpolitik muss beide
Aspekte im Blick haben und dabei abwägen, ob die Autonomie des Filmschaffens höher zu bewerten ist als ein möglicher Verstoß z.B. gegen den
Jugendschutz. In der Praxis zeigt sich, dass die Schnittauflagen vonseiten
der Medienaufsichtinstitutionen eher großzügig sind. Fälle, in denen ein
Politiker die Förderung eines Filmes verweigert, weil der Film – nach seiner
persönlichen Auffassung – religiöse Gefühle verletzt, sind die Ausnahme.[12]

Die Filmpolitik in Deutschland liegt aufgrund ihrer Kulturhoheit in
erster Linie in der Kompetenz der Länder. Die Länder Bayern, Nordrhein-
Westfalen, Hamburg und Berlin/Brandenburg, die über eine nennenswerte
Filmwirtschaft verfügen, betreiben Filmförderung spätestens seit dem
Beginn des Privatfernsehens vor allem als Standortpolitik und damit als
Unterfall der Wirtschaftsförderung. Die dafür durch die Filmstiftungen
der Länder aufgebrachten Mittel übersteigen die des Bundes erheblich und
haben vor allem in den Regionen München/Unterföhring und Köln/Hürth
zu einer regionalen Blüte der Film- und Fernsehwirtschaft geführt. Der
Doppelcharakter von Filmen als Wirtschafts- und Kulturgut zeigt sich auch
in den Zuständigkeiten für die Filmpolitik. Als Wirtschaftsförderung ist
die Förderung von Filmen bei den Staatskanzleien und/oder Wirtschaftsmi-
nisterien angesiedelt. Trotz aller Besonderheiten der Filmwirtschaft geht
es hier im Wesentlichen um die Gewährung von Bürgschaften, den Ausbau
der Infrastruktur im Bereich Aus- und Weiterbildung sowie um die Zusam-
menarbeit mit den regionalen Filmförderungsinstitutionen. Die Entscheidung darüber, welches Filmprojekt gefördert wird, obliegt unabhängigen
Ausschüssen, in denen neben den Gesellschaftern auch Vertreter des öffentlichen Lebens sitzen. Entscheidend für die Förderung eines Filmprojekts
ist dabei nicht nur der vermutete wirtschaftliche Erfolg, sondern vor allem,
dass der Film im jeweiligen Bundesland produziert werden muss.[13]

---

12 Gemeint ist der Film *Gespenst* (1982) von Herbert Achternbusch, dem der damalige Innenmi-
nister Friedrich Zimmermann (CSU) einen Teil der Filmförderung verweigerte. 1992 erhielt
der Filmemacher Achternbusch vor dem OVG Münster Recht.
13 Das kann dazu führen, dass Filme wie *Die fabelhafte Welt der Amélie* (2001), *Farinelli* (1995) oder

Auf der anderen Seite gibt es die kulturelle Filmförderung, die bei den Kultusministern der Länder ressortiert. Hier geht es um die Förderung des Films als Kunst. Während bei der wirtschaftlich orientierten Filmförderung in erster Linie Produzenten gefördert werden, die dezidiert Vorstellungen über eine mögliche Auswertung in den Kinos und im Fernsehen haben, besteht die Klientel der kulturellen Filmförderung teilweise aus Anfängern und Produzenten, denen es primär um die ästhetische Qualität ihrer Produkte geht. Die kulturelle Filmförderung gilt auch als Talentschmiede, um sich später für die ›echte‹, d.h. wirtschaftliche, Filmförderung zu qualifizieren. Die Dualität zwischen kultureller und wirtschaftlicher Filmförderung kennzeichnet die Strukturen und Leitbilder der Filmpolitik in Deutschland.[14] Zwar sind die Grenzen mehr oder weniger fließend. Sie bieten aber auch immer wieder Anlässe für Grundsatzdiskussionen über die Ziele und Instrumente der Filmförderung.

Die Ausrichtung der Filmförderung am Markt war eine filmpolitische Konsequenz aus der Krise des deutschen Films seit dem Kriegsende. Drehbuchschreiber, Regisseure und Produzenten hätten sich unter Berufung auf die Autonomie der Kunst in den Gremien der Filmförderung selbst bedient und sich nur am elitären Geschmack der Gremienmitglieder orientiert statt den Publikumsgeschmack als Bezugsgröße überhaupt in Erwägung zu ziehen. Auf diese Weise entstanden so genannte ›Gremienfilme‹, die nie einen Verleiher fanden und damit dem Publikum entzogen wurden. Je mehr die Ausgaben für diese Art Filmförderung auch politisch gerechtfertigt werden mussten, umso mehr wurde dieses System in Frage gestellt und durch das Gegenteil ersetzt: Förderungswürdig ist heute in erster Linie, wer bereits

Das Wunder von Macon (1993) als ›deutsche‹ Filme gelten und als Erfolge der Filmstiftung Nordrhein-Westfalen gewürdigt werden, obwohl ihre Geschichte und ihr Ambiente nichts mit diesem Bundesland zu tun haben. Allerdings wurde ein erheblicher Teil dieser Filme in Kölner Studios gedreht und nachbearbeitet. Wegen der Förderung mit Mitteln der Filmstiftung NRW gelten sie offiziell als deutsche Filme, werden aber von in- und ausländischen Zuschauern als französische bzw. italienische Filme wahrgenommen – nicht zuletzt wegen der Regisseure und Schauspieler. Wen interessiert es schon, dass die Vertonung auf einem ehemaligen Zechengelände in Dortmund – bei den Ruhrsound-Studios – erfolgt ist?
14 Auch in der Schweiz gab es schon frühzeitig eine ähnliche Trennung von kultureller und wirtschaftlicher Filmförderung. Die Initiativen zur Rettung der Filmkultur und Abwehr von ›Kinoschund‹ sind mit denen in Deutschland vergleichbar. 1929 – später als in den europäischen Nachbarländern – wurde der Film in der Schweiz regierungsoffiziell als »geeignetes Instrument« entdeckt, »um im Ausland für die Schönheit der Schweiz und die Effizienz des eidgenössischen Verkehrswesens zu werben« (GANZ-BLÄTTLER 1998). Dafür fehlte der etwa in Deutschland und Frankreich vorhandene Bezug zur Kriegspropaganda, der während des Ersten Weltkrieges das staatliche Interesse am Film hervorrief.

durch einen erfolgreichen Film (Maßstab ist die Anzahl der Kinobesucher in Kombination mit Prädikaten) bewiesen hat, dass er das Handwerk versteht. Mit diesem System der ›Referenzfilmförderung‹ glauben die Filmstiftungen, das Risiko des Scheiterns zu minimieren.

Die Bundesregierung hat sich dagegen – insofern lässt sich von einer Arbeitsteilung zwischen Bund und Ländern sprechen – im Wesentlichen auf die Förderung des Exports deutscher Filme und die Unterstützung der Filmförderungsanstalt (FFA) konzentriert. Mit der Einrichtung eines ›Bundesbeauftragten für Kultur und Medien (BKM)‹ 1998 sind die bisher im Bundesinnenministerium und Bundeswirtschaftsministerium verstreuten Kompetenzen der Filmpolitik gebündelt worden. Die filmpolitischen Aktivitäten des BKM konzentrierten sich in jüngster Zeit auf die Novellierung des Filmförderungsgesetzes (FFG). Die Schwerpunkte der am 1. Januar 2004 in Kraft getretenen FFG-Novelle sind vor allem die Verbesserung des Marketings und des Exports. Darüber hinaus soll die Filmförderung effektiver werden. Dafür soll der Förderetat der von Standortinteressen unabhängigen FFA von bisher rund 46 Mio. EUR auf 64 Mio. EUR erhöht werden. Diese Summe soll aus den Kinoabgaben der Kino- und Videowirtschaft sowie aus den freiwilligen Abgaben der Fernsehanstalten aufgebracht werden. Grundidee ist dabei, dass alle, die das Medium Film nutzen, sich auch an der Filmförderung beteiligen sollen. Die ungewöhnliche Steigerung erklärt sich aus Bereitschaft der Fernsehveranstalter, ihre freiwilligen Leistungen an die FFA auf etwa 22 Mio. EUR zu verdoppeln.[15]

Es ist fraglich, ob diese FFG-Novelle ihre Ziele eher erreicht als die bisherigen Novellierungen. Das für den deutschen Film erfolgreiche Jahr 2004 dürfte sich eher durch das relativ schlechte Sommerwetter und den Erfolg der Komödie *(T)Raumschiff Surprise – Periode 1* (2004) erklären. Trotz der deutlichen Erhöhung der FFA-Mittel dürften diese kaum ausreichen, um den Marktanteil deutscher Filme auf dem Weltmarkt nachhaltig zu erhöhen. Positiv ist immerhin, dass Filme nach dem Willen der BKM auch zum Unterrichtsstoff in Schulen beitragen sollen. Damit wird auch deutlich, dass Filme

---

15 Strittig war wie bei den bisherigen FFG-Novellierungen auch diesmal wieder die ›freiwillige‹ Abgabe der Fernsehanstalten. Nach Ansicht der Videowirtschaft, die nach dem FFG zu einer Zwangsabgabe verpflichtet ist, handelt es sich dabei um einen Verstoß gegen den Grundsatz der Gleichbehandlung. Aber auch die Fernsehanstalten kritisieren die Erwartung des Bundes, eine ›freiwillige‹ Abgabe zu leisten. Ihrer Ansicht nach gäbe es ohne die von ihnen unterstützten regionalen Filmstiftungen kaum noch deutsche Filme. Ihr Geld sei daher dort viel besser aufgehoben als bei den anonymen Gremien der FFA.

zum kulturellen Erbe gehören wie die Klassiker der Literatur und dass die Kenntnis von Filmen und ihre Interpretation eine Schlüsselkompetenz in der modernen Gesellschaft ist. Auch aus der Sicht der Medienwissenschaft ist dies zu begrüßen.

Literatur

ADORNO, T. W.: *Ästhetische Theorie*. 2. Auflage. Frankfurt/M. 1974

ALBERSMEIER, F.-J.: Filmtheorien im historischen Wandel. In: Ders. (Hrsg.): *Texte zur Theorie des Films,* Stuttgart 2001, S. 3-29

BERGEDORFER GESPRÄCHSKREIS: *Europa neu begründen. Kulturelle Dimensionen im Integrations- und Erweiterungsprozess.* 125. Bergedorfer Protokoll 2003

ENGELL, L.: *Sinn und Industrie. Einführung in die Filmgeschichte.* Frankfurt/M./New York 1992

FORMATT-INSTITUT: *Produzenten. Expertise für die Direktorenkonferenz der Landesmedienanstalten (DLM).* Dortmund 2000 (Manuskript)

GANZ-BLÄTTLER, U.: Der Film im Gesetz. In: *ZOOM K&M,* Nr. 11, 1998, S. 50-55

GRIMM, D.: Kulturauftrag des Staates, in: D. GRIMM: *Recht und Staat der bürgerlichen Gesellschaft.* Frankfurt/M. 1987, S. 104-137

GROSS, T.: Desire to be wired! Napster und die Folgen. In: NEUMANN-BRAUN, K.; A. SCHMIDT; M. MAI (Hrsg.): *Popvisionen. Links in die Zukunft,* Frankfurt/M. 2003, S. 23-37

HEGEL, G. W. F.: *Ästhetik.* Stuttgart 1971

HOLZNAGEL, B.: *Der spezifische Funktionsauftrag des Zweiten Deutschen Fernsehens.* ZDF-Schriftenreihe 55, Mainz 1999

JAROTHE, S.: *Die Filmpolitik der Europäischen Union im Spannungsfeld zwischen nationaler Förderung und US-amerikanischer Mediendominanz.* Frankfurt/M./Bern 1998

KALISCH, V.: Plug in and play. Zur Ambiguität medial bedingter Freiheit. In: NEUMANN-BRAUN, K.; A. SCHMIDT; M. MAI (Hrsg.): *Popvisionen. Links in die Zukunft.* Frankfurt/M. 2003, S. 38-57

KANT, I.: *Kritik der Urteilskraft.* Berlin: Akademie Textausgabe 1968

KLEINGERS, D.: *Bit, Byte, Blockbuster.* Spiegel-Online 29.11.2004

KLOOSS, R.; T. REUTER: *Körperbilder. Menschenornamente in Revuetheater und Revuefilm.* Frankfurt/M. 1980

Kunst im Dritten Reich. Dokumente der Unterwerfung. 5. Auflage. Frankfurt/M. 1981

LAPLANCHE, J.; J.-B. PONTALIS: *Das Vokabular der Psychoanalyse*. Frankfurt/ M. 1972

MAI, M.: Filmpolitik zwischen kulturellem Anspruch und wirtschaftlichen Erwartungen, in: ABROMEIT, H.; J.-U. NIELAND; T. SCHIERL (Hrsg.), *Politik, Medien, Technik*. Festschrift für Heribert Schatz, Opladen 2001, S. 301-320

MAETZIG, K.: Was erwartet der Film vom Autor? In: *Der deutsche Film. Bericht vom Ersten Deutschen Film-Autoren-Kongress 6.-9. Juni 1947 in Berlin.* Berlin 1947, S. 20-33

MARCUSE, H.: *Die Permanenz der Kunst. Wider eine bestimmte marxistische Ästhetik. Ein Essay*. München/Wien 1977

NEUMANN, D. (Hrsg.): *Filmarchitektur. Von Metropolis bis Blade Runner.* München/New York 1996

NIELAND, J.-U.: Veränderte Produktionsweisen und Programmangebote im Fernsehen. In: SCHATZ, H. (Hrsg.): *Fernsehen als Objekt und Moment des sozialen Wandels*. Opladen 1996, S. 125-202

PAECH, A.; J. PAECH: *Menschen im Kino. Film und Literatur erzählen*. Stuttgart/ Weimar 2000

PROKOP, D.: *Soziologie des Films* (erweiterte Ausgabe). Frankfurt/M. 1982

RIESMAN, D.: *Die einsame Masse*. Reinbek b. Hamburg 1958

SAUL, L.: Film uns Staat. Ein historischer Abriß. In: HUNDERTMARK, G.; L. SAUL (Hrsg.): *Förderungen essen Filme auf*. München 1984, S. 23-28

SCHRÖDER, H. J.: *Michael Moore: Fahrenheit 9/11. Der Dokumentarfilm im Präsidentschaftswahlkampf*. In: http://www.bpb.de/themen/ SJURH0,1,0,Michael-Moore:_Fahrenheit_911.html (2004)

SEUFERT, W.: *Wirtschaftliche Bedeutung des TV-Marktes für die deutsche Filmwirtschaft*. Studie im Auftrag der Bayerischen Landeszentrale für neue Medien. BLM-Schriftenreihe 54. München 1999

STEINER, G.: *Sprache und Schweigen. Essays über Sprache, Literatur und das Unmenschliche*. Frankfurt/M. 1973

THOMSON, K.: Neoformalistische Filmanalyse. In: ALBERSMEIER, F.-J. (Hrsg.): *Texte zur Theorie des Films*. Stuttgart 2001, S. 409-446

WALDEKRENZ, R.; V. ARPE: *Das Buch vom Film*. Mit einem Geleitwort von Helmut Käutner. Berlin/Darmstadt 1956

WINTER, R.: *Der produktive Zuschauer. Medienaneignung als kultureller Prozeß*. München 1995

WINTER, R.; R. ECKERT: *Mediengeschichte und kulturelle Differenzierung*. Opladen 1990

LORENZ ENGELL

Filmgeschichte als Geschichte der Sinnzirkulation

Die folgenden Überlegungen fallen notwendigerweise sehr grob aus. Sie verfolgen zwei Ziele. Zum einen wollen sie einen Vorschlag machen, wie Filmgeschichte und allgemeine Mediengeschichte vor einem gemeinsamen Bezugshorizont, nämlich der Geschichte der gesellschaftlichen Sinnzirkulation, aufeinander beziehbar und besser miteinander integrierbar gemacht werden könnten. Zum anderen möchten sie dazu beitragen, die innerhalb der Filmwissenschaft anzutreffenden Perspektiven einer ästhetischen, kunst- und geistesgeschichtlich orientierten Fragestellung einerseits und einer soziologischen und kulturwissenschaftlichen Fragestellung andererseits als kombinierbar zu begreifen. Film als Kunst- und Gedankenwerk und Kino als kulturelle Praxis sollen zusammen gesehen werden.

Der hier vorgelegte Aufsatz schlägt deshalb nichts anderes vor als eine Epocheneinteilung der Filmgeschichte in drei Phasen und bemüht sich um eine Begründung dieses Vorschlags. Diese Begründung kann nicht sehr detailliert ausfallen, einmal, weil sie aus laufenden Forschungen gegriffen ist, zum anderen natürlich wegen der hier gebotenen Kürze. Sie ist denn auch eher prinzipieller und deduktiver Art. Sie beruht auf der Annahme, dass Film, wie alle Medien, eine gesellschaftliche Funktion hat. Die Funktion der Medien kann allgemein charakterisiert werden. Sie besteht in der Erleichterung und Erweiterung der Kommunikation, in einer berühmten Formulierung Niklas Luhmanns (1981): in der Reduktion der Unwahrscheinlichkeit der Kommunikation. Damit erhöhen Medien die Funktionalität der Gesellschaft und optimieren ihre Selbstreproduktion und Fortentwicklung. Sie können dies etwa durch Selbststeuerung,

Selbstbeobachtung und Selbstkontrolle der Gesellschaft leisten. Darin –
unter anderem – liegt der Zweck der Medien (vgl. ENGELL 2001).
Kommunikation ist aber nicht nur zweckmäßig, sie ist vor allem sinnvoll. Zweckorientierung und Sinnorientierung gerade der Massenmedien
müssen sorgsam unterschieden werden. Das Medium Film, so meine
These, kann weniger über Zweckbindung als vielmehr über Sinnprozesse
begriffen werden. Gerade die zunehmende Funktions- und Zweckstruk-
tur moderner, also funktional differenzierter und auf ständigen Wandel
aufgebauter Gesellschaften, lässt Sinn zu einer kritischen und für die
Prozesse der Selbstreproduktion unentbehrlichen sozialen Ressource
werden. Eben deshalb entwickeln moderne Gesellschaften medienge-
stützte Kulturindustrien wie die des Films, die des Fernsehens und sogar
die gerade entstehende des Internets. Die Geschichte des Films kann deshalb im Rahmen einer umfassenden Geschichte der Sinnproduktion und
Sinnzirkulation in modernen Gesellschaften begriffen werden; und wie
diese kennt sie, so behaupte ich, drei Phasen. Diese drei Phasen unterscheiden sich danach, dass sozialer Sinn zunächst als Form, dann als
Medium und schließlich als Einheit der Differenz von Form und Medium begriffen und in Umlauf gesetzt wird.

1.

Die erste Phase in der Geschichte des Films ist geprägt von der gesellschaftlichen Indienstnahme des Films für die Definition, die Herstellung und
die Verbreitung von Sinn. Eben das macht ein Leitmedium aus; Leitmedium ist dasjenige Medium, dem die Aufsicht über die Sinnproduktion übertragen wird und das letztlich Sinn nach seinen Möglichkeiten definiert
(ENGELL 2000: 277f.). Der Film entwickelte sich zwischen 1895 und 1915 zu
einem Leitmedium heran und bleibt in dieser Funktion bis in die Mitte des
20. Jahrhunderts wirksam. Seine besondere Leistung ist dabei die Kopplung der Sinnproduktion mit dem Wirtschaftskreislauf. Sein besonderes
Merkmal in dieser ersten Phase ist, dass er Sinn als Form definiert und
Sinnproduktion als Formbildung betreibt. Beide Beobachtungen sind an
sich nicht neu. Spätestens seit den 1930er-Jahren, – ich denke etwa an René
Fülöp-Miller (1931) und Ilya Ehrenburg – werden sie in der Filmkritik gängig. Die Kritische Theorie baut sie bei Horkheimer und Adorno zur *Theorie
der Kulturindustrie* (HORKHEIMER/ADORNO 1987) aus.

Auch Siegfried Kracauers große Studie *Von Caligari zu Hitler* aus dem Jahr 1944 setzt mit dieser Überlegung ein. Filme, so Kracauer, seien unmittelbar in den Wirtschaftskreislauf eingelassen, seien industrielle Produkte, die mit dem Ziel der Erwirtschaftung eines Mehrwerts in Umlauf gebracht würden. Gerade deshalb aber müssten sie einen Gebrauchswert nicht nur versprechen, sondern erbringen. Als reiner Verblendungszusammenhang ist deshalb, so Kracauer in Abhebung von Horkheimer und Adorno, der Film nicht erklärbar. Den Gebrauchswert des Films bestimmt Kracauer nun zugleich individuell wie gesellschaftlich als Bedürfnisbefriedigung und als Funktionserfüllung. Film könne, so Kracauer, latente sozialpsychologische Dispositionen eines Volkes aktualisieren und so sichtbar machen. Das solchermaßen Latente werde im Film evident und zugleich das Diffuse verdichtet, präzisiert und in individuell wahrnehmbare und gesellschaftlich kommunizierbare Form gebracht, in die Bilder und Figuren des Films. Diese Sichtbarmachung des Verborgenen wiederum ermögliche es den Betrachtern, die Dispositionen als eine Art des kollektiven Unbewussten zu beobachten, damit bewusst und produktiv zu machen, sei es durch ihre Überwindung, sei es durch ihre Realisierung. In einem berühmten Bild spricht Kracauer vom Film als Perseusspiegel (KRACAUER 1993: 395), der das durchaus Monströse des kollektiven Unbewussten sichtbar, bewusst mache und seine Bekämpfung ermögliche. Film betreibt demnach Formgebung; darin findet er seinen Sinn.

Dazu ist natürlich anzumerken, dass die Annahme vom kollektiven Unbewussten, von der kulturellen Gestimmtheit eines Volkes heute nur mehr als Metapher akzeptabel ist, die Termini wie den des ›Unbewussten‹ oder den der ›Gestimmtheit‹ aus dem Bereich der psychischen Systeme und der Bewusstseinsstrukturen überträgt in den Bereich sozialer Systeme und der Kommunikationsstrukturen. Aber gerade diese heute begrifflich nicht mehr überzeugende Übertragung verweist auf den Grund, der sie überhaupt erst möglich macht, also die Hinsicht, in der psychische und soziale Systeme einander analog sind. Dieser Grund ist die Verfasstheit beider Systeme als Sinnsysteme. Nur diese Gemeinsamkeit vermag überhaupt die Rede vom kollektiven Unbewussten – oder auch die vom kollektiven Gedächtnis und andere, vergleichbare, zu rechtfertigen. Es geht beim Gebrauchswert des Films demnach um Sinnstrukturen, die sich sowohl individuell im psychischen System realisieren können als auch gesellschaftlich und kommunikativ.

2.

Gehen wir mit den frühen Betrachtungen Niklas Luhmanns vom Sinn als soziologischem Grundbegriff aus (LUHMANN 1982), dann besteht Sinn im Verweis des aktuell Gegebenen über das Hier und Jetzt hinaus auf weitere Möglichkeiten des Handelns und Erlebens. In dem Maße, in dem Gesellschaft sich über Ereignisse reproduziert, wird das Sinnproblem aktuell, denn Ereignisse zerfallen bekanntlich in eben dem Maße, in dem sie entstehen; sie sind nicht stabilisierbar – sonst handelt es sich um Zustände oder Verhältnisse. Die auf Ereignisse gegründete Gesellschaft selbst aber zerfällt nicht jedes Mal mit dem Ereignis und entsteht auch nicht jedes Mal neu. Sie entkoppelt sich vom einzelnen Ereignis, das dennoch ihr Grundelement ist, und bildet vielmehr Sinn aus, also Verweise und Beziehungen, die zwischen den Ereignissen bestehen. Der Sinn eines Ereignisses besteht in seiner Beziehung zu einem anderen Ereignis. Sinn hat, was Folgen zeitigt; was seinerseits Folge des Früheren ist; was auch anders möglich gewesen wäre. Entscheidend dabei ist, dass Sinnverweise und Sinnzusammenhänge hergestellt oder beobachtet werden müssen.

Der Sinn eines Ereignisses ist nicht immer evident. Sinn muss sich erschließen. Als solche Erschließungen von Sinn sind nun Filme in dieser ersten Phase der historischen Entfaltung des Mediums zu verstehen; und zwar in idealtypischer Weise. Der Film beruht schon elementar-technisch auf der Kopplung von Bildern zu kontinuierlichen Zusammenhängen, den Einstellungen, und der Kopplung der Einstellungen zu komplexen Strukturbildern in der Montage, die dann filmische Erzählungen und Figuren erzeugt. Gerade die verbindliche Durchsetzung des Films als narrative, temporalisierte Form zeigt das, wie sie, orientiert an den frühen englischen und italienischen Filmen, im amerikanischen Kino geleistet wird. Hier ist insbesondere an die Erprobung, Entfaltung und Systematisierung der Kadrierung und der Montage durch Griffith in den Jahren zwischen 1907 und 1915 zu denken. Die Verfahren der schildernden Totalen und der erzählenden Halbtotalen mit eingeschnittener Großaufnahme etwa; der Einsatz der Schnitt-/Gegenschnittmontage, der Parallelmontage und der Akzelerationsmontage; die Raumgestaltung anhand von Innen-/Außen-Dichotomien, all dies entwickelt sich systematisch und im Verbund miteinander bei Griffith. Die Sicherung und Artikulierung der narrativen Kontinuität und damit einer ununterbrochenen Formgebung wird durch die Gesetze der scheinbar natürlichen Achsensicht und der unsichtbaren Montage vollzogen.

Der Steigerung der Anschlussfähigkeit des Filmsinns nach innen und vor allem nach außen, der Strukturierung der Erwartungen dient die Herausbildung eines festen Kanons von Filmgenres zwischen 1910 und 1920. Sie weisen einen abgesteckten Figurenbestand und standardisierte Handlungsabläufe etwa im Western, im Abenteuer-, im Historienfilm, die dann auch in festgelegten Settings platziert werden, auf (GRANT 1995). Weiter fungiert hier auch die Entstehung und der kontinuierliche Aus- und Umbau des Starsystems (MORIN 1957; DYER 1979) im gesamten Zeitraum des klassischen Kinos. Die Typisierung der Stars zu festgelegten Mustern wie dem Vamp, der guten Freundin, der vom Schicksal Geschlagenen usw., vor allem aber die großartige Inszenierung des Stars und der von ihm verkörperten Hauptfigur als Sinnsubjekt und personifiziertem Sinnzentrum folgt der Zentrierung und Perspektivierung des Sinns.

Alle diese Konventionalisierungen dienen dazu, einen eigenen Vorrat fester Formen zu schaffen, die möglichst standardähnlich und wenigstens ansatzweise arbeitsteilig produzierbar sind und vor dessen Hintergrund dann bestimmte Varianten tatsächlich realisiert werden und dabei mehr oder weniger überraschend ausfallen können. Die Veränderungen im Distributionssystem mit der Umstellung zunächst vom ambulanten auf das ortfeste Kino, vom Miet- auf das Verleihsystem und dann vom Vorstadt-Ladenkino auf den Innenstadt-Filmpalast gehören in eben denselben Zusammenhang, denn sie institutionalisieren den gewohnheitsmäßigen und öffentlich ausgeübten Kinobesuch, der erst die Stabiliserung der Erfahrung der Filmzuschauer ermöglicht und die Bedingung dafür ist, dass in regelhaftem und sicher vorauszusetzendem Umfang ein Film auf vorausgehende Filmerfahrung beziehbar wird – also wiederum eine Sinndimension ausgebildet werden kann. Unter Rückgriff auf eine Metapher Kracauers kann man also zusammenfassend festhalten, im Kino füge die Gesellschaft gleichsam die Trümmer, als deren Anhäufung sie sich begreift, wieder zu einem kohärenten, sinnhaften Ganzen zusammen (KRACAUER 1993: 386).

3.

Genau vor dem Hintergrund des Filmmediums jedoch sieht Kracauer in seiner zweiten großen Studie, der *Theorie des Films* aus dem Jahre 1960, mit dem europäischen Autorenfilm der Nachkriegszeit die Abkehr eingeläutet. Film hört hier auf, die Sinndefizite der industriellen Gesellschaft zu verschleiern und zu heilen, und er beginnt, so Kracauer, sich der Realität in ihrer Zersplitterung zu stellen. Aus heutiger, späterer, Sicht ausgestattet mit weiter entwickelten Begriffen der Sinntheorie, wird deutlich, dass es sich bei dem von Kracauer enthusiastisch begrüßten Umschwung nicht nur um eine Verschiebung im Verhältnis des Films zur Sinnhaftigkeit der Realität handelt, sondern vielmehr um einen tief gehenden Wandel im gesellschaftlichen Sinnhaushalt selbst, dem der Film folgt und dem er sich anpasst.

Die Sinnproduktion wird umgestellt, und zwar von der Formbildung auf die Medialisierung des Sinns. War Sinn zuvor als Form, nämlich als feste, strikte Kopplung zwischen Sachverhalten oder Ereignissen, kommuniziert und begriffen worden, so wird er nun zunehmend als Medium sichtbar; ›Medium‹ hier nicht phänomenal als Massenmedium oder Kommunikationsmittel begriffen, sondern strukturell und funktional als lediglich lose Kopplung, die strikte Verknüpfungen und Verweise ermöglicht, einige wahrscheinlicher und andere weniger wahrscheinlich macht, aber nicht mit den Verweisen und Zusammenhängen schlicht identisch ist (LUHMANN 1995: 165ff.; BRAUNS 2002). Sinn wird nicht länger als fest gefügter Zusammenhang, sondern als möglicher Zusammenhang realisiert; er wandelt sich zu einer virtuellen Realität, die je verschieden aktualisiert werden kann, aber eben in keiner ihrer Aktualisierungsformen aufgeht. Dieser Wandel in der Praxis der Sinnzirkulation und in der Definition dessen, was Sinn sei, mag mit der sich immer weiter durchsetzenden Funktionalisierung zusammenhängen sowie dem Übergang von der Produktions- zur Konsumptionsgesellschaft und weiter mit der früh erkennbaren Freisetzung von Information und Wissen als Ressourcen der gesellschaftlichen Selbstreproduktion. Was unter industrie- oder disziplinargesellschaftlichen Bedingungen als Sinnstiftung praktiziert wurde, kann nun möglicherweise als Zwangszusammenhang, als Sinndiktat dysfunktional werden.

Jedenfalls nimmt die Gesellschaft zur Bestimmung dessen, was Sinn sei, ein neues Leitmedium in Dienst und überträgt ihm die Hoheit über die Sinnzirkulation. Dieses neue Medium ist das Fernsehen. Die Schwierigkeit, die das neue Medium lösen muss, ist, dass grundsätzlich nur feste Formen tatsächlich kommunizierbar sind. Jede Mitteilung bedarf der aktualisierten Form, und da auch nur feste Formen tatsächlich die unabdingbare Warengestalt annehmen können, können nur die festen Formen auch durch die Gesellschaft hindurch zirkulieren. Der Clou des

Fernsehens ist dabei, dass es, zunehmend im Zuge seiner Entfaltung, nicht mehr nur die stete Formenbildung, die strikte Kopplung aus einem Reservoir virtueller loser Kopplungen heraus, betreibt, sondern widersprüchliche und komplexe Ordnungen herausbildet, die sowohl als Formbildung als auch als Formauflösung begriffen werden können, die also den Zerfall fester Kopplung genauso beschreiben wie ihre Genese. Schließlich wird das Fernsehen bestimmte Aspekte der Formbildung überhaupt auslagern und den Zuschauern weniger eine feste Formvorgabe anbieten als vielmehr eine Mehrheit vielfältiger Formen, die von den Zuschauern selbst moderiert, in Zusammenhänge gestellt werden können. Unter dieser Vorgabe des neuen Leitmediums Fernsehen generieren die Medien und die Künste der Modernisierungsphase zwischen etwa 1950 und 1990 Mitteilungen, die als durchaus feste, strikte Mitteilungen dennoch eine Kommunikation des bloß Möglichen, des lose gekoppelten Mediums möglich machen, Mitteilungen, die in ihrem Charakter oft als ›offene Form‹, als Collage, als widersprüchlich usw. verstanden wurden.

Wo der klassische Film sich immer als Form oder als mögliche Form präsentierte, präsentiert sich Fernsehen schließlich als mögliches Medium hinter oder besser vor aller Formatierung. Dennoch verschwindet der Film keineswegs; noch immer ist die Filmindustrie eine der wichtigsten Exportbranchen der amerikanischen Wirtschaft und noch immer gilt der Film als privilegiertes Wirtschaftsgut; und auch sein kulturelles Image ist ungebrochen. Der moderne Film dieser zweiten Hauptphase, in der der Film mit dem Fernsehen koexistiert, stellt jedoch gegenüber dem klassischen Film von der Kontinuität auf die Diskontinuität, von der Zentrierung auf die Dezentrierung, von der Monoperspektive auf die Polyperspektive um. Die Einheit des Sinns wird in eine Vielzahl einzelner Sinnformen aufgesprengt. Neben Siegfried Kracauer hat insbesondere André Bazin in Bezug auf das Kino der 1940er- und 1950er-Jahre immer wieder auf diesen Umstand hingewiesen (BAZIN 1958). Ich erinnere hier nur an Bazins Deutung der Tiefenschärfe und der Plansequenz im Film dieser Zeit, etwa bei Renoir, bei Welles und bei Bresson und Tati. Beide Bildgebungsverfahren nämlich verzichteten, so Bazin, auf eine temporal oder spatial definierte Zentrierung des filmischen Bildes, sie böten vielmehr gleichzeitig oder äquifunktional eine Mehrzahl visueller Ereignisse an, die dem Zuschauer die Selektion und damit die Verdichtung zu einem Gesamtzusammenhang überließen.

Auch Gilles Deleuze (1991) arbeitet diesen Aspekt in seiner Theorie des Zeitbildes präzise heraus. Er analysiert die komplexe und polytemporale

Erzählweise, in der Vergangenes von Gegenwärtigem, nur Vorgestelltes, Erwartetes von tatsächlich Eingetretenem; subjektiv Wahrgenommenes von objektiv Geschildertem gar nicht mehr oder nur mehr näherungsweise und vorübergehend geschieden werden kann. Dieses Verfahren kennzeichnet etwa die Filmästhetik Resnais', Godards und Duras, aber nicht weniger diejenige Antonionis, Kluges, des frühen Kurosawa und des späten Buñuel. Der moderne Autorenfilm präsentiert nicht mehr festgefügte Formwelten, sondern Möglichkeitsbereiche. Dieser Umschwung erreicht schließlich sogar spätestens mit dem New Hollywood den amerikanischen Film. Andeutungen müssen erneut genügen: Beim frühen Spielberg, bei Peckinpah, Scorsese und sogar bei Coppola ist die Lockerung und Auflösung fest gefügter Kausalitätsmuster zu beobachten. Grundlosigkeit – so in Spielbergs *Duell* (1971) – und offenes Ende – so bei Peckinpah – werden zu beunruhigenden neuen Handlungsverläufen geweitet; Gewaltexzesse werden als Zerstörung nicht nur der dargestellten Zusammenhänge, sondern auch als massive Einbrüche in die narrative Kontinuität inszeniert. Die organische Verbindung des Individuums mit seiner Handlungsumwelt wird – ich nenne *Taxi Driver* (1975) als einziges Beispiel – zerstört und zieht die Zerstörung dieser Umwelt und des handelnden Individuums nach sich. Die Vielzahl der Sinnformen, die im Film der Moderne nebeneinander existieren, wird so weit getrieben, dass hinter ihr die Medialität nunmehr des Sinns selbst durchschimmert. Die Formen des Films, die im klassischen Film definiert und zentriert wurden, zu Sinneinheiten und Kohärenzen immer weiter reichenden Ausmaßes integriert, werden, wie gesehen, in der modernen Phase der Nachkriegszeit autonomisiert, pluralisiert, diskontinuiert und gegeneinander unzugänglich.

4.

In den letzten anderthalb Dekaden schließlich scheinen wir es wiederum mit einer Weiterentwicklung in der Sinnökonomie zu tun zu haben. Diese Vermutung liegt allein schon deshalb auf der Hand, weil wir seither mit der gesellschaftlichen Indienstnahme eines wiederum neuen Mediums als Leitmedium zu tun haben, also eines Mediums mit Definitionsmacht über den Sinn, und zwar des Internets. Folglich verändert sich auch das vorherige Leitmedium, das Fernsehen, stark in seiner Sinnproduktion; mit den 1980er-Jahren wird die entscheidende Zäsur angesetzt, die nach Francesco

Casetti und Roger Odin (1990) das »Paläo-Fernsehen« vom »Neo-Fernsehen« trennt. Und auch der Film wandelt sich in seinem Sinnhaushalt ein zweites Mal auf entscheidende, strukturelle Weise. Mindestens zwei Kennzeichen dieser neuerlichen Verschiebung in der filmisch-kinematographischen Sinnproduktion sind auszumachen. Zum ersten gibt es die Tendenz, von der modernen Differenzorientierung mit dem Nebeneinander des Verschiedenen umzuschalten auf den Zusammenhang des Verschiedenen, auf Kohärenz und Wandel.

Dies kann, unter Wiederaufnahme entsprechender Experimente schon des modernen Films, als Verzicht auf eine durchgehende Erzählperspektive angelegt werden, aber hinter den verschiedenen Perspektiven wird charakteristischerweise eine sie alle verbindende Sicht oder ein dem entsprechendes Motiv eingerichtet. Die räumliche, zeitliche, kausale oder modale Berührung des zunächst Verschiedenen wird umfangreich inszeniert. Etwas wird dies – ein beliebiges Beispiel – durch Reflexion auf den Zufall geschehen, die im Film dieser Zeit eine herausragende Rolle spielt. Von Kieslowskis *Der Zufall möglicherweise* (1981) über Resnais' Doppelfilm *Smoking / No Smoking* (1993) bis zu Altmans *Short Cuts* (1993) und Tykwers *Winterschläfer* (1997) begegnen die Momente der Koinzidenz, der Kontingenz und der Komplexität; beispielhaft auch in vielen Filmen Jim Jarmuschs. Das getrennt Verlaufende und zunächst Unverbundene erweist sich in all diesen Filmen als das in ein- und demselben Bedingungsraum Inbegriffene; und umgekehrt kann das eigentlich Zusammengehörige sich durch Zufall gerade verfehlen. Die Filmhandlung wird weniger als Vektorisierung, als Fortgang in Raum und Zeit voran getrieben als vielmehr tableauartig und flächenhaft ausgebreitet.

Die daraus entstehenden Verwirrungen über Anfang, Mitte und Ende, über Verlauf und Verursachung der Handlung, werden beispielsweise bei Quentin Tarantino, in *Pulp Fiction* (1994) oder in *Jackie Brown – Rum Punch* (1997), aber auch in einem Film wie *Memento* (2000, Regie: Christopher Nolan) durchgeführt. Wenn für die Filme der Moderne oben das Beispiel der Tiefenschärfe und der Plansequenz als kennzeichnende Bildgebungsstrategie erwähnt wurde, so ist es hier vermutlich die Kamerafahrt, die neue und außerordentlich vielseitig genutzte Beweglichkeit der Kamera. Der alte formgebende Gegensatz von Kamerabewegung und Großaufnahme verschwindet mit der Einführung der Steady-Cam und wird selbstverständlich mit der virtuellen Kamera der elektronischen Bilderzeugung nahezu beliebig gesteigert; das Verschiedene wird in ein und derselben Bewegung aufgehoben. Die fließende, kohärente Zusammenführung des Verschiedenen kann aber auch makroskopisch geschehen als Vermischung und Verschnitt konventioneller Genreelemente, etwa durch Integration von Figuren und Motiven der chinesischen Kampfchoreographie in einen ohnehin schon durch Kreuzung des Science-Fiction- mit dem Action-Genre gekennzeichneten Film wie *Matrix* (1999).

Zum anderen aber ist Kennzeichen des Films der 1990er-Jahre das Phänomen der Rekursion. Es geht dabei um übergeordnete Beschreibungs-, Beobachtungs- und Systematisierungsebenen, zum Beispiel Rahmenerzählungen, die sich plötzlich ihrerseits als abhängig erweisen von den ihnen eigentlich untergeordneten Ebenen. Ein Spiel mit Realitätsebenen, aber auch mit zeitlichen Prioritäten oder kausalen Bedingungen kann daraus entstehen. Besonders gut motiviert wird dieses Motiv selbstverständlich in selbstreflexiven Filmen, Film-im-Film-Filmen; und tatsächlich ist Altmans *The Player* (1992) die vielleicht perfekteste Durchführung dieses Themas; nebenbei beginnt der Film mit der damals längsten Kamerafahrt der Filmgeschichte. Das Rekursionsmoment ist aber auf die Selbstreflexion nicht angewiesen; es verbindet die Verdoppelungs-, die Spiegel- und Schachtelkonstruktionen David Lynchs mit den Erzählexperimenten David Finchers und Quentin Tarantinos; es zeigt sich in *Memento* so wie in *Being John Malkovich* (1999) und in *Die üblichen Verdächtigen* (1995), es kennzeichnet Blockbuster wie *Matrix* und hoch artifizielle, komplizierte Mehrebenenerzählungen wie *The Hours* (2002), wird aber auch im internationalen Autorenfilm wirksam, beispielsweise bei Tom Tykwer oder bei Abbas Kiarostami. Schon die labyrinthische und vom Bild-im-Bild-Motiv Gebrauch machende reflexive Kamera, die zu Fahrten in die Bildtiefe hinein, oder in Gänge und auf Achsen durch einen imaginären Bildkosmos hindurch fährt, deutet dieses Rekursionsmoment an, die Einkehr des filmischen Sinns in sich selbst. Kurz gefasst wird Sinn in dieser Phase nicht mehr als Form artikuliert, wie in der ersten Phase, und nicht mehr als Medium wie in der zweiten Phase, sondern als Übergang zwischen loser und fester Kopplung, als Verhältnis zwischen Form und Medium.

5.

Dieses neue Verständnis von Sinn – oder diese neue Praxis der Sinnproduktion im Film – weist zwei wichtige Charakteristika auf. Dies ist zum einen die Prozessualisierung des Sinns, d.h. die Produktion von Sinn als Geschehen, als Handlung, als Bewegung; und zum andern ist es die Globalisierung des Sinns, d.h. die Fassung von Sinn als differenzlose All-Kategorie. Sinn stellt sich demnach erstens ein im ständigen Wandel der Kopplungen, im Vorgang der Verdichtung der losen Möglichkeitsbezirke zu festen Formen und umgekehrt der Auflösung strikter Formvorgaben in den medialen Horizont. Insofern wird Sinn noch einmal radikal temporalisiert und zugleich als Phänomen der Einheit einer Differenz, nämlich der Differenz von Form und Medium, sichtbar.

Das elektronische, digitale Bild mag dafür die Leitmetapher abgeben. Jeder Zustand des elektronischen digitalen Bildes ist, wie oft beobachtet wurde, etwa früh von Gilles Deleuze (1991: 339f.), aber auch von Vilém Flusser (1992), lediglich eine ephemere Phase eines unausgesetzten Überarbeitungs- und Veränderungsprozesses. Bild und Bildwechsel, beim Film noch einander addierend und ergänzend, konvergieren hier in ein- und demselben Prozess. Sinn wird nicht mehr als Zustand oder als Verhältnis, sondern als Prozess realisiert, in dem Auflösung und Verfestigung unausgesetzt ineinander greifen. Damit aber wird zweitens das Problem des Sinnganzen aktuell. Nicht mehr Sinn und Sinnkritik, Sinn und Nicht-Sinn, Fragment und Zusammenhang, Form und andere Form bilden die dichotomischen Pole, zwischen denen die Sinnverfertigung dann oszilliert. Die Unterscheidbarkeit der Formen untereinander wird vielmehr auf den Übergang von fester Form und lose gekoppeltem Medium zurückgeführt, auf das fortgesetzte Form-Werden und Medium-Werden. Jede Form könnte schon die jeweils andere Form enthalten, könnte im Begriff stehen, diese andere Form zu werden und also Medium für Formbildung zu sein; und dies mit dem besonderen Focus, dass ja diese Unterscheidung selbst eine Form ist, die also eine lose Kopplung, ein Medium, voraussetzt. Sinn enthält sich damit selbst.

Die darin sich artikulierende Unentrinnbarkeit und die Eigenreferenzialität des Sinns bringen eine Umkehr der Perspektive mit sich, nämlich den Wechsel von der Differenzperspektive, die den Sinn im Gegensatz zum Nicht-Sinn definierte, zur Einheitsperspektive, die ein Außerhalb des Sinns nicht kennt und die den Sinn zur nicht negierbaren Kategorie erklärt. Statt das Sinnsystem in Differenz zu seiner Umwelt zu beschreiben, wird es nunmehr gleichsam als Innenwelt ohne Außenwelt, als Gesamtheit aller möglichen und untereinander differenten Sinnbezirke angesehen. Das hat zum einen zur Folge, dass Sinn nur mehr als *plurale tantum*, als Einheit von Differenzen, gegeben ist. Darin, dass divergente Sinnformen nebeneinander möglich sind, dass jede die anderen enthalten und sich in sie verwandeln könnte und insofern zugleich als Medium fungiert, bestätigt sich schließlich lediglich die Hegemonie des Sinns. Auch wenn der Film, wie gesehen, diese Bestimmung der Sinnzirkulation nicht mehr als Leitmedium erlebt, so ist er doch in der Lage, sie präzise und wirksam zu artikulieren.

Literatur

BAZIN, A.: *Qu'est-ce que le cinéma*. Paris 1958

BRAUNS, J. (Hrsg.): *Form und Medium*. Weimar 2002

CASETTI, F.; F. ODIN: De la paléo- à la néo-télévision. Approche sémi-pragmatique. In: *Communications,* 51, 1990, S. 9-26

DELEUZE, G.: *Kino*. Bd. 2. Frankfurt/M. 1990

DYER, R.: *Stars*. London 1979

EHRENBURG, I.: *Die Traumfabrik, Chronik des Films*. Berlin 1931

ENGELL, L.: *Bewegen Beschreiben. Theorie zur Filmgeschichte*. Weimar 1995

ENGELL, L.: Ausfahrt nach Babylon. Die Genese der Medienkultur aus Einheit und Vielheit. In: Ders.: *Ausfahrt nach Babylon. Essais und Vorträge zur Kritik der Medienkultur*. Weimar 2000, S. 263-305

ENGELL, L.: Die Medien der Gesellschaft. Konzeption und Funktion der Medien in Niklas Luhmanns Systemtheorie. In: REUSCH, S. (Hrsg.): *Welt-Bilder*. Stuttgart 2001, S. 41-45

FLUSSER, V.: *Ins Universum der technischen Bilder. European Photography*. Göttingen 1992

FÜLÖP-MILLER, R.: *Die Phantasiemaschine. Eine Saga der Gewinnsucht*. Berlin 1931

GRANT, B. K. (Hrsg.): *Film Genre Reader II*. Austin 1995

HORKHEIMER, M.; TH. W. ADORNO: Kulturindustrie. Aufklärung als Massenbetrug. In: HORKHEIMER, M.: *Gesammelte Schriften*, Bd. 5. Frankfurt/M. 1987, S. 144-196

KRACAUER, S.: *Von Caligari zu Hitler. Eine psychologische Geschichte des deutschen Films*. Frankfurt/M. 1979

KRACAUER, S.: *Theorie des Films*. Frankfurt/M. 1993

LUHMANN, N.: Die Unwahrscheinlichkeit von Kommunikation. In: Ders.: *Soziologische Aufklärung*, Bd. 3. Opladen 1981, S. 25ff.

LUHMANN, N.: Sinn als Grundbegriff der Soziologie. In: HABERMAS, J.; N. LUHMANN (Hrsg.): *Theorie der Gesellschaft oder Sozialtechnologie*. Frankfurt/M. 1982

MORIN, R.: *Les stars*, Paris 1957

ANGELA KEPPLER

Die Einheit von Bild und Ton.
Zu einigen Grundlagen der Filmanalyse

Das filmische Bild, heißt es gern, ist ein ›bewegtes Bild‹. Das bedeutet aber, es ist eine andere Form des Bildes als es ›stille‹ oder ›statische‹ Bilder sind. Und doch ist auch das filmische Bild eine Form des Bildlichen, ein Phänomen also, das zur Familie der Bilder gehört. Zu dieser Spannung zwischen Film und Bild möchte ich im Folgenden einige Betrachtungen anstellen, um erstens eine möglichst präzise Charakterisierung des filmischen Bildes zu geben und zweitens einige Konsequenzen für die wissenschaftliche Analyse filmischer Bilder zu ziehen. Meine Überlegungen werden somit zunächst der *Ontologie* – der grundlegenden medialen Verfassung – verschiedener Bildmedien gewidmet sein; sie zielen aber insgesamt auf eine einsichtige *Methodologie* einer Analyse von Filmen, die sie in ihrer audiovisuellen Einheit ernst zu nehmen versteht.

Ich beginne mit einem allgemeinen Begriff des Bildes, um anschließend die Besonderheiten des fotografischen und des filmischen Bildes hervorzuheben. Der heutige Film ist jedoch nicht allein ein bildliches, sondern ebenso ein musikalisches und sprachliches Medium. Daher kann es erst mit einer Berücksichtigung auch dieser Komponenten zu einer angemessenen Erörterung filmischer Artikulationsformen kommen – und zu einem begründeten Vorgehen bei der Analyse filmischer Prozesse.

Bild

Die Diskussion über das Bild wird seit der Antike mit vielen Verzweigungen geführt. Dabei haben sich die Paradigmen des Bildes mit der Zeit durchaus gewandelt, mit dem Ergebnis, dass in neueren Zeiten nicht allein das gegenständliche, sondern auch das ungegenständliche Bild Berücksichtigung finden musste. Auf diese Verzweigungen aber werde ich hier nicht eingehen. Ich beschränke mich auf die Vorstellung eines möglichst plausiblen *Begriffs* des Bildes, der auch der neueren Entwicklung des Bildes gerecht zu werden vermag. Unter Berücksichtigung der modernen Bildkunst sowie in Zuspitzung einer langen, vorwiegend phänomenologisch geführten, aber auch von hermeneutischer und analytischer Seite vorangetriebenen Diskussion hat Gottfried Boehm vorgeschlagen, die Grundverfassung des Bildes in einer »ikonischen Differenz« zu lokalisieren. Diese Differenz besteht zwischen der Bildfläche und dem, was auf ihr dargeboten wird. »Was uns als Bild begegnet«, sagt Boehm, »beruht auf einem einzigen Grundkontrast, dem zwischen einer überschaubaren Gesamtfläche und allem was sie an Binnenereignissen einschließt. Das Verhältnis zwischen dem anschaulichen Ganzen und dem, was es an Einzelbestimmungen (der Farbe, der Form, der Figur etc.) beinhaltet, wurde vom Künstler auf irgendeine Weise optimiert. Die Regeln dafür sind historisch veränderlich, von Stilen, Gattungsordnungen, Auftraggebern usw. geprägt. Bilder – wie immer sie sich ausprägen mögen – sind keine Sammelplätze beliebiger Details, sondern Sinneinheiten. Sie entfalten das Verhältnis zwischen ihrer sichtbaren Totalität und dem Reichtum ihrer dargestellten Vielfalt« (BOEHM 1994: 11ff., 29f.).

Die für ein Bild konstitutive Differenz besteht demnach zwischen dem, was auf einem Bild alles sichtbar *ist* und dem, was es im Rahmen seiner Fläche sichtbar *macht*. Die Leistung von Bildern resultiert nach dieser einleuchtenden Bestimmung aus einem Widerspiel zwischen *vorhandener* und *dargebotener* visueller Erscheinung. Das Bild, so hat es Martin Seel resümiert, »bringt in seiner Erscheinung etwas zum Erscheinen« (SEEL 2000: 280).[1] Anders als die Worte einer Sprache müssen Bilder sich stets auffällig machen, um in ihrem Rahmen etwas auffällig machen zu können. Um *etwas* zu präsentieren, muss das Bild *sich* präsentieren.

Wie immer dies auch geschehen mag, immer eröffnet das Bild einen Schauplatz, der insofern nicht von der Welt ist, als er nur innerhalb einer begrenzten Fläche existiert. Dadurch bereichert es die Welt um einen Raum, den es in ihr ansonsten nicht gibt. Es bereichert sie zugleich durch Objekte, die sich in beliebigen Räumen und Texten nur schwer übersehen

---

1   Meine Darlegungen zum Bildbegriff sind Teil einer gemeinsamen Arbeit mit Martin Seel.

lassen. Und es verändert die Dimension und die Atmosphäre der Räume ebenso wie die Rhetorik und den Sinn der Texte, in denen es vorkommt. In seinen vielen Verwendungen lässt das Bild uns, die wir so leicht über unsere Situation hinaus *denken* können, zugleich über unsere Situation hinaus *sehen*. Anders als vor dem Spiegel sehen wir dabei meist weit über das in Raum und Zeit *Anwesende* hinaus. Es zeigt Räume, in die wir anders nicht blicken können; es vergegenwärtigt Zeiten, die anders nicht Gegenwart sind; es macht Imaginationen öffentlich, die anders nicht mitteilbar werden. Kurzum: Es gibt uns die Zeit, uns sehend in einem Bildraum zu bewegen, der nicht den Bewegungen der Zeit unterliegt. Auf diese Weise erweitert das Bild den Spielraum der menschlichen Welt.

Fotografie

Möglichkeiten dieser Art entfaltet auch das fotografische Bild. Da es der ›genetisch‹ nächste Verwandte des Films ist, möchte ich ihm eine kurze eigene Betrachtung widmen. Von anderen Bildern unterscheiden sich herkömmliche Fotos zunächst einmal durch ihre Herstellung. Ursache der Bilderscheinung ist hier ein kausaler Mechanismus. In einer bestimmten Einstellung, Brennweite und Belichtungszeit empfängt der fotografische Apparat von den Objekten, auf die er gerichtet ist, Lichtwellen, die auf der Folie des Negativs ihre Spuren hinterlassen. Der in der Dunkelkammer entwickelte Abzug lässt diese Spuren als ein visuelles Muster hervortreten. Als ein *Bild* wird dieses Muster verstanden, sobald es als eine Darbietung der in ihm sichtbaren Objekte wahrgenommen wird. Als ein *fotografisches* Bild wird dieses Muster verstanden, wenn es als Fixierung einer Konfiguration von Objekten aufgefasst wird, die die Erscheinungen im Bild kausal verursacht haben. Als fotografisches Bild *verweist* es auf die Situation seines Entstehens: Es ist der Index eines vergangenen Augenblicks.[2]

Wie immer ein solches Bild jeweils verwendet werden mag (als Erinnerungsfoto oder als forensisches Dokument, als Zeitungsinformation oder als Wandschmuck, als Werbebotschaft oder als Objekt der Kunst – oder in

---

2 Darum verspüren Betrachter hier oft »unwiderstehlich den Zwang«, wie Walter Benjamin in seiner *Kleinen Geschichte der Photographie* schreibt, »das winzige Fünkchen Zufall, Hier und Jetzt, zu suchen, mit dem die Wirklichkeit den Bildcharakter gleichsam durchsengt hat« (BENJAMIN 1977: 371).

einem denkbaren Extremfall als all dies zugleich) – immer bezieht es sich auf eine raumzeitliche Konstellation, die damals dagewesen ist. Hieraus entspringt der besondere Status dieser Bilder. Nach einer These von Martin Seel fungieren sie wie Eigennamen einer augenblicklichen Konfiguration von Dingen (SEEL 1996: 82ff.). Sie halten ein in der Vergangenheit gegebenes Verhältnis von Objekten fest, und zwar genau dasjenige Verhältnis, das in der Betrachtung des *Bildes* wahrnehmbar ist. Das bedeutet, dass auch diese Bilder keine planen Abbilder des Wirklichen sind. Denn es sind nur ganz *bestimmte* Objekte vor der Kamera, die je nach Einstellung, Belichtungszeit, Art des Objektivs, Lichtempfindlichkeit des Negativs (usw.) im fotografischen Bild sichtbar werden. Und es ist vor allem ein räumliches *Verhältnis* dieser Objekte, das so festgehalten wird. Dieses Verhältnis stellt die Fotografie als eines dar, das im vergangenen Augenblick der Aufnahme vor dem Objektiv tatsächlich so bestanden hat.

Mit dieser eingebauten Realitätsanzeige aber vollbringt das fotografische Bild Ähnliches wie das, was auch die anderen Bilder leisten: Es zeigt Räume, in die wir anders nicht mehr blicken können; es vergegenwärtigt Zeiten, die anders nicht mehr Gegenwart sind; es macht Imaginationen möglich, die anders nicht mitteilbar wären. Auf seine Weise erweitert auch das fotografische Bild den Spielraum der menschlichen Welt, indem es ihn auf eine besondere Weise begrenzt. Es gibt uns die Zeit, sehend bei einer vergangenen Ansicht zu verweilen, die nicht länger den Bewegungen der Zeit unterliegt.

Film

Hier wird der Unterschied zum Film bereits greifbar, auch wenn die Verwandtschaft zu den anderen Phänomenen des Bildlichen auf der Hand liegt. Wie die Fotografie die Grundeigenschaften des *Bildes* teilt und doch auf eine besondere Weise Bild ist, so könnte man vermuten, teilt der Film die Grundeigenschaften des *fotografischen* Bildes und stellt doch eine besondere Spielart der apparativen Bilderzeugung dar. Diesen Weg vom Bild zum Foto und vom Foto zum Film ist die Theorie des Films häufig gegangen. Dann versteht sie den Film als eine Konsequenz der Fotografie. Am entschiedensten in diesem Punkt war Siegfried Kracauer. »Mein Buch«, so schreibt er zu Beginn seiner *Theorie des Films*, »beruht auf der Annahme, dass der Film im wesentlichen eine Erweiterung der Fotografie ist und daher mit diesem Medium eine ausgesprochene Affinität zur sichtbaren Welt um uns herum gemeinsam hat« (KRACAUER 1973: 11). Später heißt es lapidar: »Das Wesen der Fotografie lebt in dem des Films fort« (ebd.: 53).

Diese Gleichung aber geht bei näherem Hinsehen nicht auf. Die genetische Verwandtschaft zwischen Fotografie und Film überdeckt eine weit reichende phänomenale Differenz. Obwohl ein herkömmlicher Film aus nichts anderem als einer in schneller Folge abgespielter Reihe von Einzelbildern besteht, teilt das hieraus entstehende Bewegungsbild manche der fotografischen (und auch der sonstigen bildlichen) Eigenschaften *nicht*. ›Als die Bilder laufen lernten‹, lernten sie etwas anderes zu sein als alle bisherigen Bilder.

Manche Filme fangen mit einem stehenden Bild an, das erst langsam Farbe gewinnt und zum Leben erwacht. Das gefrorene Bild ist andererseits eine bewährte Schlussszene in Filmen, in denen der absehbare Tod der Helden in einer optimistischen Schwebe gehalten wird, so am Ende von *Zwei Banditen* von George Roy Hill (1969) oder in *Thelma & Louise* von Ridley Scott (1991). Oft hören wir in Filmen das Klicken einer Kamera, um anschließend das gerade erzeugte Standbild zu sehen. Dann wissen wir, dass in der Fiktion des Films eine Person unbemerkt beobachtet wird, dass etwas unwiderruflich vergangen ist – oder dass die schöne Oberfläche des Lebens unlösbare Rätsel enthält, wie es der Fotograf in Antonionis *Blow-Up* (1966) erfahren muss. Was jedoch passiert mit einem Filmbild, das sich in ein stehendes Bild und entsprechend: Was passiert mit einem stillgestellten Bild, das sich wieder in ein *movie* verwandelt? Das Bild, so hatte ich gesagt, »gibt uns die Zeit, uns sehend in einem Bildraum zu bewegen, der nicht den Bewegungen der Zeit unterliegt.« Der Film hingegen nimmt uns diese Zeit: Er gibt uns Gelegenheit, uns sehend in einem Bildraum zu bewegen, der durchweg den Bedingungen der Zeit *unterliegt*.

Das filmische Bild ist seinen Betrachtern nicht simultan, sondern sukzessiv gegeben; es liegt ihnen nicht vor Augen, es spielt sich vor ihren Augen ab. Was uns so begegnet, bietet nicht länger eine feststehende, sondern eine höchst variable Ansicht dar, die keinen festen Blickpunkt kennt. Im Unterschied zum fotografischen Bild ist damit das Filmbild nicht länger der Index einer bleibenden raumzeitlichen *Konstellation*, sondern vielmehr der Vollzug eines visuellen *Geschehens*, das nicht notwendigerweise die Anzeige von etwas raumzeitlich *Geschehendem* ist. Kamera und Montage erzeugen *selbst* eine Bewegung, die sich oft unabhängig von der Position der gezeigten Objekte vollzieht. Dies alles bedeutet, dass sich unsere Wahrnehmung während eines laufenden Films nicht in einer Konstellation vergangener Gegenwart, sondern in der *aktuellen Gegenwart* eines *virtuellen Raums* bewegt.

Es gibt eine ganze Reihe von Theoretikern, die die konstitutive Differenz – und damit: die phänomenale Diskontinuität – zwischen Bild und Film gesehen haben. Der erste unter ihnen ist Béla Balász, der in seinen seit 1924 veröffentlichten Abhandlungen über den Film stets dessen durch Kameraführung und Montage erzeugte Eigenbewegung hervorgehoben hat (BALÁSZ 2001). Der wichtigste unter ihnen ist Erwin Panofsky, den Kracauer in seiner *Theorie des Films* ironischerweise als einen Kronzeugen für seinen ästhetischen Realismus anführt. In seiner klassischen Abhandlung über *Style and Medium in the Motion Picture* – der wie Benjamins und Heideggers Kunstwerk-Aufsatz in der Mitte der 1930er-Jahre entstanden ist – bestimmt Panofsky den Film in krasser Abhebung von der Fotografie als eine »Dynamisierung des Raumes« bei gleichzeitiger »Verräumlichung der Zeit«. Mit dem Auftritt des Films gerät der bildliche Raum in eine Bewegung, die zugleich den Betrachter in eine neuartige Bewegung versetzt. »Es bewegen sich nicht nur Körper im Raum«, schreibt Panofsky, »der Raum selbst bewegt sich, nähert sich, weicht zurück, dreht sich, zerfließt und nimmt wieder Gestalt an – so erscheint es durch die wohlüberlegte Bewegung und Schärfenänderung der Kamera, durch Schnitt und Montage der verschiedenen Einstellungen, nicht zu reden von Spezialeffekten« (PANOFSKY 1993: 23).

Erinnern wir uns an das Resümee, das ich in der Betrachtung der Grundmöglichkeiten des Bildes gegeben habe. Das Bild, hieß es dort, »zeigt Räume, in die wir anders nicht blicken können; es vergegenwärtigt Zeiten, die anders nicht Gegenwart sind; es macht Imaginationen öffentlich, die anders nicht mitteilbar werden.« Dies alles trifft auch auf die Filmbilder zu. Aber das Zeigen, Vergegenwärtigen und Mitteilen des Films ist grundsätzlich anderer Art. Wo das Bild – und erst recht das fotografische Bild – festhält, lässt der Film laufen. Wo das Bild – und zumal das fotografische Bild – Raum und Zeit zum Stehen bringt, versetzt der Film beide in Fluss. Wo das Bild etwas der simultanen Betrachtung freistellt, nimmt der Film alles in der Sukzession seiner Bewegungen mit. Die Bilder des Films geben uns ihre Gegenwart nur, indem sie sie uns *entziehen*. Immerfort *entgeht* uns etwas, das schon nicht mehr da ist; immerfort *entsteht* vor uns etwas, das noch nicht da ist. Dieser visuelle *Rhythmus* ist das formale Privileg des filmischen Bildes, für das es auf Seiten der ruhenden Bilder kein Äquivalent gibt.

Der Film freilich, von dem bisher die Rede war, ist eine Abstraktion. Denn ich habe nur über den besonderen Bildverlauf von Filmen gesprochen, nicht aber über seine akustischen Verläufe: über das Klanggeschehen, das Filme fast immer auch sind. Bei aller Zugehörigkeit des Films zur Familie des Bildes darf diese Liaison mit Geräusch und Klang, Musik und Sprache nicht übersehen werden. Besonders die Verwandtschaft zur Musik ist aufschlussreich. Wie die Musik ist der Film eine bewegte Darbietung, in der wir eine Darbietung von Bewegtheit vernehmen. Einerseits ist hierfür die Tatsache verantwortlich, dass der Film häufig auch Musik *ist*, seit er in seinen frühen Tagen von Stimme und Musik begleitet und später mit einer Tonspur versehen wurde. Insofern stellte die Aufführung von Filmen fast immer schon ein Klang-Bild-Geschehen dar. In den Sälen des neueren Kinos, in denen die Zuschauer von Klängen und Geräuschen *umfangen* werden, ist diese Präsenz nur gesteigert worden. Andererseits jedoch ist es die Dynamik der Bilder selbst, die den Film zu einem Analogon des musikalischen Geschehens macht. Auf visuellen Wegen erneuert er das aus der Musik bekannte Paradox einer Darbietung, der man sich nicht entziehen kann, weil sie sich fortwährend entzieht. Der Film verwickelt seine Betrachter in ein räumliches Geschehen, das von ihnen nicht überschaut werden kann; zugleich aber, da es eine *Bildbewegung* ist, durch die er sich vollzieht, verwickelt er sie in ein Geschehen, in das sie selbst *nicht* verwickelt sind. Diese Verschränkung der geschehenden Gegenwart eines virtuellen mit der bleibenden eines realen Raums ist ein Erzeugnis gerade der Rhythmik des filmischen Bildes. Ihretwegen ist der Film zu seinen starken Narrationen fähig. Er vermag *seine* Gegenwart mit der Darbietung *einer* Gegenwart und diese eng mit *unserer* Gegenwart zu verknüpfen. Mit einer uns vom Leib gehaltenen Wirklichkeit vermag er uns auf den Leib zu rücken.

Es ist das *Kino*, in dem sich dieses musikalische Potenzial des Filmbildes mit höchster Wirkung entfaltet. Wie die Musik überall dort, wo sie einen günstigen Schallraum ausfüllt, nicht allein das Ohr betrifft, sondern darüber hinaus mit dem Körper der Hörenden kommuniziert, so ist der Zuschauer im heutigen Kino von einem Klangbildraum umfangen, der ihn sehend und hörend, denkend und imaginierend, erwartend und spürend in Bewegung versetzt. Gleichwohl aber *bewegt* er sich in diesem Raum nicht: Sein Körper ist Resonanzraum eines klangbildlichen Geschehens, von dem er ansonsten räumlich unbetroffen bleibt. Wer ins Kino geht, begibt sich in ein Geschehen, aus dem er insofern herausgehalten bleibt, als die Bewegungen, an denen er sehend teilhat, ihn nicht physisch treffen können, wie umgekehrt seine Bewegungen keinen Einfluss auf den Fluss der Bilder und Töne haben. Das ist eine unüberwindliche Grenze des Kinogehers zu der gesteigerten virtuellen Sphäre eines Cyberspace, der sich wie der Lebensraum mit den Bewegungen des vernehmenden Leibes verändert. Wegen dieser kardinalen Grenze bleibt der Raum des Kinos ein Bildraum, der mit den anderen Bildformen die Eigenschaft teilt, dass sich der jeweils wahrgenommene Raum nicht in einer Abhängigkeit von unserer leiblichen Bewegung befindet. Auch die Bilder des Kinos bleiben von uns frei; auch ihr Raum bleibt unserem Eingriff vorenthalten.

Die Einheit von Bild und Klang

Filme, welcher Art sie auch seien, stellen eine Einheit von akustischer und visueller Bewegung dar. Von wenigen, theoretisch nicht ins Gewicht fallenden Ausnahmen abgesehen,[3] sind Filme audiovisuelle Bildprozesse, die von den Zuschauern selbstverständlich als solche aufgefasst werden. Diese Selbstverständlichkeit darf aber auch in der Analyse von Filmen nicht übergangen werden. Gegenstand dieser Analyse ist das Klangbildgeschehen von Filmen: ihre filmische ›Sprache‹, die sich in der Simultaneität von visueller und akustischer Bewegung artikuliert. Bei dem Verhältnis von visueller und akustischer Dimension handelt es sich keineswegs um ein additives, sondern durchweg um ein integrales Verhältnis: Der Klang fügt dem Bild nicht nur etwas hinzu, der Klang *verwandelt* das Bildgeschehen, das seinerseits einwirkt auf das, was akustisch vernehmbar ist.

In dem Film *Der große Coup* (1973) von Don Siegel gibt es eine Szene, in der ein mafioser Bankdirektor und ein kleiner Filialleiter auf einer Fahrt ins Grüne einen Zwischenstopp vor einem Gatter machen, hinter dem eine Rinderherde grast. Die beiden vertreten sich die Beine und sprechen miteinander. Blendet man die Tonspur aus, so handelt es sich

---

3 Da selbst stumme oder stummgeschaltete Filme auf dem Niveau der heutigen Technik wegen ihrer *fehlenden* Klangdimension akustisch auffällige Objekte sind.

zunächst um eine höchst idyllische Szene, ein Eindruck, der nach und nach durch den offensichtlichen Ernst der Unterhaltung gestört wird. Mit der Einblendung der Tonspur aber verändert sich die Szene ganz. Den beiden, so erfährt man, steht das Wasser bis zum Hals, da sie durch eine Verwicklung von Zufällen bei den Mafia-Bossen im Verdacht stehen, eine große Summe Geld veruntreut zu haben. Der Direktor macht seinem Untergebenen klar, wie tödlich ernst die Lage ist, unter anderem durch den Hinweis, wie beneidenswert das Leben der sorglos grasenden Rinder doch sei. Der Dialog verwandelt die bedrohte Idylle des stummen Bildes in eine Szenerie des Schreckens. Deutlich wird das innige Verhältnis von visueller und akustischer Ebene auch bei Aufnahmen von Originalschauplätzen, wie man sie in Reportagefilmen häufig sieht; diese Aufnahmen kommunizieren oft eine andere Atmosphäre, vorausgesetzt der Ton wird ausgeschaltet. Dies kann erst recht dann der Fall sein, wenn die gewohnte artikulierte Geräuschkulisse ganz fehlt. Am Nachmittag des 11.9.2001 wurde in der ARD der tonlose und auch sonst unbearbeitete Film eines Kameramanns ausgestrahlt, den dieser kurz nach dem Zusammensturz des World Trade Centers aufgenommen hatte. Durch die, verglichen mit den üblichen Standards der Berichterstattung, gestörte Kommunikation wurde das rohe Bildmaterial hier zu einer gesteigerten Kommunikation der Zerstörung vor Ort. Von durchkomponierten Nachrichtenfilmen hingegen wird manchmal behauptet, dass alle relevante Information bereits in dem Text enthalten sei, den der Nachrichtensprecher zu ihnen verliest. Das ist jedoch nicht zutreffend. Selbst wenn der gesprochene Text alle relevante *Information* enthalten sollte, wäre das noch lange nicht alle relevante, durch den Film bewirkte *Kommunikation*. Denn dazu gehören die Bildstrategien der Beglaubigung, Animation und Illustration, ohne die der Gehalt der verbal übermittelten Botschaft nicht derselbe wäre. Das Bild fügt dem Wort und die akustische Dimension fügt dem Bild etwas Wesentliches hinzu.

Die Bedeutung der akustischen Dimension kann man sich am Beispiel von Spielfilmen leicht dadurch klar machen, dass man die musikalische Kommentierung ändert, von der etwa im Hollywoodkino die Wendungen einer Handlung zum Guten oder Schlechten oft sehr genau begleitet werden. Hier von ›Kommentierung‹ zu sprechen, ist selbst bereits irreführend: In einem sentimentalen Film beispielsweise *vollzieht* sich die Wendung zum Guten oder Schlechten nicht zuletzt *durch* die erklingende Musik. Nicht anders verhält es sich mit der gesprochenen Sprache.

Es gibt keine Filme, die in ihrer ästhetischen und informativen Valenz unverändert blieben, wenn die Sprache auf einmal ausfallen würde, wie es beispielsweise bei Sportübertragungen immer wieder geschieht. Für die Choreografie und Dramatik dessen, was im Bild zu sehen ist, sind die akustische Kulisse und der wertende Kommentar wesentliche Elemente; ohne diese Dimension spielt sich ein anderer Film ab, auch wenn sich, was das Sichtbare betrifft, gar nichts anderes abspielt. Berühmt geworden ist das umgekehrte Beispiel einer verzögerten Fußballübertragung des Champions-League-Spiels zwischen Madrid und Dortmund am 1.4.1998, bei der 70 Minuten lang ›nichts‹ auf dem Rasen passierte, weil die Fans eines der Tore umgerissen hatten und weit und breit kein Ersatz zu finden war. Der Kommentator Marcel Reif und der Studio-Moderator Günter Jauch jedoch machten aus diesem Nichtgeschehen ein veritables dialogisches Geschehen, durch das auch das Herumstehen von Hilfskräften und Funktionären auf dem Rasen zu einem besonderen Schauspiel wurde. Der Ausfall der eigentlichen Aktion und mit ihm die drohende Langeweile wurde durch geistreiche Kommentierung zum Interessanten, zu einer wesentlichen Handlung gemacht, was zugleich heißt: Dem Sichtbaren wurde durch die kommentierenden Worte Leben eingehaucht, mehr Leben sogar, als dem nachfolgenden Spiel noch zugetraut wurde (dem eine geringere Einschaltquote zuteil wurde als dem unvorhergesehenen Vorspiel). Ähnlich ist von Talkshows zu sagen, dass sie alles andere als ein gefilmtes Radio darstellen, bei dem man sich das von der Bildregie Dargebotene auch sparen könnte. Denn der allein sichtbare, nicht aber hörbare Dialog der Mienen und Gesten, der Körperhaltung, je nach Sendung auch der Bewegung der Moderatoren, mit einem Wort: Der bildlich bewegte und dadurch auf besondere Weise bewegende Schauplatz des verbalen Austauschs ist wesentlich für das, was sich in diesen Sendungen abspielt. Überspitzt gesagt: Das Bild macht die Musik, der Ton bewegt die Bilder.

Sprache ist wie die Musik eine integrale Dimension des filmischen Bewegungsbildes. Wie Schnitt, Montage, Kameraführung, Lichtregie, Farbgebung und dergleichen sorgen Sprache und Musik für den spezifischen Rhythmus eines ganzen Films. Zugleich sind sie wesentliche Medien der in Filmen verkörperten Gehalte: Sie transportieren Stimmungen, vermitteln Informationen, geben Rätsel auf oder führen in die Irre, beruhigen oder beunruhigen, wiegeln auf oder wiegeln ab, stellen klar oder lassen im Unklaren. Zusammen bilden Bild und Klang die in einem Film geschaffenen und von ihm gezeigten Situationen. Die Interpretation dieses Zusammenhangs von visueller und akustischer Bewegung ist die erste Aufgabe einer ernst zu nehmenden Filmanalyse.

Um die Eigenständigkeit des filmischen Bildes gegenüber sonstigen Bildern und der verbalen Rede zu betonen, mag es verlockend sein, von einer genuinen ›Sprache‹ des Films zu sprechen. In den sechziger und siebziger Jahren des 20. Jahrhunderts haben vor allem Christian Metz und Jean-Marie Peters versucht, diesem Begriff einen strikten Sinn zu verleihen (METZ 1973; PETERS 1972: 171ff.). Es hat sich jedoch herausgestellt, dass die Analogie von Film und Sprache wie schon diejenige von Musik und Sprache theoretisch nicht allzu weit trägt. Als bildliches Medium gehört der Film – nach der Terminologie von Nelson Goodman (1995) – zu den syntaktisch und semantisch »dichten« Zeichen, die im Unterschied zur gesprochenen und geschriebenen Sprache keine eindeutige Trennung der bedeutungsbildenden Komponenten und der Bezugsgegenstände dieser Zeichen erlaubt. Daher ist alle Aussicht auf eine wie immer geartete ›Grammatik‹ der filmischen Rede vergebens. Nichtsdestotrotz ist das filmische Bild durch Einstellung, Schnitt, Montage, Kameraführung, Farb- und Lichtregie ein vielfach artikuliertes Bild, und es ist für die Filmanalyse entscheidend zu verfolgen, was in diesen Prozessen geschieht: wie die Objekte, Szenen, Personen, Verläufe durch die filmische Aufnahme dargeboten werden, welche Zeit zu ihrer Wahrnehmung bleibt, welche Ansichten jeweils präsentiert und montiert werden usw. Trotz vieler Typisierungen in filmischen Verfahren, von denen gleich noch die Rede sein wird, finden sich hier aber keine *abgegrenzten* Elemente wie Buchstaben, Worte oder Sätze der Sprache, da sich das Bild des Films – als Spezies des *Bildes* – nicht aus distinkten Zeichen und Gruppen von Zeichen zusammensetzt, deren Anordnung einen buchstäblichen *Text* der Kommunikation ergeben würde. Es bietet sich vielmehr in der Fülle und Bewegung seiner Elemente dar, an der geübte Zuschauer signifikante Dinge und Ereignisse, Figuren und Handlungen, Zustände und Verläufe erkennen. Außerdem wäre insoweit wiederum nur von der visuellen Sprache des Films die Rede, nicht aber von der tatsächlichen Artikuliertheit der Filme, die wir in Kino und Fernsehen zu sehen bekommen. Ganz absurd wäre es schließlich, Filme als eine Kombination mehrerer Sprachen – der bildlichen, der musikalischen und der verbalen – zu verstehen. Was wir jeweils sehen und hören, ist eine audiovisuelle Komposition, die es gerade in der Integration ihrer Elemente zu verstehen gilt.

Daher ist die Rede von einer ›Sprache‹ des Films allein in metaphorischer Bedeutung sinnvoll. Metaphorisch verstanden, lenkt sie die Aufmerksamkeit auf die *gesamte Dramaturgie* von Filmen und hebt die Interdependenz ihrer Formelemente hervor. Wie diese Integration jeweils geleistet wird, ob synchron oder asynchron, harmonisch oder dissonant, kontrastreich oder kontrastarm, ist auf der gegenwärtigen Ebene der Diskussion nicht entscheidend, da alles dies *Fälle der Einheit* von Klang und Bild im filmischen Prozess sind. Was durch Filme gleich welcher Art kommuniziert wird, ergibt sich stets aus dieser ihrer gesamten Dramaturgie: Keine der beteiligten Dimensionen, weder das bildliche, noch das musikalische, noch das sprachliche Geschehen dürfen isoliert werden. Keine ist allein für den Gehalt von Filmen verantwortlich.

Von daher ist die bisherige Bestimmung des Filmischen nochmals zu verdeutlichen. Filme sind ein virtueller Bewegungsraum, der uns nicht allein in Bewegungen des Sehens, sondern auch des Hörens: und mit ihnen in eine komplexe Bewegung des Verstehens versetzt. Während eines laufenden Films verweilen die Zuschauer nicht – wie beim Foto – vor einer Konstellation vergangener Gegenwart, sondern sie lassen sich von der *aktuellen Gegenwart* eines *virtuellen Raums* bewegen. In diesen – und: in diesem – Raum werden sie sehend und hörend geführt. Filme lenken die Aufmerksamkeit ihrer Betrachter in einen leiblich unzugänglichen Klangbildraum, der sich zusätzlich zu dem leiblichen Raum öffnet und damit die wahrnehmbare Welt um eben diesen Raum erweitert.

Methodische Folgerungen

Diese Skizze einer Ästhetik des filmischen Bildes gibt mir Anlass, nach den Grundlagen einer adäquaten Analyse solcher Bildverläufe zu fragen. Denn ohne die Rücksicht auf die Ästhetik dieser Bilder, so lautet meine These, muss der kommunikative Gehalt von Filmen unerschlossen bleiben – und zwar von Filmen aller Art.[4] Es sind nicht allein Spielfilme oder künstlerisch ambitionierte Filmformen, bei denen die Ästhetik für den Gehalt verantwortlich ist, dies gilt für alle filmischen Produkte, wie sie etwa in den Programmen des Fernsehens ausgestrahlt werden. Eine wissenschaftliche Analyse dieser Bildproduktion muss daher durchgehend die für die filmi-

---

4   Eine ausführlichere Darstellung dieser Zusammenhänge findet sich in KEPPLER 2005b: Kap. 2 und 3.

sche Kommunikation maßgebliche Einheit von Bild und Klang beachten. Benötigt ist ein Verfahren, das – in enger Nachbarschaft zu sprach-, literatur- und bildwissenschaftlichen Vorgehensweisen – die gesamte audiovisuelle Verfassung filmischer Produkte zum Gegenstand ihrer Deutung erhebt.

Erste Versuche einer wissenschaftlichen Filmanalyse gibt es schon in der Frühphase des Kinos – zu erinnern wäre etwa an die *Gedanken zu einer Ästhetik des Kinos* von Georg Lukács von 1913 oder an das Buch von Hugo Münsterberg *The Film. A Psychological Study* aus dem Jahr 1916 (LUKÁCS 1970 [1916]), ganz zu schweigen von den in den 1920er-Jahren einsetzenden Bemühungen von Autoren wie Béla Balázs (2001), Siegfried Kracauer (1973), Rudolf Arnheim (1932) oder auch Sergeij Eisenstein (1988). Es ist daher zumindest einseitig, wenn Werner Faulstich in einer seiner kurzen Geschichte der Filmanalyse in Deutschland (1988: 9ff.) den Beginn der wissenschaftlichen Analyse hierzulande auf das Jahr 1964 datiert – dem Erscheinen einer methodischen Studie von Gerd Albrecht (1964: 233ff.). In seiner Einführung in die Film- und Fernsehanalyse unterscheidet Knut Hickethier zwischen einer »empirisch-sozialwissenschaftlichen Methode« der Filmanalyse auf der einen und »hermeneutischen Interpretationsverfahren« auf der anderen Seite (1996: 31ff.). Als Leitbild der sozialwissenschaftlichen Methode dient dabei die von Albrecht in Deutschland populär gemachte quantitative Inhaltsanalyse, als Leitbild des hermeneutischen Verfahrens die jeder Quantifzierung (und oft jeder methodischen Fixierung) abholde literaturwissenschaftliche Interpretation, die, so Hickethier, wegen ihrer Freizügigkeit häufig dem Verdacht der Unwissenschaftlichkeit ausgesetzt sei.[5] Diesen und anderen schematischen Aufteilungen werde ich jedoch nicht folgen, da mit ihnen jene disziplinären und verfahrensmäßigen Trennungen festgeschrieben werden, die es für eine sachlich angemessene Film- und Fernsehanalyse gerade aufzuheben gilt. So trifft es ja keineswegs zu, dass die Sozialforschung nicht interpretativ arbeiten und die Hermeneutik nicht sozialwissenschaftlich verfahren könne.

Im Mittelpunkt einer dem Gegenstand angemessenen Filmanalyse müssen zunächst einmal die Ebenen Sprache, Geräusche, Musik, Bildinhalte, Bildkomposition, Beleuchtung, Kameraoperationen (z.B. Einstellungsgröße, Kameraperspektive, Kamerabewegungen), Schnitt und Montageformen stehen (vgl. KEPPLER 1985). Insbesondere im Hinblick auf die Analyse der verschiedenen Ebenen des Auditiven, also des gesamten Klanggeschehens

---

5   Ein verwandtes Vorurteil findet sich in FAULSTICH 1988: 57.

inklusive der Sprache, sind die gängigen Verfahren der Filmanalyse stark ergänzungsbedürftig. Eine Erweiterung des filmanalytischen Instrumentariums durch die von der *ethnomethodologischen Konversationsanalyse* entwickelten Verfahren der Datenaufzeichnung wie der Dateninterpretation kann helfen, der Komplexität audio-visueller Darstellungsprozesse auch in der Analyse besser gerecht zu werden (vgl. dazu KEPPLER 2005a). Das für die Konversationsanalyse konstitutive Verfahren der Transkription verbaler und non-verbaler Kommunikationsvorgänge ermöglicht nicht nur eine Durchdringung des Datenmaterials, es erlaubt auch, den Gang der Analyse selbst für den Leser am Material nachvollziehbar zu machen.

Freilich ist hier der ergänzende Einsatz entsprechender bildanalytischer Methoden nötig. Die sozialwissenschaftliche Filmanalyse muss stärker als bisher eine Detailanalyse der verbalen und nonverbalen Elemente sowie der bildsprachlichen Mittel mit einschließen. Die soziologische Fernsehanalyse beispielsweise konzentriert sich nach wie vor in der Regel auf den sprachlichen Kanal allein und vergisst dabei die entscheidende Rolle, die den *Bildern* im Rahmen des filmischen Diskurses zukommt. Sowohl hinsichtlich des sprachlichen als auch des visuellen Diskurses brauchen wir daher Verfahren, die uns in die Lage versetzen, die Komplexität und die spezifische kommunikative Eigenart dieser Produkte zu erfassen, um nicht allein manifeste, sondern auch latente Bedeutungsstrukturen auf eine überzeugende und methodisch transparente Art und Weise analysieren zu können. Das Ziel sollte eine integrale und komparative Analyse filmbildlicher Produkte sein, die den Grundsätzen einer qualitativen Medienforschung auf eine kontrollierte Weise entspricht, weil sie die Validität ihrer Analysen durch die Reliabilität ihrer intersubjektiven Nachvollziehbarkeit sichern.

Eine wichtige Basis eines solchen Verfahrens ist die Herstellung von Filmtranskripten. Transkripte des audiovisuellen Geschehens in Form von Einstellungsprotokollen garantieren intersubjektive Nachvollziehbarkeit nicht nur der Ergebnisse der Analyse, sie tragen außerdem Wichtiges für die differenzierte Explikation des Gehalts filmischer Bilder bei. Der von Thomas Kuchenbuch 1978 vorgelegte Entwurf einer Methode der Filmanalyse mit Hilfe detaillierter Transkripte wurde in der Forschung kaum aufgegriffen (KUCHENBUCH 1978).[6] Er stellte den

---

6   In der »Einführung in die Film- und Fernsehwissenschaft« von BORSTNAR/PABST/WULFF
     (2002) allerdings findet sich ein expliziter Verweis auf Kuchenbuch.

Ausgangspunkt für meinen eigenen filmanalytischen Ansatz dar, in dem das bei Kuchenbuch vorwiegend semiotisch inspirierte Modell vor dem Hintergrund einer wissenssoziologischen Fragestellung modifiziert und erweitert wurde (KEPPLER 1985). Der wesentliche Sinn von Filmtranskripten liegt darin, den hermeneutisch-interpretativen Zugang zum Gegenstand mit einem methodisch kontrollierten Vorgehen zu verbinden. Hier trifft sich die von mir vorgeschlagene Methode mit den methodischen Vorschlägen der ethnomethodologischen Konversationsanalyse. Die im Rahmen der Konversationsanalyse entwickelten Transkriptionsund Analysemethoden bieten sowohl im Hinblick auf die Datenaufbereitung als auch auf die Dateninterpretation wichtige Impulse für die Interpretation bildsprachlicher Zusammenhänge. Im Hinblick auf die Verfahren der *Transkription* verbaler und non-verbaler Kommunikationsvorgänge, bei dem auf der einen Seite die Detailliertheit des Materials adäquat wiedergegeben werden muss, auf der anderen Seite aber auch das Material ›lesbar‹ bleiben soll, sind die hier entwickelten Transkriptionskonventionen eine unschätzbare Hilfe.[7] Im Unterschied zu anderen Autoren, die sich zu einer hermeneutischen Filmanalyse bekennen, die ohne eine Verschriftlichung des audiovisuellen Materials in Form von Filmprotokollen auskommt, da ihrer Meinung nach moderne Aufzeichnungstechniken wie Video oder DVD diese unnötig machen, halte ich eine Speicherungstechnik, die die Flüchtigkeit des Materials für Analysezwecke aufhebt, für unbedingt notwendig. Denn auch bei der Fixierung auf Video bleibt ja die durch die Materialität des Films bedingte Flüchtigkeit des Untersuchungsgegenstands erhalten. Mit dieser muss *analytisch* gebrochen werden, um ihr *interpretativ* gerecht werden zu können. Eine dem jeweiligen Untersuchungsgegenstand angepasste schriftsprachliche Transkription des audiovisuellen Materials ist daher sowohl für Genauigkeit der Analysen als auch für deren wissenschaftliche Darstellbarkeit notwendig. Auch wenn eine Verschriftlichung audiovisuellen Materials nicht mehr als ein Protokoll darstellt, also weder eine Repräsentation und erst recht keine Deutung des filmischen Materials beinhaltet, so stellt sie doch einen Untersuchungsschritt dar, der nicht umgangen werden sollte.

---

7   Während ich mich in früheren Arbeiten vorwiegend auf das von Gail Jefferson entwickelte Transkriptionsverfahren gestützt habe, stützt sich diese hier vorgeschlagene Transkription verbaler Kommunikationsvorgänge im Wesentlichen auf das von Margarete Selting et al. entwickelte Gesprächsanalytisches Transkriptionssystem (GAT). Vgl. SELTING 1985.

Hierfür sprechen vor allem zwei Gründe. Erstens ist die Verschriftlichung des sprachlichen und nicht-sprachlichen Materials selbst als Teil der Analyse zu betrachten und nicht lediglich als ein Akt der Übertragung. Im Unterschied etwa zur Analyse von Face-to-Face-Kommunikationen im Alltag verfügen wir zwar im Falle der ›Medienprodukte‹ bereits über eine Fixierung und damit über eine unverfälschte Konservierung der kommunikativen Vorgänge selbst. Diese Tatsache birgt den Vorteil, dass die den Gegenstand der Analyse darstellenden Daten beliebig oft wieder angeschaut und für die Analyse wiederholt werden können. Die trotz dieser Fixierung und der darauf beruhenden Wiederholbarkeit bestehend bleibende Flüchtigkeit des Materials ist ein Problem, dem man dennoch methodisch begegnen muss und kann. Aufgrund der Vielzahl von gleichzeitig ablaufenden und gespeicherten Informationen, die zudem auf verschiedenen Kanälen (visuell, auditiv) erfolgen, deren Zusammenspiel aber erst die filmische Botschaft im eigentlichen Sinn ausmacht, ist die Entwicklung eines systematischen Beschreibungsinventars Voraussetzung für eine verstehende Rekonstruktion und Interpretation des audiovisuellen Bedeutungsprozesses. Der Vorgang der Transkription selbst ist aber auch bereits eine strukturierende Annährung an den Gegenstand der Analyse, nicht zuletzt darum, weil er eine erhebliche Schulung der Wahrnehmung zur Folge hat. Das so gewonnene Verständnis, das die für eine Transkription unerlässliche genaue Betrachtung des Materials voraussetzt, gewährt bereits erste Einsichten in Strukturen, Eigengesetzlichkeiten und signifikante Elemente des Materials. Dies gilt es im Verlauf der interpretativen Analyse natürlich zu explizieren und einzuordnen. Aber die genaue Kenntnis, die man sich bei der Transkription als Analytiker erwirbt, ist durch nichts zu ersetzen, auch wenn das Transkript auf keinen Fall durch die Anschauung des Gegenstandes selbst zu ersetzen ist.

Zweitens erhöht die Verfügbarkeit von Transkripten die Transparenz wissenschaftlicher Interpretationen, indem diese ihre Ergebnisse an Transkripten oder Transkriptausschnitten Schritt für Schritt darstellen kann. Dies ist nicht lediglich im Sinne eines Belegs interpretativer Thesen zu verstehen, sondern dient zugleich der Vergegenwärtigung des Analyseprozesses, der am Gegenstand zu diesen Ergebnissen führte. Auch wenn das verschriftlichte Material keine Abbildung der filmischen Prozesse leistet, so enthebt das keinen Forscher von der Verpflichtung, eine möglichst große Überprüfbarkeit zu gewährleisten. Diese ist bei vollständiger Übertragung des filmischen Geschehens in ein Filmprotokoll, auf das auch bei der Analyse immer wieder verwiesen werden kann, in einem sehr hohen Maß gegeben. Nur bei kurzen Sendungen freilich ist es möglich, bei der Auslegung ihren ganzen Verlauf am Transkript zu vergegenwärtigen (vgl. die Beispiele in KEPPLER 1985). Bei längeren Sendungen ist die Auswahl signifikanter Ausschnitte geboten; an diesen Sequenzprotokollen kann die jeweilige Deutung ausgewiesen werden: In jedem Fall muss diese erkennbar machen (und wenigstens exemplarisch darstellen können), dass sie und wie sie aus der genauen Kenntnis und Beachtung der Verlaufs der jeweiligen Sendungen entstanden ist.

Das Filmprotokoll muss die Balance wahren zwischen Materialadäquatheit und Lesbarkeit. Konkret sieht ein solches Filmprotokoll z. B. folgende Notationsebenen vor: Zur Darstellung der visuellen Ebene – Kameraoperationen wie Einstellungsgrößen, Kamerabewegungen, Kameraperspektiven, verschiedene Formen der Einstellungsverknüpfung durch Montage und Schnitt und eine Beschreibung des Bildinhalts inklusive schriftsprachlicher Einblendungen sowie des Lichts. Zur Darstellung der akustischen Ebene – stimmliche und sprachliche Elemente, Markierung der Tonquelle, Musik, Geräusche, Überlappung akustischer Elemente sowie Konventionen für die Transkription des gesprochenen Texts (vgl. ebd.). So wenig solche Transkripte an die Stelle einer Interpretation filmischer Bilder treten können, sie eröffnen den Weg zu einer eingehenden und angemessenen Interpretation, die ihren filmischen Gegenstand tatsächlich als filmisches Produkt behandelt.

Schluss

Es kam mir hier nur darauf an, deutlich zu machen, dass ein so komplexer Gegenstand wie der Film nach einer komplexen Theorie verlangt, die zugleich die Begründung dafür bietet, warum sich die Filmanalyse einer komplexen Methode bedienen sollte. Mein Eindruck ist, dass die meisten Theorien und erst recht die meisten ›Empirien‹ filmischer Gegenstände der Komplexität des filmbildlichen Geschehens noch nicht gerecht geworden sind. Davon sollten wir uns jedoch nicht entmutigen lassen. Es ist vielmehr so, dass gerade aus den ›ontologischen‹ Überlegungen zum Status von Bild und Film wichtige Hinweise für ihre methodische Erforschung entspringen. Wenn der Film einen virtuellen Bewegungsraum eröffnet, um noch einmal an einen zentralen Gesichtspunkt zu erinnern, der zugleich von akustischen Bewegungen gegliedert ist (und zumal im Kino um einen geschlossenen akustischen Raum erweitert wird), so gibt es allen Anlass, das Ineinandergreifen des bildlichen und des akustischen Rhythmus von Filmen gleich welcher Art ernst zu nehmen. Denn diese doppelte Rhythmik ist mit konstitutiv für das, was den Gehalt dieser Filme ausmacht. Eine seriöse Filmanalyse kann es hier nicht bei einem bloß intuitiven Erfassen der immer zugleich simultan und sukzessiv präsenten Strukturen belassen, sie muss die Gleichzeitigkeit des visuell und auditiv Gegebenen auch mit hinreichender Deutlichkeit dokumentieren können. Wer den filmischen Prozess verstehen will, muss den filmischen Verlauf experimentell anhalten können; denn nur so wird exemplarisch deutlich, was alles in der Bewegung eines ›bewegten Bildes‹ in Bewegung ist.

Literatur

ALBRECHT, G.: Die Filmanalyse – Ziele und Methoden. In: EVERSCHOR, F.: *Filmanalysen 2*. Düsseldorf 1964, S. 233-270

ARNHEIM, R.: *Film als Kunst*. Berlin 1932

ATKINSON, M.: *Our Masters' Voices*. London 1984

BALÁSZ, B.: *Der sichtbare Mensch oder die Kultur des Films*. Frankfurt/M. 2001

BALÁSZ, B.: *Der Geist des Films*. Frankfurt/M. 2001b

BENJAMIN, W.: Kleine Geschichte der Fotografie. In: Ders. (Hrsg.): *Gesammelte Schriften*. Bd. 2.1. Hrsg. von Walter Benjamin. Frankfurt/M. 1977

BOEHM, G.: Die Wiederkehr der Bilder. In: Ders. (Hrsg.): *Was ist ein Bild?* München 1994, S. 11-38

BORSTNAR, N.; E. PABST; H. J. WULFF: *Einführung in die Film- und Fernsehwissenschaft*. Konstanz 2002

EISENSTEIN, S.: The Dramaturgy of Film Form (The Dialectical Approach to Film Form). In: TAYLOR, R. (Hrsg.): *S. M. Eisenstein. Selected Writings, Vol. 1*. London 1988, S. 161-180

FAULSTICH, W.: Kleine Geschichte der »Filmanalyse« in Deutschland. In: KORTE, H.; W. FAULSTICH (Hrsg.): *Filmanalyse interdisziplinär. Beiträge zu einem Symposium an der Hochschule für Bildende Künste Braunschweig*. Göttingen 1988, S. 9-19

FAULSTICH, W.: *Die Filminterpretation*. Göttingen 1988

GOODMAN, N.: *Sprachen der Kunst*. Kap. IV. Frankfurt/M. 1995

HICKETHIER, K.: *Film- und Fernsehanalyse*. Stuttgart 1996

KEPPLER, A.: *Präsentation und Information. Zur politischen Berichterstattung im Fernsehen.* Tübingen 1985

KEPPLER, A.: Von der Konversationsanalyse zu einer Analyse medialer Gattungen. In: BERGMANN, J.; R. AYASS (Hrsg.): *Qualitative Methoden der Medienforschung.* Hamburg 2005a

KEPPLER, A.: *Die Gegenwart des Fernsehens.* Konstanz (im Druck) 2005b

KRACAUER, S.: *Theorie des Film.* Frankfurt/M. 1973

KUCHENBUCH, T.: *Filmanalyse. Theorien, Modelle, Kritik.* Köln 1978

LUKÁCS, G.: Gedanken zu einer Ästhetik des Kinos. In: WITTE, K. (Hrsg.): *Theorie des Kinos.* Frankfurt/M. 1972, S. 142-148

METZ, C.: *Sprache und Film.* Frankfurt/M. 1973

MÜNSTERBERG, H.: *The Film. A Psychological Study.* New York 1970

PANOFSKY, E.: Stil und Medium im Film. In: Ders.: *Die ideologischen Vorläufer des Rolls-Royce-Kühlers & Stil und Medium im Film.* Frankfurt/M. 1993

PETERS, J.-M.: Die Struktur der Filmsprache. In: WITTE, K. (Hrsg.): *Theorie des Kinos.* Frankfurt/M.1972, S. 171-186

SEEL, M.: Fotografien sind wie Namen. In: Ders.: *Ethisch-ästhetische Studien.* Frankfurt/M. 1996, S. 82-103

SEEL, M.: Dreizehn Sätze über das Bild. In: Ders.: *Ästhetik des Erscheinens.* München 2000, S. 255-293

SELTING, M. et. al.: Gesprächsanalytisches Transkriptionssystem. In: *Linguistische Berichte,* 173, 1998, S. 91-122

RAINER WINTER

Die Filmtheorie und die Herausforderung durch den »perversen Zuschauer«. Kontexte, Dekonstruktionen und Interpretationen

1. *Filmtheorie zwischen Moderne und Postmoderne*

Die Filmtheorie, wie sie in Deutschland betrieben wird und die von ihren Vertretern und Vertreterinnen »moderne Filmtheorie« (FELIX 2002a: 9) genannt wird, unterscheidet sich von der anglo-amerikanischen Filmtheorie (vgl. STAM 1999; HILL/CHURCH/GIBSON 2000)[1] insofern, als sie weitgehend ›unsoziologisch‹ orientiert ist.[2] Dies wird besonders in der deutschen Rezeption postmoderner Analyseansätze deutlich, die im Großen und Ganzen gesellschaftstheoretisch bzw. -kritisch orientiert sind. Fast 20 Jahre nachdem diese Diskussion in den angloamerikanischen *media and cultural studies* begann und dort auf große Resonanz stieß (vgl. COLLINS 1989; WINTER 1992; STAM/MILLER 1999, Teil VII), wird *Die Postmoderne im Kino* nun auch in Deutschland in einem Reader (FELIX 2002b) zum Thema. Dabei bemüht sich der Herausgeber aber klarzustellen, dass der postmoderne Ansatz in der Filmtheorie – so z. B. der von Fredric Jameson – überholt und gerade bei jüngeren Zeitgenossen vergessen sei (FELIX 2002a: 11). Abgesehen davon, dass man nur etwas vergessen kann, was man einmal wusste und nur dann etwas überholt sein kann, wenn es

---

1 Einen glänzenden Überblick über den aktuellen Stand der Filmtheorie gibt Robert Stam (1999).

2 Eine Lektüre einschlägiger Texte belegt dies und kann einen soziologisch vorbelasteten Leser leicht zu der Interpretation verführen, dass sich vielleicht auch in diesem Bereich eine Art Affekt gegen das Soziale artikuliert, der seine ideologische Unterstützung in den derzeitigen gesellschaftlichen Strömungen der bedingungslosen Markteuphorie und des unbegrenzten Konkurrenzkampfes findet, die das Soziale weitgehend für unwesentlich erklären bzw. durch ›Reformen‹ abschaffen möchten (zu dieser kritischen Einschätzung vgl. BOURDIEU 2004).

einmal aktuell war und dem Stand der Entwicklung entsprach, möchte ich dieser nicht überzeugenden Einschätzung zunächst Jamesons differenzierte Überlegungen zu Moderne, Modernität und Modernismus gegenüberstellen.

Jameson, dessen Analysen zur postmodernen Kultur (JAMESON 1991) und zum postmodernen Film (JAMESON 1992a) von der deutschen Filmwissenschaft entweder ignoriert oder, bevor sie zur Kenntnis genommen wurden, für veraltet erklärt wurden, stellt in einer sorgfältigen Analyse der Maximen der Modernität fest, dass eine Theorie der Moderne bzw. die Verwendung des Adjektivs ›modern‹ nur dann Sinn mache, wenn auch ein postmoderner Bruch mit der Moderne für möglich gehalten werde (JAMESON 2002: 94) und die Erzählung der Moderne ein Ende finden könne. So kritisiert er z. b. an Niklas Luhmanns Differenzierungstheorie, dass er sich scheue, mit der Situation der Postmoderne auseinanderzusetzen (ebd.: 93). Weder kann Luhmann sich theoretisch eine Phase des Kapitalismus vorstellen, die von denen, die, die sie erleben, als postmodern erfahren wird, weil sie sich maßgeblich von der Moderne unterscheidet, noch hält er eine Option für ein System offen, das sich radikal von der kapitalistischen Modernität unterscheidet (ebd.: 94).

Angesichts dieser Gefahr einer Ideologisierung der Moderne, die nicht nur der Soziologie, sondern auch der Filmtheorie droht, möchte ich nun zu einer Auseinandersetzung mit postmodernen Ansätzen in der Filmtheorie einladen. Wesentliches Merkmal der Ansätze, die ich unter diesem zugegebenermaßen vieldeutigen Label fasse, ist ihr gemeinsamer Ausgangspunkt bei gesellschaftlichen Praktiken, sozialen Beziehungen und sozialen Konstruktionen, in denen Objekte, Ereignisse und Erfahrungen, so die Auffassung, erst ihre soziale Relevanz und Bedeutung erlangen. Das cartesianische Subjekt-Objekt-Paradigma, das prominente Ansätze auch in der Filmwissenschaft bestimmt, wird hier in Frage gestellt und verabschiedet. Für die Analyse von Filmen bedeutet dies, dass nicht textuelle Merkmale alleine, sondern vor allem kontextuelle Faktoren die Erfahrung und das Erlebnis von Filmen bestimmen (WINTER 1992, 1995; MIKOS 2003). Nicht das einzelne Subjekt, das einen Film rezipiert, sondern die unterschiedlichen sozialen Ereignisse der Interpretation rücken ins Zentrum. Deshalb steht nicht der ideale Rezipient im Mittelpunkt, der – so die verbreiteten Vorstellungen – in kooperativer Weise die kognitiven Fragen und Probleme der Filmerzählung löst, sich auf vorgegebene Weise mit den Charakteren identifiziert bzw. sich der

impliziten Pädagogik von Hollywood-Texten unterordnet, sondern seit
Stuart Halls »encoding-decoding«-Modell (HALL 1980) der aushandeln-
de Rezipient, der abweichende Lesarten gemäß eigener Bedürfnisse,
Wünsche und Ideologien entwickelt (WINTER 2001: 129ff.). Pointiert formuliert, geht es im Folgenden um den »perversen Zuschauer« bzw. um
die »perverse Zuschauerin« (STAIGER 2000), nicht im Sinne der Psychopa-
thologie, sondern im Sinne einer Abweichung von Normen, Regeln und
Erwartungen. Diese muss keineswegs bewusst oder mit Absicht vollzogen werden, oft bleibt den Zuschauern auch gar keine andere Wahl, weil
sie eben so sind, wie sie sind.

Ausgehend von Halls Modell werde ich im Folgenden kurz auf die
Hinwendung zum Kontext der Rezeption im Rahmen von Cultural
Studies eingehen und zeigen, wie dieser Ansatz für die Filmanalyse weiterentwickelt werden kann (2). Eine Auseinandersetzung mit der kognitiven Filmtheorie von David Bordwell u.a., die überwiegend im modernen
Subjekt-Objekt-Denken verharrt, diskutiert zunächst die normativen
Rezeptionserwartungen, die nach diesem Ansatz Narrationsfilme an ihre
Zuschauer stellen. Eine Kritik wird zeigen, dass die Kontextfaktoren und
damit gesellschaftliche Praktiken der Sinnerzeugung weitgehend ausgeblendet werden. Eine Betrachtung aktueller Rezeptionsstudien wird
deutlich machen, welche Kontextfaktoren bei der Rezeption und Aneignung von Filmen in Rechnung gestellt werden müssen (3). Abschließend
werde ich am Beispiel von *Fight Club* (1999) zeigen, wie Cultural Studies
Filmanalyse mit Gesellschaftsanalyse verbinden und in der Version von
Henry Giroux in eine postmoderne, kritisch orientierte Medienpädagogik
münden (4).

2. Die Bedeutung des ›encoding-decoding‹-Modells
für die Filmanalyse

Es wird oft vergessen, dass Stuart Hall sein Modell nicht nur in kritischer
Absetzung von der traditionellen Wirkungs- und Publikumsforschung
konzipiert hat, sondern auch in Auseinandersetzung mit der Filmtheorie, die in den 1970er-Jahren im Umkreis der Zeitschrift *Screen* entstand
und die, das sei betont, keineswegs so monolithisch oder eindimensional
war, wie sie oft dargestellt wird. Artikel in den *Working Papers of Cultural
Studies,* die in Birmingham erschienen, zeigen, wie inspirierend die

Screen-Theorie für Cultural Studies war und wie heftig die Debatten und Kontroversen in Birmingham um ihren Stellenwert und die Entwicklung eines eigenen Ansatzes waren. Beide Projekte bemühten sich damals, ausgehend von semiotischen Analysen bei Roland Barthes oder Julia Kristeva, um ideologiekritische Untersuchungen (vgl. WINTER 2001, Kap. 3). Bei *Screen* waren es dann vor allem Christian Metz' Arbeiten zur Filmsemiotik, die herangezogen wurden, um das Verhältnis von Film und Zuschauer und seine ideologischen Implikationen verstehen zu können. Es blieb aber nicht bei Filmanalysen, sondern das eigentliche Ziel war, »eine neue soziale Praxis des Kinos« (COOK et al. 1985: 242), wie sie z.B. in den Filmen von Jean-Luc Godard zu finden war (vgl. MACCABE 1980), zu unterstützen und zu fördern.

Einflussreich ist Colin MacCabes Analyse des »klassischen realistischen Textes« (1976) geworden, der Hall, so ist zu vermuten, als Folie für sein eigenes Modell diente. MacCabe zeigte, dass diese im Roman und im Kino zu findende Textform wohl verschiedene Diskurse und damit auch Widersprüche enthalten kann, diese aber gleichzeitig hierarchisch organisiert werden. An der Spitze steht ein dominanter Diskurs, der als ›Stimme der Wahrheit‹ fungiert. Im realistischen Mainstream-Film wird er durch die Kamera verkörpert, die zeigt, was sich in welcher Reihenfolge ereignet, und deren ›Wahrheit‹ sich die anderen Diskurse unterordnen. Auf diese Weise vermittle der klassisch realistische Text, der für MacCabe nicht soziale Realität darstellt, sondern lediglich diesen Eindruck zu vermitteln versucht, eine im Großen und Ganzen homogene Bedeutung. Auch wenn er in der Interaktion mit dem Zuschauer diesem scheinbar unbegrenzte Einsicht gewährt, indem er ihn in eine Position der Spekularität versetzt, ist dessen Rolle trotzdem weitgehend passiv strukturiert.

MacCabe konstatiert sogar eine ›Versteinerung‹ des Zuschauers, der keine eigenständige Lesart entwickeln könne, weil die bestehenden gesellschaftlichen Konflikte und Widersprüche, die in den Texten nur fragmentarisch und verdeckt zum Ausdruck kommen, ihm nicht bewusst werden könnten. Im Hintergrund steht hier zweifellos die Interpellationstheorie von Louis Althusser (1977), in der Ideologien als Repräsentationssysteme verstanden werden, die Individuen und Gruppen dazu aufrufen, ihre jeweiligen Rollen in der Gesellschaft zu spielen. Hierzu gehört auch die Annahme einer ›relativen Autonomie‹ von Filmen, was zu detaillierten und sensiblen Analysen ihrer formalen Eigenschaften führte, die eigentlichen Produktionsbedingungen von der Untersuchung aber ausschloss. MacCabes Kategorie des realistischen Films wurde wegen ihrer impliziten Subsumtionslogik häufig kritisiert. Nicht jeder realistische Film entspricht den von ihm aufgestellten Kriterien. Außerdem scheint ein produktiver Umgang der Zuschauer mit realistischen Filmen in seinem Modell ausgeschlossen zu sein. Deshalb wurde MacCabe auch eine elitäre Feindlichkeit gegenüber populären Filmen unterstellt.

Seine Vorstellung eines selbstgenügsamen medialen Textes, den der Zuschauer als Subjekt in einer fixierten Position des Wissens dem Text gegenüber begreift, wurde insbesondere in Birmingham heftig in Frage gestellt. So wurde von Iain Chambers u.a. (1977/78) eingewendet, dass es nicht um wirkliche Zuschauer in ihrer konkreten Lebenswelt gehe, sondern um abstrakte Idealzuschauer. Der empirische Zuschauer werde jedoch bei der Interpretation von Filmen von externen Faktoren wie seiner persönlichen Biographie, seiner Klassenherkunft, seinem Geschlecht, seinen bisherigen Seherfahrungen, den situativen Bedingungen der Rezeption etc. beeinflusst (COOK et al. 1985: 245). An dieser Stelle lag es nahe, mit einer Synthese beider Ansätze der Komplexität empirischer Rezeptionsprozesse vielleicht näher zu kommen. Diese muss sowohl den textuellen Essenzialismus vermeiden, der von einer homogen aufgefassten ›wahren‹ Bedeutung ausgeht, als auch die Auffassung, es könne so viele Lesarten geben, wie Zuschauer existieren.

Hier kommt nun Stuart Halls ›encoding-decoding‹-Modell (1980) ins Spiel, mit dem er die Interaktion dieser Prozesse in unterschiedlichen sozialen Kontexten untersuchen möchte. Zum einen ist er der Auffassung, dass ein medialer Text wie ein Western oder eine Nachrichtensendung durch seine textuellen Merkmale eine dominante Lesart in den Vordergrund rückt. Zum anderen zeigt er jedoch, wie Zuschauer in Auseinandersetzung mit dieser Lesart eigene Interpretationen aushandeln können, wobei er auch die Möglichkeit abweichender Lesarten einräumt. Im Kontext der weiteren Entwicklung der Cultural Studies werden dann vor allem die unterschiedlichen Interpretationen und Gebrauchsweisen von Texten im Kontext gesellschaftlicher Ideologien und Machtverhältnisse untersucht. Dabei versuchen sie Althussers Interpellationstheorie mit Gramscis Hegemoniekonzept zu verbinden. Da soziale Akteure widersprüchliche Erfahrungen machen, gibt es auch Opposition oder zumindest Abweichung vom Dominanten. Mit der Annahme dreier Codes, dem dominanten, dem ausgehandelten oder dem oppositionellen und entsprechenden Lesarten wurden neue produktive Forschungsfelder eröffnet, wie die Subkulturstudie von

Dick Hebdige (1979) und die Medienforschungen von David Morley und anderen zeigen (MORLEY 1980; HAY/GROSSBERG/WARTELLA 1996).

Gleichzeitig ist aber auch hier die Gefahr eines die empirische Komplexität vereinfachenden theoretischen Modells gegeben, welche die konkreten Rezeptionsbedingungen unterbelichtet. Das Zuschauerverhalten wird in diesem Zusammenhang oft vorschnell durch sozioökonomische Bedingungen erklärt. Klasse, Gender und ethnische Herkunft dienen als Erklärung für die Interpretation medialer Texte, die je nach gesellschaftlicher Verankerung von dominanten Lesarten durchaus abweichen kann. Einerseits reproduzieren mediale Texte in dieser Perspektive hegemoniale Ideologien, auch wenn sie zu einem gewissen Grad polysem gestaltet sind, zum anderen werden die Zuschauer als ideale Repräsentanten sozialer Kategorien gedacht. Erst in späteren Arbeiten rücken dann die kulturellen und gesellschaftlichen Praktiken ins Zentrum (WINTER 2001: 159ff.). So dekonstruiert John Fiske mediale Texte und hebt ihr polysemes Potenzial hervor, das unterschiedlich aktiviert werden kann (WINTER/MIKOS 2001). Lawrence Grossberg (1999) betont den »radikalen Kontextualismus« von Cultural Studies.

Was heißt dies nun für die Filmanalyse? Wenn wir davon ausgehen, dass die Bedeutung von Filmen erst in gesellschaftlichen Praktiken und sozialen Beziehungen geschaffen wird, dann sollten diese in jedem einzelnen Fall detailliert analysiert werden. Gerade bei abweichenden Lesarten müssen ihre sozial kontextuellen Bedingungen und ihre Effekte bestimmt werden. Dabei hat nicht jede widerständige Lesart politisch progressive Folgen. Des Weiteren stehen in dieser Perspektive nicht Generalisierungen – wie in der traditionellen Publikumsforschung der Kommunikationswissenschaften – im Mittelpunkt. Befreit von diesem diskursiven Zwangsmechanismus, interessiert die nicht hintergehbare Singularität von Rezeptionsereignissen, ihre historischen und sozialen Besonderheiten. Der jeweilige Kontext umfasst nicht nur den filmischen Text, sondern auch die Gesellschaftsformationen, die Subjektivierungsweisen und die diskursiven Strukturen, vor deren Hintergrund er artikuliert wird.

Cultural Studies lehnen die Abstraktheit und Subjektlosigkeit strukturalistischer Modelle ab, indem sie zeigen, dass Kultur der Ort ist, an dem Subjektivität geschaffen wird (HALL 1999). Dabei haben soziale Akteure oft verschiedene sozial konstruierte Identitäten. So kann ein Film von derselben Person auch in unterschiedlichen Kontexten verschieden interpretiert werden, je nachdem welche Identität gerade aktiviert wird. Bei der Rezeption eines Films kann von einer Person die Identität gewechselt werden. Ebenso können unterschiedliche Identitäten bei unterschiedlichen Subjekten angesprochen werden. Dies passt zu einer Feststellung von Georg Seeßlen in Bezug auf die Filme von David Lynch: »Das Kunstwerk der Postmoderne ist eine Art Schizophrenie-Maschine, die sehr unterschiedliche Menschen mit unterschiedlichen Erwartungshaltungen ebenso ansprechen kann, wie einen Menschen zugleich auf sehr unterschiedliche Weise« (SEESSLEN 1994: 138).

Gerade in den gegenwärtigen Gesellschaften, die Bewegungen permanenter Transformation und Erneuerung ihrer Strukturen ausgesetzt sind (BECK/GIDDENS/LASH 1996), lassen sich verstärkt Individualisierungstendenzen beobachten (BECK 1986). Vordefinierte soziale Rollen verlieren zunehmend an Relevanz. Dies bedeutet auch, wie Michel Maffesoli (1997) in seinen Arbeiten zum postmodernen Nomadismus darlegt, dass das Imaginäre, der Traum, die Wünsche und das Begehren aufgewertet und in alltäglichen Erfahrungen und Praktiken entfaltet werden – zumindest bei privilegierten sozialen Gruppen. Eine Filmanalyse, die die alltäglichen Kontexte der Rezeption und Aneignung ins Zentrum rücken möchte, sollte auch diesen Befund der postmodernen Sozialtheorie berücksichtigen.

Bevor ich nun diese kontextuellen Faktoren näher betrachten werde, möchte ich im Kontrast dazu einige Grundlagen von David Bordwells kognitivem Modell der Rezeption von Filmen kritisch diskutieren (BORDWELL 1985), das für eine kognitive Wende in der Filmtheorie plädiert.[3] Wie sein Kollege Noel Carroll (1988) polemisiert er gegen das Anknüpfen an so genannte ›große Theorien‹ in der Filmforschung wie in der *Screen*-Theorie oder in den Cultural Studies. Wir werden aber zeigen, dass sein Modell ähnlich formalistisch orientiert und abstrakt akademisch wie das der *Screen*-Theorie ist.

3.   Zur Kritik der Bordwell'schen Filmtheorie

Die kognitive Richtung der Filmtheorie entwickelte sich in den 1980er- und 1990er-Jahren. Ihr Interesse gilt, im Anschluss an die kognitive Psy-

---

3   An dieser Stelle kann keine umfassende und erschöpfende Darstellung und Interpretation dieser komplexen und vielschichtigen Filmtheorie gegeben werden, die auch als »Neoformalismus« bezeichnet wird (vgl. CHRISTIE 2000). Es geht um Grundlagen und Perspektiven der theoretischen Orientierung und Forschung.

chologie, Prozessen mentaler Repräsentation, dem Funktionieren kognitiver Systeme und der Existenz entsprechender Universalien. Nicht unbewusste Strukturen und Zwänge wie bei Metz und bei *Screen*, sondern der rational Handelnde, seine bewussten und vorbewussten Operationen stehen im Zentrum. Für die Filmrezeption bedeutet dies, dass sie weitgehend als rationales Bemühen betrachtet wird, visuellen und erzählerischen Sinn aus dem textuellen Material zu gewinnen. Ausgehend von den ›Einsätzen‹ (›cues‹) des Films benutzen die Zuschauer interpretative Schemata, um sinnhafte und geordnete Geschichten zu konstruieren. Diese Prozesse ähneln den Rahmungsprozessen im Alltag, weshalb sich in diesem Ansatz – im Gegensatz zu *Screen* – auch eine Aufwertung des ›common sense‹ beobachten lässt. »This is not to say that viewers mistake the film's narrative for a ›slice of life‹ or that there are no substantial differences between the experience of film and of reality. But cognitivists hold that when we understand, interpret, and respond to filmic narratives we are bringing to them a good deal of the knowledge and skills we deploy to understand, interpret, and respond to people and events in the real world« (CURRIE 1999: 113f.). Trotz aller Kritik an der theoretischen Ausrichtung von *Screen* besteht die Gemeinsamkeit jedoch in der impliziten Annahme, dass die textuellen Merkmale von Filmen die Rezeption determinieren. In *Narration in the Fiction Film* geht Bordwell (1985) davon aus, dass die Form des Films und sein Stil kooperative und wissende Zuschauer »erbitten«, welche die dargebotenen Informationen in der Regel in routinierter Weise kognitiv verarbeiten. Die Analyse der Filmerzählung lasse Schlüsse hinsichtlich erwartbarer Zuschauerreaktionen zu, die fast schon normativen Charakter haben. So sei für den klassischen Hollywood-Film kennzeichnend, dass der (als kooperativ vorausgesetzte) Zuschauer wissen möchte, wer wem etwas angetan hat und aus welchem Grund. D.h. er möchte primär die narrative Kette der Ereignisse verstehen, ihre kausalen Zusammenhänge und ihre zeitliche Abfolge. Hierzu muss der Zuschauer sich mit den verschiedenen Charakteren auseinandersetzen, herausfinden, wer sie sind und welche Sicht auf die Welt sie haben. Dann entwickeln sich kognitive Schemata zum Verständnis der Handlung. Davon abweichende Wünsche des Zuschauers, die affektiv motiviert sind und der Struktur des Textes entgegenlaufen – wie z.B. die emotionale Identifikation mit einem Bösewicht –, interessieren Bordwell nicht. Er eliminiert sie weitgehend aus dem Bereich der wissenschaftlichen Analyse und blendet damit von vornherein einen großen Teil der alltäglichen Rezeptionsprozesse aus.

Hier lässt sich zunächst einwenden, dass das affektive sich-Einlassen auf einen Film oft erst die Voraussetzungen schafft für die kognitiven Leistungen, die Bordwell et al. interessieren. So kommt Janet Staiger (2000: 36), die mit Bordwell und Thompson die sehr wichtige Studie zu den Produktionsbedingungen des klassischen Hollywood-Films verfasst hat (BORDWELL/STAIGER/THOMPSON 1985), zu folgender Auffassung: »It is my opinion that most viewers of the classical Hollywood film, any classical Hollywood film, would agree: a satisfying affective realm may dominate any pleasures from mastering a complicated story line«. Sie weist auch daraufhin, dass die normative Beschreibung eher für die Einführung des Erzählfilms zu Beginn des 20. Jahrhunderts passend war und Filmgenres privilegiert, die in erster Linie kognitive und weniger emotionale Ansprüche an den Zuschauer stellen (STAIGER 2000: 38). Was der normative Ansatz, der an den Praktiken der Filmemacher orientiert ist, jedoch nicht in Rechnung stellt, sind alle Formen vom Filmtext her nicht direkt ableitbarer bzw. erwartbarer Reaktionen von Zuschauern, die jederzeit möglich sind und auch bizarre Formen annehmen können. Der *produktive* bzw. *perverse Zuschauer* ist nicht die Ausnahme, sondern eher die Regel (WINTER 1995; STAIGER 2000). Er findet sich nicht nur in Fankulturen oder bei Kultfilmen.[4]

Wenn wir von einer Vielfalt von Zuschauern ausgehen, die sich im Alter, in der ethnischen Zugehörigkeit, im Geschlecht, in den sexuellen Präferenzen, in ihrer beruflichen Beschäftigung oder ihrer nationalen Identität unterscheiden, und zudem in Rechnung stellen, dass jeder Zuschauer bei der Rezeption eines Films (bzw. bei dessen wiederholter Rezeption im Laufe seines Lebens) unterschiedliche Identitäten artikulieren kann, werden auch verschiedene Interpretationstaktiken und damit heterogene Lesarten entfaltet. Das Vergnügen, das Zuschauer haben, wird nicht nur darin bestehen, einen kognitiven Plot zu meistern und damit den Idealtyp von Zuschauer zu realisieren, den Bordwell et al., den Praktiken der Filmemacher folgend, im Blick haben. Ergänzend weisen Analysen der Cultural Studies darauf hin, dass die Entfaltung kognitiver Kompetenzen auch vom jeweiligen sozialen Kontext abhängt (FISKE 1999).

Ähnlich wie in der Experimentalpsychologie versucht wird, so genannte Störvariablen auszuschließen und kognitive Fähigkeiten in rei-

---

4 Vgl. zu den ›abweichenden‹ interpretativen Praktiken und vielfältigen Vergnügen bei Kultfilmen MENDIK/HARPER (2000).

ner Form zu beobachten, so bemühen sich Bordwell et al., sich stützend auf differenzierte und subtile Filmanalysen, die kognitiven Leistungen bei der Filmrezeption – unabhängig von Kontexten – zu identifizieren. Wie in Teilen der kognitiven Psychologie werden so die konkreten sozialen Lebensbedingungen, Gefühle und Fantasien ausgeblendet. Was dabei herauskommt, ist ein in scholastischer Abgeschlossenheit konstruierter Idealzuschauer, der jedoch nicht in einer sozialen Welt lebt, ohne ›Fleisch und Blut‹ existiert.

Gerade die Arbeiten von Cultural Studies legen aber dar, dass Zuschauer eben oft nicht kooperativ sind oder sein wollen, sondern widerspenstig, Filme gegen den Strich lesen, eher emotionale als kognitive Interessen befriedigen möchten. Ein bis heute populärer Film des klassischen Hollywoodkinos wie *Tote schlafen fest* (1946; orig.: *The Big Sleep*), dessen Handlung komplex, voller Rätsel und nicht vollständig zu durchschauen ist (so wird berichtet, dass auch dem Regisseur am Ende nicht klar war, wer wen aus welchem Grund umgebracht hat), wird nicht deshalb geliebt, weil die Zuschauer primär kognitive Konsistenz der Handlung erwarten, sondern weil es auch andere Erwartungen und Wünsche gibt, die Filme befriedigen können. So kann sich der Zuschauer mit Philip Marlowes zynischem Blick von außen auf Los Angeles identifizieren, sich über seine Chancen bei Frauen amüsieren oder den Film gar als Satire über das Filmemachen begreifen. *Tote schlafen fest* und der *Film Noir* im Allgemeinen verdanken ihre Popularität gerade den gesellschaftlichen Kontexten, in denen sie rezipiert werden, so z. B. dem existenzialistisch geprägten Nachkriegs-Paris, in dem die Idee des *Film Noir* überhaupt erst entstand (NAREMORE 1998).

Bordwells Annahmen überzeugen auch nicht hinsichtlich von Horrorfilmen, bei denen die Ursachen für die Handlungen der Monster bisweilen unklar bleiben. Ergänzend führt die historische Rezeptionsforschung viele Beispiele für vom Filmtext her nicht erwartbare Zuschauerreaktionen an. So schufen homosexuelle Männer in den 1950er-Jahren den Kult um Judy Garland, die bereits die Hauptrolle in dem Kultfilm *Der Zauberer von Oz* (1939) spielte (STAIGER 1992: 154ff.). Dabei interpretierten sie ihren Comeback-Film *A Star is Born* (1954) vor dem Hintergrund ihrer persönlichen Krisen und ihrer Probleme, mit den Zwängen des Hollywood-Studiosystems zurechtzukommen. Ihre Außenseiterrolle bot sich zur Identifikation an. In diesem Fall waren also weniger der Film, als seine Produktionsbedingungen für seine Interpretation zentral.

Zusammenfassend lässt sich festhalten, dass eine Filmanalyse, die den sozialen Kontext der Rezeption und die damit verbundenen Praktiken für entscheidend hält, eher »unreine Lesarten« erwartet. Sie geht nicht davon aus, dass Zuschauer in ihrem Alltag Filme interpretieren, wie es auf kognitive Rationalität konzentrierte und in akademischer Abgeschlossenheit operierende Forscher tun. Ihr Interesse gilt auch nicht dem Versuch zu bestimmen, wie alle Zuschauer einen Film wahrnehmen sollten, sondern es geht immer um spezifische Lesarten in spezifischen Kontexten. Erst eine detaillierte und multiperspektivische Analyse, die den verschiedenen Kontextfaktoren gerecht wird und nicht nur das Filmereignis, sondern auch die Praktiken danach untersucht, gibt Einblick in die jeweiligen Interpretationsstrategien, Formen des Vergnügens und auch in die politische Bedeutung abweichender bzw. widerständiger Lesarten (vgl. GÖTTLICH/WINTER 2000). Hierbei sind die verschiedenen Aktivitäten während und nach der Rezeption zu berücksichtigen. Sprechen die Zuschauer z.B. während des Films über die Charaktere, sprechen sie gar zu ihnen? Diskutieren sie über deren Motive? Werden kulturelle Mehrdeutigkeiten durch Interpretation, Kommentare oder Gespräche aufgelöst? Werden z.B. bei der Rezeption von Horrorfilmen Szenen nachgespielt, die sich auf den Film beziehen (wie andere erschrecken)? Welche Kommentare werden danach abgegeben? Wie wird die Geschichte rekontextualisiert und eventuell weitergesponnen? Wie beziehen die Zuschauer die Geschichte auf ihre soziale Welt? Stilisieren sie ihre Identität und ihren Lebensstil nach dem, was sie gesehen haben? Etc. Gerade Filme, die wichtig für das persönliche Leben sind, werden immer wieder geschaut und in unterschiedlichen Lebenssituationen auch anders interpretiert. So kommt Staiger zu dem Schluss: »Scholarship should investigate not just the event of filmgoing but the continual making and remaking of interpretations and emotional significances through the lives of individuals. Here work on popular and cultural memory is relevant. The use of a film such as *Gone with the Wind* to pin down the ›meaning‹ of someone's life at a particular moment in her existence – just like the Kennedy assasination – will be part of the history of American film reception« (STAIGER 2000: 55, Hervorhebungen im Original).

Die Praktiken im Umgang mit Filmen machen deutlich, dass die Suche nach einer immanenten Bedeutung nur ein Zugang ist, der nicht sonderlich ertragreich sein muss. Filme gewinnen ihre Bedeutung durch ihren sozialen Gebrauch (WINTER 1992; MIKOS 2003). Abschließend möchte ich auf eine Vertiefung der Filmanalysen von Cultural Studies eingehen, die hauptsächlich von Norman Denzin (2001), Douglas Kellner (1995) und Henry Giroux (2002) verfolgt wird, nämlich Filme auf ihre mögliche politische Bedeutung hin zu lesen und sie mit pädagogischen Interventionen zu verbinden. Giroux' Analyse von *Fight Club* (1999) dient mir hierbei als Beispiel.

4. Filmananalyse als kulturelle Interpretation und Intervention. Cultural Studies als kritische Pädagogik

Giroux (2002) geht auch davon aus, dass Filme in ihrer Bedeutung zunächst radikal unbestimmt sind und ihre Lesarten nicht durch die textuelle Struktur vorbestimmt werden, sondern durch kontextuelle Faktoren. Wie andere populäre Filme begreift er David Finchers provokativen und verstörenden Film *Fight Club* als »a form of public pedagogy that offers an opportunity to engage and understand its politics of representation as part of broader commentary on the intersection of consumerism, masculinity, violence, politics, and gender relations« (GIROUX 2002: 160). Eine dekonstruktive Analyse des Films soll zeigen, wie er auf die aktuellen gesellschaftlichen Diskurse über Arbeit, Konsum, Männlichkeit etc. reagiert und so Teil von ihnen ist. Gleichzeitig soll sie Möglichkeiten der Reartikulation in der Rezeption sichtbar machen. Ein wesentlicher Kritikpunkt von Giroux ist, dass der in seiner Lesart zum Teil durchaus kritische Film Gewalt, Kampf, Gemeinschaftserfahrungen in Männerbünden als Alternativen zum Konsumismus und den durch ihn bedingten Formen von ›Pseudo-Männlichkeit‹ präsentiert. Dabei wird der Konsumismus als ›soziales Schicksal‹ dargestellt, jedoch nicht historisch lokalisiert, seine Ursachen und Entstehungsbedingungen werden nicht aufgedeckt, ebenso wenig werden gesellschaftliche Veränderungsmöglichkeiten aufgezeigt.

Giroux' Filmanalyse ist zweifellos pädagogisch orientiert.[5] Auf die Pädagogik von Hollywood wird mit engagierter Analyse und Diskussionen mit Jugendlichen und Studierenden reagiert, mittels derer Giroux mögliche alltägliche Lesarten des Films identifizieren möchte. Die Identifikation mit einem faschistoiden, paramilitärischen Männlichkeitsideal ist dabei nur eine Möglichkeit, die jedoch von entsprechenden Gruppen

---

5 Für eine ausführlichere Analyse des Verhältnisses von Cultural Studies und kritischer Pädagogik vgl. WINTER 2004.

vollzogen werden kann. Er analysiert auch verschiedene Rezensionen in Zeitungen, in denen z.B. die Gewalt unter Fun-Aspekten behandelt oder der intelligente, vielschichtige Psycho-Plot des Films gelobt wird.[6] Gegenüber diesen Rezensionen hebt er aber hervor, dass bei Filmanalysen nicht Einzelaspekte isoliert werden, sondern Filme – hier findet sich eine Parallele zu Jameson (1992b) – als soziale und politische Allegorien betrachtet werden sollten, die ihre Bedeutungen nicht als isolierte Texte, sondern im Netzwerk gesellschaftlicher Praktiken und institutioneller Formationen gewinnen. Er fordert zu untersuchen, wie Filme mit gesellschaftlichen Transformationen zusammenhängen, im Dialog mit ihnen stehen, wie sie Ängste und Befürchtungen zum Ausdruck bringen, Sexismus und politische Verzweiflung artikulieren können.

Giroux' medienpädagogischer Ansatz begreift die Analyse populärer Filme auch als Möglichkeit, in den Dialog der Gesellschaft mit sich selbst einzugreifen und im Sinne von John Dewey mehr Demokratie zu verwirklichen. Über Filme zu sprechen schafft bzw. erweitert öffentliche Räume, in denen Vergnügen, Reflexion und Handlungsfähigkeit eine fruchtbare Synthese einzugehen vermögen. Er ist eines der wenigen Medien, wie Giroux (2002: 7) schreibt, die Gespräche möglich machen, in denen Fragen der persönlichen Erfahrung, der Politik und des öffentlichen Lebens mit größeren sozialen Fragestellungen verbunden werden können.

Eine Filmanalyse in dieser Perspektive versucht also, gesellschaftliche Konflikte und Diskurse zu artikulieren, für welche die Zuschauer sensibilisiert werden sollen. Die medienpädagogische Intention zielt auf die Vermittlung von Kompetenz durch die Dekonstruktion kultureller Texte mit der Absicht, die Handlungsfähigkeit der Zuschauer zu steigern. Anders als Bordwell geht Giroux davon aus, dass seine Filmanalysen »necessarily partial, incomplete, and open to revision and contestation« (GIROUX 2002: 13) sind.

5. Schlussbetrachtung

Der Ausgangspunkt meiner Überlegungen war ein Unbehagen angesichts der mangelnden Berücksichtigung sozialer Aspekte in der so genannten ›modernen Filmtheorie‹, insbesondere in Deutschland. Dies

---

6 Für ein ähnliches Vorgehen vgl. DENZIN 1991 und WINTER 2003.

hängt sicherlich auch damit zusammen, dass Filmsoziologie bisher nur wenig betrieben wird. Wie ich versucht habe zu zeigen, sollte sie von den sozialen Kontexten der Rezeption und Aneignung ausgehen. Ihr Interesse sollte den gesellschaftlichen Praktiken und sozialen Beziehungen der Bedeutungsgebung gelten, was differenzierte Analysen von Filmen keineswegs ausschließt. Von den Cultural Studies lässt sich lernen, dass gerade populäre Filme wichtige Erkenntnisgegenstände von gesellschaftlicher Relevanz sein können.

Literatur

ALTHUSSER, L.: *Ideologie und ideologische Staatsapparate.* Hamburg/Berlin (West) 1977

BECK, U.: *Die Risikogesellschaft. Auf dem Weg in eine andere Moderne.* Frankfurt/M. 1986

BECK, U.; A. GIDDENS; S. LASH: *Reflexive Modernisierung. Eine Kontroverse.* Frankfurt/M. 1996

BORDWELL, D.: *Narration in the Fiction Film.* Madison 1985

BORDWELL, D.; J. STAIGER; K. THOMPSON: *The Classical Hollywood Cinema. Film Style and Mode of Production to 1960.* London 1985

BOURDIEU, P.: *Interventionen 1961 - 2001. Sozialwissenschaft und politisches Handeln.* Hamburg 2004

CARROLL, N.: *Mystifying movies. Fads & fallacies in contemporary film theory.* New York 1988

CHAMBERS, I.; J. CLARKE; I. CONNELL; L. CURTI; S. HALL; T. JEFFERSON: Marxism and Culture. In: *Screen,* 18, 4, 1977/78, S. 101-119

CHRISTIE, I.: Formalism and neo-formalism. In: HILL, J.; P. CHURCH GIBSON (Hrsg.): *Film Studies. Critical Approaches.* Oxford 2000, S. 56-64

COLLINS, J.: *Uncommon Cultures. Popular Culture and Post-Modernism.* New York 1989

COOK, P. (Hrsg.): *The Cinema Book.* London 1985

CURRIE, G.: Cognitivism. In: MILLER, T.; R. STAM (Hrsg.): *A Companion to Film Theory.* Oxford 1999, S. 105-122

DENZIN, N. K.: *Images of Postmodern Society. Social Theory and Contemporary Cinema.* London u.a. 1991

DENZIN, N. K.: *Reading Race. Hollywood and the Cinema of Racial Violence.* London u.a. 2001

FELIX, J. (Hrsg.): *Moderne Film Theorie*. Mainz 2002a

FELIX, J. (Hrsg,): *Die Postmoderne im Kino. Ein Reader*. Marburg 2002b

FISKE, J.: Wie ein Publikum entsteht. Kulturelle Praxis und Cultural Studies.
In: HÖRNING, K. H.; R. WINTER (Hrsg.): *Widerspenstige Kulturen. Cultural
Studies als Herausforderung*. Frankfurt/M. 1999, S. 238-263

GIROUX, H. A.: *Breaking in to the Movies. Film and the Culture of Politics*.
Oxford 2002

GÖTTLICH, U.; R. WINTER (Hrsg.): *Politik des Vergnügens. Zur Diskussion der
Populärkultur in den Cultural Studies*. Köln 2000

GROSSBERG, L.: Was sind Cultural Studies? In: HÖRNING, K. H.; R. WINTER
(Hrsg.): *Widerspenstige Kulturen. Cultural Studies als Herausforderung*.
Frankfurt/M. 1999, S. 43-83

HALL, S.: Encoding/Decoding. In: HALL, S.; D. HOBSON; A. LOWE; P. WILLIS
(Hrsg.): *Culture, Media, Language*. London 1980, S. 128-138

HALL, S.: Die zwei Paradigmen der Cultural Studies. In: HÖRNING, K. H.; R.
WINTER (Hrsg.): *Widerspenstige Kulturen. Cultural Studies als Herausforderung*. Frankfurt/M. 1999, S. 13-42

HAY, J.; L. GROSSBERG; E. WARTELLA (Hrsg.): *The Audience and Its Landscape*.
Boulder 1996

HEBDIGE, D.: *Subculture. The Meaning of Style*. London/New York 1979

HILL, J.; P. CHURCH GIBSON (Hrsg.): *Film Studies. Critical Approaches*. Oxford
2000

JAMESON, F.: *Postmodernism, or The Cultural Logic of Late Capitalism*. London/
New York 1991

JAMESON, F.: *The Geopolitical Aesthetics. Cinema and Space in the World System*.
London 1992a

JAMESON, F.: *Signatures of the Visible*. New York 1992b

JAMESON, F.: *A Singular Modernity. Essay on the Ontology of the Present*.
London/New York 2002

KELLNER, D.: *Media Culture*. London 1995

MACCABE, C.: Theory and Film. Principles of realism and pleasure. In:
Screen, 17, 3 (Autumn), 1976, S. 7-27

MACCABE, C.: *Godard. Images, Sound, Politics*. London 1980

MAFFESOLI, M.: *Du Nomadisme. Vagabondes initiatiques*. Paris 1997

MENDIK, X.; G. HARPER (Hrsg.): *Unruly Pleasures. The Cult Film and its Critics*.
Guildford 2000

MIKOS, L.: *Film- und Fernsehanalyse*. Konstanz 2003

MORLEY, D.: *The Nationwide Audience. Structure and Decoding*. London 1980

NAREMORE, J.: *More Than Night. Film Noir in Its Contexts*. Berkeley u.a. 1998

SEESSLEN, G.: *David Lynch und seine Filme*. Marburg 1994

STAIGER, J.: *Interpreting Films. Studies in the Historical Reception of American Cinema*. Princeton 1992

STAIGER, J.: *Perverse Spectators. The Practices of Film Reception*. New York/London 2000

STAM, R.: *Film Theory. An Introduction*. Oxford 1999

STAM, R.; T. MILLER (Hrsg.): *Film and Theory. An Anthology*. Oxford 1999

WINTER, R.: *Filmsoziologie. Eine Einführung in das Verhältnis von Film, Kultur und Gesellschaft*. Köln 1992

WINTER, R.: *Der produktive Zuschauer. Medienaneignung als kultureller und ästhetischer Prozess*. München 1995

WINTER, R.: *Die Kunst des Eigensinns. Cultural Studies als Kritik der Macht*. Weilerswist 2001

WINTER, R.: Filmanalyse in der Perspektive der Cultural Studies. In: EHRENSPECK, Y.; B. SCHÄFER (Hrsg.): *Film- und Photoanalyse in der Erziehungswissenschaft*. Opladen 2003, S. 151-164

WINTER, R.: Critical Pedagogy. In: RITZER, G. (Hrsg.): *Encyclopedia of Social Theory*. Vol. 1. London u.a. 2004, S. 163-167

WINTER, R.; L. MIKOS (Hrsg.): *Die Fabrikation des Populären. Der John Fiske Reader*. Bielefeld 2001

LOTHAR MIKOS

Film und Fankulturen

Fans gelten als fanatische Liebhaber, die spezifische kulturelle Praktiken ausüben. Im Alltagsverständnis werden ihnen als Opfer der Massenmedien quasi pathologische Züge zugeschrieben. Dabei bestimmen zwei Muster den Diskurs: das besessene Individuum (mehrheitlich männlich, z. B. der Fußball-Fan) und die hysterische Masse (mehrheitlich weiblich, z. B. Boygroup-Fans). Filmfans erhalten dagegen zumindest partielle Anerkennung. Das drückt sich in der Bezeichnung ›Cineast‹ aus, die den Filmfan in die Nähe des Kunstliebhabers rückt. Hier soll es aber nicht um Cineasten als generelle Liebhaber des Mediums Film gehen, sondern um Fans populärer Filmserials und populärer Filmgenres. *Fans sind das Ergebnis von spezifischen struktur-funktionalen Bedingungen der Medienkommunikation, insbesondere der Populärkultur.*

Bevor auf die struktur-funktionalen Bedingungen von Filmen und Filmgenres eingegangen wird, die erst die Bildung von Fankulturen ermöglichen, sowie die kulturellen Praktiken beschrieben werden, mit denen Fans ›ihre‹ Filme und Filmgenres aneignen, soll das grundlegende Verständnis von Film als Medium der Kommunikation dargestellt werden.

Film als Kommunikationsmedium

Grundlegend ist davon auszugehen, dass Filme in eine Kommunikation mit Zuschauern eintreten (vgl. MIKOS 2003: 19ff.). Das tun sie auf zweifache Weise: Einerseits werden sie von Zuschauern betrachtet bzw. rezipiert, andererseits werden sie von Zuschauern benutzt bzw. angeeignet. M.E. ist es wichtig, diese Unterscheidung zwischen Rezeption und Aneignung zu treffen, denn sie ermöglicht es, die konkrete Interaktion zwischen einem Film und seiner Zuschauerin analytisch von der weiteren Aneignung des Films, z.B. im Gespräch mit Freunden und Bekannten, zu trennen. Mit Rezeption ist denn auch die konkrete Zuwendung zu einem Film gemeint. In der Rezeption verschränken sich die Strukturen des Filmtextes und die Bedeutungszuweisung sowie das Erleben durch den Zuschauer. Der aktive Rezipient schafft in der Rezeption den so genannten ›rezipierten Text‹ (vgl. auch MIKOS 2001a: 71ff.; MIKOS 2001b: 59f.), der gewissermaßen die konkretisierte Bedeutung des ›Originaltextes‹ darstellt. Der rezipierte Text ist der Film, den der Zuschauer gesehen hat, der mit seinen Bedeutungszuweisungen und seinen Erlebnisstrukturen angereicherte Film. Er ist das Ergebnis der Interaktion zwischen Film und Zuschauerin. Mit Aneignung ist dagegen die Übernahme des rezipierten Textes in den alltags- und lebensweltlichen Diskurs und die soziokulturelle Praxis der Zuschauer gemeint. Ein Film kann in diesem Sinn Gegenstand weiterer Interaktionen und Handlungen der Zuschauerin sein, wenn sie z.B. dazu dient, in der Mittagspause am Arbeitsplatz ein Gespräch zu eröffnen. Die Unterscheidung zwischen Rezeption und Aneignung ist analytischer Natur, empirisch sind sie als Handlungen der Zuschauer nicht zu trennen. Die Tatsache, dass Filme rezipiert und angeeignet werden, macht sie soziologisch relevant. Darauf hat bereits der französische Filmemacher François Truffaut hingewiesen. Anfang der 1970er-Jahre formulierte er:»Wenn ein Film einen gewissen Erfolg hat, ist er ein soziologisches Ereignis und die Frage seiner Qualität wird sekundär« (zitiert nach WINTER 1992: 37). Das mag zwar für die individuelle Qualität eines konkreten Films gelten. Generell steht jedoch die strukturelle und funktionale Qualität von Filmen als populären Texten zur Debatte.

Wenn, wie es Angela Keppler (2001: 131) formuliert hat, sich im medialen Produkt »die Perspektiven der Produktion und der Rezeption auf eine bestimmte Weise« treffen, dann muss untersucht werden, auf welche Weise dies bei populären Filmen genau geschieht. Aus einer rezeptionsästhetischen Perspektive können dann nicht nur die »Medieninhalte als Kommunikationsangebote« (ebd.) verstanden werden, sondern das gesamte symbolische Material der Fernsehsendungen und Filme, also auch Narration und Dramaturgie sowie die gestalterischen Mittel, mit denen die Aufmerksamkeit der Zuschauer erregt werden soll. Filme werden in diesem Zusammenhang als Anweisungen auf die Rezeption und auf die Aneignung verstanden. Sie enthalten implizite Handlungsanwei-sungen für die Zuschauer (vgl. MIKOS 2001a: 177ff.) und strukturieren auf diese Weise deren Aktivitäten vor. Das heißt nicht, dass Filme die Rezeption durch die Zuschauer determinieren, sondern sie machen lediglich Angebote, die von den Zuschauern genutzt werden können, indem sie sich auf eine Interaktion mit dem jeweiligen Text einlassen. John Fiske (1987: 95f.) spricht denn auch nicht von Texten, sondern von ihrer »Textualität« bzw. von produzierbaren Texten. Damit ist gemeint, dass die Filme nach einer Vervollständigung durch die Zuschauer verlangen, sie werden erst im Akt der Rezeption und Aneignung produziert. Nach diesem Verständnis können Filme auch keine abgeschlossenen Bedeutungen an sich haben, sondern sie entfalten ihr semantisches und symbolisches Potenzial erst durch die aktiven Zuschauer, d.h. sie können lediglich potenzielle Bedeutungen haben, sie bilden eine »semiotische Ressource« (FISKE): »Vielleicht favorisiert ein Text manche Bedeutungen, er kann auch Grenzen ziehen, und er kann sein Potenzial einschränken. Andererseits kann es auch sein, dass er diese Präferenzen und Grenzen nicht allzu effektiv festschreibt« (FISKE 1993a: 12f.). Filme können also nur Angebote machen und mögliche Lesarten inszenieren, über die sie die Aktivitäten der Zuschauer vorstrukturieren. Eines können sie aber nicht: Sie können nicht die Bedeutung festlegen. Sie funktionieren als Agenten in der sozialen Zirkulation von Bedeutung und Vergnügen, denn sie können ihr Sinnpotenzial nur in den sozialen und kulturellen Beziehungen entfalten, in die sie integriert sind, denn: »Texte funktionieren immer im gesellschaftlichen Kontext« (ebd.: 13). Erst da kommt ihre strukturierende Kraft zum Tragen. Die Aneignung von populären Texten wie Filmen ist nach Fiske am Schnittpunkt von sozialer und textueller Determination lokalisiert. Damit wird auch deutlich, dass sich Texte immer im Feld sozialer Auseinandersetzung befinden (vgl. MIKOS 2001c: 362). Für die Beschäftigung mit Kinofilmen und Fankulturen heißt dies, dass die Struktur von Filmen zu den Rezeptions- und Aneignungsaktivitäten in Bezug gesetzt werden muss. Allerdings muss an dieser Stelle festgehalten werden, dass die strukturierende Kraft der Film- und Fernsehtexte in der Rezeption stärker ist als in der Aneignung, denn im Gebrauch sind die soziokulturellen Kontexte, in welche die Zuschauer eingebunden sind, wirksamer.

Film- und Fernsehtexte sind grundsätzlich an ein Publikum gerichtet. Daher sind sie zum Wissen, zu den Emotionen und Affekten, zum praktischen Sinn und zur sozialen Kommunikation der Rezipienten hin geöffnet. Es lassen sich so vier Arten von Aktivitäten unterscheiden, die in der Rezeption und Aneignung eine Rolle spielen: 1) kognitive Aktivitäten, 2) emotionale und affektive Aktivitäten, 3) habituelle und rituelle Aktivitäten, 4) sozial kommunikative Aktivitäten. Sie alle sind an zwei grundlegende ›modi operandi‹ gebunden, die den Umgang mit den Filmtexten ausmachen: das Filmverstehen und das Filmerleben. Filmverstehen meint, anhand eines Films zu untersuchen, wie er sich als bedeutungsvoller Text, der in den kulturellen Kreislauf von Produktion und Rezeption eingebunden ist, konstituiert (vgl. MIKOS 1998: 3). Dazu müssen jedoch auch die lebensweltlichen Verweisungszusammenhänge einbezogen werden. Filmerleben meint eine eigene Zeitform mit eigenen Höhepunkten, »in denen das zu kulminieren scheint – sowohl das, das es auf der Leinwand zu besichtigen gilt, wie auch das Erleben selbst« (NEUMANN/WULFF 1999: 4). Die Zuschauer gehen selbstvergessen im Erlebnis auf (vgl. RENNER 2002: 153). Filmerleben schafft eigene Sinnstrukturen, die aber mit der Alltagswelt und den lebensweltlichen Verweisungszusammenhängen der Zuschauer verknüpft sind. Allerdings sind Verstehens- und Erlebensaktivitäten nicht unabhängig von den Kontexten (Diskursen, lebensweltlichen Zusammenhängen, textuellen Kontexten wie Genres und intertextuellen Beziehungen) zu sehen, in die sie eingebettet sind.

Indem Filme zum Wissen, zu den Emotionen, zum praktischen Sinn und zur sozialen Aneignung der Zuschauer hin geöffnet sind, werden sie über die Aktivitäten der Zuschauer Teil einer gemeinsamen Kultur. Darin liegt ihre ethnophatische Funktion (vgl. in Bezug auf den Sprachgebrauch MALINOWSKI 1956), über welche die Zugänglichkeit von Bedeutungen mit der sozialen Zugehörigkeit von Zuschauern koordiniert wird. *Daher basieren Fankulturen auf kommunikativen Konstellationen zwischen populären Filmen bzw. Filmgenres und aktiven Rezeptions- und Aneignungsprozessen der Zuschauer.* Sie können als »imagined communities« (HILLS 2002) gesehen werden, deren gemeinsame Bezugspunkte sich über Filme und/oder Filmgenres herstellen.

Struktur-funktionale Bedingungen von Filmen und Filmgenres

Grundsätzlich lassen sich die struktur-funktionalen Bedingungen von populären Filmen und Filmgenres beschreiben, die erst die Bildung von Fankulturen ermöglichen. Die Begriffe ›Fankultur‹, ›Fangruppe‹ oder ›Fangemeinde‹ werden im Folgenden synonym verwendet; sie bezeichnen einen (sozialen oder virtuellen) Zusammenschluss von Menschen zu Fans.

Grundsätzlich bilden sich Fangruppen nicht um einzelne Filme, sondern um Filmserials wie *Star Wars, Terminator, Alien – Das unheimliche Wesen aus einer fremden Welt* (1979) usw., um Filmgenres wie Action-, Kung-Fu-, Horror-, Science-Fiction-Filme usw. sowie um die Filme bestimmter Regisseure und Regisseurinnen wie David Lynch, David Cronenberg, Quentin Tarantino und weitere. Die einzelnen Filme dieser Serials, dieser Genres und dieser Regisseure weisen besondere Merkmale auf, die für populäre Texte typisch sind. Zugleich fördert die Serialität eine Ausbildung von routinisierten und rituellen Rezeptions- und Aneignungspraktiken, die sich in die im Alltag der Zuschauer zirkulierenden Diskurse und Vergnügen einfügen – bei Fans tun sie dies in besonderer Weise.

Populäre Texte stellen wie bereits erwähnt eine »semiotische Ressource« (FISKE 1993a: 12) dar. Ein solcher populärer Text behandelt seine Zuschauer als Mitglieder einer semiotischen Demokratie, die mit diskursiven Fähigkeiten zur Bedeutungsbildung ausgestattet sind und die durch das Vergnügen bzw. die Lust motiviert sind, an diesem Prozess der Bedeutungsbildung zu partizipieren (FISKE 1987: 95). Nur über diese Beteiligung der Rezipienten kann sich ein populärer Text in der sozialen und kulturellen Zirkulation von Bedeutung verankern. Populäre Filme sind nicht geschlossen, um einen manifesten Sinn zu transportieren, sondern sie sind offen und von einer Vielstimmigkeit gekennzeichnet, die Fiske im Anschluss an Michail Bachtin als »Heteroglossia« bezeichnet (ebd.: 96). In dieser Vielstimmigkeit gründet die Mehr- und Vieldeutigkeit oder Polysemie populärer Texte. Sie darf allerdings nicht als Beliebigkeit der Bedeutungspotenziale missverstanden werden. Stattdessen ist davon auszugehen, dass polyseme Texte »mehrere, strukturell-systematisch verschiedene Bedeutungen« enthalten (WULFF 1992: 101). Die semantische Organisation der Texte erlaubt so verschiedene Lesarten, die sich allerdings auf die gleiche Textoberfläche beziehen. Generell sind populäre Texte aber durch einen semantischen Überschuss gekennzeichnet, sodass sie als polyseme Texte immer auch Bedeutungen tragen, die nicht durch die gesellschaftlich dominante Ideologie und auch nicht durch die Produzenten kontrolliert werden können. Polyseme Texte sind nach Fiske strukturell offen (vgl. FISKE 1987: 84ff.). Sie verlangen die Mitarbeit der Rezipienten, um sie in die soziale und kulturelle Zirkulation von Bedeutungen einzufügen. Fiske greift dabei auf Überlegungen von Umberto Eco zurück, der von der »Mitarbeit der Interpretation« (ECO 1987) des Lesers ausgeht. Dadurch ist eine generelle Interpretationsvariabilität gegeben, die aber durch die Verortung der populären Texte im Feld sozialer Auseinandersetzungen begrenzt ist. »Die Rezeption und die Aneignung von Texten wird zu einer kontextuell verankerten gesellschaftlichen Praxis, in der die Texte als Objekte nicht vorgegeben sind, sondern erst auf der Basis sozialer Erfahrung produziert werden« (WINTER 1997: 54). In diesem Sinn kommt den aktiven Rezipienten eine besondere Rolle zu, denn sie sind es, die auf der Basis ihrer sozialen Erfahrungen im Alltag und der Struktur der populären Texte, deren Bedeutungen generieren. Dabei sind es die populären Texte, die mit ihrer Struktur die »Lust am Text« (BARTHES 1974) hervorrufen, die wesentlich zum Vergnügen der Rezeption beiträgt.

Die Bedeutungsproduktion ist eng mit Vergnügen verknüpft. Vergnügen ist Bestandteil einer elementaren Ästhetik, die den populärkulturellen Praktiken zu Grunde liegt. Ein Moment des Vergnügens in der Rezeption populärer Texte liegt nach Fiske darin, das Verhältnis von Regeln und Freiheit zu erforschen. Das trifft nicht nur auf das so genannte ›evasive Vergnügen‹ zu, bei dem es um subversive Momente geht, die »den disziplinierenden Diskursen moderner Gesellschaft« zuwiderlaufen können (vgl. HEPP 1999: 74), sondern vor allem um das Vergnügen, das aus der Produktion eigener Bedeutungen und Lesarten resultiert. Dies wird besonders bei der Rezeption und Aneignung populärer Texte in subkulturellen oder spezifischen sozialen Kontexten deutlich. »Populäre Texte müssen populäre Bedeutungen und Vergnügen anbieten. Populäre Bedeutungen werden aus den Bezügen zwischen dem Text und dem Alltagsleben konstituiert, und populäre Vergnügen leiten sich aus der Konstitution dieser Bedeutungen durch die Menschen her, aus der *Macht* sie zu produzieren. Es liegt wenig Vergnügen darin, feststehende Bedeutungen zu akzeptieren, egal wie sachgemäß sie sind. Das Vergnügen leitet sich sowohl aus der Macht und dem Prozeß her, ihren Ressourcen bestimmte Bedeutungen zuzuschreiben, als auch aus der Ansicht, daß diese konstituierten Bedeutungen die *unseren* sind und im Gegensatz zu *ihren* stehen. Populäre Vergnügen sind diejenigen der Unterdrückten, sie beinhalten Elemente des Oppositionellen, Ausweichenden, Skandalhaften, Offensiven, Vulgären, Widerständigen« (FISKE 1993b: 82, Hervorhebungen im Original). Das Vergnügen und die Macht der Bedeutungsproduktion ist nach Fiske (1987: 239) das signifikanteste und ermächtigendste Vergnügen, das Fernsehen und andere populäre Medien bieten. Das gilt vor allem für populäre

Filme, die als Handlungsanweisung zur Rezeption und Aneignung in spezifischen sozialen Formationen wie Fankulturen gelten können.

Es ist diese besondere Textualität im Rahmen der Populärkultur, die zur Konstitution von Fangruppen beiträgt, indem sie soziale Aktivitäten bindet. Dabei spielt Intertextualität (vgl. MIKOS 1999, 2003: 261ff.) eine besondere Rolle. Sie kann als eine Form der Adressierung in populären Texten gesehen werden, über die die sozio- bzw. ethnophatische Funktion der Texte generiert wird.

Hans Jürgen Wulff (1993) hat unter Rückgriff auf Arbeiten von Bronislaw Malinowski und Roman Jakobson die phatische Funktion im Zusammenhang mit der Fernsehkommunikation herausgearbeitet. Er unterscheidet zwischen kontaktiver und soziativer phatischer Funktion, wobei erstere auf das Medium selbst abzielt, letztere aber auf die phatische Gemeinschaft der Kommunizierenden. Die Etablierung einer phatischen Gemeinschaft der Kommunizierenden wird dabei als ein generelles funktionales Moment von Kommunikation angesehen, das außerdem den kommunikativen Prozess synchronisiert und reguliert. Im Zusammenhang mit der Konstitution von Fankulturen interessiert in erster Linie die soziative oder sozio- bzw. ethnophatische Funktion. Zu diesem Aspekt heißt es bei Wulff: »In der Fernsehwissenschaft ist die Untersuchung des soziophatischen Verhältnisses von Fernsehsendungen und Zuschauern von größter Wichtigkeit, weil der einzelne Fernsehtext einem höchst heterogenen Publikum gegenübersteht, und es ist in jedem Augenblick der Fernsehkommunikation eine Aufgabe, die Zugänglichkeit von Bedeutungen in Koordination mit den sozialen Zugehörigkeiten jeweiliger Zuschauer zu thematisieren« (ebd.: 149). Das gilt auch für populäre Filme. Bei dieser Koordination der Zugänglichkeit von Bedeutungen mit der sozialen Zugehörigkeit der Zuschauer nun spielt Intertextualität als Form der Adressierung eine wesentliche Rolle.

Die wesentlichste Qualität populärer Texte, die ihnen Kultstatus verleiht, ist ihre Intertextualität in doppelter Hinsicht: Einserseits in einem horizontalen intertextuellen Verweissystem, das zahlreiche Zitate und Anspielungen auf andere populäre Texte enthält; andererseits in einem vertikalen intertextuellen Verweissystem, das sich direkt auf die kulturelle, symbolische Praxis bezieht, indem es auf Bedeutungen, Werte, Normen, Rollenmuster etc. anspielt, die auf Erfahrungen in spezifischen sozialen Kontexten verweisen – und diese Kontexte liegen gewissermaßen quer zum gesellschaftlichen Konsens, wie er sich in der hegemonialen Kultur als symbolische Gewalt zur Durchsetzung bestimmter Bedeutungen im Interesse von Machtgruppen zeigt (Fiske hat für dieses Konglomerat von Machtgruppen auch den Ausdruck ›power-bloc‹ geprägt; Harry Pross hat symbolische Gewalt als eine Macht bezeichnet,»die *Geltung* von Bedeutungen durch *Zeichensetzung* soweit effektiv zu machen, daß andere Leute sich damit *identifizieren*«; PROSS 1981: 69, Hervorhebungen im Original).

Machen wir uns das sowohl anhand des horizontalen als auch anhand des vertikalen intertextuellen Verweissystems deutlich (vgl. FISKE 1987; MIKOS 1999). Es sei darauf hingewiesen, dass die Unterscheidung von horizontaler und vertikaler Intertextualität analytischen Zwecken dient, als Merkmal der Textualität populärer Produkte treten beide Aspekte immer zusammen auf. Allerdings kann sich bei der Konstitution von Fankulturen die eine oder andere Form der Intertextualität als dominantes Adressierungsmittel erweisen.

Im Rahmen der horizontalen Intertextualität verweisen populäre Filme auf das eigene Genre und andere Texte im gleichen Medium oder andere Texte des gleichen Genres in anderen Medien. Umberto Eco hat Archetypen und intertextuelle Bezüge in *Casablanca* (1942) herausgearbeitet und bemerkt:»Doch gerade weil die Archetypen hier alle versammelt sind, gerade weil *Casablanca* tausend andere Filme zitiert und jeder Schauspieler eine bereits woanders gespielte Rolle spielt, hört der Zuschauer unwillkürlich das Echo der Intertextualität. *Casablanca* zieht wie eine Duftwolke andere Situationen hinter sich her, die der Zuschauer in den Film hineinsieht, indem er sie unbewußt aus anderen Filmen nimmt [...]. So ist *Casablanca* nicht ein, sondern viele Filme, eine Anthologie« (ECO 1985: 212f.). Ähnliches lässt sich bei anderen populären Filmen (ich vermeide den Ausdruck Kultfilm, weil das noch einmal eine andere Diskussion ist, die ich hier nicht führen will) zeigen, bei *Blue Velvet* (1986) oder *Wild at Heart – Die Geschichte von Sailor und Lula* (1990) von David Lynch, bei *eXistenZ* (1998) von David Cronenberg, bei *Pulp Fiction* (1994) oder *Reservoir Dogs – Wilde Hunde* (1992) von Quentin Tarantino, bei *From Dusk Till Dawn* (1995, von Robert Rodriguez, bei Genrefilmen und Serials wie *Der Blade Runner* (1982), *Alien – Das unheimliche Wesen aus einer fremden Welt* (1979), *Terminator* (1984), *Halloween* (1978), *Freitag, der 13.* (1980), *Star Wars* (1977), *Star Trek* oder der *Rocky Horror Picture Show* (1975) als einem frühen Phänomen von Fankultur in den 1970er-Jahren.

In diesem Sinn begründet Intertextualität als horizontales Verweissystem die Selbstreflexivität der Texte im Rahmen des eigenen Mediums und der populären Kultur schlechthin. Das Vergnügen beim Ansehen dieser Filme resultiert im Wesentlichen aus der Freude am Wiedererkennen und den daraus resultierenden Erwartungshaltungen im Hinblick auf das Kommende; der soziophatische Aspekt ergibt sich dabei aus dem Umstand, dass mit diesen horizontalen intertextuellen Verweissystemen kulturelles Kapital spezifischer Publika angespielt wird, das im Akt der Aneignung aktualisiert werden kann, denn: »Das Wissen wiederum ist eine wichtige Ressource innerhalb der Kommunikation in der Fangemeinschaft« (WINTER 1997b: 45). Horizontale Intertextualität ist ein strukturelles Merkmal, das sowohl die Mehrdeutigkeit populärer Texte generiert als auch ihre soziophatische Funktion. Fans blättern im Akt der gemeinsamen Aneignungen der populären Filme ihre intertextuelle Enzyklopädie (vgl. ECO 1987) auf, die Bestandteil des kulturellen Kapitals der jeweiligen Fangruppe ist (vgl. FISKE 1997). Fansein bedeutet daher auch, sich im Rahmen dieses kulturellen Kapitals bestimmter Diskursstrukturen bedienen zu können. Es zeigt sich also, dass populäre Filme, die mit Hilfe von intertextuellen Anspielungen ihre Bedeutungen artikulieren, auf ganz bestimmte Fangruppen angewiesen sind, in denen die Zuschauer das intertextuelle Wissen mitbringen, um den Film zu verstehen, zu erleben und ihm Bedeutung zuzuweisen. Horizontale Intertextualität ist mit dem Wissen der Fans von narrativen Strukturen und filmischen Gestaltungsmitteln verbunden, an ihr können sie ihre Kompetenz als Ergebnis einer medialen Lerngeschichte zeigen.

Neben der horizontalen Intertextualität ist es auch die vertikale, die als Adressierungsmerkmal von populären Texten soziophatische Funktion für die Konstitution von Fankulturen hat. Vertikale Intertextualität bezieht sich auf Aneignungsweisen, in denen sowohl die Aktivierung kognitiver Wissensbestände als auch die Zuweisung von Bedeutungen im Rahmen emotionaler Erlebnisprozesse und des praktischen Sinns eine Rolle spielt. Populäre Filme haben in diesem Sinn einen Bezug zu symbolischen Sinnwelten von Zuschauern, die als Bestandteil allgemeinen Weltwissens und des praktischen Sinns im Rahmen der sozialen, lebensweltlichen Bezüge der Zuschauer Sinn ergeben. Der praktische Sinn des sozialen Handelns umfasst dabei »eine Art ›implizites Wissen‹ von der Relevanz, Bedeutung und Geeignetheit bestimmter Handlungsweisen, das sich im Akteur durch soziale Einübung und Erfahrung im fortlaufenden Handlungsvollzug eingelebt hat« (HÖRNING 2001: 162). Da Filme schauen als eingeübte Handlungen gelten kann, die im Verlauf der Mediensozialisation routinisiert und ritualisiert wurde, offenbart sich der praktische Sinn gerade in den Gewohnheiten, die damit verbunden sind. Die Rezeption von Filmen wird zu einer gewohnheitsmäßigen performativen Praxis. Dabei spielt besonders der lebensweltliche Wissenshorizont als kulturelles Hintergrundwissen eine Rolle, allerdings nur in der Form, wie er sich in der sozialen Praxis zeigt. »Den regelmäßigen Handlungspraktiken unterliegen damit indirekt kulturelle Schemata, die in routinisierten Interpretationen und Sinn-zuschreibungen der Akteure Eingang ins Handlungsgeschehen finden und dort als implizite Unterscheidungsraster wirken, die bestimmte Gebrauchsformen nahelegen und andere als unpassend ausschließen« (ebd.: 165). Eine Form, in der sich der lebensweltliche Wissenshorizont in der Praxis zeigt, sind die handlungsleitenden Themen der Menschen. In ihnen zeigt sich »die spezifische soziale Prägung der *Lebensphase*« (WEISS 2000: 57; Hervorhebung im Original). Sie beziehen sich auf die gesamte Lebenssituation einer Person (vgl. CHARLTON/NEUMANN 1986: 31; MIKOS 2001a: 89). Filme sind sowohl zum praktischen Sinn der Menschen all-gemein, als auch zu ihren handlungsleitenden Themen, die kulturell geprägt sind, hin geöffnet. Ihre textuelle Struktur bietet Raum für routi-nisierte und rituelle Aktivitäten der Zuschauer, die jedoch an die lebens-weltlichen Zusammenhänge und kulturellen Kontexte gebunden sind, in die beide, Texte und Zuschauer, eingebunden sind. Dies machen z.B. die rituellen Praktiken von Horrorfans (vgl. WINTER 1995) besonders deut-lich. Populären Filmen gelingt es, über das intertextuelle Verweissystem das populärkulturelle Kapital der Fankulturen zu aktivieren, wie es sich in ihrer intertextuellen Enzyklopädie, ihren emotionalen Erlebniswei-sen, ihrer sozial kommunikativen Aneignung und ihres praktischen Sinns vor dem Hintergrund ihrer lebensweltlichen Zusammenhänge zeigt. Es ist diese besondere Textualität populärer Filme, die Fankultu-ren generiert. Dabei spielt die aktive Aneignung eine besondere Rolle.

Kulturelle Aneignungspraktiken von Fans

Filme und Filmgenres, um die sich Fangruppen gruppieren, werden als massenmediale Produkte von den Fans konsumiert. ›Konsum‹ wird hier jedoch als aktiver und produktiver Prozess der Aneignung im Rahmen der Relevanzstrukturen der Lebenswelt verstanden. Im Konsum produ-ziert der Konsument die Bedeutung, welche die Produkte für ihn haben.

Die Konsumenten weisen den Filmen erst Bedeutungen zu, die in ihrem Alltag Sinn machen. Aktiver Konsum orientiert sich an Gesichtspunkten der Nützlichkeit im Rahmen der Lebenswelt und der sozialen Praxis der Konsumenten. »Dadurch stellt sich die ›populäre Kultur‹ [...] als ganz anders dar: sie zeigt sich im Wesentlichen als eine ›Kunstfertigkeit‹ im Umgang mit diesem oder jenem, das heißt als kombinierende und verwertende Konsumformen. Diese Praktiken bringen eine ›populäre‹ *ratio* ins Spiel, eine Art und Weise, das Denken auf das Handeln zu beziehen, eine Kombinationskunst, die untrennbar von einer Kunst im Ausnützen ist« (DE CERTEAU 1988: 17, Hervorhebung im Original). Dieser aktive Konsum als alltägliches Handeln hat nach de Certeau taktischen Charakter. Taktisches Handeln impliziert kein von vornherein zielgerichtetes Agieren, sondern versucht aus Vorgegebenem individuellen Nutzen zu ziehen, auch gegen allgemein gültige Konventionen, Intentionen, Normen und Werte. Es ist listenreich, indem es versucht, die »inneren Kräfteverhältnisse« (DE CERTEAU) von Dingen und Ereignissen im Sinne des Handelnden zu nutzen. Taktisches Handeln ist nicht strategisch, d.h. es entzieht sich der politischen, ökonomischen oder wissenschaftlichen Rationalität. Es macht aus allen Ereignissen die ›günstige Gelegenheit‹, allerdings nicht ausschließlich in einem kognitiven Akt, sondern in der Art und Weise, wie die Gelegenheit ›beim Schopfe gepackt‹ wird. In diesem Sinne ist Konsum ein kreativer Prozess, in dem die konsumierten Güter auch entgegen ihres intendierten Verwendungszusammenhangs benutzt und gebraucht werden können. In der Konsumtion kommt es zu einer Einheit von psychophysischem Gebrauch der Gegenstände, sinnlicher Erfahrung und symbolischer Bedeutung, gesellschaftlicher wie individueller.

Die Aneignung und der Gebrauch von Filmen als populären Texten folgt diesen Mustern des aktivem Konsums. Die Konsumenten-Subjekte gehen mit den Texten taktisch um, indem sie ihnen Bedeutungen zuweisen und sie in die subjektiv-sinnhaften Bezüge integrieren. Die Bedeutungszuweisungen erfolgen oft gerade konträr zu den intendierten Bedeutungen der Produzenten populärkultureller Produkte. Fiske (1992) hat denn auch das Phänomen der Fankulturen als einen Kampf um symbolische Bedeutungen beschrieben, als einen Kampf zwischen Inkorporation und Exkorporation. Fankulturen kristallisieren sich um gemeinsam geteilte Bedeutungen, die einerseits den Lesarten offizieller Kultur entgegenstehen, die andererseits aber einen ethnophatischen Aspekt haben, indem sie Gruppenzugehörigkeit stiften und damit zugleich aber auch wieder ein

Mittel von Distinktion sind. Sie differieren in verschiedenen kulturellen Kontexten, denn sie sind nicht neutral oder haben nur eine Bedeutung. »Was die verschiedenen Performanzen von Fantum teilen, ist ein Sinn für die Auseinandersetzung (contesting) mit kulturellen Normen« (HILLS 2002: XII). Zugleich bietet der kreative Konsum die Möglichkeit, ein Gefühl von Kontrolle über das Objekt des Konsums bzw. des Fantums auszuüben (vgl. HARRIS 1998: 49ff.). Damit wird der Konsum zu einem Mittel der Ermächtigung, die als Voraussetzung für Handlungsfähigkeit gelten kann.

Fans als Konsumenten sind so »stillschweigende Erfinder eigener Wege durch den Dschungel der funktionalistischen Rationalität« (DE CERTEAU 1988: 21). Sie integrieren das Material der populären Texte nicht nur in ihre alltägliche Praxis, sie benutzen es auch, um mit diesem Material individuelle Ausdrucksweisen in alltäglichen Interaktionssituationen, individuelle Lebensstile oder subkulturelle Stile zu basteln. In diesem Sinne sind sie Bastler oder Bricoleure, welche die populären Texte nicht einfach decodieren, sondern die sie spielerisch umcodieren, indem einzelne Teile nach taktischen Gesichtspunkten in alltägliche nicht-mediale Interaktionen integriert werden. Jenkins (1992) bezeichnet Fernsehfans auch als »textual poachers«, als Textwilderer. Am deutlichsten zeigt sich dies in jugendlichen Spezialkulturen: »Gerade die ›Bricolage‹ vieler jugendlicher Spezialkulturen zeigt, wie unterschiedlich die Umgangsweisen mit den medial angebotenen Waren sein können. So werden Schallplatten, Tanzfilme oder Musikvideos wohl von der Kultur- und Freizeitindustrie hergestellt, die Bedeutung aber, die sie für die persönlichen Beziehungen und die Identitätsbildung gewinnen, hängt zum großen Teil von den Spezialkulturen ab« (WINTER/ECKERT 1990: 150f.). Die Produkte der Populärkultur, in diesem Fall Filme, werden auch als Ausdruck der eigenen Identität und der sozialen Identität von Fangruppen benutzt.

Ein wesentliches Merkmal von Fankulturen ist die Aneignung der populären Texte als soziales Ereignis. Dabei handelt es sich sowohl um das gemeinsame Rezipieren einzelner Filme in der Gruppe, als auch um die Aneignung im Rahmen sozialer Formationen, die sich nicht nur um einzelne Sendungen gruppieren, sondern um die mit ihnen verbundene Aktualisierung intertextueller Bezüge aus dem gesamten Feld populärer Kultur; oder um es mit den Begriffen von Schulze (1992) auszudrücken: Es geht um die Aktualisierung aller Bezüge, die im Rahmen der alltagsästhetischen Schemata, mithin auch im Lebensstil und Habitus, der Fans Bedeutung haben; oder um es mit den Begriffen Bourdieus (1984) auszudrücken: Es geht um die Aktualisierung von (populär)kulturellem Kapital. In diesem Sinn binden Fankulturen Interessen zusammen, die über die Grenzen einzelner Texte und Genres hinausweisen, indem sie intertextuelle Bezüge zu einer großen Zahl populärkultureller Texte herstellen. Fans bewegen sich im »optischen Imperium« (CHAMBERS 1986) der Populärkultur. Die textuellen Objekte ihrer Begierde erlangen Kultstatus, weil sie in die soziale und symbolische Praxis integrierbar sind. Die Aneignung der Texte wird zu einem sozialen Ereignis, das inszenierten rituellen Charakter haben kann. Hierzu zählen auch die Gesangs-, Reis-Wurf- und Feuerzeug-Orgien bei der *Rocky Horror Picture Show* oder die gemeinsamen Videoabende von Horror-Fans. Die Aneignung der Texte bekommt so unzweifelhaft Erlebnischarakter.

Jenkins (1992: 162ff.) hat sich zwar nicht explizit mit populären Filmen befasst, sondern die Fanaktivitäten der ›Trekkies‹, also von Fans der Fernsehserie *Star Trek* untersucht. Er unterscheidet zehn Arten der Aneignung, die sich in den verschiedenen Aktivitäten von Fans zeigen:

1. Rekontextualisierung, dabei werden Lücken und Ungereimtheiten in der erzählten Geschichte durch die Erfindung von zusätzlichen Geschichten, die nicht auf dem Bildschirm zu sehen waren, ergänzt;

2. Erweiterung der zeitlichen Ausdehnung der jeweiligen Serie oder Show, indem sie sich Geschichten über einzelne Charaktere und Figuren ausdenken, die in der Sendung selbst nicht oder kaum thematisiert werden;

3. Re-Fokussierung, dabei rücken Fans einzelne Figuren, die im Rahmen der Serienhandlung oder der Show nicht im Zentrum des Geschehens stehen, in den Mittelpunkt ihres Interesses;

4. Moralische Neuordnung, dabei stellen sich Fans in der Rezeption und Aneignung klar auf die Seite der Bösen, der Verbrecher und Gangster, die auch in den Mittelpunkt eigener erfundener Geschichten rücken;

5. Genre-Wechsel, Fans benutzen oft Teile aus einer Serie oder Sendung, um sie in einem ganz anderen Genrezusammenhang zu sehen und entsprechend zu interpretieren;

6. Cross-Overs, bei denen die Fans Versatzstücke aus verschiedenen Genres in ihren eigenen, erfundenen Geschichten einbauen;

7. Charakterveränderungen, bei denen die Heldinnen und Helden der Serien ihrem ursprünglichen situationalen Kontext entrissen werden und mit anderen Namen und anderen Identitäten in den Geschichten der Fans in anderen Kontexten agieren;

8. Personalisierung, bei der die Fans ihre eigenen handlungsleitenden Themen in die Heldinnen und Helden der Serien legen;

9. emotionale Intensivierung, bei der die Fans eine besondere Vorliebe für die besonders konfliktträchtigen oder harmonischen Interaktionsverhältnisse und Situationen ihrer Heldinnen und Helden zeigen;

10. Erotisierung, bei der die Fans die Charaktere aus den Serien und Shows in den eigenen Geschichten in erotische Abenteuer verstricken, indem sie zum Beispiel eine Liebesgeschichte zwischen zwei Figuren kreieren, die sich in der tatsächlichen Geschichte spinnefeind sind.

Diese Produktivität der Fans zirkuliert nicht nur in den erzählten Geschichten während der gemeinsamen Rezeption oder der späteren Aneignung, sondern wird auch in eigenen Zeitschriften, Magazinen oder Comics ersichtlich, in denen nicht nur derartige Geschichten verbreitet werden, sondern in denen die Fans auch über Machart, Spezialeffekte, Charakterentwicklung etc. diskutieren. Die Aneignung ist so häufig mit der partizipatorischen Produktion in Form von so genannten ›Folgeprodukten‹, im kommunikativen Austausch in Foren sowie in der Inszenierung von ›Fansein‹ bei spezifischen Events verbunden. In den Fankulturen ist die Unterscheidung von Produzent und Konsument aufgehoben.

In der Rezeption und Aneignung der populären Filme zeigt sich, dass die Fans Experten sind, die ein großes Textwissen als populärkulturelles Kapital einbringen. Das filmische Objekt der Fanbegierde wird außerdem mit intensiven Gefühlen belegt, darin liegt die affektive Komponente des Fanseins (vgl. GROSSBERG 1992). Populäre Filme dienen nicht nur der Stimmungsregulierung (Mood Management), sondern über die affektive Involviertheit werden auch die Beziehungen zu anderen Fans sowie die »Aktivitäten innerhalb der Fangemeinschaft« geregelt (vgl. WINTER 1997b: 43). Fans bilden Proto-Gemeinschaften im Sinn von Paul Willis (1991: 174f.), die sich »aus den ungeplanten und unorganisierten Niederschlägen und den spontanen Mustern der gemeinsamen symbolischen Arbeit und Kreativität« bilden (ebd.: 175). Sie beruhen auf imaginierten gemeinsamen Werten in einem Erfahrungsraum konjunktiven Erkennens (vgl. MANNHEIM 1980: 211f.), ästhetischer Erfahrungen und symbolischer Kreativität. »Dieser Erfahrungsraum bezeichnet einen durch gemeinsames *Erleben* konstituierten Weltbezug, auf den hin alle vergangenen und zukünftigen Erfahrungen innerhalb einer Gemeinschaft ausgerichtet sind« (SCHÄFFER 1996: 26, Hervorhebung im Original). Er bildet damit eine Grundlage kollektiver Orientierungen für mindestens zwei handelnde Subjekte, aber auch für

Klein- und Groß-Gruppen sowie für Gemeinschaften und möglicherwei-se Gesellschaften, denn die »Kulturgemeinschaft ist aber die umfassends-te Erweiterung einer konkreten, konjunktiven Erfahrungsgemeinschaft« (MANNHEIM 1980: 226). In diesem Erfahrungsraum spielen unmittelbar ästhetische, sinnlich-symbolische Erfahrungen eine zentrale Rolle. Sie liegen auf der Ebene so genannter ›strukturidentischer Erfahrungen‹. Die in einer Situation gemeinsam Handelnden nehmen sich dabei als habituell oder stilistisch verwandt wahr, ohne dass sie dies kommuni-kativ manifestieren müssten (vgl. SCHÄFFER 1996: 27). Ihr Handeln kann als eine Form kultureller Praxis gesehen werden, in der über das gemein-same sinnliche Erlebnis implizit kommuniziert wird. Handeln in kon-junktiven Erfahrungsräumen folgt keinem praktischen Wissen, sondern unbewussten Praxisfiguren sinnlicher Erfahrung. Dennoch hat es mit dem praktischen Wissen gemeinsam, dass es eng mit den »performativen Techniken des Alltags« (KLEIN 2001: 254) verbunden ist. In der Kreativität »elementarer Ästhetiken«, wie Willis (1991: 38ff.) sie beschrieben hat, ver-binden sich die unbewussten Praxisfiguren allerdings mit verschiedenen Wissensformen im Akt der Bedeutungs(re)konstruktion. Erst in dieser Kombination entsteht die von Gabriele Klein beschriebene »Ästheti-sierung der Denkformen«. Darunter versteht sie das »Einbeziehen des Sinnenhaften in den Prozess des Erkennens, die Verbindung von Sinn-lichkeit und Sinngebung« (KLEIN 1999: 220ff.). Diese Ästhetisierung der Denkformen zeigt sich nicht nur in der Aneignung von Musik, sondern auch bei populären Filmen, Fernsehsendungen, Comics, Computerspie-len und anderen populären Texten.

Fankulturen teilen einen konjunktiven Erfahrungsraum, in dem ihre ästhetischen und sinnlichen Erlebnisse ebenso eingebunden sind wie ihre kognitiven Rezeptions- und Aneignungsaktivitäten. Eine Fankultur als Gemeinschaft ist zunächst nicht zu verwechseln mit jugendlichen Subkulturen oder jugendkulturellen Lebensstilen. Es ist stattdessen eine virtuelle Gemeinschaft, die sich um spezifische Filme, Filmgenres oder das Werk populärer Regisseure bildet. Sie ist im Gegensatz zu so genann-ten ›realen‹ Gemeinschaften nicht an die körperliche Präsenz ihrer Mitglieder an einem Raum zu einem bestimmten Zeitpunkt gebunden. Ähnlich der ›Fernsehgemeinde‹ als virtueller Gemeinschaft aller, die eine bestimmte Fernsehsendung schauen, bilden sich hier virtuelle bzw. ima-ginierte ästhetische Gemeinschaften, die allerdings zu »Geschmacks-gemeinschaften« werden können, wie Scott Lash diese Formen posttraditi-

oneller Vergemeinschaftungen genannt hat: »Einer Geschmacksgemein-
schaft anzugehören, die als wirkliche Gemeinschaft besteht, bedeutet
gemeinsame Bedeutungen, Praktiken und Verpflichtungen. Es bedeutet,
die Unterscheidung von Konsument und Produzent aufzuheben. Das gilt
etwa für die Fans von Janes Addiction, die den Auftritten der Gruppe in
Großbritannien folgen und auch bei Vorstellungen auf dem Kontinent
dabei sind; sie kleiden sich wie die Gruppe, schreiben Fanpost und geben
manchmal die Fanzines heraus. Das ist eine Gemeinschaft« (LASH 1996:
273f.). Denn die Fans handeln, wie Lash unter Bezugnahme auf Bourdieu
feststellt, als soziale Akteure in einem Feld, in dem sie zugleich Produzenten und Konsumenten eines kulturellen Produkts sind (vgl. LASH
1996: 274). Diese Konstitution von Geschmacksgemeinschaften im Sinne
Lashs ist stark dem Konzept jugendlicher Subkulturen bzw. Spezialkulturen verpflichtet, in deren Rahmen die Bedeutung kulturindustrieller
Produkte ausgehandelt und für die eigene Lebensgestaltung und Identitätsbildung eingesetzt wird (vgl. ECKERT/REIS/WETZSTEIN 2000: 400ff.;
WINTER 1997C; WINTER/ECKERT 1990: 150f.). Die Kulturwaren dienen dort
gewissermaßen als Rohmaterial, das subjektiv bearbeitet wird, sie »sind
gleichsam Requisiten, mit denen die eigenen und als authentisch erfahrenen Gefühle erzeugt werden« (ECKERT/REIS/WETZSTEIN 2000: 402).

Betont wird hier der gemeinschaftsbildende Charakter massenmedialer
Produkte und populärer Texte, wie er sich am deutlichsten wohl in den so
genannten ›Fankulturen‹ zeigt, die sich innerhalb subkultureller Zusammenhänge oder jugendlicher Lebensstile um einzelne populäre Texte
bilden (vgl. FISKE 1997; WINTER 1997b). Die Gemeinschaftsbildung spielt
eine wichtige Rolle, denn Fans »ziehen scharfe Trennlinien zwischen dem,
was in ihren Fanbereich gehört, und dem davon Ausgeschlossenen« (FISKE
1997: 58). Das trifft vor allem auf jugendliche Fans zu, die sich einerseits
von den Erwachsenen abgrenzen und andererseits ihre Gruppenzugehörigkeit deutlich markieren (vgl. WINTER 1997b: 46). Fans konstituieren
sich über distinktive ästhetische Differenzprozesse. Die starke Betonung
auf diesen Gruppenprozessen in den jugendlichen Subkulturen bzw.
in den sich um jugendliche Lebensstile bildenden Gemeinschaften (vgl.
dazu VOLLBRECHT 1997; auf die Unterschiede zwischen beiden Konzepten
kann hier nicht näher eingegangen werden) übersieht, dass Individualität
eine nicht zu unterschätzende Rolle spielt. David Muggleton hat in seiner
empirischen Subkultur-Studie, in der er die klassischen Subkulturkonzep-
te einer kritischen Revision unterzog, denn auch festgestellt, dass Subkul-

turen »Manifestationen von Selbstausdruck, individueller Autonomie und kultureller Vielfalt« sind (MUGGLETON 2000: 167). Aus dieser Spannung zwischen Individualität und Gruppenbindung in der Aneignung entsteht die besondere Attraktivität populärer Texte. Denn im konjunktiven Erfahrungsraum kann der Filmfan sich zugleich im gemeinsamen Weltbezug als Mitglied einer Geschmacks- oder Protogemeinschaft, einer jugendlichen Subkultur, eines jugendkulturellen Lebensstils fühlen und sich in seiner individuellen Autonomie und seinem Selbstausdruck bestärkt sehen. Diese Spannung kennzeichnet nicht nur das authentische Gefühl des Erlebens von Filmen im konjunktiven Erfahrungsraum der Fankultur, sondern auch die Aneignung der Filme in den sozialen Strukturen der Lebenswelt. Sie ist einer der Gründe für das Vergnügen an den populären Filmen. Zugleich bieten sie die Möglichkeit der Selbstermächtigung, denn ein Fan kann es mit seinem kulturellen Kapital im sozialen Feld zu Anerkennung bringen, oder wie Joke Hermes (1999: 78) für die weiblichen Fans von Boygroups festgestellt hat: »Fantum gibt jungen Frauen einen guten Grund ihr Recht auf Anwesenheit im öffentlichen Raum geltend zu machen.« In ihrer Studie zu den weiblichen Fans von Boygroups und Girlgroups resümiert Bettina Fritzsche (2003: 271): »Die Bands dienen als symbolische Ressourcen für eine Mädchenkultur, in deren Rahmen intensive Auseinandersetzungen sowohl mit unterschiedlichen normativen Anforderungen als auch mit den eigenen Emotionen und mit Beziehungen in der Gleichaltrigengruppe vollzogen werden.« Fansein trägt so zur Arbeit an der eigenen Identität bei und macht einen wesentlichen Teil von ihr aus, determiniert sie aber nicht. Denn häufig gehören vor allem Jugendliche mehreren Fangemeinden gleichzeitig an. Fangemeinden sind daher stabil und flüchtig zugleich, sie können zwar auf Dauer als virtuelle Gemeinschaft existieren, die sich auch in eigenen massenmedialen Produkten ausdrückt, ihre Mitglieder wechseln jedoch. Aus der Perspektive des individuellen Fans ist ein spielerischer Umgang mit der Partizipation an verschiedenen Fankulturen ebenso möglich wie eine stabile Zugehörigkeit zu einer einzelnen Fangemeinde.

Schlussbemerkungen

Abschließend möchte ich noch einmal kurz auf die wesentlichen Aspekte von Film-Fankulturen eingehen. Die Möglichkeit der Bildung von

Fankulturen resultiert aus der Struktur populärer Filme und ihrer Textualität, die nach einer Bedeutungsgenerierung in der Rezeption und Aneignung verlangt. Ausgehend von einem grundlegenden Verständnis von Film als Medium der Kommunikation kann festgestellt werden, dass Filme zum Wissen, zu den Emotionen, zum praktischen Sinn und zur sozialen Aneignung der Zuschauer hin geöffnet sind. Filme und Zuschauer sind Teil einer gemeinsamen Kultur. Darin liegt ihre ethnophatische Funktion, über welche die Zugänglichkeit von Bedeutungen mit der sozialen Zugehörigkeit von Zuschauern koordiniert wird. Dabei spielt die Intertextualität populärer Filme und ihrer Rezeption und Aneignung eine wichtige Rolle. Intertextualität als eine Adressierungsform in populären Texten erfüllt in diesem Sinn eine soziophatische Funktion und trägt wesentlich zur Konstitution von Fankulturen bei. In der Aneignung populärer Texte im Rahmen des ›optischen Imperiums‹ der Populärkultur kommt es über die durch horizontale und vertikale intertextuelle Verweisungszusammenhänge angeregte Aktualisierung von Erfahrungs- und Interpretationsmustern zur Erfahrung von Gemeinsamkeit, die sich in der konkreten Situation als soziales Erlebnis vollzieht. Auf der Basis des kulturellen Kapitals und der lebensweltlichen Bezüge handeln Fans im Rahmen von Fangruppen bzw. -kulturen die Bedeutungen der Objekte ihrer Begierde aus und überführen sie in die aktive Produktion von Fansymbolen. Über Intertextualität als Moment der Adressierung mit soziophatischer Funktion können populäre Filme in die Zirkulation von Bedeutungen, Werten und Vergnügen der Fangruppen integriert werden. In der aktiven Aneignung werden die populären Filme in kulturelle und symbolische Praxis handelnder Individuen transformiert.

Fankulturen basieren auf kommunikativen Konstellationen zwischen populären Filmen bzw. Filmgenres und aktiven Rezeptions- und Aneignungsprozessen der Zuschauer. Sie können als »imagined communities« (HILLS 2002) gesehen werden, deren gemeinsame Bezugspunkte sich über Filme und/oder Filmgenres herstellen. Die Aneignung ist häufig mit partizipatorischer Produktion so genannter ›Folgeprodukte‹ wie Fanzines, kommunikativem Austausch in Foren sowie der Inszenierung von ›Fansein‹ bei spezifischen Events verbunden. Fankulturen zu Filmen und Filmgenres sind so genannte ›Proto-Gemeinschaften‹ (WILLIS 1991) oder ›Geschmacksgemeinschaften‹ (LASH 1996), die auf imaginierten gemeinsamen Werten im konjunktiven Erfahrungsraum ästhetischer Erfahrungen beruhen.

Literatur

BARTHES, R.: *Die Lust am Text*. Frankfurt/M. 1974

BOURDIEU, P.: *Die feinen Unterschiede. Kritik der gesellschaftlichen Urteilskraft*. Frankfurt/M. 1984 (3. Auflage)

CERTEAU, M. DE: *Kunst des Handelns*. Berlin 1988

CHAMBERS, I.: *Popular Culture. The Metropolitan Experience*. London/New York 1986

CHARLTON, M.; K. NEUMANN: *Medienkonsum und Lebensbewältigung in der Familie. Methode und Ergebnisse der strukturanalytischen Rezeptionsforschung – mit fünf Falldarstellungen*. München/Weinheim 1986

ECKERT, R.; C. REIS; T. A. WETZSTEIN: *»Ich will halt anders sein wie die anderen«. Abgrenzung, Gewalt und Kreativität bei Gruppen Jugendlicher*. Opladen 2000

ECO, U.: Casablanca oder die Wiedergeburt der Götter. In: Ders.: *Über Gott und die Welt. Essays und Glossen*. München/Wien 1985, S. 208-213

ECO, U.: *Lector in fabula. Die Mitarbeit der Interpretation in erzählenden Texten*. München/Wien 1987

FISKE, J.: *Television Culture*. London/New York 1987

FISKE, J.: The Cultural Economy of Fandom. In: LEWIS, L. A. (Hrsg.): *The Adoring Audience. Fan Culture and Popular Media*. London/New York 1992, S. 30-49

FISKE, J.: Populäre Texte, Sprache und Alltagskultur. In: HEPP, A.; R. WINTER (Hrsg.): *Kultur – Medien – Macht. Cultural Studies und Medienanalyse*. Opladen 1993, S. 65-84

FISKE, J.: Populärkultur. Erfahrungshorizont im 20. Jahrhundert. Ein Gespräch mit John Fiske. In: *Montage/AV*, 2, 1, 1993a, S. 5-18

FISKE, J.: Die kulturelle Ökonomie des Fantums. In: SpoKK (Hrsg.): *Kursbuch Jugendkultur. Stile, Szenen und Identitäten vor der Jahrtausendwende*. Mannheim 1997, S. 54-69

FRITZSCHE, B.: *Pop-Fans. Studie einer Mädchenkultur*. Opladen 2003

GROSSBERG, L.: Is There a Fan in the House? The Affective Sensibility of Fandom. In: LEWIS, L. A. (Hrsg.): *The Adoring Audience. Fan Culture and Popular Media*. London/New York 1992, S. 50-65

HARRIS, C.: A Sociology of Television Fandom. In: Dies.; A. ALEXANDER (Hrsg.): *Theorizing Fandom. Fans, Subculture and Identity*. Cresskill 1998 S. 41-54

HEPP, A.: *Cultural Studies und Medienanalyse. Eine Einführung*. Opladen/ Wiesbaden 1999

HERMES, J.: Media Figures in Identity Construction. In: ALASUUTARI, P. (Hrsg.): *Rethinking the Media Audience*. London u.a. 1999, S. 69-85

HILLS, M.: *Fan Cultures*. London/New York 2002

HÖRNING, K. H.: *Experten des Alltags. Die Wiederentdeckung des praktischen Wissens*. Weilerswist 2001

JENKINS, H.: *Textual Poachers. Television Fans & Participatory Culture*. New York/London 1992

KEPPLER, A.: Mediales Produkt und sozialer Gebrauch. Stichworte zu einer inklusiven Medienforschung. In: SUTTER, T.; M. CHARLTON (Hrsg.): *Massenkommunikation, Interaktion und soziales Handeln*. Wiesbaden 2001, S. 125-145

KLEIN, G.: Die virtuellen Welten des Pop. Zum Siegeszug von Tamagotchi, Pokémon & Co. In: BONZ, J. (Hrsg.): *Sound Signatures. Pop-Splitter*. Frankfurt/M. 2001, S. 246-263

KLEIN, G.: *Electronic Vibration. Pop – Kultur – Theorie*. Hamburg 1999

LASH, S.: Reflexivität und ihre Dopplungen: Struktur, Ästhetik und Gemeinschaft. In: BECK U.; A. GIDDENS; S. LASH: *Reflexive Modernisierung. Eine Kontroverse*. Frankfurt/M. 1996, S. 195-286

MALINOWSKI, B.: The Problem of Meaning in Primitive Languages. In: OGDEN, C. K.; I. A. RICHARDS: *The Meaning of Meaning. A Study of the Influence of Language upon Thought and of the Science of Symbolism*. London (10th ed.) 1956, S. 296-336

MANNHEIM, K.: *Strukturen des Denkens*. Frankfurt/M. 1980

MIKOS, L.: Filmverstehen. Annäherung an ein Problem der Medienforschung. In: *Medien Praktisch,* Sonderheft Texte 1, 1998, S. 3-8

MIKOS, L.: Zwischen den Bildern – Intertextualität in der Medienkultur. In: AMMANN, D.; H. MOSER; R. VAISSIÈRE (Hrsg.): *Medien lesen. Der Textbegriff in der Medienwissenschaft*. Zürich 1999, S. 61-85

MIKOS, L.: *Fern-Sehen. Bausteine zu einer Rezeptionsästhetik des Fernsehens*. Berlin 2001a

MIKOS, L.: Rezeption und Aneignung – eine handlungstheoretische Perspektive. In: RÖSSLER, P. ; U HASEBRINK; M. JÄCKEL (Hrsg.): *Theoretische Perspektiven der Rezeptionsforschung*. München 2001b, S. 59-71

MIKOS, L.: Fernsehen, Populärkultur und aktive Konsumenten. Die Bedeutung John Fiskes für die Rezeptionstheorie in Deutschland. In: WINTER, R.; L. MIKOS (Hrsg.): *Die Fabrikation des Populären. Der John Fiske-Reader*. Bielefeld 2001c, S. 361-371

MIKOS, L.: *Film- und Fernsehanalyse*. Konstanz 2003

MUGGLETON, D.: *Inside Subculture. The Postmodern Meaning of Style*. Oxford/ New York 2000

NEUMANN, N.; H. J. WULFF: Filmerleben. Annäherung an ein Problem der Medienforschung. In: *Medien Praktisch, Sonderheft Texte 2*, 1999, S. 3-7

RENNER, K. N.: Handlung und Erlebnis. Zur Funktion der Handlung für das Erleben von Filmen. In: SELLMER, J.; H. J. WULFF (Hrsg.): *Film und Psychologie – nach der kognitiven Phase?* Marburg 2002, S. 153-173

SCHÄFFER, B.: Die Band. Stil und ästhetische Praxis im Jugendalter. Opladen 1996

SCHULZE, G.: *Die Erlebnisgesellschaft. Kultursoziologie der Gegenwart.* Frankfurt/M./New York 1992

VOLLBRECHT, R.: Von Subkulturen zu Lebensstilen. Jugendkulturen im Wandel. In: SpoKK (Hrsg.): *Kursbuch Jugendkultur. Stile, Szenen und Identitäten vor der Jahrtausendwende.* Mannheim 1997, S. 22-31

WEISS, R.: »Praktischer Sinn«, soziale Identität und Fern-Sehen. Ein Konzept für die Analyse der Einbettung kulturellen Handelns in die Alltagswelt. In: *Medien und Kommunikationswissenschaft, 48*, 1, 2000, S. 42-62

WILLIS, P.: *Jugend-Stile. Zur Ästhetik der gemeinsamen Kultur.* Hamburg/Berlin 1991

WINTER, R.: *Die Kunst des Eigensinns. Cultural Studies als Kritik der Macht.* Weilerswist 2001

WINTER, R.: Cultural Studies als kritische Medienanalyse: Vom ›encoding / decoding‹-Modell zur Diskursanalyse. In: HEPP, A.; Ders. (Hrsg.): *Kultur – Medien – Macht. Cultural Studies und Medienanalyse.* Opladen 1997a, S. 47-63

WINTER, R.: Medien und Fans. Zur Konstitution von Fan-Kulturen. In: SpoKK (Hrsg.): *Kursbuch Jugendkultur. Stile, Szenen und Identitäten vor der Jahrtausendwende.* Mannheim 1997b, S. 40-53

WINTER, R.: Vom Widerstand zur kulturellen Reflexivität. Die Jugendstudien der British Cultural Studies. In: CHARLTON, M.; S. SCHNEIDER (Hrsg.): *Rezeptionsforschung. Theorien und Untersuchungen zum Umgang mit Massenmedien.* Opladen 1997c, S. 59-72

WINTER, R.: *Der produktive Zuschauer. Medienaneignung als kultureller und ästhetischer Prozeß.* München 1995

WINTER, R.: Die Produktivität der Aneignung – Zur Soziologie medialer Fankulturen. In: HOLLY, W.; U. PÜSCHEL (Hrsg.): *Medienrezeption als Aneignung. Methoden und Perspektiven qualitativer Medienforschung.* Opladen 1993, S. 67-79

WINTER, R.: *Filmsoziologie. Eine Einführung in das Verhältnis von Film, Kultur und Gesellschaft.* München 1992

WINTER, R.; R. ECKERT: *Mediengeschichte und kulturelle Differenzierung. Zur Entstehung und Funktion von Wahlnachbarschaften.* Opladen 1990

WULFF, H. J.: Phatische Gemeinschaft / Phatische Funktion. Leitkonzepte einer pragmatischen Theorie des Fernsehens. In: *Montage/AV,* 2, 1, 1993, S. 142-163

WULFF, H. J.: Mehrdeutigkeit als Problem der Fernsehtheorie. In: HICKETHIER, K.; I. SCHNEIDER (Hrsg.): *Fernsehtheorien.* Berlin 1992, S. 101-108

KARL LENZ

Paare in Spielfilmen – Paare im Alltag

Ein Ballsaal mit vielen kostümierten Menschen; eine Gruppe tanzt als Schlange durch den Saal. Der Anführer, ein als Harlekin verkleideter Mann, rempelt eine mit einem grünen Schwarzwalddirndl und einer Trachtenhaube gekleidete junge Frau an, die – wie der Zuschauer später erfahren wird – Bärbel heißt. Nicht im Bild sichtbar, aber offensichtlich hat dieser Zusammenstoß dazu geführt, dass Bärbel ihren Korb mit Äpfeln fallengelassen hat. Nachdem die Schlange an ihr vorbeigezogen ist, bückt sie sich und beginnt die Äpfel wieder einzusammeln. Ein Mann im Smoking mit einem weiß glänzenden Turban – Bärbel bislang noch fremd, den Zuschauern dagegen schon als Hans bekannt – tritt in diesem Moment an sie heran und es entspinnt sich der folgende Dialog:[1]

Bärbel:	*mir sind die äpfele runtergefalle;*
Hans:	*weinen sie nicht kleines fräulein. ich helfe ihnen ja =*
Bärbel:	*hähä danke schö;*
Hans:	*<<erstaunt>> die sind ja echt,*
Bärbel:	*ja, was dachten sIE denn? (---) bitt schön,*
Hans:	*danke, hähähä*
Bärbel:	*((leicht lachend)) gut schmenkense, gäh?*
Hans:	*HErrlich.*
Bärbel:	*die sind von meiner tante aus dem schwarzwald.*
Hans:	*<<honorierend>> aus dem schwarzwald.*

1 Für die Transkription wurden die Konventionen des Gesprächsanalytischen Transkriptionssystems (GAT) (vgl. SELTING et al. 1998) verwendet. Für die Verschriftung werden grundsätzlich Kleinbuchstaben verwendet. Mit Großschreibung werden Akzentuierungen angedeutet. In den Klammern sind Pausen angezeigt. Bei Pausen ab einer Sekunde wird die Dauer in Klammern angegeben, kürzere Pausen werden als Punkt bzw. mit Strichen wiedergegeben. Para- und außersprachliche Handlungen und Ereignisse stehen in Doppelklammern. Die Tonhöhenbewegung am Einheitenende wird mit Satzzeichen angezeigt: (? = hoch steigend), (, = mittel steigend), (- = gleich bleibend), (; = mittel fallend) (. = tief fallend).

Bärbel: *ja::? ((atmet laut ein))*
Hans: *nettes Kostüm haben sie. (–) wo haben sie das ausgeliehen?*
Bärbel: *GAr nit; (-) das ist auch echt; (-) genau wie die äpfel.*
Hans: *na bei ihnen scheint ja alles echt zu sein.*
Beide lachen, Tusch ((= musikalische Info der Kapelle, dass gleich Rede folgt))
Bärbel: *s ist (den)n DA los?*

Im Sinne von Murray S. Davis (1973) handelt es sich bei diesem Ausschnitt um den Anfang einer Pickup-Situation. Als Pickup wird die erste Begegnung von zwei einander bislang fremden Personen verstanden. Diese Szene stammt aus dem Film *Das Schwarzwaldmädel* (1950), gedreht von Hans Deppe. Dieser Film war einer der großen Kassenknüller der frühen 1950er-Jahre und zugleich der Auftakt zu zahlreichen Heimatfilmen im deutschen Kino (vgl. SEIDL 1987). Mit Sonja Ziemann als Bärbel und Rudolf Prack als Hans ist in diesem Film eines der Traumpaare des deutschen Kinos der 1950er-Jahre zu sehen. Bärbel ist Angestellte in einem Juweliergeschäft, Hans ein Kunstmaler und deutlich älter als Bärbel.

In diesem Beitrag soll die Frage aufgeworfen werden, ob sich Spielfilme als empirisches Material in der Paarforschung nutzen lassen. Was kann man von Paaren aus Spielfilmen über Paare im Alltag lernen? Dieser Frage möchte ich nachgehen, indem ich mich auf Beziehungsanfänge konzentriere. Wenn wir Bärbel und Hans aus dem *Schwarzwaldmädel* bei ihrem Kennenlernen beobachten, erfahren wir dann etwas über typische Muster der Paarbildung in der frühen Nachkriegszeit? Um darauf eine Antwort zu geben, werde ich folgendermaßen vorgehen: Als Erstes werde ich kurz den Forschungskontext skizzieren, in dem wir mit Filmanalysen arbeiten. Anschließend sollen Möglichkeiten und Grenzen der Filmanalysen für die Paarforschung beleuchtet werden. Im dritten und vierten Teil werde ich dann – im Sinne eines Werkstattberichts – unsere bislang vorliegenden Analysen dazu nutzen, Grundformen von Pickups und Wandlungsprozessen in der zweiten Hälfte des 20. Jahrhunderts aufzuzeigen.

1. Forschungskontext: Institutionalisierungsprozesse in Zweierbeziehungen

Die Forschungsmaterialien und -analysen, auf die ich mich hier stütze, stammen aus unserem seit Beginn des Jahres 2000 laufenden Forschungsprojekt »Institutionalisierungsprozesse in Zweierbeziehungen« (ausführlicher dazu vgl. LENZ 2003b). Mit dem Begriff der Zweierbeziehung soll deutlich gemacht werden (vgl. auch LENZ 2003a), dass es nicht nur um Ehen und deren Zustandekommen geht, sondern um alle auf relative Dauer angelegten Beziehungsformen. Dieser erweiterte Fokus ist notwendig, da in den letzten Jahrzehnten die Ehe als kulturelle Selbstverständlichkeit einen massiven Bedeutungsverlust hinnehmen musste. Nach aktuellen Schätzungen werden zwar 75 bis 80 Prozent eines Altersjahrganges weiterhin ›irgendwann‹ im Lebenslauf die Statuspassage Heirat durchlaufen. Aber auch für diese Personengruppe hat/haben die ›Beziehung/en‹ – mit der gleichen oder einer anderen Person – vor einer Ehe ein hohes Maß an Eigenständigkeit gewonnen, die es nicht länger zulässt, die ›Zeit davor‹ als bloße Partnerwahl und damit als Vorphase einer Ehe zu konzeptualisieren.

Das zentrale Anliegen in diesem Projekt ist eine (mikro-)soziologische Analyse von Zweierbeziehungen, die sich von einem individuums-zentrierten Ansatz, wie er in der Psychologie und der Paartherapie verankert ist, absetzt. Unser Forschungsinteresse gilt nicht den beteiligten Individuen, ihren Eigenschaften und Dispositionen. Vielmehr wird das ›Soziale‹ eigenständig zum Thema gemacht, indem Zweierbeziehungen als Wirklichkeitskonstruktion und damit als eine emergente Ordnung aufgefasst werden. Dieser genuin soziologische Blick ist möglich, da sich in einer Zweierbeziehung – obwohl sie von den beteiligten Subjekten als einmalig aufgefasst wird – wiederkehrende Ablaufmuster und Regelmäßigkeiten auffinden lassen, die von den Paaren unter Rückgriff auf kulturell vorgegebene Handlungs- und Deutungsmuster hergestellt werden. In diesem Sinne bezeichnet Hans-Georg Soeffner (2000: 29) Familien als »wahre Fundgruben für denjenigen, der auf der Suche nach Ritualen ist. Ohne Schwierigkeiten kann man Familien – nach dem Vorbild gesatzter Ordnungen, etwa Hausordnungen, Zivil- oder Strafprozessordnungen – eine familienspezifische Mahlzeitprozessordnung oder Badezimmerbenutzungsordnung schreiben. Wir werden dabei feststellen, dass solche alltäglichen rituellen Ordnungen ebenso wie andere (von Goffman beschriebene) Interaktionsrituale unser Leben dort am meisten regeln, wo wir am ›privatesten‹ zu sein scheinen. So gibt es nicht nur festgelegte ›Wildwechsel‹ in unseren Wohnungen, sondern auch der Umgang mit Waschlappen, Handtüchern, Kleidung, Zahnbürsten und Möbeln ist ziemlich penibel festgelegt.« Was Soeffner hier für Familien anspricht,

für die eine Generationsbeziehung – also die Übernahme einer Eltern-
und Kind-Rolle – konstitutiv ist, gilt ebenso auch (bereits) für Paare.
Zusammenfassend kann festgehalten werden, dass eine (mikro-)soziolo-
gische Analyse von Zweierbeziehungen sich damit befasst, wiederkehrende Ablaufmuster und Regelmäßigkeiten sowie die als Folien dienenden
kulturellen Vorgaben zu rekonstruieren.

In den letzten Jahren galt unser Interesse in erster Linie der Aufbauphase von Zweierbeziehungen, also dem Beziehungsverlauf, der der
Paarbildung vorausgeht. Abgeschlossen ist die Aufbauphase dann, wenn
die beiden Beziehungspersonen sich selbst als Paar definieren. Gefragt
wurde danach, wie sich die Aufbauphase in der zweiten Hälfte des 20.
Jahrhunderts verändert hat. Wir sind dieser Frage anhand eines Verglei-
ches der Dekaden der 1950er-, 1970er- und 1990er-Jahre nachgegangen.
Diese drei Dekaden bieten sich für den Vergleich besonders an, da sie
jeweils mit massiven Umbrüchen in den Mustern privater Lebensführung
in Verbindung stehen: Die 1950er-Jahre zeichnen sich durch einen hohen
Grad an Standardisierung der Lebensführung aus, Eheschließung und
Familiengründung waren als soziale Norm fest verankert (vgl. MEYER-
LENZ 2000) und die Heiratsneigung erreichte Rekordmarken (›golden age
of marriage‹). Die 1970er-Jahre stellen eine Zeit des massiven kulturellen
Umbruchs dar, Auflösungstendenzen des traditionellen Beziehungsmo-
dells sind offenkundig (vgl. WOUTERS 1997). In den 1990er-Jahren zeigen
sich einerseits Tendenzen der Retraditionalisierung und Romantisierung
wie z.B. in der Bedeutungssteigerung der Treuenorm bei Jugendlichen
(vgl. SCHMIDT 2000). Andererseits lassen sich auch Tendenzen einer fortschreitenden Individualisierung auffinden, so z.B. eine weitere Zunahme
nichtkonventioneller Lebensformen.

Entgegen einer gerade in Deutschland weit verbreiteten Gewohnheit
in sozialwissenschaftlichen Studien, egal ob quantitativer oder qualitativer Provenienz, Empirie mit Befragung gleichzusetzen, gehen wir davon
aus, dass Interviews nicht ausreichen, um die Aufbauphase von Zweierbeziehungen hinreichend zu erforschen. Unter Verwendung der von Jörg R.
Bergmanns (1985) eingeführten Unterscheidung zwischen einer registrierenden und einer rekonstruierenden Konservierung handelt es sich beim
Interview um eine Verfahrenstechnik, die eine sprachliche Vergegenwärtigung eines abgelaufenen Geschehens, also eine rekonstruierende
Konservierung, leistet. Eine jede retrospektive Darstellung eines Ereignisses ist mit einer zusätzlichen Deutung verknüpft. Die nachträgliche

Thematisierung bildet gegenüber dem primären Sinnzusammenhang des Erlebnisses einen sekundären Sinnzusammenhang, »in dem das Vergangene und seinem aktuellen Sinn nach abgeschlossene Geschehen interpretativ neu erschaffen, eben re-konstruiert wird« (BERGMANN 1985: 305). Die Darstellung des Kennenlernens im Interview darf nicht mit dem realen Ablauf gleichgesetzt werden. Die Sachverhaltsdarstellung im Interview stellt einen sekundären Sinnzusammenhang dar. Da das Kennenlernen ein biografisch bedeutsames Ereignis ist, ist anzunehmen, dass dies bereits häufiger im alltäglichen Lebenszusammenhang erzählt wurde. Die Befragten dürften sich an dieser erprobten Geschichte über das Kennenlernen in der Interviewsituation anlehnen. Insofern ist davon auszugehen, dass durch das Interview vor allem die Eigengeschichte der Paarbildung erfasst wird, also eine offizielle Version, mit der das Paar in Übereinstimmung mit dem kollektiven Wissen über Beziehungsanfänge und unter Anwendung geeigneter Darstellungsprinzipien seine besondere Fallgeschichte anderen plausibel und nachvollziehbar macht.

Weitere Grenzen für die Sachverhaltsdarstellung im Interview werden erreicht, wenn es um interaktive Prozesse geht. Das Interview vermittelt keinen Zugang zum Ausdrucksverhalten (vgl. GOFFMAN 1981b). Da das Ausdrucksverhalten sich weitgehend der Selbstbeobachtung entzieht, liefert das Interview zu Gesten, Körperhaltung oder Mimik – um hier nur diese Aspekte des Ausdrucksverhaltens zu nennen – kaum empirisches Material. Das Ausdrucksverhalten ist aber nur ein Beispiel. Überhaupt bleibt das bloß Alltägliche und Selbstverständliche im Interview vielfach unausgesprochen. Es erscheint zum einen als zu banal und zu unwichtig, um überhaupt erwähnt zu werden, und zum anderen scheinen sich diese Alltagsroutinen einer reflexiv benennbaren Wahrnehmung der Akteure zu entziehen. Deutlich wird daraus, dass die Wirklichkeitskonstruktionen in Zweierbeziehungen ganz wesentlich – unter Verwendung der von Anthony Giddens (1988) stammenden Unterscheidung – im praktischen und nicht im diskursiven Bewusstsein der Subjekte verankert sind. Die Akteure verfügen zwar über das, z. B. für die Anbahnung von Paarbeziehungen notwendige Handlungsrepertoire, sie können ihrem Tun (›doing‹) aber keinen direkten diskursiven Ausdruck verleihen.

Für die Erforschung von Beziehungsanfängen ist jedoch auch der – von Konversations- und Gattungsanalyse verpflichtend geforderte – Rückgriff auf Verfahren der registrierenden Konservierung kein Ausweg. Videoaufzeichnungen von realen Paar-Interaktionen schaffen einen empirischen

Zugang zum Ausdrucksverhalten und einen ungefilterten Einblick in alltägliche Handlungsabläufe. Jedoch ist das Kennenlernen ein schwer kalkulierbarer sozialer Prozess, was verhindert, dass die Kamera zur ›richtigen‹ Zeit am ›richtigen‹ Ort ist; ganz abgesehen davon, dass es hier eine, von den Subjekten wie auch der Forschungsethik gesetzte Zugangsgrenze gibt. Um dennoch den Paarbildungsprozess erforschen zu können, ergeben sich m. E. zwei zentrale Konsequenzen. Es müssen – erstens – empirische Zugänge gefunden werden, die es ermöglichen, den habitualisiert und vorreflexiv ablaufenden, interaktiven Prozessen auf die Spur zu kommen, und es bedarf – zweitens – einer Kombination unterschiedlicher Forschungsmethoden. Trotz der aufgezeigten Grenzen des Interviews haben wir im Projekt nicht den Schluss gezogen, darauf völlig zu verzichten. Aber sie stellen nur einen Forschungszugang dar, den wir durch Ehe- und Beziehungsratgeber, Romane und eben auch Spielfilme ergänzen (als Überblick zur Filmsoziologie vgl. WINTER 1992). Diese Kombination unterschiedlicher Forschungszugänge macht es möglich, ein möglichst umfassendes Bild der Aufbauphase von Zweierbeziehungen nachzeichnen zu können. Zugleich dienen die Zugänge dazu, die jeweils gewonnenen Ergebnisse wechselseitig zu überprüfen.

2. Spielfilme als empirische Zugänge

Le bon Dieu est dans le détail (Erwin Panofsky)

Zur Analyse der Aufbauphase von Zweierbeziehungen sind Spielfilme ein reichhaltiger Materialienlieferant (vgl. auch SAMMET 2003; LENZ/ SAMMET 2003). Es gibt nur wenige Spielfilme, die ganz ohne eine Beziehungsgeschichte auskommen; vielfach steht diese sogar im Zentrum der Filmhandlung. Ein besonders oft verwendetes Sujet ist dabei der Kennenlernprozess eines Paares.

Im Unterschied zu Interviews, Ratgebern und Romanen eröffnen Spielfilme einen Zugang zu einer visuellen Dimension. Filme kombinieren Visuelles und Verbales; dadurch wird das Ausdrucksverhalten der Beteiligten, also deren Blicke, Gesten, Körperhaltungen usw., der Analyse zugänglich. Filme zeigen dabei die in der Paarbildung ablaufenden Interaktionsprozesse Schritt für Schritt, die aufeinander folgenden Handlungen und Handlungsfolgen und machen dadurch den Beziehungsaufbau in sequenziell nachvollziehenden, polythetisch gegliederten Sinnsetzungs- und Sinndeutungsakten sichtbar. Dies gilt auch dann, wenn die Spielfilmhandlung aus der Retrospektion eines Erzählers – wie z.b. im Film *American Beauty* (1999) aus der Perspektive des bereits erschossenen Lester Burnham – dargeboten wird. Auch hier wird den Zuschauer/-innen die Illusion vermittelt, als ob sie bei den entscheidenden Momenten des Geschehens dabei gewesen wären. Das steht in einem krassen Gegensatz zu einem Interview, in dem die Paarbildung nicht nur auf verbales Material reduziert ist, sondern immer nur im retrospektiven Zugriff auf einen schon abgelaufenen Prozess präsentiert werden kann.

Im Projekt gehen wir von der Grundthese aus, dass Spielfilme als *Dokumente sozialer Wirklichkeit* aufgefasst werden. Filme werden dabei von uns nicht nur – wie es in den Cultural Studies der Fall ist (vgl. WINTER 2001; GÖTTLICH/MIKOS/WINTER 2001) – als Kristallisation von Diskursen aufgefasst, sondern es wird davon ausgegangen, dass Spielfilme Aufschlüsse über das alltäglich verfügbare Handlungsrepertoire geben können. Dass man aus Filmen einiges über den Alltag erfahren kann, darauf hat bereits Siegfried Kracauer (1996: 16; orig. 1942) in einem Brief an Erwin Panofsky hingewiesen:»Die ganze Dimension des Alltagslebens mit seinen unendlich kleinen Bewegungen und seiner Vielzahl an flüchtigen Handlungen lässt sich nur auf der Leinwand enthüllen. [...] Filme bringen Licht ins Reich der Bagatellen, der kleinen Ereignisse.«

Natürlich kann und darf nicht ausgeblendet werden, dass Spielfilme Fiktionen sind. Sie bilden die Wirklichkeit nicht unmittelbar ab; sie sind keine persönlichen Erfahrungsberichte oder Reflexionen, sondern hier agieren Schauspieler und Schauspielerinnen auf der Grundlage eines Drehbuches und unter den Anweisungen der Regie. Filme liefern auch keine Vollständigkeit der Abläufe. Filme können nahezu an jeder Stelle einsetzen und Ereignisse auch beliebig ausblenden; sie unterliegen lediglich dem Zwang, dass der Plot verständlich sein muss. Ein besonderes Phänomen bzw. struktureller Zwang bei Filmen ist die Kürze der zur Verfügung stehenden Zeit. In 90 Minuten oder wenig mehr sollte die gesamte Geschichte erzählt sein. Dies zwingt die Filmemacher zu einer starken Verdichtung der Ereignisse und der Dialoge. Interaktionen, die sich im Alltag über Stunden erstrecken können, schrumpfen in Filmen auf Minuten und Sekunden. Dialoge, die sich im Alltag durch Unvollständigkeiten, Wortfetzen, zahlreiche Redundanzen und Belanglosigkeiten auszeichnen, bekommen in Spielfilmen eine dramaturgische Zuspitzung.

Unser Gebrauch von Filmen als Forschungsmaterial stützt sich auf Überlegungen von Erving Goffman. Wohl wie kein anderer Soziologe hat Goffman die Bandbreite von dem erweitert, was als Material in der empirischen Sozialforschung genutzt wird. Sicherlich gab es auch schon vor Goffman einzelne Forscher, die diese oder andere Quellen genutzt haben. Sein besonderes Verdienst ist es, gezeigt zu haben, dass prinzipiell alle menschlichen Hervorbringungen als Dokumente sozialer Wirklichkeit verwendet werden können. In seinem Werk hat er reichlich Gebrauch gemacht von Erfahrungsberichten (aus Konzentrationslagern ebenso wie aus der Welt der Spionage), Ratgeberliteratur, Zeitungsberichten, Sammlungen von Pannen und Versprechern in Radio und Fernsehen, und auch von Theaterstücken, Romanen, Musik, Malerei oder Comics. In seinen Büchern, vor allem in der *Rahmen-Analyse* (1977; orig.: *Frame Analysis*), stützt sich Goffman auch mehrmals auf Spielfilme. In Kontrast zu seinem reichhaltigen Gebrauch dieser Materialien stehen seine spärlichen Auskünfte über methodische und methodologische Fragen. Am ausführlichsten zum Wirklichkeitsgehalt von Kunstprodukten hat sich Goffman in *Geschlecht und Werbung* (1981a; orig.: *Gender Advertisement* 1979) befasst, in dem er die Darstellung der Geschlechter anhand von Werbefotos untersucht. Es ist durchaus möglich, Goffmans Thesen zur Analyse von Werbefotos auf Spielfilme zu übertragen. Eine Bestätigung hierfür kann auch darin gesehen werden, dass er selbst in diesem Buch mehrfach auf Filme Bezug nimmt. Zentral dabei ist, dass Goffman (1981a: 118) anhand der Werbefotos nicht nur (1) »die stereotypen Vorstellungen der Reklame hinsichtlich der Geschlechter-Unterschiede« und auch nicht nur (2) anhand dieser Stereotypen »die generell in unserer Gesellschaft herrschenden Verhaltensmuster der Geschlechter« aufzeigen möchte. Vielmehr zielt Goffmans Analyse auf die rituelle Ordnung ab, die in diesen Bildern zum Vorschein kommt und die sich auch auf unsere Alltagswelt erstreckt. »Und wenn wir erkannt haben, was die Bildermacher aus den Materialien einer Situation zu machen wissen, dann geht uns vielleicht eine Ahnung auf, was wir möglicherweise selbst ständig tun. Und hinter unendlich vielfältigen szenischen Konstellationen entdecken wir vielleicht ein einziges rituelles Idiom; hinter einer Vielzahl oberflächlicher Unterschiede – einige wenige strukturelle Formen« (GOFFMAN 1981a: 118). Goffman verkennt dabei nicht die fiktionale Qualität der Fotos. Ausdrücklich hebt er nochmals hervor, dass »kommerzielle Bilder [...] im allgemeinen ganz und gar gestellt, ›bloße Bilder‹, bestenfalls realistisch

[sind]. Selbstverständlich [...] ist die Realität, die sie angeblich widerspiegeln, in sich selbst verzerrt und in entscheidender Hinsicht eine künstliche. Denn die Aktualität, um die es hier geht – das ist die Art, wie soziale Situationen als szenisches Material benutzt werden, um visuelle Belege unserer angeblichen menschlichen Natur zu gestalten. Die gestellten Bilder könnten womöglich etwas Realeres sein, als wir annehmen wollten: für den Forscher, der das Ritual einer Gemeinschaft studiert, sind sie etwas Ähnliches wie der schriftliche Text für jene, die ihre menschliche Sprache untersuchen« (GOFFMAN 1981a: 119).

Anhand der Besetzungskonventionen zeigt Goffman auf, dass Werbefotos – und dasselbe gilt für Spielfilme – in die Alltagswelt hineinreichen. Sie zeigen modulierte Szenen und die abgebildeten Figuren unterscheiden sich von den professionellen Darsteller/-innen. Eine dargestellte Krankenschwester ist in aller Regel keine Krankenschwester, sondern ein als Krankenschwester verkleidetes Model, das in eine gespielte Krankenhausszene gestellt wurde. In den allermeisten Fällen wird hier allerdings nur der Beruf in Szene gesetzt, nicht aber das Geschlecht. Die Krankenschwester wird von einer Person dargestellt, die nicht nur vor der Kamera, sondern auch in ihrem Alltagsleben eine Frau ist. »Nach der Sitzung im Atelier ist das Modell keine ›Krankenschwester‹ mehr, aber sie bleibt weiterhin eine ›Frau‹« (GOFFMAN 1981a: 112). Ähnliche Besetzungskonventionen gelten bei Werbefotos und Spielfilmen auch hinsichtlich des Lebensalters. Alte dargestellte Figuren werden mit alten Schauspieler/-innen besetzt, junge mit jungen. Dies führt dazu, dass – jenseits der Künstlichkeit der Darstellung – immer schon geschlechts- und altersgebundene Ausdrucksformen eingehen.

Diese Besetzungskonventionen machen auf ein Phänomen aufmerksam, das über den Import von geschlechts- und altersgebundenen Momenten hinausreicht. Fotos wie Spielfilme können ohne die Übertragung von alltäglichen Verhaltenselementen nicht auskommen. »Ganz gleich, ob eine Bildszene als Schnappschuss eingefangen, gefälscht oder mehr oder minder realistisch nachgestellt ist, das Modell wird doch eigene Elemente mit hineinbringen und damit dem Betrachter des Bildes etwas geben, was es auch den Augen der an den Szenen seines wirklichen Lebens Beteiligten bietet. Ähnlich wie der Bühnenschauspieler [...] schwerlich eine Rolle in einer anderen Sprache spielen kann als in der, die er wirklich beherrscht, so können Modelle, gleich ob Profis oder Amateure, sich für ihren Auftritt vor der Kamera nicht gänzlich verwandeln«

(GOFFMAN 1981a: 83). Ausdrücklich weist Goffman (1981a: 84) auf ein »gemeinsames Idiom der Haltungen, Gesten und Blicke« hin, das Fotos, Spielfilme und die soziale Wirklichkeit miteinander verbindet.

Trotz der bedeutsamen Unterschiede zwischen Film und Wirklichkeit und trotz der strukturellen Zwänge der filmischen Darstellung kommen Spielfilme ohne den vielfältigen Rückgriff auf den Alltag nicht aus (vgl. auch SCHÄFFER 2003). Die erzählten Geschichten sind nicht so passiert, sie müssen aber so gestaltet werden, dass sie so hätten passieren *können*. Die Akteure im Film kommen nicht ohne ein alltäglich verfügbares Repertoire von Verhaltensweisen aus. Der Kuss im Film übernimmt eine Verhaltensweise, die längst vor dem ersten Film eine gängige Praxis zwischen Paaren war und setzt diese meist in Großaufnahme in Szene. Neu ist nicht der Kuss, sondern nur, dass man als Beobachter den Küssenden so nahe ist. Filmhandlungen kopieren Alltagshandlungen und verdichten diese in der theatralisierten Inszenierung. Die schauspielerische Darstellung von Handlungen greift unentwegt auf ein im praktischen Bewusstsein vorhandenes Verhaltensrepertoire der Schauspieler/-innen als Alltagshandelnde zurück. Die Schauspielkunst besteht nicht darin, neue Handlungen zu erfinden, sondern lediglich darin, diese überzeugend darzustellen.[2] Dieser Rückgriff auf ein alltäglich verfügbares Repertoire von Verhaltensweisen ist auch notwendig, um das Fremdverstehen der Zuschauenden zu garantieren. Dieser Rückgriff ist schließlich auch notwendig, da ansonsten der Versuch, einen Film zu drehen, schnell scheitern müsste. Man stelle sich nur einen Schauspieler vor, der nicht über ein grundlegendes Handlungsrepertoire verfügt. Ein Regisseur müsste diesem erst alles vorführen und lehren: wie er gehen soll, wie er jemanden umarmen soll usw. Dieser Regisseur müsste zwangsläufig nach kurzer Zeit verzweifeln. Nur auf der Grundlage der schon mitgebrachten Alltagskompetenzen kann ein Film gedreht werden und ist die gekonnte und überzeugende Inszenierung einer Liebesszene möglich. Da Spielfilme immer schon auf dieses praktische Alltagswissen aufbauen, enthält die Fiktionalität der Spielhandlung Spurenelemente sozialer Wirklichkeit.

Im Weiteren möchte ich diese besondere empirische Verwendungsweise von Spielfilmen[3] anhand der Analyse der Erstbegegnung in

---

2 Alexander Payne, der Regisseur von *About Schmidt* (2003), sagte in einem Interview in der *Süddeutschen Zeitung* vom 26.02.2003: »Für mich besteht die Magie des Kinos schon in seiner schieren Existenz: Dass es möglich ist, die Nahaufnahme eines Menschen, der vom Stuhl aufsteht, zu nehmen und sie mit einer Großaufnahme zu verbinden. *Man nimmt Teile der Wirklichkeit und arrangiert sie neu.*« (Hervorhebung K.L.).

Beziehungsanfängen (›Pickups‹) veranschaulichen. Dabei wird es darum gehen, die Formvielfalt der Pickups aufzuzeigen und auch Wandlungsprozesse in der zweiten Hälfte des 20. Jahrhunderts sichtbar zu machen.

3. Grundformen der Pickups[4]

Die erste Begegnung von zwei sich bislang fremden Personen, also Pickups, haben nach Murray S. Davis eine feste Struktur. Eine Pickup-Situation hat immer eine Vorphase. Der Initiator bzw. die Initiatorin, im Weiteren kurz A genannt, muss zunächst feststellen, ob die andere Person (kurz B) Eigenschaften besitzt, die aus ihrer Sicht der Mühe wert sind, die ein Anfang notwendigerweise mit sich bringt. Auch muss sie danach Ausschau halten, ob bei B eine Bereitschaft zur Kontaktaufnahme vorhanden ist. Da A weitere Informationen (noch) nicht vorliegen, werden die Eigenschaften vor allem an der körperlichen Attraktivität und den situativen Verhaltensweisen von B festgemacht. Dies ist nicht der ›Oberflächlichkeit‹ der Handelnden geschuldet, sondern eine unmittelbare Konsequenz der vorhandenen Informationslage. Um die Kontaktbereitschaft einschätzen zu können, wird A auf nonverbale Hinweise achten und diese seinerseits durch Werbesignale (Lächeln, Blicke) zu stimulieren versuchen. Die Offenheit auszuloten, ist notwendig, da jemanden anzusprechen ein Eindringen in ein fremdes Territorium ist und von daher als eine Form der Belästigung aufgefasst werden kann. Werbesignale sind aber auch deshalb notwendig, da eine schroffe Abwehr für die jeweilige Person einen Gesichtsverlust darstellt, den sie möglichst vermeiden möchte. Aus diesen Gründen wird die Kontaktaufnahme nonverbal vorbereitet.

Sind die gewünschten Eigenschaften und Offenheit vorhanden, ist als nächstes – so Davis – eine Eröffnung für einen verbalen Austausch

---

3   Kurz noch zur empirischen Vorgehensweise: Zu jedem Film wurde zunächst ein Sequenzprotokoll erstellt und zu ausgewählten Sequenzen ein ausführliches Notationsprotokoll, in dem die Kamerabewegung, der Bildinhalt, sprachliche Dialoge und sonstige Besonderheiten (z. B. musikalische Untermalung) aufgefasst wurden (vgl. KORTE 1999; HICKETHIER 2001). Die Auswertung lehnte sich an die ethnomethodologische Konversationsanalyse an (vgl. DEPPERMANN 1999).

4   Außer Acht lassen möchte ich an dieser Stelle, dass am Anfang einer Aufbauphase nicht immer zwei Fremde stehen müssen. Zweierbeziehungen können auch – wie im Falle der Filme *Die Fischerin vom Bodensee* (1956) aus einer Bekanntschaft oder – wie bei *Harry und Sally* (1989) – aus Freundschaft entstehen und das gilt für die 1950er-Jahre ebenso wie für die Gegenwart (vgl. auch LENZ 2003d). Bei diesem Beitrag werde ich mich auf die Erstbegegnung von Fremden konzentrieren.

notwendig sowie anschließend Themen, die die begonnene Konversation andauern lassen. Nur wenn das Gespräch fortgesetzt wird, ist es möglich, mehr über die andere Person zu erfahren und auch sich selbst darzustellen. Da gemeinsame Erfahrungen noch nicht vorhanden sind, braucht es Gesprächsinhalte, die kein persönliches Wissen voraussetzen. Sehr häufig wird der Kontakt durch Smalltalk am Laufen gehalten. Egal, was geredet wird, der zentrale Gehalt ist die wechselseitige Zuschreibung und Aushandlung der Identität von beiden Personen. Es geht darum festzustellen, wer der andere ist, wie man vom anderen gesehen wird und wer man selbst in dieser Situation ist.

Je nachdem, wie diese Phase verläuft, wird sich das Interesse an der anderen Person verstärken oder abschwächen. Ein Beziehungsaufbau ist mit einer Begegnung natürlich keineswegs abgeschlossen. Am Ende der Pickup-Situation kommt es darauf an, ein Wiedersehen vorzubereiten. Dies kann dadurch erfolgen, dass man sich fest verabredet, eine Möglichkeit der Kontaktaufnahme durch Austausch der Telefonnummern, Mailadressen oder Wohnadressen schafft oder den anderen mit Wissen ausstattet, wo man regelmäßig anzutreffen ist.

Mit einem Fremden in Kontakt zu treten, ist immer, zumindest wenn es nicht nur um eine simple Frage »Wie spät ist es?« geht, eine heikle Angelegenheit, da – wie Erving Goffman gezeigt hat – die höfliche Gleichgültigkeit die dominante Verhaltensregel zwischen Fremden ist: Man nimmt sich wahr, ohne den anderen in irgendeiner Weise weiter zu behelligen. »Allgemeine Regel, so könnte man sagen, ist, dass miteinander bekannte Personen in einer sozialen Situation einen Grund haben müssen, nicht in Blickkontakt miteinander einzutreten, während einander nicht Bekannte, eines Grundes bedürfen, um es zu tun« (GOFFMAN 1971: 121). Ein Ansprechen ohne überzeugenden Grund ist ein Verstoß gegen eine rituelle Ordnung, der geheilt werden muss. Wie wird mit diesem Problem in dieser Situation verfahren?

3.1 Kontaktaufnahme durch nicht-intendierte Ereignisse und durch Dritte

Betrachten wir mit diesem Wissen über die aufgezeigte Struktur einer Pickup-Situation nochmals die eingangs beschriebene und zitierte Szene aus dem Film *Das Schwarzwaldmädel* (1950). Bärbel und Hans begegnen sich in dieser Situation als Fremde. Jedoch findet hier kein Verstoß gegen die rituelle Ordnung statt, da Hans Bärbel *als Helfer* gegenübertritt. Eine Hilfesituation macht es möglich, Kontakt mit einem Fremden aufzunehmen, ohne dass dieser dies als ein unberechtigtes Eindringen in sein persönliches Territorium empfindet. Widerfährt einer Person ein Missgeschick bzw. erleidet sie einen Schaden, dann können Anwesende – gegebenenfalls müssen sie sogar – eine Helferrolle annehmen. Eine Helferrolle ist in Sinne von Goffman (1971) mit einer Eröffnungsposition verknüpft. Eine Hilfeleistung impliziert das Recht auf Initiative gegenüber einer anderen Person, auch wenn man diese nicht kennt. Als Hilfsbedürftiger darf man angesprochen und auch angefasst werden; es ist dabei davon auszugehen, dass diese Unterstützung vielfach auch erwünscht ist. Bärbel und Hans kommen durch Hans' spontane Hilfeleistung miteinander ins Gespräch.

Auffällig in diesem Fallbeispiel aus dem Film *Das Schwarzwaldmädel* ist, dass Hans keine Eröffnung gebraucht, sondern der Dialog von Bärbel eingeleitet wird, indem sie eine Situationsdeutung gibt (»Mir sind die Äpfele runtergefalle«). Ihr erster Redebeitrag ist eine Antwort auf eine nicht gestellte Frage. Bärbel interpretiert sein wahrgenommenes Eingreifen als eine Aufforderung zu klären, was vorgefallen ist. Das Beispiel zeigt, dass es nicht der Helfer sein muss, der diesen Dialog eröffnet; auch das Opfer kann als erstes sprechen. Erst dann bekundet Hans verbal, was wir als Zuschauer und auch Bärbel bereits wissen: dass er ihr hilft, die Äpfel aufzusammeln und in den Korb zurückzulegen. Für die bloße Hilfeleistung ist diese Aussage verzichtbar, nicht aber für die Kontaktaufnahme; sein Redebeitrag dient dazu, das Gespräch am Laufen zu halten.

Hilfesituationen als Pickup-Situationen kommen in Spielfilmen – und zu vermuten ist, auch im realen Leben – zahlreich vor. Folgt man den Eheratgebern der 1950er-Jahre, dann scheint die vorgetäuschte Hilfesituation vor allem eine kommunikative Strategie der Frauen gewesen zu sein, um den ›Traummann‹ auf sich aufmerksam zu machen (vgl. LENZ 2003e). Zu dieser indirekten Strategie waren sie gezwungen, da sich das im bürgerlichen Paarungsmuster typische unterschiedliche Maß an Selbständigkeit der beiden Geschlechter in der Aufbauphase bis in die 1950er-Jahre unverändert fortgesetzt hat und Frauen lediglich – darauf komme ich noch ausführlicher zurück – das Recht auf den zweiten Schritt zuerkannt wurde. Das brachte sie in die missliche Situation, auf die Initiative des Mannes warten zu müssen. Ihnen blieb nur die Möglichkeit, geeignete Strategien anzuwenden, um die Aufmerksamkeit des

Mannes auf sich zu lenken. Das klassische Beispiel einer vorgespielten Hilfesituation ist das in Sehweite des Mannes fallengelassene Taschentuch, das den Mann veranlassen soll, es aufzuheben, zurückzugeben und dadurch das Gespräch zu eröffnen. Eine Variation davon empfiehlt Ernst Aranus (1959: 47) in *Lieben ohne Reue* den »anständigen Mädchen«:

»Versuchen Sie es als echte Tochter Evas einmal ›listig‹; passen Sie genau den Moment ab, wenn Sie mit ihm beim Ausgang zusammentreffen und lassen dann einfach ein eingepacktes Buch oder einen anderen Gegenstand fallen. Das muss natürlich ganz unabsichtlich aussehen. Sicher wird er es aufheben und Ihnen überreichen. Schon ist der beste Anknüpfungspunkt gefunden, und nun liegt es an Ihnen, den Gesprächsstoff nicht gleich abreißen zu lassen.«

Auch wenn Wandlungsprozesse – auf die ich noch genauer zurückkommen werde – bewirkt haben, dass Frauen im Kennenlernprozess nicht mehr nur auf diese indirekten Strategien festgelegt sind, sollte dies nicht in einer Weise generalisiert werden, dass damit die soziale Relevanz von echten oder vorgetäuschten Hilfesituationen verschwunden wäre. Völlig unberührt davon, ist die Hilfeleistung weiterhin eine gute Gelegenheit, miteinander in Kontakt zu kommen.

Die Hilfesituation als Pickup macht es notwendig, die Strukturbeschreibung der Erstbegegnung bei Davis zu korrigieren. Aus dem Film wird nicht sichtbar, dass Hans Bärbel vorher überhaupt beobachtet hat und die Absicht hatte, mit ihr in Kontakt zu treten. Das könnten natürlich Aussparungen in einem Film sein, Unsichtbarkeiten, die in Filmen vorkommen können. Jedoch erfordern Hilfeleistungen sehr häufig ein rasches Eingreifen, wodurch ein längeres Kalkulieren – zumindest von Seiten des Helfenden – nicht möglich ist. Aus der Hilfeforschung ist zwar bekannt, dass die Bereitschaft zu helfen von der Person des Opfers nicht unabhängig ist. So ist z.B. die Bereitschaft einer jungen Frau zu helfen deutlich größer, als wenn es sich um einen alten, eventuell sogar heruntergekommenen Mann handelt. Allerdings lässt eine Hilfesituation nicht zu, hier länger – im Sinne einer Vorphase bei Davis (1973) – zu kalkulieren, ob eine Kontaktaufnahme sich lohne. Erwogen wird lediglich die Frage, ob man helfend initiativ werden soll oder nicht. Eine Hilfesituation verkürzt die Grundstruktur einer Pickup-Situation, da die Vorphase entfällt. Nimmt man die bereits eingeführte Unterscheidung zwischen der echten und der vorgetäuschten Hilfesituation mit auf, dann zeigt sich, dass diese Aussage noch zu spezifizieren ist: In beiden Fällen fällt die Vorphase für die helfende Person weg; bei der vorgetäuschten Situation dagegen findet sich eine Vorphase; allerdings bei der Person, die als Opfer erscheint.

Deutlich wird im Anschluss an dieses Filmbeispiel, dass – anders als von Davis (1973) vermutet – das Kennenlernen zweier fremder Personen nicht nur durch die einseitige Kontaktaufnahme möglich ist. Über das Hilfeverhalten sind wir auf einen zweiten Grundtypus des Kennenlernens gestoßen. Die Gegenüberstellung macht die Besonderheit dieses zweiten Typus deutlich erkennbar: Die Initiative geht in diesem Fall nicht von einer Person aus, sondern das Kennenlernen kommt durch ein Ereignis zustande, das nicht beabsichtigt war. Neben dem Kennenlernen durch einseitige Kontaktanbahnung lässt sich das Kennenlernen durch ein nicht-intendiertes Ereignis[5] als eine zweite Grundform unterscheiden.

Diese generalisierende Bestimmung lässt zugleich erkennen, dass sich diese Grundform nicht nur in Hilfesituation realisiert. In Filmanalysen lassen sich weitere Ausprägungen finden. Hier nur ein weiteres Beispiel: Der Witwer Baron von Trapp, alleinerziehender Vater von sieben Kindern, und Maria lernen sich im Film *Die Trapp-Familie* (1956) in einer Arbeitgeber-Arbeitnehmer-Beziehung kennen. Maria tritt die vakante Stelle des Kindermädchens im Haushalt der Familie an. Vorausgegangen war die briefliche Anfrage von Herrn Trapp im nahegelegenen Kloster, ihm jemanden aus dem Kloster für die Erziehung der Kinder zu schicken, da ihm ständig das Personal davonlaufe. Die Äbtissin wählt für diese Aufgabe die junge Schwester Maria aus. Keiner der beiden hat von sich aus die Initiative zum Kennenlernen ergriffen; es ist ihre – anfangs nicht spannungsfreie – Arbeitsbeziehung, die die beiden miteinander in Kontakt bringt.

Mit der Unterscheidung zwischen einseitiger Kontaktanbahnung und nicht-intendierten Ereignissen sind die Grundformen der Pickups noch nicht erschöpft. Die Analyse von Spielfilmen zeigt, dass es daneben noch eine weitere Grundform gibt: die *Kontaktherstellung durch eine dritte Person*. Hierzu nur zwei kurze Beispiele:

- Bridget Jones und Mark aus dem Film *Bridget Jones – Schokolade zum Frühstück* (2001) begegnen sich zum ersten Mal als Erwachsene bei der Neujahrsfeier von Bridgets Eltern. Bridgets Mutter ist es, die die beiden einander vorstellt, mit dem Hintergedanken, dass die beiden ein

---

5   Dies gilt aus der Sicht der helfenden Person auch für die vorgetäuschte Hilfeleistung: Aus ihrer Sicht ist etwas vorgefallen, was ihr Eingreifen notwendig macht. Anders aus der Sicht der anderen Person: Sie weiß, dass von ihr lediglich der Eindruck geschaffen wurde, als ob sie Hilfe brauchen würde.

ideales Paar wären. Es wird aber bis zum Ende des Filmes dauern, bis auch Bridget und Mark davon überzeugt sind.

- Hans und Uschi aus dem Film *Eine Berliner Romanze* (1955/56) lernen sich über Hans' Freund Lord kennen. Die drei begegnen sich auf dem Rummelplatz und Lord stellt Hans Uschi vor, die aber dieses Kennenlernen mit geringem Interesse quittiert. Hans verliebt sich sofort in Uschi und es gelingt ihm durch seine Penetranz, Uschi für sich zu gewinnen.

In diesen beiden Fällen stammen die Dritten jeweils aus dem *natürlichen Netzwerk* (Mutter, Freund). Während im ersten Fall die Paarbildung ein unmittelbares Handlungsziel von Bridget's Mutter war, war im zweiten Fall die Vorstellung seiner Begleiterin lediglich ein Höflichkeitsritual von Lord gegenüber seinem Freund, den er auf dem Rummel zufällig trifft. Möglich ist es aber auch, dass es sich um *professionelle Dritte* (Heiratsvermittler oder Partnervermittlungsinstitute) handelt. Dritte können schließlich auch *anonyme Einrichtungen* sein. Die klassische Form hierbei sind Kontaktanzeigen in Zeitungen, deren erste im deutschsprachigen Raum 1738 in den *Frankfurter Frag- und Anzeigs-Nachrichten* erschienen ist (vgl. BURKARD 2003). Die Zeitungsinserate haben inzwischen durch die Online-Kontaktbörsen (z.B. *Parship* in Deutschland[6] oder *PartnerWinner* in der Schweiz) eine große Konkurrenz bekommen. Eine neue Variante dieser anonymen Dritten sind synchrone Kontaktforen oder Chatforen (vgl. dazu DOERING 2003). Anders als bei Online-Kontaktbörsen können die Kontaktsuchenden hier zeitgleich in einen unmittelbaren Austausch treten. In einem Chatforum haben sich die Besitzerin eines kleinen Kinderbuchladens Kathleen Kelly und Joe Fox, ihr übermächtiger Konkurrent und Buchladenkettenbesitzer in der – an Ernst Lubitschs Liebesbriefstory *Rendezvous nach Ladenschluß* (1940) (vgl. FELDVOSS 2003) angelehnten – US-Komödie *e-m@il für Dich* (1998) kennengelernt.

Die einseitige Kontaktanbahnung, die Davis (1973) in den Blick nahm, ist nur eine der drei Grundformen der Pickup-Situation. Für die beidseitig nicht-intendierten Ereignisse und die Vermittlung durch Dritte stellt

---

6 *Parship* ist nach eigenen Aussagen die »größte Online-Partneragentur Deutschlands« und wirbt damit, dass sich über diese Plattform »viermal häufiger Paare finden als in Beruf, Freundeskreis und Freizeit« (http://www.parship.de/common/main/images/hilfe/tour1.jpg). *PartnerWinner* (http://www.partnerwinner.ch) ist die größte Dating-Plattform der Schweiz mit ca. 170.000 Nutzer/-innen. Zu dieser Plattform hat ein Forschungsteam am Soziologischen Institut der Universität Zürich (Hans Geser, Christoph Lüscher und Evelina Bühler) eine Studie mit schriftlichen Befragungen und qualitativen Interviews durchgeführt. Erste Ergebnisse liegen bislang nur im Internet (http://www.suz.unizh.ch/partnerwinner/index1.shtml) vor.

sich das rituelle Problem nicht, einen Grund zu finden, um die Kontaktaufnahme zu legitimieren. Allerdings sind diese beiden Wege nicht von den Problemen entlastet, den Kontakt zu verlängern, Interesse an der eigenen Person zu wecken, Informationen über die andere Person zu sammeln und schließlich Vorkehrungen für ein Wiedersehen zu treffen.

3.2 Rituelle Probleme in der einseitigen Kontaktanbahnung

Nachdem ich bislang deutlich gemacht habe, dass Pickups nicht mit einer einseitigen Kontaktanbahnung gleichgesetzt werden dürfen, möchte ich mich im Weiteren genauer mit dieser Grundform, vor allem unter dem Aspekt befassen, wie in diesem Fall mit dem rituellen Problem des Ansprechens eines Fremden umgegangen wird.

Hierfür soll zunächst eine Filmszene aus der deutschen Liebeskomödie *Im Juli* ausgewählt werden. Dieser Spielfilm kam im Jahr 2000 in die Kinos und wurde von Fatih Akin gedreht und geschrieben. Die Szene, in der sich der junge Referendar Daniel und die flippige Schmuckverkäuferin Juli kennen lernen, spielt auf einem Hamburger Markt. Bevor Daniel ins Bild tritt, unterhält sich Juli mit einer Freundin, die sie heute an ihrem Stand besucht hat, über ihn. Er gehe jeden Tag an ihrem Stand vorbei; sie habe sich jedoch noch nicht getraut, ihn anzusprechen. Ihre Freundin ermuntert sie zur Kontaktaufnahme. Dies wird dadurch erleichtert, dass Daniel kurz vor ihrem Stand ein Missgeschick passiert: Der Henkel seiner Papiertüte reißt und einige eingekaufte Waren fallen zu Boden. Daniel sammelt diese wieder ein und wird dabei von einer Passantin unterstützt. Dann setzt der nachfolgende, in der Wiedergabe leicht gekürzte Dialog ein:

Juli: HEY !DU! (2.0) komm doch mal HER- (8.0) siehst AUS wie jemand
         der GLÜCK gebrauchen kann;
Daniel: ich seh' wohl EHER aus wie jemand der 'ne neue tüte braucht.
Juli zeigt ihm einen Ring mit einer Sonne
Juli: was IST das.
Daniel: das ist eine SONne- (...)
Juli: die SONne macht LICHT, (-) licht in MEInem leben (.) licht in
         ihrem leben (.) licht in DEInem leben. (...) 'n anderes wort für licht
         ist GLÜCK,

Daniel: ach SO und der der ring der bringt GLÜCK,
Juli: DU bist aber schlAU.
Daniel: ich werd' ja auch bald LEHrer.
Juli: LEHrer? (-) ECHT (-) is' ja LUstig- (---) wie is='n dein name-
Daniel: äh daniel (.) daniel (banIER);
Juli: is' aber 'n SCHÖner name;
Daniel: ja und wie heißt DU?
Juli: ICH heiße JUli-
Daniel: JUli;
Juli: wie der MOnat; (1.5) was is' mit dem RING? (3.5) das is' 'n GAnz
alter MAyaring. (--) die legENde SAgt (.) dass der TRÄger dieses
rings sein GLÜCK erkennen kann. (---) sehr bald wird ein MÄdchen
auf dich ZUkommen (.) sie wird AUCH eine sonne tragen geNAU
wie du (-) DIEse person (.) und nur DIEse (.) ist dazu beSTIMMT
dein GLÜCK zu sein.
Daniel: was willst='n dafür HAben, (...)
Sie feilschen über den Preis
Daniel: FÜNFunddreißig mehr HAB' ich nicht (-) a'=ich will ihn HAben,
Juli: OK aber (---) aber NUR weil (--) weil ich dich GERN hab'.
Daniel: DAnke,
Juli: ähm WARte=mal (--) das ist heute Abend (-) kannst ja mal vorBEI
schaun-
Sie gibt ihn eine auf dem Verkauftisch liegenden Flyer
Daniel: DANkeschön (-) bin ich ja mal geSPANNT-
Juli: ICH erst;
Daniel: tschÜß,
Juli: tschÜß,

Pickups in Form einer einseitigen Kontaktaufnahme haben – wie dieses Beispiel zumindest nahe legt – tatsächlich eine Vorphase aufzuweisen, die in diesem Film vor allem durch das Gespräch der beiden Freundinnen erkennbar wird. Juli spricht keine Person an, die sie zum ersten Mal sieht, sondern schon seit Längerem beobachtet sie Daniel als einen beständigen Marktbesucher; ihr Interesse an seiner Person gründet sich in dieser Phase ausschließlich auf sein Erscheinungsbild. Bereits aus dem – hier nicht abgedruckten – Gespräch mit ihrer Freundin lässt sich erkennen, dass sie Gefallen an ihm gefunden hat; der emotionale Gehalt ihrer Redebeiträge im Dialog mit Daniel geht dann deutlich darüber hinaus. Angedeutet wird, dass sie bereits jetzt in Daniel ihren Lebenspartner erkennt, was er am Ende des Films, vermittelt über viele Wirrnisse und eine weite geografische Distanz – das Happyend findet in Istanbul statt – auch wird. Erkennbar an diesem Fallbeispiel wird, dass eine Vorphase kein ›einsames Unternehmen‹ sein muss, sondern eine dritte Person, hier ihre Freundin, mit einbezogen sein kann. Erst die nochmalige Ermunterung der Freundin veranlasst Juli zu ihrer Eröffnung (»HEY !DU! (2.0) komm doch mal HER«).

Juli verwendet das Anbieten eines Ringes – sogleich eines Beziehungssymbols – zur Anbahnung des Kontaktes. Sie verknüpft den Ring mit einer Glücksprophezeiung, die an die Begegnung mit einem Mädchen gebunden wird. Es gelingt ihr, ein Kaufinteresse zu wecken und den Ring zu verkaufen. In diese Kaufhandlung eingebettet ist auch der Austausch der Vornamen und eine unverbindlich gehaltene Einladung an Daniel zu einer Feier (»das ist heute Abend (-) kannst ja mal vorbei schaun-«). Juli akzeptiert sein Preisgebot, indem sie ihre Zuneigung zu Daniel (»weil ich dich GERN hab'«) bekundet.

Juli benutzt in diesem Beispiel einen Vorwand für die Kontaktaufnahme. Sie täuscht Daniel, da sie bei ihm einen Eindruck hervorruft, ihr gehe es darum, etwas zu verkaufen. Es ist durchaus gängig, dass potenzielle Kunden auf dem Markt von den Standbetreibern für die Anpreisung ihrer Produkte angesprochen werden. Juli nutzt das Anbieten und den Verkauf eines Ringes dazu, um Daniel kennen zu lernen. Dass sie dabei den Ring als ein ganz besonderes Produkt (»ganz alter Mayaring«) erscheinen lässt, ist durchaus Teil einer Kaufinteraktion. Sie überschreitet eine Kaufinteraktion jedoch, indem sie den Käufer nach seinem Namen fragt sowie durch ihre Zuneigungsbekundung. Hier ereignet sich eine Personalisierung, die anzeigt, dass es um mehr als einen Verkauf geht. Daniel reagiert darauf jedoch nicht. Die Frage nach seinem Namen beantwortet er ordnungsgemäß mit Nennung eines Vor- und Nachnamens und nimmt sich lediglich das Recht der Rückfrage heraus. Juli's Zuneigungsbekundung ignoriert er völlig.

Wie dieses Fallbeispiel zeigen kann, ist eine Täuschung in einer Pick-up-Situation eine kommunikative Strategie[7], die geeignet ist, das Eintreten eines rituellen Verstoßes zu vermeiden. In einem Markt-Setting besitzen Verkäufer/-innen das Recht, ihre Waren den potenziellen Kunden

---

7 Schon dieses Beispiel zeigt, dass Täuschungen in Zweierbeziehungen in Sinne von Georg Simmel (1983: 262) eine »positive Bedeutung« haben können. Ausführlicher zur Normalität von Täuschungen vgl. LENZ 2003e.

anzubieten, was auch das direkte Ansprechen mit einschließt. Die Szene lässt auch erkennen, dass die Benutzung einer vorgespielten Kaufinteraktion für eine Beziehungsanbahnung es notwendig macht, im Sinne einer Personalisierung über die bloße Kaufinteraktion hinauszugehen. Damit es nicht bei dieser einen Interaktion bleibt, bereitet Juli am Ende dieser Interaktion ein Wiedersehen vor, indem sie Daniel zu einer Party einlädt. Auch das ist eine deutliche Übertretung von dem, was man in einer Kaufinteraktion normalerweise erwartet; für eine Beziehungsanbahnung ist jedoch ein Wiedersehen unverzichtbar. Es nicht dem bloßen Zufall zu überlassen, sondern eine nächste Begegnung vorzubereiten, ist eine weitere Interessensbekundung von Juli, die aber Daniel auch nicht dekodiert. Sein Nichterkennen ihrer kommunikativen Bekundungen führt in der weiteren Filmhandlung dazu, dass sie sich auf der Party verfehlen. Es wird deshalb noch länger dauern, bis sie sich erneut treffen. Auch wenn es ihr in der vorgetäuschten Kaufinteraktion nicht gelingt, Daniel bereits ihr Beziehungsinteresse anzuzeigen, so leistet diese Täuschung für ihren Beziehungsaufbau doch einen wichtigen Dienst: Bei der nächsten Begegnung treffen nicht mehr zwei Fremde aufeinander, sondern bereits zwei Bekannte, für die eine Kontaktaufnahme ein rituelles Gebot ist.

Eine vorgespielte Kaufinteraktion ist nur ein Beispiel für eine Täuschung, die für die Kontaktaufnahme instrumentalisiert werden kann. Mit den vorgespielten Hilfesituationen haben wir bereits eine weitere Gruppe von, zu diesem Zweck bestens geeigneten, Täuschungen kennen gelernt. Bei diesen Täuschungen handelt es sich – wie diese und auch andere Filmhandlungen zeigen – um solche, die nicht aufgeklärt werden müssen. Es gibt also Täuschungen, die als geringfügig aufgefasst werden, da sie bei einer Beziehungsstabilisierung nicht zum Gegenstand eines korrektiven Austausches gemacht werden müssen. Dies gilt aber nicht für alle Täuschungen. Bezieht sich die Täuschung auf die eigene Identität, dann ist es dagegen zwingend notwendig, irgendwann einzugestehen, wer man wirklich ist. Ein Beispiel hierfür findet sich in dem Film *Bettgeflüster* (1959). Bei seiner ersten Begegnung mit Jane Monroe gibt sich Brad Allen, der mit ihr zum gegenseitigen Leidwesen eine gemeinsame Telefonleitung in New York teilen muss, als ein texanischer Gentleman namens Rex Stetson aus. Dieses Eingeständnis ist dann ein kritisches Ereignis, das leicht zum Abbruch der Beziehungsanbahnung führen kann.

Das Vermeiden eines rituellen Verstoßes ist aber nicht nur durch Täuschungen möglich. Dies soll durch einen nochmaligen Verweis auf die eingangs zitierte Szene aus *Das Schwarzwaldmädel* verdeutlicht werden. In diesem Film nimmt die Pickup-Situation die Gestalt einer Hilfeleistung an. Der Film weist zugleich auf ein soziales Setting hin, in dem das Kennenlernen fremder Personen nachhaltig erleichtert wird. Was sich vor unseren Augen abspielt, ist ein Maskenball. Ein Maskenball ist im Sinne von Goffman (1971: 129ff.) eine »offene Region«. Unter einer offenen Region sind »räumlich abgegrenzte Orte« verstanden, »an denen Menschen, gleich wer sie sind und ob sie einander kennen, das Recht haben, Blickkontakt miteinander zu initiieren«. Das Besondere eines Maskenballs als offene Region liegt darin, das die Anwesenden bereits durch ihre Kleidung anzeigen, dass sie sich »außerhalb ihrer Rolle befinden« (GOFFMAN 1971: 132). Sie geben zu erkennen, dass sie jemand anderen darstellen. Ihre geborgte und sichtbar gemachte, andere Identität federt gleichsam die rituellen Ansprüche an das eigene Selbst ab. Weitere offene Regionen sind Bars, Tresen in Kneipen oder auch Geselligkeiten in privaten Räumen. Generell sind offene Regionen exponierte Gelegenheiten zur Kontaktaufnahme zwischen Fremden. Die Anwesenheit in einer offenen Region signalisiert immer schon eine Offenheit für neue Kontakte, Offenheit ist hier nicht personengebunden, sondern bereits situativ vorgegeben.

Filme zeigen schließlich auch Beispiele für eine einseitige Kontaktanbahnung, bei denen der rituelle Verstoß nicht vermieden bzw. nicht erfolgreich geheilt wird. Das nachfolgende Beispiel stammt aus dem Film *Endstation Liebe* (1958). Mecky und Christa arbeiten beide in einer Glasfabrik, Mecky in der Produktion, Christa seit kurzem im Büro. Unmittelbar vorher hatte er Christa zum ersten Mal gesehen, als sie Unterlagen aus dem Büro zum Vorarbeiter bringen musste. Mit einigen Arbeitskollegen schließt er eine Wette ab, dass es ihm gelingen werde, die ›Neue‹ an diesem Wochenende zu verführen. In dieser Szene, aus der der folgende Dialog entnommen ist, sind sie nach Betriebsschluss am Samstagmittag auf dem Heimweg, Christa zu Fuß und Mecky mit einem Fahrrad.

Mecky: ((ruft)): hey Christa; (1.25) tach; wie geht's denn? (1.0) kennen
         sie mich denn nicht mehr? ich bin doch der freund von ihrem
         bruder; (--) vom Uli;
Christa: ja? (1.0)
Mecky: ach, nun tun sie doch nicht so. (-) wir waren doch zusammen
         bei Woit, beim kontrollingenieur. ((leichtes Lachen (3.0))) was

	haben sen heut noch vor, hm? soll ich se nach haus fahren?
	somm se. (e)s geht prima; (-) oder woll'n se n kissen?
Christa:	nein danke (-) ich fahr mit'm bus;
Mecky:	ach nu sein se doch nich komisch wenn ich ihnen anbiete dass ich sie nach hause fahre dann können ses ruhig annehmen. (2.75)

Sichtbar wird aus diesem Ausschnitt, dass Mecky stark bemüht ist, Gründe für sein direktes Ansprechen zu finden, um damit einen Verstoß gegen die rituelle Ordnung zu heilen. Neben der zur Standardformel gewordenen Frage nach der Befindlichkeit (»Tach; wie geht's denn?«), versucht er sich als Bekannter einzuführen. Er sei der Freund ihres Bruders und sie haben sich heute beim Kontrollingenieur gesehen. Würde er von ihr als Bekannter akzeptiert werden, wäre es kein ritueller Verstoß mehr. Ein weiterer Versuch, einen Grund zu finden, ist sein Angebot, sie nach Hause zu fahren und ihr damit einen Gefallen zu erweisen. Wenngleich Christa Blicke für Mecky hat – was dem Zuschauer andeuten soll, dass die Distanz im Laufe des Films verschwinden wird – ignoriert sie seine Annäherungsversuche und schweigt nach diesem Ausschnitt fast durchgehend. Am Ende der Szene – hier nicht ausgeführt – weist sie ihn dann mit einer großen Entschiedenheit zurecht. Ihre Reaktion macht den Regelverstoß explizit. Mecky hat sich etwas herausgenommen, was situativ nicht angemessen war.

4. Wandlungstendenzen der 1950er- und 1990er-Jahre

Bislang habe ich Filmmaterialien aus den 1950er- und 1990er-Jahre dazu genutzt, um einen Einblick in die Pluralität der Pickups zu geben und zu zeigen, wie mit dem kommunikativen Problem einer Kontaktaufnahme mit einer fremden Person umgegangen wird. In diesem Abschnitt werde ich diese beiden Dekaden miteinander vergleichen und danach fragen, welche Veränderungstendenzen aus den Analysen der Spielfilme sichtbar werden.

Befasst man sich mit Wandlungsprozessen seit den 1950er-Jahren, dann ist zuerst darauf hinzuweisen, dass diese Dekade auch in der Paarbildung keine ›Stunde Null‹ repräsentiert. Mit den 1950er-Jahren haben wir keinen Anfang, sondern lediglich eine Zwischenstation in einem längerfristigen Wandlungsprozess im Blick. Grundlage bildet das bürgerliche Ehe- und Familienmodell, das im bürgerlichen Sozialmilieu des 18. Jahrhunderts entstanden ist und dessen zentraler Bestandteil ein typisches Paarungsmuster war. Als zentrale Elemente dieses bürgerlichen Paarungsmusters lassen sich nennen:

• Das Initiativrecht des Mannes als Teil einer fortschreitenden Individualisierung der Partnerwahl, was vor allem eine Zurückdrängung der Einflussmöglichkeit der Eltern bedeutete.

• Eine asexuelle und kurze Werbephase.

• Der formelle Heiratsantrag des Mannes an den Vater – das Um-die-Hand-der-Tochter-anhalten – als ritueller Akt der Paarbildung.

• An Stelle der romantischen Liebe wurde das Ideal der vernünftigen Liebe vertreten, das ein emotionales Band zwischen angehenden Ehegatten als wünschenswert und notwendig erklärte, ohne jedoch dadurch die Dominanz sozialer Kriterien zu schmälern.

• Ein hoher Altersabstand zwischen dem angehenden Paar, verursacht vor allem dadurch, dass Voraussetzung für die Partnerwahl des Mannes das Erreichen einer gewissen wirtschaftlichen Stellung war, die erst über eine längere Berufsbiografie erarbeitet werden musste.

• Die Selbstverständlichkeit der Eheschließung und der angestrebten Familiengründung als nahezu exklusiver Weg einer bürgerlichen Verselbstständigung der nachwachsenden Generation.

Trotz der fortgeschrittenen kulturellen Hegemonie des bürgerlichen Paarungsmusters zeigen sich in den 1950er-Jahren auch bereits deutliche Auflösungserscheinungen. Es waren vor allem zwei Schubkräfte, die diese Auflösungstendenzen bewirkten:

(1) *Das Eindringen der romantischen Liebe in das Paarungsmuster:* Versteht man – in Anschluss an Georg Simmel (1985) – die primäre Ausrichtung an der Individualität als das Kernstück der romantischen Liebe, dann ist erst im Laufe des 20. Jahrhunderts eine fortschreitende Annährung an dieses Beziehungsideal zu konstatieren (vgl. ausführlicher LENZ 2003a). Die Eheratgeber aus den 1950er-Jahren sind sich bereits darin einig, dass persönliche Qualitäten der Beziehungspartner und nicht soziale Merkmale die Leitkriterien der Partnerwahl sein müssen. So z.B. weist Carl Heinrich Huter (1953) in *Wie Ehen glücklich werden* darauf hin, dass eine Ehe nicht nur auf einer wirtschaftlichen Basis aufgebaut sein darf, sondern dass die Liebesehe die einzig wahre Beziehungsform sei.

»Gewiss soll ein Mann einen Beruf, eine auskömmliche Existenz für die Gründung einer Familie haben. Aber weder der Partner noch die Partnerin dürfen aus rein materiellen Gründen, wie es leider häufig geschieht, eine Ehe gründen. Dies ist ein Vergehen gegen die Kinder, denn diese müssen unter dem seelischen Zwiespalt der Eltern leiden« (HUTER 1953: 13).

(2) *Die fortschreitende Individualisierung der Paarbildung*: Die Individualisierung bleibt nicht nur auf das Initiativrecht des Mannes beschränkt, sondern macht die Paarbildung zur exklusiven Angelegenheit des Paares. Deutlich wird diese Entwicklung im Bedeutungsverlust der Brauteltern. In der ersten Hälfte des 20. Jahrhunderts hatte die Konvention, dass der Mann beim Vater um die Hand des ›Fräulein Tochter‹ anhalten muss, immer stärker an Verbreitung verloren. Eheratgeber aus den 1950er-Jahren kennen dieses Thema zwar noch und werfen z.T. explizit die Frage – wie z.B. Gertrud Oheim in *Die gute Ehe* (1959) – auf:»Hält man noch um die Hand der Tochter an?« Ihre Antwort lässt den Bedeutungsverlust jedoch bereits deutlich erkennen:

»Es gibt auch heute noch Familien, die mit der alten Tradition nicht gebrochen haben. Sie legen Wert darauf, dass der Schwiegersohn nach allen Regeln der Kunst seine Werbung vorbringt, [...] ehe sie ihr Ja-Wort geben. Im Allgemeinen ist man allerdings weniger zeremoniell.« (OHEIM 1959: 88)

Dieser Eheratgeber gibt zu erkennen, dass dieses Verhaltensmuster in den 1950er-Jahren nicht mehr zeitgemäß ist. Zum gängigen Muster wird es, dass den Heiratsentschluss zunächst nur das Paar fasst, das dann die Eltern über ihre Entscheidung in Kenntnis setzt. Die Eltern der Braut verlieren dadurch ihre aktive Rolle in der Aufbauphase von Zweierbeziehungen.

Was zeigen Filmanalysen für den Vergleich der 1950er- und 1990er-Jahre auf? Hinsichtlich der Grundformen der Pickups (durch nicht-intendierte Ereignisse, durch Dritte und durch einseitige Kontaktaufnahme) hat sich über die Jahrzehnte hinweg nichts verändert. Sicherlich sind mit dem Internet, sei es in Form der Chat-Rooms oder der Partnerschaftsbörsen, neue Möglichkeiten hinzugekommen. Jedoch vergrößern diese nicht die Grundformen des Kennenlernens, sondern erweitern nur das Spektrum der Möglichkeiten innerhalb der Grundformen.

Eine qualitative Analyse lässt keine Aussagen über die Häufigkeit dieser Wege, weder bei realen Paaren noch in den Filmen, zu. Aus den Analysen gewinnt man jedoch den Eindruck, dass in den 1950er-Jahren die *direkte Ansprache außerhalb einer offenen Region* in den Spielfilmen verbreiteter war, während diese Form in den 1990er-Jahren fast völlig verschwunden zu sein scheint. Zu vermuten ist, dass die Form der Kontaktaufnahme als ein Privileg der Männer mit einer deutlichen Machtdifferenz zwischen den Geschlechtern verbunden ist. Mit einer fortschreitenden Nivellierung von Geschlechterungleichheiten scheint auch dieser Weg stärker in den Hintergrund getreten zu sein und wird auch stärker stigmatisiert. Massiv verändert hat sich auch, wie Frauen auf diese ›Anmache‹ reagieren. Sie sind nicht mehr gezwungen, diesen rituellen Verstoß – wie im Falle von Christa – zu ignorieren, sondern können sich verbal dagegen entschieden wehren.

Dies führt unmittelbar zur Feststellung, dass sich in der *Initiative bei der Paarbildung* eine ganz wesentliche Änderung ergeben hat. In den 1950er-Jahren war die Kontaktaufnahme ein Vorrecht des Mannes, ihm gehörte das uneingeschränkte Initiativrecht in der Paarbildung. Hier stimmen die Spielfilme mit den Eheratgebern völlig überein. Nach Gertrud Oheim (1959: 46) war der Mann »immer der Werbende, also der Suchende, und er ist es nach einem ungeschriebenen Gesetz noch heute.« Die Verfasserin räumt mit Blick auf die damalige Zeit zwar ein, dass Frauen nicht mehr zu »absoluter Passivität verpflichtet« seien. Zumindest Frauen im mittleren Alter, deren hohe Ehelosigkeit eine Folge der hohen Männerverluste durch den 2. Weltkrieg war, gesteht sie das Recht zu, sich nach einem passenden Lebensgefährten umzusehen. Ausdrücklich warnt sie aber vor »Männerjagd« oder »unweiblichen Zudringlichkeiten«. Was den Frauen eigentlich zukommt, das sei das Recht auf den zweiten Schritt und die Anwendung geeigneter Strategien, um die Aufmerksamkeit des Mannes auf sich zu lenken:

»Es ist noch immer das schönste Recht der Frau, sich umwerben zu lassen und den zweiten, nicht den ersten Schritt zu tun, wenn es um Liebe oder Ehe geht. Draufgängertum in dieser Richtung ist schon beim Mann nicht schön, bei Frauen aber äußerst abstoßend. In jedem gesund empfindenden Mann wird es nur Widerstand wecken. Frauen ist seit Evas Zeiten gegeben, ihre eigenen Wünsche diplomatisch in die männliche Initiative einzubauen« (OHEIM 1959: 47).

Dieses Muster wird auch durch unser Interviewmaterial bestätigt. Ingrid Reichelt antwortet auf die Frage, von wem die Initiative für die Verabredung ausging:

»Na von meinem Mann; also von mir ging da keine; ich war sehr zu nüchtern [...] – ja doch das tut man halt nicht dass man als Frau den Mann auffordert – nicht – das war einfach das gehörte zum Erziehungsprogramm (lacht) – nicht – ich hab das nicht gemacht.«

Die 1990er-Jahre machen einen Bruch sichtbar. Beziehungsratgeber zeigen deutlich, dass Frauen und Männer das gleiche Recht zum ersten Schritt zugestattet wird. Auch wenn in den Spielfilmen der Gegenwart die Initiative häufiger vom Mann ausgeht, wird sichtbar, dass Frauen nunmehr legitimerweise den ersten Schritt machen können, ohne in Verruf zu kommen. Stellvertretend kann hier auf den Film *Mondscheintarif* (2001) hingewiesen werden. Während Cora schon bei ihrer ersten Begegnung mit Daniel den Mann hinter der Fassade des Arztes in Augenschein nimmt, was es ihr auch unmöglich macht, ihre Blasenentzündung als den eigentlichen Grund ihres Arztbesuches anzusprechen, nutzt sie das nächste zufällige Zusammentreffen – anlässlich einer Trauerfeier – dazu, ihm ihre Telefonnummer zu geben. Sie schreibt die Nummer auf einem Zettel und sagt:

»Bisher kennen sie nur meine schlechten Seiten – ich meine, ich hab auch ganz gute Seiten wenn sie die kennenlernen wollen [...] rufen sie mich an!«

Verschwunden ist schließlich die starke *Verkindlichung der Frauen*, die in den Filmen der 1950er-Jahre noch ausgeprägt war. Die intimen Verhaltensweisen der Beziehungspersonen weisen – wie Erving Goffman (1981a) aufzeigt – eine deutliche Ausrichtung am Eltern-Kind-Komplex auf. Frauen wird der Freiraum eines Kindes zugewiesen; ihnen wird das Recht auf Gefühlsausbrüche zugestanden, ein spielerischer Umgang mit der Situation und den Mitteln. Den Männern kommt in dieser Situation die Elternrolle in Form des Beschützers und der Abwehr von Störungen zu. Der zärtlichste Ausdruck von Mitgefühl geht – mit den Worten von Goffman (1981a: 41) gesprochen – »mit Darstellungen einher [...], in denen der Platz, den die Frau einnimmt, ein anderer als der des Mannes und zu diesem reziprok ist. Liebevolle Gesten zwischen den Geschlechtern choreografieren stets das Verhältnis zwischen einem Beschützer und einer Beschützten, dem Umarmenden und der Umarmten, dem Tröster und der Getrösteten, dem Ernährer und der Ernährten, dem Spender von Liebe und Zuneigung und der Empfängerin dieser Gaben; und es wird als ganz natürlich angesehen, dass der Mann umfängt und die Frau sich umfangen lässt. Und dies gemahnt uns nur daran, dass die Herrschaft des Mannes von ganz besonderer Art ist – eine – Herrschaft, die sich bis in die zärtlichsten, liebevollsten Momente erstreckt, offenbar ohne Spannungen zu erzeugen; ja, diese Momente können wir uns gar nicht frei von solchen Asymmetrien vorstellen.«

Wenn hier von einem Verschwinden der starken Verkindlichung der Frauen gesprochen wird, soll nicht zum Ausdruck gebracht werden, dass die gesamte Orientierung an diesem Eltern-Kind-Komplex in der Darstellung der Liebenden aufgegeben wurde. Gerade im zärtlichen Austausch der Geschlechter wird weiterhin die Dominanz des Eltern-Kind-Komplexes als kulturelles Modell erkennbar. Verschwunden ist aber die enorme Ausdehnung des Verhaltenskomplexes, der die gesamte Begegnung der beiden Geschlechter bestimmte und die Frau von Anfang an zum Kind degradierte, wie dies sehr deutlich in der zitierten Szene aus dem Film *Das Schwarzwaldmädel* (1950) zum Vorschein kommt.

Hans: Weinen sie nicht kleines Fräulein. ich helfe ihnen ja =
Bärbel: Hähä Danke schö;

Hans spricht Bärbel nicht nur als Fräulein an, sondern fügt noch das Attribut klein hinzu. Statt ihr nur seine Hilfe anzubieten, konstatiert er auch ihre Überforderung in der Bewältigung des Missgeschicks, was eine emotionale Reaktion des Weinens bewirken könnte. Seine Aufforderung »weinen sie nicht« hat aber nichts mit Bärbels mimischen Ausdruck in der Situation zu tun. Ihr Gesicht zeigt keine Spur von Tränen; auch vermittelt sie durchaus den Eindruck, dass sie die Situation auch ohne fremde Hilfe meistern könnte. Hans' Einstieg »weinen sie nicht« definiert Bärbel als schutzbedürftig und ihn selbst als Beschützer, der durch sein Eingreifen alles wieder in Ordnung bringt. Der gesamte Kennenlern-Dialog zeichnet sich dadurch aus, dass Bärbel angesprochen wird, als ob sie ein Kind wäre.

In den Filmen der 1990er-Jahre begegnen sich Männer und Frauen nicht mehr in diesen ungleichen Positionen. Den Männern treten selbstbewusste Frauen gegenüber, die beruflich engagiert und erfolgreich sind, die Männer durchaus auch als Objekte ihrer Begierde sehen und die vorhandenen Freizeitgenüsse – in *Bridget Jones - Schokolade zum Frühstück* (2001) dargestellt im Rauchen und Saufen – im vollen Maße für sich in Anspruch nehmen. Während in den 1950er-Jahren – in der Tradition des bürgerlichen Paarungsmusters – die markanten Geschlechterunterschiede noch allseits präsent waren, hat sich inzwischen in einem breiten Umfang eine Nivellierung der Geschlechterunterschiede vollzogen. Dies darf allerdings nicht in einer Weise verstanden werden, als ob die Geschlechterkategorie für die Aufbauphase irrelevant wurde. Dies wird daran deutlich, dass in der heterosexuellen Paarbildung trotz aller Aufwertung persönlicher Qualitäten, die Frau weiterhin als Frau und der Mann als Mann begehrt wird. Die Gebundenheit der Paarbildung an das System der Zweigeschlechtlichkeit besteht unverändert fort; geändert hat sich lediglich die Ausgestaltung der geschlechtsgebundenen Handlungsmöglichkeiten und der Leitvorstellungen (vgl. ausführlicher LENZ 2003c).

5. Ausblick

Hauptzweck meiner Ausführungen zu den Grundformen der Pickups und den Wandlungstendenzen war es, das Potenzial der Filmanalyse für die Erforschung des Beziehungsalltags aufzuzeigen. Stärker noch als bei den Grundformen sollten bei den Wandlungstendenzen die Möglichkeiten der Kombination unterschiedlicher Forschungszugänge in der Paarforschung angedeutet werden. Weder bei der Auflistung der Beziehungsanfänge, noch in den Wandlungstendenzen erhebt dieser Beitrag einen Anspruch auf Vollständigkeit. Mein Anliegen war es lediglich aufzuzeigen, dass es nicht *die* Ablaufstruktur für Beziehungsanfänge gibt, sondern unterschiedliche Wege zum Paar führen. Auch im Dekadenvergleich sollten lediglich einige zentrale Wandlungstendenzen aufgezeigt werden.

Literatur

BERGMANN, J.: Flüchtigkeit und methodische Fixierung sozialer Wirklichkeit. Aufzeichnungen als Daten der interpretativen Soziologie. In: BONSS, W.; H. HARTMANN (Hrsg.): *Entzauberte Wissenschaft. Zur Relativität und Geltung soziologischer Forschung.* Göttingen 1985, S. 299-320

BURKARD, B.: Die Boten des Glücks. Liebe im Zeitalter der Kommunikation. In: BURKARD, B. (Hrsg.): *liebe.komm. Botschaften des Herzens. Ausstellungskatalog des Museums für Kommunikation.* Frankfurt/M. 2003, S. 10-27

DAVIS, M. S.: *Intimate Relations.* New York 1973

DEPPERMANN, A.: *Gespräche analysieren: eine Einführung in konversationsanalytische Methoden.* Opladen 1999

DOERING, N.: Internet-Liebe: Zur technischen Mediatisierung intimer

Kommunikation. In: HÖFLICH, J.; J. GEBHARDT (Hrsg.): *Vermittlungskulturen im Wandel: Brief – E-Mail – SMS.* Berlin 2003, S. 233-264

FELDVOSS, M.: »Letter from an Unknown Woman« Über Liebesmacht und Kinomacht. In: BURKARD, B. (Hrsg.): *liebe.komm. Botschaften des Herzens. Ausstellungskatalog des Museums für Kommunikation.* Frankfurt/M. 2003, S. 160-173

GIDDENS, A.: *Die Konstitution der Gesellschaft. Grundzüge einer Theorie der Strukturierung.* Frankfurt/M. 1988

GÖTTLICH, U.; L. MIKOS; R. WINTER (Hrsg.): *Die Werkzeugkiste der Cultural Studies: Perspektiven, Anschlüsse und Interventionen.* Bielefeld 2001

GOFFMAN, E.: *Wir alle spielen Theater. Die Selbstdarstellung im Alltag.* München 1969 (orig. 1959)

GOFFMAN, E.: *Verhalten in sozialen Situationen. Strukturen und Regeln der Interaktion im öffentlichen Raum.* Gütersloh 1971 (orig. 1963)

GOFFMAN, E.: *Rahmen-Analyse. Ein Versuch über die Organisation von Alltagserfahrungen.* Frankfurt/M. 1977 (orig. 1974)

GOFFMAN, E.: *Geschlecht und Werbung.* Frankfurt/M. 1981a (orig. 1979)

GOFFMAN, E.: *Strategische Information.* München 1981b

HICKETHIER, K.: *Film- und Fernsehanalyse.* 3. überarb. Aufl. Stuttgart 2001

KORTE, H.: *Einführung in die systematische Filmanalyse: ein Arbeitsbuch.* Berlin 1999

KRACAUER, S.; E. PANOFSKY: *Briefwechsel 1941-1966.* Hrsg. von V. Breidecker. Berlin 1996

LENZ, K.: *Soziologie der Zweierbeziehung. Eine Einführung.* Opladen 2003a

LENZ, K. (Hrsg.): *Frauen und Männer. Zur Geschlechtstypik persönlicher Beziehungen.* Weinheim/München 2003b

LENZ, K.: Zur Geschlechtstypik persönlicher Beziehungen – eine Einleitung. In: Ders. (Hrsg.): *Frauen und Männer. Zur Geschlechtstypik persönlicher Beziehungen.* Weinheim/München 2003c, S. 7-51

LENZ, K.: Wie sich Frauen und Männer kennen lernen. Paarungsmuster im Wandel. In: Ders. (Hrsg.): *Frauen und Männer. Zur Geschlechtstypik persönlicher Beziehungen.* Weinheim/München 2003d, S. 55-91

LENZ, K.: Täuschungen in Zweierbeziehungen. Zur Normalität einer sozialen Praxis. In: HETTLAGE, R. (Hrsg.): *Verleugnen, Verdrehen, Vertuschen. Leben in der Lügengesellschaft.* Konstanz 2003e, S. 65-76

LENZ, K.; K. SAMMET: Beziehungsanfänge als Prozess. Eine Analyse anhand von Spielfilmen. In: FRITZ, K.; S. STING; R. VOLLBRECHT (Hrsg.): *Mediensozialisation.* Opladen 2003f, S. 221-240

METTS, S.: Face and facework. Implications for the study of personal relationships. In: DUCK, S. (Hrsg.): *Handbook of Personal Relationships*. Chichester 1997, S. 373-390

MEYER-LENZ, J.: *Die Ordnung des Paares ist unbehaglich. Irritationen am und im Geschlechterdiskurs nach 1945*. Hamburg 2000

SAMMET, K.: Sexualität im Beziehungsaufbau. In: LENZ, K. (Hrsg.): *Frauen und Männer. Zur Geschlechtstypik persönlicher Beziehungen*. Weinheim/ München 2003, S. 93-116

SCHÄFFER, B.: »Ein Blick sagt mehr als tausend Worte«. Zur generationsspezifischen Inszenierung pädagogischer Blickwechsel. In: EHRENSPECK, Y.; B. SCHÄFFER (Hrsg.): *Film- und Fotoanalyse in der Erziehungswissenschaft. Ein Handbuch*. Opladen 2003, S. 395-418

SCHMIDT, G. (Hrsg.): *Kinder der sexuellen Revolution. Kontinuität und Wandel studentischer Sexualität 1966-1996. Eine empirische Untersuchung*. Gießen 2000

SEIDL, C.: *Der deutsche Film der fünfziger Jahre*. München 1987

SELTING, M. et al.: Gesprächsanalytisches Transkriptionssystem (GAT). In: *Lingustische Berichte* 173, 1998, S. 91-122 (http://www.fbls.uni-hannover.de/sdls/schlobi/schrift/GAT/gat.pdf)

SIMMEL, G.: *Soziologie. Untersuchungen über die Formen der Vergesellschaftung*. Berlin 1983

SIMMEL, G.: Fragment über die Liebe. In: Ders.: *Schriften zur Philosophie und Soziologie der Geschlechter*. Hrsg. v. Dahme, H.-J. und K. C. Köhnke. Frankfurt/M. 1985, S. 224-281 (aus dem Nachlass, 1. Veröffentlichung: 1921/ 22)

SOEFFNER, H.-G.: Der Mythos von der Macht des Wortes. In: Ders. (Hrsg.): *Gesellschaft ohne Baldachin. Über die Labilität von Ordnungskonstruktionen*. Weilerswist 2000, S. 25-44

WINTER, R.: *Filmsoziologie. Eine Einführung in das Verhältnis von Film, Kultur und Gesellschaft*. München 1992

WINTER, R.: *Die Kunst des Eigensinns: Cultural Studies als Kritik der Macht*. Weilerswist 2001

WOUTERS, C.: Wandlungen der Lustbalance: Sexualität und Liebe seit der sexuellen Revolution. In: KLEIN, G.; K. LIEBSCH (Hrsg.): *Zivilisierung des weiblichen Ich*. Frankfurt/M. 1997, S. 272-305

Filme

Das Schwarzwaldmädel, BRD 1950, Regie: Hans Deppe, Drehbuch: Bobby E. Lüthge

Die Trapp-Familie, BRD 1956, Regie: Wolfgang Liebeneiner, Drehbuch: Georg Hurdalek

Eine Berliner Romanze, DDR 1956, Regie: Gerhard Klein, Drehbuch: Wolfgang Kohlhaase

Endstation Liebe, BRD 1957, Regie: Georg Tressler, Drehbuch: Will Tremper

Bettgeflüster (orig.: *Pillow Talk*) USA 1959, Regie: Michael Gordon, Drehbuch: Russell Rouse, Clarence Greene, Stanley Shapiro, Maurice Richlin

Bridget Jones – Schokolade zum Frühstück (orig.: *Bridget Jones' Diary*) USA 2001, Regie: Sharon Maguire

e-m@il für Dich (orig.: *You' ve Got Mail*), USA 1998, Regie: Nora Ephron

Im Juli, D 2000, Regie: Fatih Akin, Drehbuch: Fatih Akin

Mondscheintarif, D 2001, Regie: Ralf Huettner

Ratgeber

ARANUS, E.: *Lieben ohne Reue. Lust und Leid der Liebe. Das notwendige Lehrbuch der Liebe.* München 1959

HUTER, C. H.: *Wie Ehen glücklich werden. Das Schicksalsbuch Ihrer Ehe.* Stuttgart 1953

OHEIM, G. et al.: *Die gute Ehe. Ein Ratgeber für Mann und Frau. Teil 1.* Gütersloh 1959

BRIGITTE HIPFL

Film und Identität: Ein psychoanalytisch-kulturtheoretischer Zugang

Wir erleben es immer wieder, wenn wir Filme anschauen, egal ob dies im Kino, zu Hause beim Fernsehen, beim Anschauen eines Videos oder einer DVD der Fall ist: Wir sind berührt und bewegt, haben herzlich gelacht oder uns von den spannenden Actionszenen mitreißen und gefangen nehmen lassen. Manchmal bleiben uns einzelne Szenen noch lange im Kopf und es fällt uns schwer, in Worte zu fassen, was genau uns an einem Film so gut gefallen hat oder was im Detail es war, das uns irritiert oder gestört hat.

Wenn wir uns näher mit der Frage auseinander zu setzen beginnen, was denn nun ausschlaggebend für unser Filmerleben ist, bieten sich viele mögliche Ansatzpunke. Wir könnten etwa damit beginnen, dass wir uns von bestimmten thematischen Schwerpunkten oder Genres besonders angesprochen fühlen. Oder dass uns die Arbeiten einzelner Regisseur/-innen oder Schauspieler/-innen so beeindruckt haben, dass deren Mitwirken ausschlaggebend dafür ist, unser Interesse für bestimmte Filme überhaupt erst zu wecken. Diese Aufzählung ließe sich beliebig erweitern und spezifizieren. Was sich sowohl hier als auch in jeder Konversation über Filme, unabhängig davon, ob diese nun im Alltag oder im akademischen Kontext stattfindet, deutlich zeigt, ist die Tatsache, dass es bei Filmen und vor allem bei der Rezeption von Filmen nicht nur um die Inhalte, Szenen oder um die ästhetische Gestaltung geht, sondern immer auch um die Art der Beziehung, in der wir uns zu diesen Filmen befinden. Und diese Beziehung hat mit uns selbst zu tun, und ist gleichzeitig eine der wichtigsten kulturellen Praktiken, mit der wir (großteils unbewusst) ständig unsere soziale und psychische Identität (re)definieren und (re)konstituieren. In diesem Sinn werde ich den im Titel angesprochenen Zusammenhang zwischen Film und Identität anhand von zwei theoretischen Zugangsweisen, Psychoanalyse und Cultural Studies, diskutieren. Ich werde dabei auf die wichtigsten Entwicklungen eingehen und in groben Zügen nachzeichnen, in welcher Weise die Beziehung zwischen Filmen und Filmzuschauer/-innen jeweils konzipiert wird. Vor diesem Hintergrund wird dann abschließend argumentiert, dass eine umfassende Analyse des Zusammenspiels von Film und Identität nach einer Kombination dieser Zugangsweisen verlangt. Erst damit bekommt die Alltagserfahrung, dass Filme uns sehr direkt und persönlich ansprechen, eine angemessene theoretische Untermauerung.

1. Psychoanalyse und Film, eine natürliche Affinität?

Immer wieder wird auf die gemeinsamen Ursprünge von Film und Psychoanalyse zu Ende des 19. Jahrhunderts hingewiesen und etwa betont, dass sie einen spezifischen historischen, sozialen und kulturellen Hintergrund teilen (vgl. CREED 2000: 75). Eppensteiner und Sierek (2000: 20) beschreiben die beiden Entwicklungen als Beispiele und Ausdrucksform einer diese Zeit charakterisierenden »fundamentalen Neuordnung des Denkens«. Nicht nur eröffneten beide Einblicke in Neues und bislang Unbekanntes, beide können, so Eppensteiner/Sierek (2000: 7), als Kulturtechniken der Bewegung charakterisiert werden: »Die eine bringt die Objekte der Sicht in Bewegung, die andere macht die Dynamik des Subjekts erfassbar.« Gabbard (2001: 1) spricht sogar von einer natürlichen Affinität von Kino und Psychoanalyse, die sich darin niederschlägt, dass für manche Filmregisseure die Psychoanalyse das theoretische Rüstzeug für ihre Arbeit darstellt und umgekehrt der Film von Psychoanalytikern als vielversprechendes Medium gesehen wird, zentrale Einsichten in die Wirkweise mentaler Prozesse anschaulich darzustellen (vgl. auch HEATH 2000). Schon zu Beginn des 20. Jahrhunderts, zu einer Zeit also, in der sowohl der Film auf erste Erfolge verweisen konnte, als auch die Psychoanalyse in Metropolen wie Wien, Berlin, London oder New York eingeführt war und beide Entwicklungen in der Öffentlichkeit breit diskutiert wurden, kam es zu ersten Begegnungen zwischen Film und Psychoanalyse. Bereits in den frühen 1920er-Jahren gab es erste Filme, die psychoanalytische Themen aufgriffen, aber aus der Sicht der Vertreter der Psychoanalyse ein falsches Bild der Psychoanalyse vermittelten. Wie anhand der Beiträge des Sammelbandes von Eppensteiner/Sierek nachzuvollziehen ist, waren einzelne Psychoanalytiker sehr daran interessiert, einem breiten Publikum über Filme ein richtiges Bild der Psychoanalyse zu vermitteln. So erklärte sich 1925 der Präsident der Internationalen Psychoanalytischen Gesellschaft, der Berliner Karl Abraham gemeinsam mit Hanns Sachs, einem praktizierenden Psychoanalytiker und erfolgreichen Lehrer der Psychoanalyse, bereit, eine Filmproduktion der Ufa in Berlin über die Psychoanalyse zu unterstützen. Diese ursprünglich als Lehrfilm geplante Produktion entwickelte sich unter Regisseur G. W. Pabst allerdings zum erfolgreichen Spielfilm *Geheimnisse einer Seele* (1926). Der Film handelt von einem an einer Messerphobie leidenden jungen Mann, der durch eine psychoanalytische Behandlung Heilung erfährt (vgl. RIES 2000; HEATH 2000). Parallel dazu arbeitete in Wien Siegfried Bernfeld, ein Schüler und Anhänger von Sigmund Freud, an einem Konkurrenzprojekt, das, wie aus dem Titel des Drehbuchs *Entwurf zu einer filmischen Darstellung der Freudschen Psychoanalyse im Rahmen eines abendfüllenden Spielfilms* ersichtlich wird, dasselbe Ziel verfolgte. Bernfeld konnte jedoch keinen Filmproduzenten dafür finden (vgl. RIES 2000; EPPENSTEINER/SIEREK 2000).

Freud selbst wollte mit diesen Filmprojekten nichts zu tun haben und lehnte auch ein sehr lukratives Angebot, das ihm der HollywoodProduzent Goldwyn für die wissenschaftliche Beratung bei der Produktion eines Filmes unterbreitete, ab (vgl. RIES 2000; EPPENSTEINER/SIEREK 2000; GABBARD 2001). Der Grund dafür lag neben Freuds Skepsis gegenüber der Repräsentierbarkeit der Psychoanalyse durch Filme auch in seiner prinzipiellen Ablehnung dieses Mediums, das für ihn eine Form primitiver Unterhaltung darstellte. Freuds abwertende Haltung war typisch für die in den bürgerlichen und intellektuellen Schichten zu jener Zeit vorherrschende Sichtweise, Filme wären ein oberflächliches Vergnügen der Massen. Die Differenz zwischen Massenunterhaltung durch Filme auf der einen Seite und dem wissenschaftlichen Projekt der Psychoanalyse auf der anderen Seite wurde offensichtlich von vielen zu der Zeit als so groß wahrgenommen, dass ihre Gemeinsamkeiten nicht erkannt werden konnten. Denn sowohl Psychoanalyse als auch Film fokussieren – wenn auch mit unterschiedlicher Intention und in unterschiedlicher Weise – auf emotionale, sinnliche und unbewusste Vorgänge. So propagierten Filme, wie dies z.B. Neal Gabler (1999: 32) ausführt, »den Triumph der Sinne über den Geist, der Gefühle über die Vernunft, des Chaos über die

Ordnung, des Es über das Über-Ich, des dionysischen Rausches über die apollinische Harmonie«. Selbst einzelne Psychoanalytiker/-innen waren von ihrer eigenen Faszination für das Kino überrascht, wie dies etwa an Lou Andreas-Salomes »selbstironisch angedeuteten Schwierigkeiten, ihre Kinofaszination zu akzeptieren« deutlich wird (HEATH 2000: 223f.). Aber Fragen dieser Art wurden weder theoretisch aufgegriffen noch unter psychoanalytischen Gesichtspunkten analysiert. Die ambivalente Haltung der Psychoanalyse dem Film gegenüber, die in diesen ersten Kontakten deutlich wird, wurde auch später beibehalten. Erst in jüngster Zeit werden auch seitens der Psychoanalyse stärker Medien und Medienerfahrungen ernst genommen (siehe etwa ZEUL 1997), aber generell scheint das Interesse von Filmemacher/-innen und Filmtheoretiker/-innen an der Psychoanalyse weit größer als umgekehrt das Interesse der Psychoanalyse am Film (vgl. HEATH 2000: 223).

In den Versuchen, die Wirkweise von Filmen theoretisch zu erklären, kommt psychoanalytischen Konzepten eine prominente Rolle zu. Ich kann in diesem Rahmen nicht auf die umfassenden und äußerst komplexen Entwicklungen im Detail eingehen, sondern werde den Schwerpunkt auf einzelne Konzeptionen legen, in denen grundlegende Aussagen zum Zusammenspiel von Film und Identität gemacht werden. Zu diesem Zweck werde ich zuvor einen Exkurs zum Identitätsverständnis in den psychoanalytischen Theorien von Sigmund Freud und Jacques Lacan machen, da es vor allem die Arbeiten dieser beiden Psychoanalytiker sind, auf die in der psychoanalytischen Filmtheorie zurückgegriffen wird.

1.1 Identität aus psychoanalytischer Perspektive

Die Psychoanalyse vertritt eine Konzeption von Identität, mit der das moderne Selbstverständnis grundlegend in Frage gestellt wird: Unser Handeln, unsere Wünsche und Motive sind viel weniger Ergebnis unserer bewussten Entscheidungen als vielmehr Resultat unbewusster Kräfte. Entsprechend wird das Subjekt auch als gespalten konzipiert, dessen einzelne Teile keine harmonische Einheit ergeben. Das topographische Modell des späten Freud beschreibt dies anhand der drei Aspekte des psychischen Apparates, Es, Ich und Über-Ich. Das Es ist dabei die Instanz der menschlichen Triebe, seine Inhalte sind unbewusst. Es funktioniert nach den Regeln des Lustprinzips, während das Ich der Teil ist, der von Freud

mit Verstand und rationalem Urteil gleichgesetzt wird und sich am Realitätsprinzip orientiert. Das Über-Ich fungiert als eine auch unbewusst
wirkende Zensurinstanz auf der Basis der Internalisierung elterlicher
Verbote und Anforderungen (vgl. SILVERMAN 1983; LAPLANCHE/PONTALIS
1973). Eine wichtige Form des Zugangs zum Unbewussten stellen für
Freud Träume dar, da dort die psychischen Mechanismen am Werk
sind, die für das Unbewusste charakteristisch sind. Freud spricht in dem
Zusammenhang von ›Primärvorgängen‹, die auf der Basis von Mechanismen wie Verschiebung oder Verdichtung funktionieren (im Unterschied
zu den so genannten ›Sekundärvorgängen‹, die der Logik rationalen
Denkens, dem Realitätsprinzip folgen).

Für das Unbewusste hat Freud auch die Bezeichnung »psychische
Realität« eingeführt: Sie umfasst all die unbewussten Wünsche und
die damit verbundenen Fantasien. Und diese psychische Realität ist
genauso wichtig für unser Selbstverständnis und für unser Handeln wie
die »materielle Realität«. Fiktionen, Fantasien, Wünsche, Ängste sind
insofern bedeutsam für die »materielle Realität« als diese unbewussten
Aspekte immer wieder in die bewussten, gesprochenen Diskurse eingreifen. Sie treten in Form der »Freud'schen Versprecher« (vgl. FIN 1995) auf,
und sie zeigen sich in Träumen oder auch in künstlerischen Aktivitäten.
Unbewusste Fantasien dienen vor allem dazu, »die Erfahrungen des
Subjekts mit der triebhaften Dimension seines Erlebens darzustellen«
(KEUL 2001: 31); dies ist eine Ausdrucksform von Erfahrungen, die sich
der direkten Repräsentation entziehen.

Die Psychoanalyse ist wohl eine der komplexesten theoretischen
Zugänge, die zu erklären versucht, wie das ›Außen‹ der kollektiven
Erfahrung zum ›Innen‹ des individuellen Bewusstseins wird (vgl.
DONALD 1991). Und in dem Zusammenhang liefert sie auch das umfas-
sendste Modell zur Erklärung der Entwicklung geschlechtlicher Identität. Mit dem Ödipuskomplex wird beschrieben, wie in der triadischen
Familienkonstellation das Kind über komplexe unbewusste Prozesse in
Bezug auf Mutter und Vater (wie Identifikationen, Projektionen und Fan-
tasien) seine geschlechtliche Identität erwirbt. Damit hat bereits Freud
darauf hingewiesen, dass das daraus resultierende sexuelle Begehren
nach Angehörigen des anderen Geschlechts (dies wird als positive Form
des Ödipuskomplexes beschrieben) bzw. nach Angehörigen des gleichen
Geschlechts (dies gilt als die negative Variante des Ödipuskomplexes)
Ergebnis kultureller Vermittlungsprozesse ist.

Jacques Lacan hat Freuds Konzeptionen vor allem auf der Basis lingu-istisch-semiotischer Theorien weiterentwickelt und radikalisiert. Lacan führt uns vor, dass der Prozess, der uns zu gesellschaftlich handlungsfä-higen Subjekten macht, ob wir dies nun Enkulturalisation, Sozialisation oder Vergesellschaftung nennen, notwendigerweise eine Entfremdung vom eigentlichen Sein darstellt.[1]

Die kollektiven Erfahrungen, sozialen Regeln und Normen, die das Außen repräsentieren, existieren als zwei Formen von Andersheit in uns. Diese beiden Formen von Andersheit, die unsere Subjektivität als ›gespaltene Subjekte‹ ausmachen, sind zum einen das Bewusstsein, zum anderen das Unbewusste.

Nehmen wir z.B. die Sprache, die es uns ermöglicht, unsere Gedan-ken, Gefühle, Bedürfnisse und Wünsche anderen Menschen gegenüber auszudrücken und die üblicherweise als etwas wahrgenommen wird, das wir kontrollieren und beherrschen, da wir ja selbst entscheiden, was und wie wir etwas sagen. Aber allein wenn wir uns vergegenwärtigen, was schon im Begriff ›Muttersprache‹ zum Ausdruck kommt – nämlich dass es sich hier um die Sprache einer anderen Person, der im herkömmlichen Sinn wichtigsten Bezugsperson des Kleinkindes, der Mutter, handelt, die vom Kind gelernt wird – dann wird deutlich, dass gerade die Sprache ein bereits vor dem Kind und außerhalb von ihm existierendes Bedeu-tungssystem ist. Nun ist es aber gerade diese, von anderen herrührende Sprache, mit der wir all unsere Vorstellungen von uns selbst, wie auch die Intentionen unseres Handelns und damit all das, was unser Bewusstsein und unser bewusstes Selbstverständnis ausmacht, ausdrücken. Dies ist die erste Form der uns innewohnenden Andersheit, die sich gerade auch in unserem bewussten Selbstverständnis niederschlägt. Wir verwenden zur Selbstdarstellung die Sprache (der Anderen) und entwickeln unsere Vorstellung von uns selbst auf der Basis der Bilder, die uns von den Ande-ren zurückgespiegelt werden (wie z.B. ›eine brave Tochter‹).

Die zweite Form von Andersheit, die uns bestimmt, sind die Diskurse der Anderen, die unser Unbewusstes ausmachen. Das Unbewusste gilt als ›andere Lokalität‹, die ihren eigenen Regeln und Gesetzmäßigkeiten folgt und gefüllt ist mit den Sichtweisen, Erwartungen und Ansprüchen anderer Menschen.

---

1 In den folgenden Ausführungen stütze ich mich stark auf die Darstellung des Lacan'schen Subjektmodells bei Bruce Fink (1995).

Unsere je spezifische Subjektivität erklärt sich bei Lacan aus dem Zusammenspiel von drei Registern, die die psychischen Prozesse umfassen, die in allen unseren Erfahrungen und Handlungen wirksam sind: Dies sind die ›Symbolische Ordnung‹ (die gesellschaftlichen Regeln, Gesetze und Diskurse, wie sie sich in der Sprache niederschlagen) das ›Imaginäre‹ und das ›Reale‹. Die Entwicklung des Ich, d.h. eines Bewusstseins von sich selbst und von Vorstellungen von sich selbst, erfolgt mit Hilfe der beiden Register des Imaginären und der Symbolischen Ordnung. In der Symbolischen Ordnung sind dies, wie bereits angesprochen, unsere Identifikationen mit symbolischen Repräsentanten; im Imaginären sind es die Bilder, mit denen wir uns identifiziert haben und die uns eine Vorstellung vermitteln, wer wir sind. Diese Bilder sind allerdings immer, da es sich dabei um Spiegelungen handelt, Verkennungen und Illusionen. Unser bewusstes Handeln bewegt sich nun auf der Ebene der Symbolischen Ordnung und des Imaginären, aber – und das ist eine der zentralen Einsichten der Psychoanalyse – der eigentliche Motor dafür liegt im Unbewussten. Ein Verständnis des Subjekts als Produkt der Symbolischen Ordnung allein ist nicht ausreichend. Dort wird zwar davon ausgegangen, dass wir als Subjekte unsere Plätze in der Gesellschaft über die Diskurse und Begriffe erhalten, mit denen wir uns identifizieren und auf deren Basis wir in der Symbolischen Ordnung repräsentiert werden. Aber Lacan betont auch, dass wir dort nicht wirklich präsent sind, da diese symbolischen Repräsentationen ›für‹ etwas stehen (in dem Sinne wie etwa auch Diplomaten ihr Land repräsentieren) und das, wofür sie stehen, aber eigentlich woanders ist – nämlich im Register des Realen. Mit dem Realen ist bei Lacan nicht die soziale Realität gemeint, sondern das eigentliche Sein. Das Reale umfasst all das, was mit Leben (mit unseren Trieben, mit Tod, Krankheit, körperlichen Zuständen) zu tun hat und sich jenseits jeglicher Symbolisierung befindet (wobei wir ständig versuchen, dies durch Symbolisierungen wie z.B. in Filmen, für uns greifbar und verständlich zu machen).

1.2 *Psychoanalytische Theoretisierungen von Film*

Glen O. Gabbard (2001: 5f.) weist darauf hin, dass sich in der psychoanalytischen Auseinandersetzung mit Film zumindest sieben methodische Zugänge unterscheiden lassen. Dabei werden jeweils verschiedene Schwerpunktsetzungen vorgenommen.

- *Film als Repräsentation kultureller Mythen*: Hier wird davon ausgegangen, dass erfolgreiche Filme unbewusste Ängste und Wünsche des Publikums, wie überhaupt die kulturelle Mythologie einer Ära zum Ausdruck bringen. Bezugnehmend auf Levi-Strauss werden Mythen dabei als Transformationen grundlegender Konflikte oder Widersprüche gesehen, die in der Realität nicht lösbar sind. Filme liefern uns aktuelle Formen der Auseinandersetzung mit den für einen spezifischen historischen Zeitpunkt charakteristischen menschlichen Fragen. So diskutiert z.B. Ronald Baker (2001) die neueren Filme von Clint Eastwood, in denen er auch Regie führte, als Beispiel einer systematischen Dekonstruktion des von ihm selbst in seinen früheren Filmen verkörperten traditionellen, patriarchalen Mythos von Männlichkeit.

- *Film als Spiegelbild der Subjektivität der Regisseur/-innen*: Vor dem Hintergrund, dass die biographischen Erfahrungen und unbewussten Wünsche und Ängste der Filmemacher in ihren Filmen Niederschlag finden, ist das Hauptinteresse hier auf die Regisseure und Regisseurinnen gerichtet. Ein viel diskutiertes Beispiel in diesem Zusammenhang ist Alfred Hitchcock und der Versuch, seine Filme auf der Basis seiner Lebensgeschichte zu erklären.

- *Film als Reflexion spezifischer Entwicklungsmomente*: Filmen wird das Potenzial zugeschrieben, einzelne Phasen der psychischen Entwicklung anschaulich darstellen zu können und damit den Zuschauer/-innen die Möglichkeit zu bieten, diese stellvertretend mitzuerleben. Viele Filme werden etwa als Erzählungen des Ödipuskomplexes gelesen.

- *Film als Umsetzung der Freud'schen Traumarbeit*: Häufig wird auf die Parallelen zwischen Träumen und Filmen hingewiesen und dementsprechend versucht, Filme anhand der für die Traumarbeit zentralen Prozesse wie etwa Verdichtung und Verschiebung zu analysieren.

- *Film als Konstrukteur von Zuschauerpositionen*: Dieser auf den Theorien von Lacan basierende Zugang versucht, die Wirkweise von Filmen anhand der den Zuschauer/-innen bereitgestellten psychischen Positionen zu beschreiben. Die dazu entwickelten Konzepte bilden den Schwerpunkt der so genannten psychoanalytischen Filmtheorien, auf die später noch ausführlicher eingegangen wird.

- *Film als angewandte Psychoanalyse durch die Filmemacher/-innen*: Hier werden Filme daraufhin untersucht, in welcher Weise psychoanalytische Konzepte von den Regisseur/-innen verwendet werden. Dabei wird nicht davon ausgegangen, dass dies immer bewusste Entscheidungen

für Darstellungsformen sind, die dem psychoanalytischen Methoden-
pool entsprechen.

- *Film als Ausgangspunkt für die Analyse der filmischen Charaktere*: Dieser
  Zugang konzentriert sich auf einzelne Figuren in den Filmen und
  versucht, deren Handlungen psychoanalytisch zu interpretieren.
  Von den Filmkritiker/-innen wird bei ihren Versuchen, durch solche
  Analysen zu einem tiefer gehenderen und aufschlussreicheren Verständnis von Filmen beizutragen, oft auch eine Kombination einzelner Zugänge verwendet. Ich greife nun den einflussreichsten und meist diskutierten Ansatz heraus, die psychoanalytische Filmtheorie, die allerdings
  nicht nur auf den Konzeptionen von Freud und Lacan beruht, sondern
  auch andere Entwicklungen wie etwa feministische Theorien, die Ideo-
  logietheorie von Althusser bzw. semiotische Ansätze mit einbezieht (vgl.
  auch CREED 2000).

1.3   Psychoanalytische Filmtheorien

Unter der Bezeichnung ›psychoanalytische Filmtheorien‹ lassen sich
Konzeptionen zusammenfassen, die laut Sierek (2000: 205ff.) Antworten
auf die folgenden Fragen zu geben suchen: »Was führt und verführt zum
Kinobesuch? [...] Wer oder was ist dieser Zuschauer überhaupt? Welches
Subjekt ist in den Kinoapparat eingebaut und wird von diesem aufge-
baut? [...] Wie gestalten sich [...] die dynamischen und ökonomischen
Abläufe im Subjekt während der Projektionen eines Films? [...] Welchen
Platz nimmt das kinematographische Subjekt im eigentlichen Ablauf der
von einem Film erzählten Geschichte eigentlich ein?« Die wichtigsten
Entwicklungen werden nun in ihrer historischen Abfolge skizziert.

1.3.1   Apparatustheorien:
Zur ideologischen Wirkweise von Filmen

In den 1970er-Jahren entwickelten sich psychoanalytisch fundierte Theori-
en zu den prominentesten Erklärungsansätzen der Wirkweise von Filmen.
Wie Sierek (2000: 208) ausführt, beruhen diese Theorien auf der »dreifa-
chen Analogie von frühkindlichen Identifizierungsprozessen und solchen
der Erwachsenen im Kino, von psychischem und filmischem Apparat und

schließlich auf der Analogie von Traumarbeit und Filmarbeit.« Den Anfang machte Jean-Louis Baudry (1973/74, 1993) mit seinem einflussreichen Versuch, die Institution Kino als psychischen Apparat theoretisch zu beschreiben. Sein zentrales Argument ist, dass die technologischen Aspekte, die das Funktionieren des Kinos ausmachen, ideologische Effekte haben. Konkret meint er damit die spezifische Anordnung des Sehens, die das Kino darstellt, und mit der die Zuschauer/-innen im Mittelpunkt eines Sehraumes positioniert werden, von dem aus die Welt kohärent und zusammenhängend erscheint. Dies ist eine Position, in der sich das Subjekt selbst als einheitlich und kohärent wahrnimmt. Gleichzeitig entwickelt sich bei den Zuschauer/-innen der Eindruck einer kognitiven Allmacht – als ob sie die Kontrolle über den Fluss an Bildern und Geschichten hätten, der vor ihren Augen vorbeizieht. Es wird nicht erkennbar, dass es sich dabei um etwas technisch Hergestelltes handelt. Die ideologische Wirkung des kinematographischen Apparates besteht nun nach Baudry gerade in der Produktion dieser spezifischen Subjektposition, in der sich das Subjekt fälschlich als Ausgangspunkt von Bedeutung wahrnimmt.

An dieser Stelle wird auch die Fundierung dieser Konzeption in der Psychoanalyse von Lacan deutlich. Baudry bezieht sich dabei insbesondere auf das Imaginäre, das Lacan anhand des so genannten ›Spiegelstadiums‹ beschreibt. Damit ist jener Zeitpunkt gemeint, zu dem ein Kleinkind zum ersten Mal im Spiegel sein eigenes Bild erkennt und eine Vorstellung vom eigenen Körper als einer vollständigen, selbstständigen und kohärenten Einheit entwickelt, die nicht der Realität des Kindes entspricht. Denn diese ist durch seine noch unkoordinierten Bewegungen sowie die Abhängigkeit von anderen gekennzeichnet. In der Identifikation mit diesem Ideal-Bild kommt es zu einem ersten Selbst-Erkennen des Kindes, das jedoch ein Verkennen ist. Die Identifikationsprozesse, die im Kino bei den Zuschauer/-innen ablaufen (etwa in Form von Identifikationen mit einzelnen Charakteren) werden nun mit diesen psychischen Prozessen gleichgesetzt (vgl. dazu auch CREED 2000). Das Mainstreamkino stellt also auch solche Erfahrungen imaginärer Einheit bereit.

Christian Metz (1975, 1982) entwickelte die Konzeptionen von Baudry weiter, indem er zur Charakterisierung der Beziehung zwischen Kino und den Zuschauer/-innen auch die Rolle des Kinos als Signifikationspraxis, mit der Bedeutungen produziert werden, einbezieht und sich zu diesem Zweck auf das Register der Symbolischen Ordnung von Lacan bezieht. Der Ödipuskomplex gilt als ein wichtiger Prozess im Zuge des

Eintritts in die Symbolische Ordnung, da sich hier ein Bewusstsein der geschlechtlichen Differenz herausbildet (siehe dazu auch CREED 2000). Für Metz wird der Ödipuskomplex (gesehen aus der Perspektive des männlichen Kindes) im Kino immer wieder aufs Neue inszeniert. Sehr viele Filme erzählen Geschichten, die sich auf die Frage beziehen: »What does it mean to be/come a man?« (ELSAESSER/BUCKLAND 2002: 223). Im Mainstreamfilm geht es dabei um einen männlichen Protagonisten, der sich nach der Überwindung einer Krise mit den gesellschaftlichen Regeln und Normen (der Symbolischen Ordnung) identifiziert, im Zuge dessen sein Begehren auf eine Frau (nicht seine Mutter) richtet und damit den Grundstein für eine heterosexuelle Familie legt.

1.3.2   Der männliche Blick im Kino

In der feministischen Auseinandersetzung mit Filmen kommt den Geschlechterbeziehungen zentrale Aufmerksamkeit zu. Laura Mulveys 1975 publizierter Artikel *Visual Pleasure and Narrative Cinema* (dt. 1980) ist in der Hinsicht bahnbrechend, da in sehr differenzierter Weise argumentiert wird, wie sich sexuelle Ungleichheit in einer Differenzierung der Schaulust in eine aktiv/männliche und eine passiv/weibliche niederschlägt. Sie charakterisiert die Blickstrukturen im klassischen Erzählfilm als »die Frau als Bild, der Mann als Träger des Blickes« (MULVEY 1980: 36) und sieht darin den Mechanismus zur Aufrechterhaltung der dominanten kulturellen Unterscheidung zwischen Mann und Frau. Mulvey beschreibt das klassische Erzählkino als einen Apparat, der dem männlichen Begehren entspricht und in dem die Zuschauer quasi automatisch und unbewusst dazu gebracht werden, sich mit dem männlichen Blick zu identifizieren. So wird der weibliche Filmstar in attraktiver und verführerischer Weise für den Blick des männlichen Protagonisten (und damit auch für den männlichen Zuschauer) inszeniert, gleichzeitig werden damit aber auch unbewusste Ängste (hinsichtlich des sexuellen Unterschiedes und der damit verbundenen Kastrationsdrohung) ausgelöst. Die beiden Reaktionsweisen, die die Psychoanalyse dafür anbietet – indem das Geheimnis der Frau exploriert und sie schließlich unterworfen wird (sadistischer Voyeurismus) bzw. der Geschlechtsunterschied durch Fetischisierung verleugnet wird – werden nach Mulvey auch im Kino angewandt. Dies erfolgt zum einen in Form der narrativen Filmstruktur, wie sie in den zwei typischen Varianten für das Ende von Filmen zum Ausdruck kommen: Die Frau muss sterben oder sie heiratet. Zum anderen wird dies anhand der spezifischen bildlichen Repräsentation der weiblichen Protagonistin umgesetzt, die sie als fetischisiertes Schauspiel zeigen (siehe dazu auch CREED 2000; SMELIK 2001). Als feministische Alternative zu dieser Art von Filmen plädiert Mulvey für ein experimentelles Gegenkino, in dem gerade diese Strukturen des männlichen Vergnügens durchbrochen werden.

Der provokante Text von Mulvey hat viele Reaktionen und Diskussionen ausgelöst. Ein Hauptkritikpunkt, der vor allem von feministischer Seite artikuliert wurde, betrifft die völlige Ausklammerung der weiblichen Zuschauer. In der Folge wurden verschiedene Konzeptionen entwickelt, in denen die Identifikationsmuster von Frauen und das Vergnügen der weiblichen Zuschauer im Mittelpunkt stehen. Dazu wurde einmal der Schwerpunkt auf die Beschreibung des Ödipuskomplexes aus der Perspektive der Mädchen gerichtet und dabei die schon von Freud betonte Bisexualität der Mädchen (in dem Sinne, dass nun zwar der Vater zum Liebesobjekt wird, aber die Mutter als das erste Objekt der kindlichen Liebe weiterhin, wenn auch unterdrückt, geliebt wird) aufgegriffen. Angewandt auf Filme wird dann von einem bisexuellen Blick gesprochen, der darin zum Tragen kommt, dass die Identifikationen der Zuschauer/-innen zwischen männlich/aktiven und weiblich/passiven Positionen wechseln. Oder es wurde Bezug genommen auf die präödipale Phase, die durch eine symbiotische Beziehung zur Mutter gekennzeichnet ist und vor diesem Hintergrund das Vergnügen der Zuschauerinnen an starken und schönen weiblichen Charakteren als masochistisches erklärt wird (vgl. dazu die zusammenfassenden Darstellungen bei CREED 2000; SMELIK 2001; LIPPERT 2002).

Einen anderen Zugang wählte Cowie (1984), die bei der von Laplache und Pontalis entwickelten psychischen Funktion der Fantasien als Inszenierungen des Begehrens in Form von Szenen ansetzt. Das Subjekt kann in diesen Szenarien eine Vielzahl unterschiedlicher Positionen einnehmen (als begehrendes Subjekt oder als Objekt des Begehrens anderer). Mit der Übertragung dieser Konzeption auf das Kino werden auch die Identifikationsprozesse der Filmzuschauer/-innen als wesentlich flexibler und vielfältiger beschrieben.

In späteren Arbeiten wird auch die männliche Subjektivität viel differenzierter theoretisiert als dies bei Mulvey der Fall ist. Anhand von Filmen von Rainer Werner Fassbinder diskutiert Kaja Silverman (1992)

Formen von Männlichkeit, die vom patriarchalen Ideal abweichen und als kastriert und machtlos erscheinen, im Kontext einer Theorie männlichen Masochismus.

1.3.3 Aktuelle Entwicklungen psychoanalytischer Filmtheorie: Von der selektiven Inanspruchnahme psychoanalytischer Konzepte bis zur ›Ethik des Realen‹ der Neu-Lacanianer

In der gegenwärtigen Auseinandersetzung mit Filmen sind psychoanalytische Konzeptionen nach wie vor höchst aktuell, wobei diese allerdings nicht mehr in so totalisierender Weise, wie dies etwa in den 1970er-Jahren der Fall war, verwendet werden (vgl. CREED 2000: 85). Vielmehr werden einzelne Konzepte ausgewählt, von denen erwartet wird, dass sie tiefer gehende Einsichten für spezifische Fragen liefern. Dies ist besonders in neuen und stark expandierenden Bereichen der Fall, wie etwa in postkolonialen Studien, in denen Fragen der Repräsentation von Andersheit und den dabei angebotenen Positionen für die Filmzuschauer/-innen untersucht werden. Oder in den Queer Studies, die von einem sexuellen Pluralismus ausgehen und sich in ihren Arbeiten für die Denaturalisierung normativer Konzepte von Männlichkeit, Weiblichkeit und Heterosexualität, sowie für eine Destabilisierung des Binarismus Hetero- und Homosexualität einsetzen. Entsprechend werden Filme auf die vielfältigen Formen, in denen das Begehren inszeniert wird, untersucht, wobei ein besonderer Schwerpunkt auf die Herausarbeitung schwuler oder lesbischer Lesarten gerichtet ist (siehe dazu etwa DOTY 2002).

Was die aktuelle Theorieentwicklung in der Psychoanalyse betrifft, sind die Arbeiten von Slavoj Žižek von besonderem Interesse. Und dies nicht nur deshalb, weil Žižek psychoanalytische Konzepte vorzugsweise anhand von Filmen diskutiert. Es sind vor allem seine Weiterentwicklungen des Lacan'schen Ansatzes, die ihm die Zuschreibung eines Neu- oder Post-Lacanianers eingebracht haben und die auch neue Schwerpunktsetzungen in der Analyse von Filmen nahe legen. In seinem Zugang kommt dem Realen, dem Register bei Lacan, das als Sitz des Unbewussten sowie des eigentlichen Seins gilt, eine zentrale Rolle zu. Hierbei ist es vor allem auch die Verbindung zwischen der Symbolischen Ordnung und dem Realen, die Žižek herausarbeitet. Diese Verbindung wird über die Fantasien hergestellt, die im Realen angesiedelt sind, aber als Untermauerung und Verankerung der Symbolischen Ordnung fungieren.

Damit soll deutlich werden, dass Fantasien nicht im Gegensatz zur Realität stehen, sondern es gerade die Fantasien sind, die die Realität stützen und sie damit bedeutungsvoll und lebbar machen. Damit kommt den Fantasien immer eine ideologische Rolle zu, indem sie Ideologie gleichzeitig maskieren und reproduzieren. In der Auseinandersetzung mit der Symbolischen Ordnung setzt Žižek bei den gegenwärtigen Ausformungen an, wie sie sich unter den Bedingungen von globalem Kapitalismus und Neoliberalismus als Konsumkultur entwickeln. So lässt sich die gegenwärtige Symbolische Ordnung durch den Rückgang traditioneller Legitimationsinstanzen und stabiler Fundierungen beschreiben und wird deshalb auch als Autorität ohne Autorität charakterisiert (vgl. ELSAESSER/BUCKLAND 2002: 237). Anstelle der mit Autorität verknüpften Verinnerlichung ethischer Verpflichtungen tritt nun nach Žižek (1999) die vom Über-Ich ausgehende Aufforderung »Genieße!«, womit das Triebhafte des Menschen angesprochen wird, das sich in den wiederholten Versuchen niederschlägt, immer mehr bzw. intensiver zu erleben oder zu konsumieren.

Die Filmanalysen, die von Žižek selbst oder von Kulturtheoretiker/-innen wie z. B. Elisabeth Bronfen (1999) oder jan jagodzinski (1999, 2004) unter Anwendung von Žižeks Entwicklungen (die ich hier nur stichwortartig anreißen konnte) gemacht werden, liefern sehr differenzierte und aufschlussreiche Einsichten in das reichhaltige kulturelle Repertoire der Formung des sozialen Imaginären, das uns Filme bereitstellen. Dabei ist allerdings, wie von Heath (2000: 245) betont wird, immer mit zu berücksichtigen, dass diese Filmanalysen das Ergebnis einer Konstellation sind, bei der es im Austausch zwischen Theoretiker/-innen und Filmausschnitten zu einer spezifischen Zusammenführung von Konzepten und Filmen kommt.

1.4 Kritik an psychoanalytischen Theoretisierungen von Filmen

Die verschiedenen, hier angesprochenen psychoanalytischen Zugänge werden teilweise heftig kritisiert. Diese Kritik kommt zum einen aus den eigenen Reihen und richtet sich auf die Art und Weise, in der psychoanalytische Konzepte zur Erklärung der Funktionsweise von Filmen angewandt wurden. So bemängelt beispielsweise Sierek (2000: 208, 219), dass viele Homologien zwischen Kino und Psychoanalyse einfach behauptet, aber nicht weiter untersucht wurden und bemerkt ferner, dass, unter Bezug auf Felix Guattari, die Psychoanalyse sich davor hüten muss, nicht immer nur die gleichen Gemeinplätze zu wiederholen und damit das soziale und historische Feld außer Acht zu lassen. Der Vorwurf, ein zu rigides Modell des Filmzuschauers zu liefern, richtete sich vor allem auf die Apparatustheorien sowie Mulveys Konzeption des männlichen Blicks und hatte eine Fülle an konstruktiven psychoanalytischen Gegenkonzeptionen zur Folge.

Zum anderen wird Kritik an der psychoanalytischen Zugangsweise per se geübt. Wohl die massivsten Angriffe kommen in diesem Zusammenhang von Bordwell und Carroll (BORDWELL 1992; BORDWELL/CARROLL 1996), die ihre Konzeption der Beziehung Film – Zuschauer/-innen auf kognitionspsychologischer Basis entwickeln. Das Anschauen von Filmen wird unter dieser Perspektive als aktive Aufnahme und Verarbeitung von Informationen und Wissen durch die Zuschauer/-innen konzipiert und empirisch untersucht, demgegenüber eine psychoanalytische, ›irrationale‹ Vorgangsweise als viel weniger ertragreich dargestellt wird. Dies ist ein Beispiel für die klassische Kontroverse zwischen einer auf rationale und bewusste Vorgänge fokussierenden Zugangsweise und einer, die gerade das Gegenteil, unbewusste Prozesse, zum Ausgangspunkt ihrer Theoretisierungen macht. Ein zweiter Aspekt, der von Bordwell und Carroll problematisiert wird, betrifft die Konzeptualisierung der Zuschauer/-innen. In der psychoanalytischen Filmtheorie sind dies die in den Filmen zur Verfügung gestellten Positionen für die Zuschauer/-innen, während es in der kognitiven Filmtheorie die realen Menschen sind, die sich einen Film anschauen.

Die Art und Weise, wie die Filmzuschauer/-innen in der psychoanalytischen Filmtheorie als abstrakte, durch den Film produzierte, ideologische Konstruktionen verstanden werden, war auch der Ausgangspunkt für die massive Kritik seitens der Cultural Studies, die als ›Screen Theory‹-Debatte bekannt wurde.[2] Die Cultural Studies, die sich ab den 1960er-Jahren in Grossbritannien entwickelten, räumten in ihrer Auseinandersetzung mit Populärkultur den kulturellen Texten (wie z.B. Filmen) eine viel weniger dominante Rolle, dafür aber den Rezipient/-innen viel mehr Spielraum in den von ihnen vorgenommenen Lesarten, Bedeutungskonstruktionen und Formen des Vergnügens ein (vgl. MORLEY 1980).

2   In der britischen Zeitschrift *Screen* wurden zentrale Texte der psychoanalytischen Filmtheorie (wie z.B. auch der Text von Laura Mulvey) publiziert.

Damit verbunden war auch die unterschiedliche Ausrichtung des in beiden Zugängen wichtigen politisch-ideologischen Anliegens. Während in der Filmtheorie unkonventionelle, avantgardistische Filme, die eben nicht die für das klassische Erzählkino typischen, als ideologisch eingestuften Positionen für die Zuschauer/-innen anbieten, gefeiert wurden, war das Interesse der Cultural Studies gerade auf das populäre, das Mainstream-Kino ausgerichtet. Dabei konzentrierte sich das Hauptaugenmerk auf die Prozesse der Bedeutungskonstruktion, die sowohl auf der Text- als auch auf der Rezeptionsseite zum Tragen kommen. Und gerade was die Rezeption von Filmen betrifft, werden die Filmzuschauer/-innen in den Cultural Studies als soziale Subjekte konzipiert, die im Kontext ihrer spezifischen historischen Situation, geformt durch die Machtstrukturen, die in den Geschlechter-, Klassen- oder ethnischen Beziehungen wirksam werden, die Filminhalte nicht in einer einförmigen, vorgegebenen Weise interpretieren, sondern durchaus widerständig. Damit wird in den Cultural Studies auch für die Erforschung konkreter Rezeptionsprozesse plädiert.

Diese Phase der scharfen Abgrenzung zwischen psychoanalytischer Filmtheorie und Cultural Studies der 1980er-Jahre ist nun zwar überwunden und die Fragen, mit denen sich Filmtheorie und Cultural Studies gegenwärtig auseinandersetzen, haben sich immer mehr einander angenähert (vgl. auch TURNER 2000). Aber trotzdem besteht vor allem seitens der Cultural Studies nach wie vor eine gewisse Ablehnung gegenüber psychoanalytischen Konzeptionen. Ich werde im Folgenden anhand einer zusammenfassenden Darstellung der gegenwärtig von den Cultural Studies vorgeschlagenen Vorgangsweise zur Untersuchung von Filmen einerseits argumentieren, dass in den Cultural Studies selbst schon Platz für die psychoanalytische Theorie vorgesehen ist und andererseits gerade die Kombination der Stärken der beiden Zugänge nicht nur höchst interessante Einsichten zu erbringen vermag, sondern auch Antworten auf drängende Fragen liefern kann.

2. *Film in den Cultural Studies*

In den Cultural Studies werden Filme als eine kulturelle Praxis angesehen, mit der Bedeutungen in Umlauf gesetzt werden, die wiederum in unterschiedlicher Weise von den Filmzuschauer/-innen interpretiert werden. In diesem Sinn sind Filme ein Beispiel für das ›Geben und Nehmen von Bedeutungen‹, das nach Stuart Hall für Kultur charakteristisch ist. Kultur wird dabei verstanden als Produktion und Austausch von Bedeutungen oder, wenn die Tatsache stärker betont werden soll, dass diese Prozesse immer im Kontext spezifischer Machtrelationen stattfinden bzw. solche Machtrelationen festigen oder in Frage stellen, wird Kultur auch als ›Arena umkämpfter Bedeutungen‹ bezeichnet.

In welchen Formen sich nun etwa bei Filmen dieser ›Kampf um Bedeutungen‹ materialisiert, lässt sich sehr gut anhand der einzelnen Momente im ›kulturellen Kreislauf‹ veranschaulichen, einem Modell, das unter Federführung von Stuart Hall entwickelt wurde um deutlich zu machen, dass Bedeutungen an verschiedenen Stellen produziert und über verschiedene Prozesse zirkuliert werden (vgl. DU GAY 1997; DU GAY et al 1997; HALL 1997a; MACKEY 1997; THOMPSON 1997; WOODWARD 1997). Dieser Kreislauf der Kultur konstituiert sich aus 5 Momenten, wobei neben Produktion, Repräsentation, Konsum und Regulierung auch Identität als eigenständiger Punkt angesprochen wird. Damit unterscheidet sich dieses Modell von den herkömmlichen Konzeptionen in der Medien- und Kommunikationswissenschaft, in denen für die Erforschung von Medien immer drei Seiten herangezogen werden – die Produktionsseite, das Medium bzw. das Produkt selbst und die Rezeptionsseite – durch den expliziten Verweis auf den Aspekt der Identität. Ich halte es nicht für zufällig, dass gerade dieses Element in den meisten Modellen nicht angesprochen wird, denn eine konsequente Umsetzung bedeutet auch das Einbeziehen und Ernstnehmen der Identität der Forscher/-innen und steht damit im Widerspruch zur dominanten Forschungspraxis, die immer noch vom Objektivitätsanspruch geprägt ist.

Ich werde hier nur Facetten aus den Momenten Produktion, Repräsentation, Identität und Konsum aufgreifen, die in direktem Bezug zu dem in diesem Beitrag diskutierten Zusammenspiel von filmischen Inhalten und Filmzuschauer/-innen stehen. So sind beispielsweise für den Produktionsprozess die Vorstellungen vom erwarteten Publikum von höchster Relevanz. Mit allen Überlegungen zu den Adressaten eines Films oder zur Zielgruppe eines Films werden bestimmte soziale Identitäten konstruiert, die dann über Werbung und gezielte PR-Aktionen angesprochen und gleichzeitig konstituiert werden. Die Personen, die in Marketing und PR arbeiten, fungieren als kulturelle Vermittlungsinstanzen, die die Verknüpfung der beiden Momente Produktion und Konsum vornehmen – sie versehen bestimmte Produkte mit bestimmten Bedeutungen um damit potenzielle Abnehmer anzusprechen.

Wenn wir uns den filmischen Inhalten selbst zuwenden, kann Film als ein Repräsentationssystem verstanden werden, in dem alle Elemente, angefangen von der Handlung, über die Schauspieler/-innen, die verwendeten filmischen Gestaltungsmittel (wie Schnitt, Kameraführung etc.), bis hin zu den gesprochenen Inhalten, als Bausteine dafür fungieren, was mit dem Film zum Ausdruck gebracht werden soll. Auf diese Weise wird in Filmen Bedeutung konstruiert und in Umlauf gebracht. Nun wird gerade in den Cultural Studies so sehr betont, dass Bedeutungen nicht den Dingen selbst innewohnen, sondern in spezifischen Verwendungskontexten durch die Art und Weise, wie sie genutzt werden, den Dingen diese Bedeutungen erst zugeschrieben werden. Dasselbe gilt natürlich auch für Filme, sodass auch hier z.B. nicht davon ausgegangen werden kann, dass durch eine extensive Analyse etwa die ›wahre‹ Bedeutung eines Films herausgearbeitet werden kann. Es sind immer die jeweiligen Zuschauer/-innen, die vor dem Hintergrund ihres spezifischen Lebenszusammenhangs je spezifische Beziehungen zu Filmen entwickeln und diese dann entsprechend interpretieren. Aber trotzdem wird es in den Cultural Studies als wichtig erachtet, sich den in Filmen vermittelten Bedeutungen zuzuwenden und sie hinsichtlich ihrer Politik zu untersuchen. Konkret ist damit gemeint, die filmischen Bedeutungsangebote in ihrem soziokulturellen Kontext zu sehen und das Augenmerk darauf zu richten, welche Positionen für die Zuschauer/-innen angeboten werden, in welcher Weise dabei bestimmte Diskurse aufgegriffen, unterstützt, in Frage gestellt oder problematisiert werden bzw. welche Verknüpfungen mit welchen Machkonstellationen hergestellt werden.

Dies leitet direkt zum Moment der ›Identität‹ im kulturellen Kreislauf über. Die in den filmischen Repräsentationen vermittelten Bedeutungen beinhalten immer auch Konstruktionen sozialer Identitäten und Subjektivitäten, sowie Markierungen dessen, was als normal und abweichend gilt. Wenn wir einen Film sehen, setzen wir uns in Relation zu den Akteuren und deren Handlungen im Film, wobei die Akteure als Repräsentanten verschiedener sozialer Positionen zu verstehen sind. Filme erzählen uns Geschichten über diese Akteure und wie sie in der sozialen Welt, in verschiedenen Gemeinschaften und in ihren Beziehungen zu anderen Menschen zurechtkommen.

In den verschiedenen Filmgenres werden unterschiedliche Fragen dazu in den Mittelpunkt gestellt. So geht es etwa in Thrillern und Kriminalfilmen um Identitätspositionen, die sich außerhalb des sozial und legal akzeptierten Handlungsrepertoires befinden und im Allgemeinen entsprechend sanktioniert werden. Komödien wiederum sind oft die einzige Form, in der sich ein breites Publikum mit Identitäten auseinandersetzen kann, die als naturgegeben gelten und in diesen Filmen dekonstruiert und in Frage gestellt werden. Der ›Kampf um Bedeutungen‹ wird als Kampf um soziale Identitäten geführt. So gibt etwa das Ende eines Films Aufschluss darüber, in welcher Weise – zumindest in dem je spezifischen Film – dieser Kampf ausgeht. Konkret heißt dies, welche Identitätspositionen sozial akzeptabel sind und welche nicht. In einer kulturtheoretisch fundierten analytischen Auseinandersetzung mit einem Film ist all dies dann in Beziehung zu setzen zu den spezifischen soziokulturellen Kontexten sowohl bei der Produktion als auch der Rezeption dieses Films. Dies erlaubt es dann, Aussagen darüber zu machen, in welcher Weise bestimmte Filme in spezifischen historischen Situationen einen Beitrag in der kulturellen Arena der umkämpften Bedeutungen leisten.

Ob und wie diese filmischen Angebote nun aufgegriffen werden, hängt davon ab, welche Bedeutungen die Zuschauer/-innen ihnen zuschreiben. Hier ist wieder in Betracht zu ziehen, dass, wenn wir von Film-Zuschauer/-innen sprechen, nicht eine homogene Gruppe meinen, sondern sozial unterschiedlich positionierte Personen, deren Gemeinsamkeit darin besteht, spezifische Filme gesehen zu haben. Ein Verdienst der Cultural Studies besteht darin, darauf immer wieder hinzuweisen und aufzuzeigen, dass Filmzuschauer/-innen sich im Kontext ihrer eigenen Identitäten Filmen zuwenden und dies gleichzeitig eine Praxis der (Re)konstruktion von Identität ist. Der Moment des Konsums im kulturellen Kreislauf, der damit angesprochen ist, beinhaltet nicht die üblicherweise mit Konsum assoziierten Aspekte eines simplen, passiven Übernehmens kultureller Angebote, sondern ist als eigenständiger Prozess von Bedeutungskonstruktion und Vergnügen zu verstehen. Die Tatsache, dass Filmrezeption (und all die damit verbundenen Prozesse der Aneignung und Auseinandersetzung mit dem Film) auch als eine Form der Identitätskonstruktion zu sehen ist und damit eigentlich von weit größerer sozialer Relevanz als die Frage nach den Interpretationen eines Films durch seine Zuschauer/-innen ist, wird allerdings in den Studien zur Filmrezeption kaum aufgegriffen. Dies hat auch methodische Gründe, verlangt eine Auseinandersetzung mit diesen Zusammenhängen doch eine ethnographisch-autobiographisch orientierte Vorgangsweise, mit der individuelle Identitätskonstruktionen erfasst werden können. Darüber hinaus wird Methoden dieser Art zum einen immer noch schnell Subjektivismus und damit ein Mangel an Wissenschaftlichkeit zugeschrieben, zum anderen wird eine derartige Vorgangsweise von manchen Forscher/-innen als (zu) große Herausforderung erlebt, da konsequenterweise dies auch in der Einbeziehung der eigenen Identität der Forscher/-innen resultieren müsste. Das exzellente Beispiel, das in so erhellender Weise die Reichhaltigkeit dieses Zugangs vorführt, die knapp 20 Jahre alte Studie von Valerie Walkerdine (1986) zur Rezeption von *Rocky II* (1979), ist nach wie vor ein Ausnahmefall in der Forschungslandschaft.

Was die theoretische Konzeption von Identität in den Cultural Studies betrifft, beziehen einzelne Vertreter/-innen, wie etwa Stuart Hall, auch psychoanalytische Sichtweisen ein. Hall (1997b: 219) beschreibt Identität als etwas, das sich im Dialog zwischen den Bedeutungen und Positionen, die uns über die kulturellen Diskurse nahe gelegt werden und unserer Bereitschaft (die bewusster oder unbewusster Natur sein kann) entwickelt, sich auf diese einzulassen. Dabei kommt es zu Identifikationen mit spezifischen Subjektpositionen und damit zu einer gefühlsmäßigen Involviertheit. Hall weist ständig darauf hin, dass es bei Kultur und den diversen kulturellen Praktiken nicht nur um unsere Vorstellungen und Konzepte, sondern insbesondere um unsere Gefühle, inneren Bindungen, Emotionen, Sehnsüchte und um unser Begehren geht. Aber für eine angemessene Berücksichtigung dieser Aspekte reicht das üblicherweise in den Cultural Studies verwendete Instrumentarium nicht aus. Hier ist es hilfreich, Anleihen aus der Disziplin zu nehmen, die sich gerade mit der Wirkweise dieser unbewussten Prozesse auseinandersetzt – der Psychoanalyse. Sie kann uns bei der Beantwortung der von James Donald (1991: 3) gestellten Frage, in welcher Weise die Dynamik der Kultur zu analysieren sei, wenn man die zentrale Rolle des Unbewussten zur Kenntnis nimmt, helfen.

3. *Ausblick*

Sowohl psychoanalytische Theorien als auch die Cultural Studies unterstützen das Argument, dass einen Film anzuschauen mehr ist als bloß einen Film anzuschauen. Es geht dabei immer auch um den Zuschauer bzw. die Zuschauerin selbst und um das Verständnis, das er/sie von sich hat. Damit wird die herkömmliche, klare Trennung zwischen dem Film auf der einen Seite als einem Objekt, das unter verschiedenen Gesichtspunkten rezipiert und analysiert werden kann und den Filmzuschauer/innen bzw. den Forscher/-innen auf der anderen Seite, in Frage gestellt. Um nicht missverstanden zu werden – diese Trennung ist unter heuristischen Gesichtspunkten nach wie vor sinnvoll und erlaubt; sie ermöglicht eine tiefer gehende und differenzierte Analyse der jeweiligen Seiten. Allerdings soll eine forschungspragmatische Differenzierung dieser Art nicht zur Vorstellung führen, dass Film und Filmrezeption tatsächlich zwei so klar voneinander zu trennende Einheiten sind.

Bislang liegen nur wenige Versuche vor, die beiden Seiten zu verknüpfen. John Fiske (1987) macht dies mit seinem Konzept von populären Texten, die bei ihm die Lesarten kultureller Produkte durch ihre Rezipient/-innen sind. In dieselbe Richtung, allerdings mit einer anderen Schwerpunktsetzung argumentiert James Elkins in seinem Buch *The Object Stares Back: On The Nature Of Seeing* (1996). Zum einen wird Sehen nicht als ein mechanischer Vorgang, sondern als ein von unserem Begehren, unseren Leidenschaften und Emotionen durchtränkter, komplexer Prozess verstanden, bei dem sich sowohl die Dinge, die gesehen werden, verändern, als auch der Seher bzw. die Seherin selbst. Zum anderen wird Sehen nicht als einseitiger, von den Sehenden bestimmter Vorgang begriffen, sondern als reziproker Vorgang. Damit meint Elkins, dass dasjenige, auf das mein Blick fällt (egal, ob es sich dabei um eine Person oder um ein unbelebtes Ding handelt), meinen Blick erwidert und es gerade dieser zurückkommende Blick ist, der mir mitteilt, wer oder was ich bin.

Ähnlich beschreibt Žižek (2000: 69) den Betrachter: »Unterhalb der Illusion, dass wir von einem sicheren Abstand aus die wahrgenommenen Objekte ›nur anschauen‹, frei an ihnen entlang gleiten, gibt es die Realität der zahllosen Fesseln, die uns an das von uns Wahrgenommene binden. Während wir *nur anschauen*, jagen wir immer unter den Objekten und *suchen nach* dem, was wir begehren oder fürchten, und versuchen ein *Muster ausfindig zu machen*; die Objekte selbst ›blicken‹ andererseits immer ›zurück‹, wetteifern um unsere Aufmerksamkeit, werfen mit ihren Reizen herum und versuchen uns zu bestricken« (Hervorhebungen im Original).

Die Herausforderung, der sich künftige Analysen der Wirkweise von Filmen zu stellen haben, nämlich etwas von den bei Elkins und Žižek angesprochenen Prozessen zu erfassen, deckt sich auch mit den Vorstellungen, die Jenkins/McPherson und Shattuc (2002) in ihrem Manifest für neue Cultural Studies formulieren. Die neuen Cultural Studies sollten versuchen, Methoden und Wege zu finden, die eigene Involviertheit und Ambivalenz im Umgang mit kulturellen Phänomenen zu erforschen und sich mit Populärkultur als etwas auseinanderzusetzen, das sie beschreiben als »the culture that sticks to your skin« (JENKINS/MCPHERSON/ SHATTNE 2002: 4). Ich bin davon überzeugt, dass das Anliegen, Film als eines der »wirkungsvollsten kollektiven Kultursymptome (zu) begreifen« (LIPPERT 2002: 12) durch die Inanspruchnahme und Weiterentwicklung psychoanalytischer Konzepte wesentlich befördert werden kann.

Literatur

BAKER, R.: Deconstructing *Dirty Harry*: Clint Eastwoods undoing of the Hollywood myth of screen masculinity. In: GABBARD, G. O. (Hrsg.): *Psychoanalysis & Film*. London 2001, S. 153-159

BAUDRY, J. L.: Ideological Effects of the Basic Apparatus. In: *Film Quarterly*, vol. xxviii, 2, 1973, S. 439-447

BAUDRY, J. L.: Ideologische Effekte erzeugt vom Basisapparat. In: *Eikon*, 5, 1993, S. 36-42

BORDWELL, D.: Kognition und Verstehen. Sehen und Vergessen in ›Mildred Pierce‹. In: *montage/av*, 1/1, 1992, S. 5-24

BORDWELL, D.; N. CARROLL (Hrsg.): *Post-Theory: Reconstructing Film Studies*. Wisconsin 1996

BRONFEN, E.: *Heimweh: Illusionsspiele in Hollywood*. Berlin 1999

COWIE, E.: Fantasia. In: *m/f*, 9, 1984, S. 71-105

CREED, B.: Film and Psychoanalysis. In: HILL, J.; P. CHURCH GIBSON (Hrsg.): *Film Studies. Critical Approaches*. Oxford 2000, S. 75-88

DONALD, J.: On the Threshold: Psychoanalysis and Cultural Studies. In: DONALD, J. (Hrsg.): *Psychoanalysis and Cultural Theory. Thresholds*. Houndmills/London 1991, S. 1-10

DOTY, A.: »My Beautiful Wickedness«: *The Wizard of Oz* as Lesbian Fantasy. In: JENKINS, H.; T. MCPHERSON; J. SHATTUC (Hrsg.): *Hop on Pop. The Politics and Pleasures of Popular Culture*. Durham/London 2002, S. 138-157

DU GAY, P. (Hrsg.): *Production of Culture/Cultures of Production*. London/ Thousand Oaks/New Delhi 1997

DU GAY, P. et al. (Hrsg.): *Doing Cultural Studies: The Story of the Sony Walkman*. London/Thousand Oaks/New Delhi 1997

ELKINS. J.: *The Object Stares Back. On the Nature of Seeing.* New York 1996

ELSAESSER, T.; W. BUCKLAND: *Studying Contemporary American Film. A Guide to Movie Analysis.* London 2002

EPPENSTEINER, B.; K. SIEREK: Aussicht und Einsicht. In: EPPENSTEINER, B./ K. SIEREK (Hrsg.): *Der Analytiker im Kino. Siegfried Bernfeld Psychoanalyse Filmtheorie.* Frankfurt/M./Basel 2000, S. 13-34

FINK, B.: *The Lacanian Subject: Between Language and Jouissance.* Princeton, N.J., 1995

FISKE, J.: *Television Culture.* London/New York 1987

GABBARD, G. O.: Introduction. In: GABBARD, G. O. (Hrsg.): *Psychoanalysis & Film.* London 2001, S. 1-16

GABLER, N.: *Das Leben, ein Film. Die Eroberung der Wirklichkeit durch das Entertainment.* Berlin 1999

HALL, S. (Hrsg.): *Representation: Cultural Representations and Signifying Practices.* London/Thousand Oaks/New Delhi 1997a

HALL, S.: The Centrality of Culture: Notes on the Cultural Revolutions of Our Times. In: THOMPSON, K. (Hrsg.): *Media and Cultural Regulation.* London/Thousand Oaks/New Delhi 1997b, S. 207-238

HALL, S.: Kino und Psychoanalyse. In: EPPENSTEINER, B.; K. SIEREK (Hrsg.): *Der Analytiker im Kino. Siegfried Bernfeld Psychoanalyse Filmtheorie.* Frankfurt/M./Basel 2000, S. 223-249

JAGODZINSKI, J.: Reading Hollywoods Post-racism: Lessons for Art Education. In: *Journal of Multicultural and Cross-Cultural Research in Art Education*, Vol. 17, Fall, 1999, S. 74-90

JAGODZINSKI, J.: The Truman Show: A symptom of Our Times? Or, a Cure for an Escape Attempt! In: *Psychoanalysis, Culture & Society*, Vol. 10, Nr. 1, April 2005, S. 61-78

JENKINS, H.; T. MCPHERSON; J. SHATTUC: The Culture That Sticks to Your Skin: A Manifesto for a New Cultural Studies. In: JENKINS, H.; T. MCPHERSON; J. SHATTUC (Hrsg.): *Hop on Pop. The Politics and Pleasures of Popular Culture.* Durham/London 2002, S. 3-26

KEUL, C.: Von der Erinnerung zur Phantasie und von der Realität zum Realen. In: *RISS*, 51, 2001, S. 13-41

LAPLANCHE, J.; J. B. PONTALIS: *The Language of Psycho-Analysis.* London 1973

LIPPERT, R.: *Vom Winde verweht. Film und Psychoanalyse.* Frankfurt/M./Basel 2002

MACKEY, H. (Hrsg.): *Consumption and Everyday Life.* London/Thousand Oaks/New Delhi 1997

METZ, C.: The imaginary signifier. In: *Screen*, 2, 1977, S. 14-76

METZ, C.: *The Imaginary Signifier: Psychoanalysis and the Cinema*. Bloomington 1982

MORLEY, D.: Texts, Readers, Subjects. In: HALL, S. et al. (Hrsg.): *Culture,
Media, Language*. London 1980

MULVEY, L.: Visuelle Lust und narratives Kino. In: NABAKOWSKI, G.; H.
SANDER; P. GORSEN (Hrsg.): *Frauen in der Kunst,* Bd.1, Frankfurt/M.
1980, S. 30-46

RIES, P.: Film and Psychoanalyse in Berlin und Wien 1925. In: EPPENSTEI-
NER, B.; K. SIEREK (Hrsg.): *Der Analytiker im Kino. Siegfried Bernfeld Psychoanalyse Filmtheorie*. Frankfurt/M./Basel 2000, S. 171-197

SIEREK, K.: Psychoanalytische Filmtheorie. In: EPPENSTEINER, B.; K.
SIEREK (Hrsg.): *Der Analytiker im Kino. Siegfried Bernfeld Psychoanalyse
Filmtheorie*. Frankfurt/M./Basel 2000, S. 205-221

SILVERMAN, K.: *The Subject of Semiotics*. New York/Oxford 1983

THOMPSON, K. (Hrsg.): *Media and Cultural Regulation*. London/ Thousand
Oaks/New Delhi 1997

TURNER, G.: Cultural Studies and Film. In: HILL, J.; P. CHURCH GIBSON
(Hrsg.): *Film Studies. Critical Approaches*. Oxford/New York 2000,
S. 193-199

WALKERDINE, V.: Video Replay: Families, films, fantasy. In: BURGIN, V.; J.
DONALD; C. KAPLAN (Hrsg.): *Formations of Fantasy*. London/New York
1986, S. 167-199

WOODWARD, K. (Hrsg.): *Identity and Difference*. London/Thousand Oaks/
New Delhi 1997

ZEUL, M.: *Carmen & Co. Weiblichkeit und Sexualität im Film*. Stuttgart 1997

ZIZEK, S.: *Liebe deinen Nächsten? Nein, danke! Die Sackgasse des Sozialen in der
Postmoderne*. Berlin 1999

ZIZEK, S.: *Lacan in Hollywood*. Wien 2000

ANALYSEN UND FALLSTUDIEN

DIRK BLOTHNER

Das Kino als Spiegel der Kultur – Wirkungsanalyse von *American Beauty*

Der im Folgenden vorgestellte Ansatz tiefenpsychologischer Wirkungsanalyse hat seine Geburtsstunde in Sigmund Freuds Analyse der Moses-
Plastik des Michelangelo: Kunstwerk und Betrachter bilden eine Wirkungseinheit, die sich im Umgang entwickelt und entfaltet. Dieser Wir-
kungsprozess, in dem die Beschaffenheit des Kunstwerks eine eigene
strukturierende Größe einbringt, lässt sich beschreibend rekonstruieren.
Freud stellte an der Plastik in Rom heraus, dass deren spezifische Gestalt
den Betrachter in die Wendungen eines allgemein-menschlichen Grund-
problems involviert. Sie halte den Moment fest, in dem der Begründer
der monotheistischen Religion, angesichts der Anbetung des Goldenen
Kalbs durch sein Volk, einen in ihm aufsteigenden, mächtigen Zornaffekt
niederringe. Sie versetze zwischen den Impuls, dem Affekt direkten Ausdruck zu verleihen und dem Bestreben, ihn um eines höheren Zieles willen zu beherrschen (FREUD 1914: 194). Wirkungsanalysen arbeiten heraus,
welche ganzheitlichen Sinnentwicklungen mit einem spezifischen Werk
verbunden sind und welche charakteristischen Züge diese haben.

Filmwirkungsanalyse

Seit Anfang der 1960er-Jahre wird dieser Ansatz an der Universität zu Köln
auf das Medium ›Film‹ angewandt und hat sich in den vergangenen Jahrzehnten zu einer eigenen Forschungsrichtung entwickelt (SALBER 1977;
AHREN 1998; BLOTHNER 1999). Sie konzentriert sich auf die Ebene der Filmwirkung, die man als eine, durch das anschauliche Material des Filmwerkes
strukturierte »Komplexentwicklung« (SALBER 1960: 44ff.) fassen kann. Die
ersten Szenen beleben einen spezifischen seelischen Sinnzusammenhang
und überführen ihn über Steigerungen, Variationen, Abwandlungen und

Wendungen in eine mehr oder weniger fesselnde Entwicklung. Dieser Komplex legt die Filmszenen teils aus, teils wird er von ihnen weiterentwickelt, vertieft oder zugespitzt. Dabei setzen die Filme auf die aktive Gestaltung der Zuschauer. Die bringen nicht nur ihre persönlichen Lebenserfahrungen und ihr filmbezogenes Wissen (MIKOS 1994: 41ff.) ein, sondern mit ihrer Psyche einen Wirkungszusammenhang, der selbst filmanaloge Züge aufweist (SALBER 1990). Denn das Psychische vermittelt auch im Alltag sein Nacheinander über Montage, wird durch Umschwünge ebenso bestimmt, wie durch Steigerungen, Zuspitzungen oder die Suche nach Schließungsmöglichkeiten. Da es sich stets in Weiterführungen zu entfalten sucht, bilden die Zuschauer im Kino Erwartungen, Hoffnungen und Befürchtungen aus, wenn sie der Geschichte folgen. Und weil es sich in Gestalten fasst, kann der Film darauf setzen, dass die Zuschauer seine Ellipsen zu einem sinnvollen Zusammenhang ergänzen. So gesehen sind die Zuschauer alles andere als passive Rezipienten. Sie sind aktive Mitgestalter bei der jeweiligen Wirkungswelt des Films. Film ereignet sich in dieser Auffassung weder nur auf der Leinwand, noch nur in den Wahrnehmungsprozessen der Zuschauer. Film ist eine inhaltlich zentrierte Wirkungseinheit, die sich *zwischen* einem anschaulichen Material und einem jeweils gegebenen seelischen Wirkungszusammenhang strukturiert.

Spielfilme entfalten eine stark bewegende Wirkung, wenn sie ihre Komplexentwicklungen um lebenspraktische Grundverhältnisse strukturieren. Wie kein anderes Unterhaltungsmedium eröffnet der Kinofilm für zwei Stunden eine ungewöhnlich zentrierte Erfahrung über die Wendungen der Wirklichkeit. Manche Geschichten involvieren in das Problem von Macht und Ohnmacht. Andere binden in das Problem von Alles und Etwas ein oder strukturieren das Erleben der Zuschauer über das Spannungsfeld von Vielfalt und Richtung. Wann immer ein Film solche Grundverhältnisse zum organisierenden Zentrum werden lässt, fühlen sich die Kinogänger nicht nur gut unterhalten, sondern auch tief bewegt.

›Tagträume‹ der Gesellschaft?

Neal Gabler (1998) hat dargelegt, in welchem Ausmaß zu Zeiten der Reagan-Administration die Dramaturgie des Entertainments Einzug in das öffentliche Leben hielt. Damit macht er darauf aufmerksam, dass in einer wesentlich durch Bildmedien bestimmten Kultur auch die Muster der Kinofilme den Alltag durchformen. Virginia Wright Wexman (1993) hat beschrieben, inwieweit die Liebesgeschichten Hollywoods, ja schon die Schauspielerausbildung, die zeitgenössischen Formen der zwischengeschlechtlichen Annäherung und der Ehe beeinflussen. Ich möchte in diesem Aufsatz den Zusammenhang von Film und Gesellschaft anders fassen. Hollywood-Filme produzieren nicht nur Ideologien, die sich über das Netz der menschlichen Beziehungen legen, sondern sind in vielen Fällen auch ein Angebot, eine Erfahrung über Begrenzungen und Möglichkeiten der westlichen Kultur zu machen und mit ihnen in einem von Konsequenzen befreiten Raum zu experimentieren.

In ihren Träumen behandeln die Menschen die Wirklichkeit unter veränderten Bedingungen. Da sie sich im Schlaf aus den Verpflichtungen und Notwendigkeiten des gelebten Alltags herauslösen, ist eine weitaus größere Beweglichkeit möglich. Sie können zum Beispiel mit Anläufen, die sie am Tage nicht zu Ende führten, ganz anders umgehen. In Träumen werden die Probleme und Konflikte des gelebten Alltags in einem fantastischen und konsequenzenfreien Rahmen behandelt und weitergeführt (SALBER 1997). Das Kino hat in gewisser Hinsicht eine ähnliche Funktion wie das Träumen. Es eröffnet den Menschen thematisch zentrierte ›Tagträume‹, in denen sie mehr oder weniger virulente Hoffnungen und Befürchtungen ausgestalten können (BLOTHNER 2001, DOMKE 2001). Im Unterschied zu Fernsehen und anderen Unterhaltungsformen ist der Kinofilm darauf angelegt, über zwei Stunden eine ungewöhnlich zentrierte und verdichtete Wirkungsfolge zu realisieren. Die Kinogänger klinken sich in der Regel in diese dynamischen Wirkungseinheiten ein, lassen sich für die Dauer der Vorstellung von ihnen anverwandeln und manchmal auf Lösungen zuführen, die sie im Alltag selbst nicht erbringen könnten. Sie behandeln ihre Alltagserfahrungen unter fantastischen Bedingungen. Die Filme stellen ein breites Spektrum an Verwandlungsrichtungen zur Verfügung. Wenn das Kinopublikum sie trotz handwerklich guter Umsetzung und hohen Staraufgebots links liegen lässt, kann das heißen, dass es in der angebotenen Erlebniswelt zurzeit keine Perspektive sieht. Wenn sich die Kinogänger umgekehrt auf sie einlassen, kann dies bedeuten, dass der Film ihren realen Hoffnungen auf Verwandlung Ausdruck verleiht. Auf diese Weise unterhalten Kultur und Filmwirtschaft ein Zwiegespräch, in dem nicht selten noch unartikulierte Entwicklungstendenzen der Gesellschaft belebt und ausgestaltet werden.

Paradoxerweise zeigt gerade die amerikanische Filmindustrie, dass breitenwirksame Filme oft mehr sind, als reine Zerstreuung. Publikumserfolge wie *Forrest Gump* (1994; BLOTHNER 1999: 193ff.), *Truman Show* (1998) oder *Cast Away* (2000; BLOTHNER 2003) führen Entwicklungstendenzen, die der zeitgenössische Alltag ausbildet, im Rahmen ihrer Stundenwelten weiter aus und verleihen ihnen eine eindringliche Physiognomie. James Camerons *Titanic* (1997) war zum Beispiel auch deshalb ein einzigartig erfolgreicher Film, weil er einen, die Alltagskultur der Jahrtausendwende bestimmenden Rahmenwechsel zum Gegenstand hatte: Vom Glauben an die Möglichkeiten von Technik und Wissenschaft zum Glauben an Liebe und Verbindlichkeit als tragenden Halt im Leben. Sicher werden die Probleme der westlichen Kultur nicht über ›mehr Liebe‹ gelöst. Aber die Verbindlichkeit zwischen zwei von einem ›Weltuntergang‹ bedrohten Menschen kann im Rahmen eines Kinobesuchs sehr wohl dazu geeignet sein, weit verbreitete Befürchtungen an der Jahrtausendwende aufzugreifen und zu verwandeln (BLOTHNER 1999: 229ff., 281ff.).

Filme, die wie *Titanic* aktuelle Befürchtungen in Halt versprechende Lösungen verwandeln und Hoffnungen ausgestalten, stabilisieren das Gefüge der Kultur, weil sie Kompensationen anbieten. Eine andere Sorte bezeichnen wir als ›Spiegelfilme‹, weil sie unbemerkte oder verleugnete Zusammenhänge der Alltagskultur karikierend herausstellen und so die Zuschauer tiefer als üblich in das Getriebe des Alltags hineinführen. Zu diesen gehört der im Jahr 2000 viermal mit dem Oscar ausgezeichnete Film von Sam Mendes nach dem Drehbuch von Alan Ball: *American Beauty* (1999). Im Folgenden wird auf der Grundlage von zwei Gruppeninterviews mit jeweils 14 bzw. 11 Teilnehmern und 11 Einzelinterviews die Komplexentwicklung von *American Beauty* rekonstruiert (s.a. KORN 2002).

Psychisch-sozialer Komplex

Der Film beginnt mit der Androhung eines Mordes. Vor laufender Videokamera beklagt sich eine junge Frau über ihren Vater. Wenn sie eine Freundin mit nach Hause bringe, verliere er vor Erregung die Fassung. Das sei peinlich und ekelhaft. Die Stimme eines Mannes fragt sie, ob er ihren Vater für sie umbringen solle. Die junge Frau richtet sich interessiert auf und antwortet: »Ja, würdest du?« Diese Eingangsszene macht es den Zuschauern nicht einfach. Einerseits können sie die Enttäuschung des Mädchens über ihren Vater verstehen, andererseits aber finden sie ihre Reaktion überzogen und fragwürdig. Sie richten sich darauf ein, dass ihnen der Film die Geschichte eines Mordes präsentieren wird.

Aber schon die nächsten Szenen, in denen Lester Burnham (Kevin Spacey) mit sympathischer Off-Stimme seinen baldigen Tod ankündigt und sein eingeengtes und von Leere bestimmtes Leben beschreibt, lösen die Antipathien, die in der ersten Szene aufkamen, schnell wieder auf. Jetzt sind es Lesters Ehefrau Carolyn (Annette Benning) und seine Tochter Jane (Thora Birch), die fragwürdig erscheinen. Carolyn wirkt in ihrem Bemühen, Kleidung, Schuhe und Gartenwerkzeuge Ton in Ton zu halten, in ihren aufgesetzten Smalltalks mit den Nachbarn eigenartig aufgedreht und steif. Tochter Jane, die von Natur aus mit allen weiblichen Reizen versehen wurde, hat die fixe Idee, ihre Brüste vergrößern zu lassen. Und als sich die kleine Familie nach dem Frühstück im Auto auf den Weg in die Stadt macht, wird offensichtlich, dass Lester das letzte Glied in diesem Gefüge ist. Wenn ihm in der nächsten Szene von seinem jüngeren Chef deutlich gemacht wird, dass sein Arbeitsplatz davon bedroht ist, Rationalisierungen zum Opfer zu fallen, beginnen sich beim Zuschauer Wünsche zu regen, dass Lester gegen die ihn bestimmenden Zwänge angehen möge. Diese verstärken sich, wenn kurz darauf im Hause Burnham beim gemeinsamen Abendessen spürbar wird, in welchem Ausmaß der Mann von seiner Frau beherrscht und von seiner Tochter verachtet wird. Trotz seiner Bemühungen kriegt Lester in dieser Familie ›keinen Fuß auf die Erde‹. Die Zuschauer wollen, dass er sich aus seiner unwürdigen Lage befreit.

In der nächsten Szene wird deutlich, dass Carolyn ihren Mann zwar dominiert, selbst aber von psychischen Zwängen eingeengt ist. In einer beeindruckenden Sequenz stellt sie ihren Putzzwang und ihren brennenden Ehrgeiz, als Maklerin ihrem sehr viel erfolgreicheren Kollegen Buddy Kane nachzueifern, zur Schau. Wenn sie beim Verkauf eines Hauses scheitert und sich anschließend auf demütigende Weise selbst bezichtigt und schlägt, stellen die Zuschauer fest, dass in dieser Geschichte mehr oder weniger alle Protagonisten nicht Herren im eigenen Hause sind. Vor den Augen der Zuschauer entfaltet sich Szene für Szene das Zustandsbild einer Gesellschaft, die in Zwängen und Vorurteilen festzusitzen scheint und bildet sich als Hoffnungsträger der anfangs als fragwürdig eingeführte Protagonist Lester Burnham heraus. Man hofft, dass er sich aus diesem, das Leben in seiner Vielfalt erstickenden Gefüge befreien wird. Drückende Enge und Hoffnung auf Befreiung haben sich in den ersten dreizehn Minuten als strukturierender Komplex herausgebildet.

Zwänge im zeitgenössischen Alltag

Man kann sich die Frage stellen, welche Verbindungen *American Beauty* zum Alltag, wie die Menschen ihn heute erfahren, unterhält. Ist der Film reine Fiktion oder behandelt er Inhalte, die zur Lebensrealität der Zuschauer in Beziehung stehen? Die westliche Kultur bezieht ihren Zusammenhalt immer weniger aus allgemein verbindlichen Lebensbildern. Die christliche Religion hat ihre orientierende Bedeutung für den Alltag verloren. Mit den großen politischen Ideologien des 20. Jahrhunderts verbinden die Menschen keine Orientierung mehr, sondern schmerzhafte Enttäuschungen. Soziale Klassen und Schichten, die dazu geeignet waren, ihnen einen festen Platz im gesellschaftlichen Gefüge mit mehr oder weniger expliziten Verhaltensregeln zu weisen, lassen sich nur noch rudimentär ausmachen. Das Resultat ist eine »Ästhetisierung des Alltagslebens« (SCHULZE 1992: 33ff.) und damit einhergehend eine zunehmende Inflation der Lebensbilder, die den Menschen zwar ein noch nie erreichtes Maß an individuellen Wahlmöglichkeiten eröffnen, sie aber auf der anderen Seite auch stark verunsichert (SALBER 1993: 184ff.). In ihrem Selbstverständnis hebt die Kultur die Freiheit der individuellen Lebensgestaltung als einen zentralen Wert heraus. Jeder habe die Möglichkeit zur Selbstverwirklichung und könne auf seine Art glücklich werden. Dabei wird allerdings übersehen, dass eine solche Offenheit die Menschen auch belasten kann. Jeden Moment aus der konkreten Situation heraus zu entscheiden, was ›richtig‹ ist, dürfte ein denkbares Ideal sein, lässt sich aber mit der Praxis der Alltagsgestaltung nur in Ausnahmefällen zur Deckung bringen. Da sich die Einzelnen nicht an allgemein verbindlichen Lebensbildern orientieren können, setzen sich hinterrücks Abhängigkeiten, unbewusste Zwänge und Muster durch, die sie schließlich noch stärker steuern als die verloren gegangenen gesellschaftlichen Orientierungen (SALBER/SALBER 1999).

Damit sind wir wieder bei unserem Film angekommen. *American Beauty* führt in eine Wirklichkeit, in der Sinnleere und Taubheit mit zwanghaftem Masturbieren (Lester) ausgeglichen wird, in der die Menschen von brennendem Ehrgeiz, Putzzwängen und Moderegeln besetzt sind (Carolyn), in der junge Frauen davon beherrscht sind, einem abstrakten Schönheitsideal zu entsprechen (Jane). Mit solchen Übertreibungen legt der Film seinen Finger auf Verkehrungen der zeitgenössischen Alltagskultur. Wir lernen Figuren kennen, deren Wahlfreiheit sich in drückende Zwänge verwandelt hat, in denen sie festsitzen und sich nach Lebendigkeit sehnen. Die Zuschauer erwarten, dass sich die Figuren aus diesem Gefüge befreien und sind gespannt, ob und wie ihnen das gelingen kann. Sie interessieren sich auch deshalb für eine solche Entwicklung der Geschichte, weil viele von ihnen spüren, dass der Film ihnen nicht nur eine Geschichte zeigt, sondern ihnen zugleich einen Spiegel vorhält. Über das Medium gemeinsamer Alltagserfahrungen verknüpfen sie das Schicksal der Filmfiguren mit ihrem eigenen und sind nun gespannt, wie es weitergehen wird.

Obsessionen befreien aus Zwängen

Im Erleben der Zuschauer hat sich angesichts der das Leben erstickenden Muster und Zwänge eine Hoffnung auf Befreiung herausgebildet. Der Film greift sie auf und konzentriert sich im Folgenden auf Lesters Ausbruch aus den erstarrten Koordinaten seines Alltags. Es ist Angela (Mena Suvari), die blonde Schulfreundin seiner Tochter Jane, die ihm während einer Sportveranstaltung den Kopf verdreht und in ihm eine Leidenschaft entfacht, die sein Leben von Grund auf umkrempelt. Der Film hebt den Anstoß zur Entwicklung seines Protagonisten deutlich heraus. Er setzt die Szenen, in denen sich die Anziehung zwischen Lester und Angela etabliert, in Zeitlupe um, wechselt den Stil des Musikscores, eskamotiert und verfremdet den Schauplatz und räumt der tiefroten Rosenart, die dem Film den Titel gab, eine Bild und Atmosphäre bestimmende Rolle ein. Mit diesen Mitteln bringt er die meisten Zuschauer dazu, sich von nun an auf Lesters Befreiung zu konzentrieren. Sie haben das Gefühl, dass sich in dem festgefahrenen Leben des Mannes etwas Grundlegendes ändert. Die Ankündigung seines Todes rückt damit in den Hintergrund. Viele Zuschauer greifen die erotische Begeisterung des Mittvierzigers für einen Teenager gerne auf und, selbst wenn sie Lesters Begeisterung für das Mädchen nicht ganz ernst nehmen können, stellen sie doch zufrieden fest, dass sich das Leben des Protagonisten nun verändert. Auf einer Party, zu der ihn seine Frau Carolyn überredet hat, trifft er den Nachbarsjungen Ricky Fitts (Wes Bentley) und deckt sich bei ihm mit Haschisch ein. Da er gehört hat, dass Angela Männer mit trainierten Muskeln mag, kramt er ein paar alte Hanteln hervor und beginnt in der Garage zu trainieren. Lester bekommt mehr und mehr Züge eines Jugendlichen, der beginnt, sich aus den Mustern seines Elternhauses herauszulösen und sich dabei die eine oder andere Unflätigkeit leistet. Er trinkt Bier aus der Flasche und gibt seinem Chef und seiner Frau Widerworte. Das mag für sich genommen zweifelhaft erscheinen, im Kontext der Stundenwelt des Films wird dies jedoch als eine Perspektive erlebt, die weiterführt.

Damit sind wir bei dem inhaltlichen Kern von *American Beauty* angekommen. Der Film führt in eine Gesellschaft, in der die Menschen von unverfügbaren Zwängen bestimmt sind. Die Regie von Sam Mendes macht dies wiederholt mit Einstellungen deutlich, in denen die Familien wie Figuren in rechteckigen Puppenstuben gezeigt werden. Auch hier wird spürbar, in welchem Ausmaß sie von ihren psychischen und sozialen Zwängen in Besitz genommen werden. Die satirische Zuspitzung des Films besteht darin, dass er die Zuschauer dazu bringt, in anderen, noch mächtigeren Zwängen eine Perspektive zur Befreiung zu erleben. Denn um sich zu befreien, bilden die Figuren nun Obsessionen aus, deren einbindende Wucht es ihnen ermöglicht, sich aus den zu Fesseln gewordenen Zwängen zu befreien. Die Einwohner des Vorortes in *American Beauty* behandeln Zwänge mit Obsessionen und verschaffen sich auf diese Weise das Gefühl, dass es im Leben weitergeht. Und tatsächlich erfasst diese inhaltliche Richtung im Fortgang der Geschichte auch die anderen Figuren. Carolyn wird ihre seelischen Zwänge über eine heiße Affäre mit ihrem Konkurrenten Buddy Kane (Peter Gallagher) aufbrechen. Rickys Vater Colonel Fitts (Chris Cooper), der sich als Saubermann und Homosexuellenhasser darstellt, wird in einer regnerischen Nacht von seinen unterdrückten homoerotischen Wünschen mitgerissen werden. Jane und Ricky werden sich über die Obsession des Jungen, die Welt durch das Objektiv der Videokamera zu betrachten, ineinander verlieben und schließlich aus den Ordnungen ihrer Familien ausbrechen. Werden Obsessionen üblicherweise als klinische Abnormitäten eingeschätzt, macht der Film deutlich, dass sie in einer individualisierten und von einem Wertevakuum bedrohten Gesellschaft zu einem Vehikel für Veränderung werden können.

Öffnen und schließen

Filme, die eine starke und nachhaltige Wirkung haben, beziehen das Erleben der Zuschauer in einen Rhythmus von Bedeutungen ein, mit dem sie das Tiefenthema des Films aktuell verspüren, ohne darüber nachdenken zu müssen. Bei *American Beauty* handelt es sich um einen Rhythmus von Öffnen und Schließen, der über die gesamte Länge des Films das Erleben der Zuschauer strukturiert. Schon am Anfang wird spürbar, in welchem Ausmaß die Figuren in psychische und soziale Zwänge eingeschlossen sind. Der sich einstellende Wunsch, dass sie sich daraus befreien mögen, findet vor allem in Lesters Entwicklung Ausdruck. Mit dem Fortgang der Geschichte ergibt sich eine dichte Textur, die das Erleben der Zuschauer unmittelbar ausformt. Ein Werk, in dem alle wesentlichen Handlungslinien auf Schließungen und Öffnungen hinauslaufen.

Zwischen den Nachbarskindern Jane und Ricky entwickelt sich eine Liebesbeziehung. Zunächst wird sie durch Rickys Videoobsession belastet. Seine Annäherung an das Mädchen besteht darin, sie in allen möglichen Situationen heimlich oder auch offen zu filmen. Jane hält ihn daher zunächst für einen ›Freak‹, kann vor sich selbst aber auch nicht verheimlichen, dass sie von dieser Art der Beobachtung erregt und angezogen wird. Ricky macht Jane verständlich, dass er in seinen Clips die Schönheit des Lebens festzuhalten sucht. Ein beeindruckendes Beispiel ist die lange Aufnahme einer Papiertüte, die sich von den Wirbeln des Herbstwindes tragen lässt. Mit solchen Momenten bildet sich bei den Zuschauern das Gefühl heraus, dass die Jugendlichen in diesem Film einen Bereich besetzen, der den Erwachsenen versperrt ist: Sie sind dazu in der Lage, in einer durch Zwänge und vorgegebene Muster bestimmten Alltagswelt immer wieder Augenblicke entstehen zu lassen, die noch nicht festgelegt, sondern offen erscheinen. Ein solcher Augenblick ereignet sich im Film in der 69. Minute:

a) Einschließen: In ihrem Zimmer macht Carolyn ihrer Tochter Jane deutlich, wie undankbar und anspruchsvoll sie sei. Mit Vehemenz und schließlich, als sie ihre Machtlosigkeit erkennt, mit einer schallenden Ohrfeige, sucht sie das Mädchen auf ihre Lebensordnung einzuschwören. Hier wird an der physischen Gewalt der Mutter gegenüber ihrer Tochter unmittelbar spürbar, mit wie viel Wucht die Zwänge der Elterngeneration die Suchbewegungen der Jugendlichen einzuschließen suchen. Carolyn verlässt das Zimmer und die bedrückte Jane geht zum Fenster. Sie wird darauf aufmerksam, dass Ricky im Nachbarhaus seine Kamera auf sie richtet.

b) Öffnen: Wie um sich aus dem eben noch verspürten Zugriff zu befreien, greift das Mädchen den Augenblick auf und beginnt, sich vor der laufenden Kamera ihres Freundes zu entkleiden. Die Nähe, die trotz dieser vermittelten Form der Kontaktaufnahme spürbar wird, führt die Zuschauer aus der Enge der vorhergehenden Auseinandersetzung heraus und in einen unerwartet offenen Augenblick hinein. Sie sind gespannt, wie sich das weiterentwickeln wird.

c) Wieder Einschließen: Im selben Moment ist ein lautes Geräusch zu hören, das Bild der Videokamera verrutscht und man wird mit einem strengen und gewalttätigen Übergriff von Rickys Vater konfrontiert. Der glaubt einen Regelverstoß seines Sohnes festgestellt zu haben und sucht ihm nun Disziplin einzubläuen. Der Moment der zarten Annäherung ist damit zerstört. Am Fenster gegenüber sehen die Zuschauer Jane, die ihre bloßen Brüste mit dem Fenstervorhang verdeckt. Einschließen, öffnen und wieder einschließen – der Film führt seine Zuschauer über diese und ähnliche Szenen in seinen inhaltlichen Rhythmus ein, lässt sie ihn unmittelbar erleben.

Überraschende Öffnung

Um die Fesselung der Zuschauer zu intensivieren, führen Filme in der Regel auf einen alles entscheidenden Umschwung zu. *American Beauty* gestaltet auch diese Klimax auf der inhaltlichen Linie von Öffnen und Schließen. Damit erreicht der Film gegen Ende eine ungewöhnliche Wucht.

Die Zuschauer erfahren, dass in Lester Burnhams Leben der letzte Tag begonnen hat. Die Getriebenheit, von der die Atmosphäre des Films bisher bestimmt war, verdichtet sich in allen Subplots. Carolyn hat sich von ihrem Liebhaber Buddy getrennt und fährt nach Hause. Wiederholt sagt sie sich vor, sie werde »niemals wieder Opfer« sein. Auf dem Beifahrersitz liegt eine Pistole. Auch Colonel Fitts muss eine Kränkung hinnehmen. Er wird von seinen verdrängten homophilen Neigungen überrascht und möchte sie mit seinem Nachbarn Lester, den er irrig für schwul hält, ausleben. Nicht ohne Feingefühl weist Lester den verwirrten Mann zurück. Ricky verlässt nach einer weiteren gewalttätigen Auseinandersetzung mit dem Vater sein Elterhaus und fragt Jane, ob sie mit ihm zusammen nach New York gehe, wo sie gemeinsam vom Drogenhandel leben könnten. Angela, Lesters Objekt des Begehrens, ist ebenfalls im Hause Burnham. Sie ist tief verletzt, weil Ricky ihr sagte, er halte sie für »gewöhnlich«.

Die Zuschauer wissen, dass Lester am Ende der Geschichte sein Leben verlieren wird. Sie sind gespannt zu erfahren, wie sich dieses explosive Knäuel von Beziehungen wenden wird.

a) Einschließen: Im dunklen Wohnzimmer treffen Lester und Angela aufeinander. Das Mädchen hat Tränen in den Augen und Lester steht unter dem Eindruck seiner Begegnung mit Colonel Fitts. Schnell sind die beiden dazu bereit, ihre aufgewühlten Gefühle über eine sexuelle Annäherung zu ordnen. Lester kann nun endlich seinen lange gehegten Wunsch erfüllen. Ein ganzes Jahr lang hat er darauf hin gelebt. Jetzt wird er das Mädchen nehmen. Er macht sich daran, Angela zu entkleiden.

b) Öffnen: In diesem außerordentlich dichten Moment hören die Zuschauer Angelas Stimme: »Es ist mein erstes Mal!« Und das Überraschende passiert: Obwohl er sich im Sog der Leidenschaft befindet, wird der Einwurf von Lester registriert. Er lässt von dem Mädchen ab, gibt ihr einen Pullover, damit sie ihre Blöße bedecken kann und stellt sein Begehren zurück. Einige Momente später befinden sich Lester und Angela in der Küche. Er hat ihr ein Sandwich gemacht. Das Mädchen wirkt erleichtert, besonders auch deshalb, weil Lester ihr glaubhaft versichert, dass er sich glücklich fühlt. Seit vielen Jahren habe er das von sich nicht mehr sagen können. Als sich Angela kurz ins Badezimmer zurückzieht, nimmt Lester ein eingerahmtes Foto in die Hand: Es ist das Bild der jungen und glücklichen Familie Burnham.

c) Erneut Einschließen: Der Film bleibt im Rhythmus von Öffnen und Schließen, wenn er im nächsten Augenblick seine Ankündigung aus der ersten Szene wahr macht und zeigt, wie Lester – das Familienfoto vor Augen – hinterrücks erschossen wird. Gerade hat er sich aus der Enge seiner zwanghaften Leidenschaft befreit, da wird er Opfer der obsessiven Rachegefühle von Colonel Fitts.

d) Erneut Öffnen: Und erstaunlicherweise wendet sich hierauf die Atmosphäre des Ganzen noch einmal. Mit seinen letzten Atemzügen lässt Lester prägende Szenen seines Lebens an sich vorüberziehen. Es ist ein ausgedehnter Moment des Glücks und des Staunens über die Schönheit des Lebens. Mit dieser letzten Öffnung findet die Geschichte ihren Abschluss.

Der Verzicht auf das Ausleben eines lang andauernden und im Erleben der Zuschauer aufgebauten Begehrens ist die große Überraschung von *American Beauty*. Die getriebene Leidenschaft eines Vierzigjährigen für ein minderjähriges Mädchen verwandelt sich unerwartet in eine differenzierte Begegnung zwischen einem Erwachsenen und einer Jugendlichen.

Die Obsession dreht sich in einen offenen, glücklichen Augenblick. Wenn man die Erlebensentwicklung des gesamten Films in einem Symbol fassen möchte, drängt sich an dieser Stelle das Bild einer Rose auf. Die Rose folgt einem ihr innewohnenden Programm. Sie kann nicht anders, als dieses zu verwirklichen. Damit veranschaulicht sie die Getriebenheit, die mit jeder Obsession gegeben ist. Irgendwann jedoch kommt es im Wachstum der Rose zu einem qualitativen Umschwung. Das ist der Fall, wenn sie ihre Blüte entfaltet und damit ihre von den Menschen so bewunderte Pracht den Blicken preisgibt. *American Beauty* ist eine beliebte Rosenart und wenn man den Titel des Films mit dem Kern seiner Erlebensprozesse in Austausch bringt, erscheint es nahe liegend, diese Entwicklung vom Getriebensein in einen Augenblick, in dem die beeindruckende Schönheit des Lebens zur Entfaltung kommt, in dem materialen Symbol der Rose zu fassen.

Umgangsformen

Von verschiedenen Forschungsrichtungen wurde darauf aufmerksam gemacht, dass Filmwirkung ein aktiver Prozess der Bedeutungsgeneration ist (z. B. ECO 1985; DE CERTEAU 1988). In unseren Untersuchungen fassen wir die empirischen Erlebensprozesse als Umgangsformen mit einem vom Film belebten Grundverhältnis. Zwar sieht jeder Zuschauer ›seinen eigenen Film‹, aber in Hinblick auf den seelischen Komplex, der dabei behandelt wird, sind die Erlebensverläufe vergleichbar. Bei *American Beauty* handelt es sich um das Verhältnis von Beweglichkeit und Zwang. Die Zuschauer nehmen dazu unterschiedliche Stellungen ein und setzen charakteristische Akzente. Bei unseren Befragungen konnten wir zum Beispiel vier Umgangsformen mit der Klimaxszene des Films unterscheiden:

Bei der *ersten* ist ausschlaggebend, dass die Zuschauer erkannt haben, dass Angela nicht die in sexuellen Dingen erfahrene Frau ist, für die sie sich ausgibt. Der Film gibt hierfür einige Hinweise. Zum Beispiel, wenn er das Mädchen in seinem, mit Fanfotos tapezierten Jugendzimmer zeigt. Oder wenn er deutlich macht, dass Angela sich Lester gegenüber nur solange als Verführerin verhält, wie dieser sich in seiner Rolle als Mann unsicher ist. Sobald Lester ihrem Blick standhält und sich als Sexpartner anbietet, weicht Angela zurück. Haben die Zuschauer die Unsicherheit des Mädchens registriert, erleben sie Lesters Annäherung im Wohnzimmer als Übergriff. Damit kehren sie zu der Antipathie zurück, die schon in der allerersten

Szene belebt wurde, als Jane vor Rickys Videokamera beschrieb, wie ekelhaft sie ihren Vater manchmal findet. Unter den beschriebenen Vorzeichen verliert Lester für diese Zuschauer in der Klimaxszene an Sympathien und sie distanzieren sich von ihm. Auch wenn er schließlich von Angela ablässt, hat er sich in ihrer Auffassung doch schuldig gemacht. Die weitere Entwicklung der Geschichte (Lesters Tod und sein Epilog) verfolgen sie daher mit Skepsis. Zusammengefasst wird Lesters Verhalten in der Klimaxszene von dieser Umgangsform als abstoßender *Übergriff* erlebt.

Die *zweite* Umgangsform legt die Szene ganz anders aus. Hierbei handelt es sich um meist männliche Zuschauer, die sich von Lesters Emanzipation, seiner wieder belebten Jugendlichkeit und seinem Begehren haben mitreißen lassen. Sie sehen in seiner Entwicklung einen notwendigen Befreiungsakt und wollen, dass er ihn bis zum Äußersten austrägt. Daher erleben sie Lesters Verzicht auf Angela als Inkonsequenz. Ihnen kommt der Mann feige vor, sie denken, dass er sich vor den Folgen seiner Leidenschaft fürchtet und sie deswegen aufgibt. Diese Zuschauer haben nicht das Gefühl, dass es sich bei Angela um eine schützenswerte Jugendliche handelt, sie erleben die Annäherung zwischen ihr und Lester als eine Begegnung zwischen Erwachsenen, bei der die gemeinsame Befreiung aus gesellschaftlichen Zwängen ein wesentlicher Antrieb ist. Diese Zuschauer sind am Ende von Lester enttäuscht. Jedoch nicht, weil er ihre moralischen Gefühle verletzt, sondern weil er ihre Hoffnungen auf Befreiung frustriert. Diese zweite Umgangsform legt Lesters Verhalten als *Zurückweichen* vor der Herausforderung aus.

Die *dritte* Umgangsform, die wir erfragen konnten, wird von meist jungen Zuschauern gebildet, die während des Films Ricky und Jane als Hoffnungsträger erfahren. Für sie erhält die Begegnung zwischen Angela und Lester im Wohnzimmer gar nicht den herausgehobenen Charakter einer Klimaxszene, in der die Fäden der Entwicklung in einer letzten, großen Wendung zusammenlaufen. Sie nehmen demgegenüber mit Genugtuung zur Kenntnis, dass den Kindern der Ausbruch aus ihren starren und lebensfeindlichen Elterhäusern gelingt. Dass Ricky in New York seine Drogengeschäfte weiterführen möchte, kann die Sympathien für die beiden jungen Leute nicht schmälern. Sie glauben an seine Fähigkeiten und stellen sich vor, dass er nach einiger Zeit des Suchens mit Jane an seiner Seite seinen Lebensunterhalt als Künstler verdienen wird. Diese Zuschauer erleben die Klimaxszene als *Ausbruch der Jugendlichen* aus der starren Welt der Erwachsenen. Die Begegnung zwischen Lester und Angela im Wohnzimmer hat für sie eine zweitrangige Bedeutung.

Die *letzte* Umgangsform lässt sich auf die Wendung der Geschichte ein. Die Zuschauer werden von ihr überrascht, ohne dass sie ihnen aufgesetzt erscheint. Sie haben das Gefühl, dass die Tönung des Films an dieser Stelle eine neue Qualität annimmt. Nachdem der Film sie auf eine wesentlich durch Zwänge und Obsessionen bestimmte Wirklichkeit eingestimmt hat, finden sie sich mit einem Male in einem Augenblick wieder, in dem sich Vielfalt und Widersprüchlichkeit des Lebens entfalten. Die zu einem Tunnel verdichtete Leidenschaft öffnet sich in einen ausgedehnten Augenblick, der wesentliche Bestimmungen der menschlichen Wirklichkeit offen legt. Sie sind gerührt, wenn Lester und Angela sich vorsichtig und mit gegenseitigem Respekt fragen, wie es ihnen gehe. Einigen kommen die Tränen, wenn sich Lester bei der Freundin seiner Tochter nach deren Befinden erkundigt. Und wenn der Held des Films in der abschließenden Montage die Schönheit und die glücklichen Momente seines Lebens beschreibt, bilden diese Zuschauer – trotz seines Todes – das Gefühl einer Versöhnung mit den Konflikten des Lebens und den Schwächen der Menschen aus. Auf diese Weise verlassen sie den Kinosaal nicht in gedrückter Stimmung, sondern eigentümlich entspannt und zufrieden. Diese vierte Umgangsform ist die am meisten verbreitete. Man kann ihr das Attribut *paradox* verleihen, da sie wider die übliche Meinung spürbar macht, dass sich die Schönheit des Lebens oft gerade demjenigen erschließt, der bereit ist, sich auf die verrückten und manchmal auch abstoßenden Drehungen der Wirklichkeit einzulassen.

Film als Spiegel der Kultur

Der Wirkungsraum von *American Beauty* wird im Wesentlichen durch drei Qualitäten bestimmt. Da sind *erstens* zwanghafte Muster, die das Leben der Figuren ausrichten, aber auch festlegen. Die Zuschauer erfahren sie als fragwürdige Vorurteile, als beklemmende Zwänge und fixe Ideen. Zum *zweiten* übernehmen in der Geschichte mehr und mehr Obsessionen die Führung. Diese werden teils als abstoßend, teils aber auch als weiterführend und befreiend erlebt. Letzteres besonders deshalb, weil sie dazu geeignet sind, die Figuren aus ihren einengenden Mustern – zumindest kurzfristig – zu befreien. Das Ineinandergreifen von Zwängen und Obsessionen für sich genommen, ist jedoch noch nicht dazu geeignet, ein unterhaltsames Filmerlebnis hervorzubringen. *American Beauty* bringt daher eine *dritte* Wirkungsqualität ins Spiel, die man als ›schwebende Ästhetisierung‹ bezeichnen kann. Die Papier tüte, die minutenlang vom Wind herumgewirbelt wird, ist hierfür ein Beispiel. Aber auch jene offenen Momente, in denen man nicht absehen kann, was aus ihnen entstehen wird, gehören dazu. Vor allem aber versetzt der glückliche Augenblick am Ende des Films in eine solch schwebende Verfassung. So erweisen sich im Ganzen Momente der Ästhetisierung als Gegenpol zu der Dichte von Zwängen und Obsessionen. Sie erlauben den Zuschauern, aus der Getriebenheit der Handlung herauszutreten.

Untersuchungen zur Jugendkultur in den vergangenen Jahren haben gezeigt, dass viele junge Menschen ihren Alltag in einem ähnlichen Spannungsfeld gestalten. Mit einer enormen Vielfalt an Lebensmöglichkeiten konfrontiert, stehen sie in Gefahr, dem Diktat der Mode, der Freizeittrends oder auch persönlichen Zwängen und Ängsten zu erliegen. Gegen diesen Sog bringen sie ihre Fähigkeiten zur Ästhetisierung und Ironisierung ins Spiel, die ihnen eine »immense Erweiterung des Wahrnehmungs-Spielraums« (GRÜNEWALD 1999: 24) eröffnen. Die viel beschriebene ›Coolness‹ der Jugendlichen kann daher auch als Haltung verstanden werden, mit der sie sich gegen das Diktat der Konsumstile zu Wehr setzen, aber auch gegen ihre eigene Bereitschaft, in vorgegebenen Muster und unwillkürlichen Zwängen Orientierung zu finden. Indem *American Beauty* seine Zuschauer in das Dreieck von Zwang, Obsession und Ästhetisierung versetzt, erlaubt der Film ihnen, im Rahmen eines Kinobesuches Grundverhältnisse der zeitgenössischen Alltagskultur zu erleben.

Weil Kinofilme darauf angelegt sind, die hohen Kosten, die in ihre Produktion investiert werden, auch wieder einzuspielen, suchen die Produzenten nach Geschichten, in denen sich aktuelle Grundverhältnisse zum Ausdruck bringen lassen können. Solche Filmwerke können zu Erlebnissymbolen der Zeit werden, in der sie entstehen. Sie greifen Hoffnungen und Befürchtungen auf, die die Menschen bewegen und transponieren sie in thematisch zentrierte Stundenwelten. *American Beauty* ist ein Film, der im Rahmen einer Satire ein Kernproblem der zeitgenössischen Alltagskultur zum Thema macht: In einer durch Individualisierung geprägten Gesellschaft sind sich zwanghaft durchsetzende Muster und Leidenschaften Wertungen, über die die Menschen Sinnerfahrungen machen. Sie bedeuten eine spürbare Orientierung und halten in ihrem Zusammenspiel den Lauf des Lebens in Gang. Der Film macht darauf aufmerksam, dass sich in unserer Alltagskultur eine Neubewertung der menschlichen Obsessionen vollzieht.

Literatur

AHREN, Y.: *Warum sehen wir Filme? Materialien zur Filmwirkungspsychologie.* Aachen 1998

BLOTHNER, D.: *Erlebniswelt Kino – Über die unbewusste Wirkung des Films.* Bergisch-Gladbach 1999

BLOTHNER, D.: »Figuren im Traum eines Gottes« – Wie das Kino die Sehnsucht der Kultur nach Veränderung behandelt. In: *Zwischenschritte*, 19. Jahrgang, 2001, S. 38-45

BLOTHNER, D.: *Das geheime Drehbuch des Lebens. Kino als Spiegel der menschlichen Seele.* Bergisch Gladbach 2003

DE CERTEAU, M.: *Die Kunst des Handelns.* Berlin 1988

DOMKE, W.: Der Tag als Albtraum. »Und täglich grüßt das Murmeltier«. In: *Zwischenschritte*, 19. Jahrgang, 2001, S. 94-99

ECO, U.: *Über Gott und die Welt.* München 1985

FREUD, S.: *Der Moses des Michelangelo.* GW X, Frankfurt/M. 1914, S. 142-201

GABLER, N.: *Das Leben ein Film. Die Eroberung der Wirklichkeit durch das Entertainment.* Berlin 1999

GRÜNEWALD, S.: Schmerzlos im Paralleluniversum. In: *Zwischenschritte* 1, 1999-I, S. 23-29

KORN, G.: *Psychologische Untersuchung zu den Erlebensprozessen bei dem Spielfilm »American Beauty«* (Unveröffentl. Diplomarbeit). Köln 2002

MIKOS, L.: *Fernsehen im Erleben der Zuschauer. Vom lustvollen Umgang mit einem populären Medium.* Berlin/München 1994

SALBER, W.: Zur Psychologie des Filmerlebens. In: SALBER, W.: *Wirkungsanalyse des Films.* Köln 1977, S. 39-94

SALBER, W.: *Wirkungsanalyse des Films.* Köln 1977

SALBER, W.: Die Seele des Films. Eine filmpsychologische Analyse. In: MÖHRMANN, R. (Hrsg.): *Theaterwissenschaft heute,* Berlin 1990, S. 297-316

SALBER, W.: *Seelenrevolution. Komische Geschichte des Seelischen und der Psychologie.* Bonn 1993

SALBER, W.: *Traum und Tag.* Bonn 1997

SALBER, W.; D. SALBER: Anarchie und Diktat – Perspektiven für 2020. In: *Zwischenschritte,* 1/1999-I, S. 73-77

WEXMAN, V. W.: *Creating the Couple: Love, Marriage, and Hollywood Performance.* Princeton 1993

BRIGITTE ZIOB

Wir sind doch immer noch Männer?
Eine psychoanalytische Betrachtung des Films *Fight Club* von David Fincher

Der Film *Fight Club* (1999) erzählt die Geschichte eines 30-jährigen Singles, Angestellter bei einem großen US-amerikanischen Automobilkonzern, der unter Schlafstörungen leidet. Auf einer seiner vielen Geschäftsreisen lernt er im Flugzeug den (wahrscheinlich) gleichaltrigen Tyler Durden kennen, der ihn in sein heruntergekommenes Haus aufnimmt, als seine Wohnung durch eine Gasexplosion zerstört wird. Voraussetzung für diesen Freundschaftsdienst: Tyler fordert den Protagonisten auf, sich mit ihm zu schlagen. Daraus entsteht der »Fight Club«, der zu einer landesweiten Männerbewegung mit terroristischen Aktivitäten wird. Als er diese Entwicklung, die er mit Tyler Durden in Gang gesetzt hat, stoppen will, macht der Protagonist eine unheimliche Entdeckung.

Der Film löste bei seinem Erscheinen zunächst heftige Ablehnung der Kritiker aus, die Regisseur David Fincher vorwarfen, sein Film sei zynisch und Gewalt verherrlichend. Zeitgleich geschah das Attentat in der High School von Littleton, das die amerikanische Öffentlichkeit stark verunsicherte und dazu führte, dass der Start des Films um zwei Monate hinausgeschoben werden musste, da befürchtet wurde, der Film könne die Vorlage zu weiteren Gewalttaten bilden.

Der Film basiert auf dem gleichnamigen Roman von Chuck Palahniuk, der 1996 erschien und thematisch an die ›Eisenhans-Bewegung‹ in Amerika anknüpfte. Mit der filmischen Umsetzung gelang Fincher ein vielschichtiges Kunstwerk, das heute zu den besten Filmen aller Zeiten gezählt wird.

David Fincher, 1962 in Denver, Colorado, geboren, ging nach der High School zum Film und arbeitete bald in der renommierten Firma ›Industrial Light and Magic‹ von George Lucas im Bereich Special Effects. Später drehte er Videoclips für die Werbung und den Musiksender MTV und gründete mit Partnern eine Produktionsfirma mit dem Ziel der industriellen Fertigung von Spielfilmen, Videoclips und Werbespots. Bald folgten dann seine Spielfilme: *Alien 3* (1991), *Seven* (1995), *The Game* (1997), *Fight Club* (1999) und *Panic Room* (2002).

Fight Club beginnt mit einem 90-sekündigen Vorspann, einer Kamerafahrt durch das Gehirn des Protagonisten. Die Kamerafahrt verläuft rückwärts aus dem Kopf heraus zwischen Hypocampus und Hirnrinde, am Angstzentrum vorbei und an Nervenbahnen entlang, an denen elektrische Impulse aufblitzen und so die Denkaktivität der Hauptperson zeigen. Hier wird schon die zentrale Thematik des Films eingeführt, die der Regisseur in einem Interview folgendermaßen beschreibt: »Der ganze Film ist ein Bewusstseinsstrom [...] Es geht nicht darum, die Leute hereinzulegen, es ist eine Metapher. Der Film handelt nicht von einem Typen, der wirklich Gebäude in die Luft jagt, er handelt von einem Typen, der das Gefühl bekommt, dies könnte die Antwort sein, basierend auf all der Konfusion und all der Wut, unter denen er gelitten hat« (SCHNELLE 2002: 231). Dies wird dargestellt durch zwei Figuren, die, wie der Zuschauer erst am Ende des Films erfährt, zwei Aspekte einer Person darstellen: Der Protagonist, der schwache, unter seinen Lebensumständen und zunehmenden Identitätsverlust Leidende und Tyler, der die Seite der anwachsenden und immer weniger zu kontrollierenden Wut darüber darstellt.

Die Entwicklung der Thematik beginnt also im Gehirn des Ich-Erzählers und fährt rückwärts aus dem Kopf, vorbei an dem Pistolenlauf, der in seinem Mund steckt, und der Zuschauer blickt unvermittelt in die blutunterlaufenen, angstvoll aufgerissenen Augen der Hauptperson. So sieht der Zuschauer sich Auge in Auge mit dem Protagonisten des Films, der in einer ausweglosen Lage zu stecken scheint und dessen Entwicklung nun in einer etwa 140-minütigen Rückblende aufgerollt wird, indem Schritt für Schritt die gespaltene Identität des Ich-Erzählers entschlüsselt wird.

Zunächst erfahren wir durch das Voice-over des Protagonisten, dass der Schlüssel zu der Pistole im Mund der Hauptperson, den Bomben, sowie der Revolution ein Mädchen namens Marla Singer ist. Mit schnellen Schnitten wird die Situation des Ich-Erzählers etabliert, der wie ein Getriebener rastlos durch seinen Alltag hastet, belastet von der Schlaf- und Ruhelosigkeit einer agitierten Depression.

Wir erfahren, dass der Protagonist des Films, dargestellt von Edward Norton, Rückrufkoordinator bei einem großen Automobilhersteller ist, der »Corporate America« heißt und damit einen ironischen Bezugspunkt zur amerikanischen Gesellschaft bildet. Seine Aufgabe ist es, Autounfälle dahingehend zu überprüfen, welche Folgen dem Hersteller kostengünstiger sind: Rückruf, Vertuschung oder außergerichtliche Einigung? Dafür jettet die Hauptfigur durch Zeitzonen, übernachtet vom Jetlag überreizt in immer wieder gleich gestalteten Hotelzimmern an Orten, die sich äußerlich kaum voneinander unterscheiden. Die Anpassung an die Arbeitswelt geht auf Kosten von stabilen Beziehungen. Der Protagonist hat keine Frau, keine Familie, keine Freunde, keine engeren Kontakte zu Kollegen, nur limitierte Bekanntschaften auf den Flügen, die er als »portionierte Freunde« zwischen »portionierten Mahlzeiten« bezeichnet. Die Verbindungswege zwischen den einzelnen Stationen sind im Film dargestellt durch Rolltreppen und Flugzeuge. Sie stellen die festgelegten Bahnen dar, auf denen er sich bewegt und die für die Ausweglosigkeit seiner Situation stehen.

Der Protagonist wirkt wie eine Version von Richard Sennetts »flexiblem Menschen«, der von Ort zu Ort driftet, ohne Einbettung in soziale Beziehungen oder eigene Geschichte. »Es ist die Zeitdimension des neuen Kapitalismus, mehr als die High-Tech-Daten oder der globale Markt, die das Gefühlsleben der Menschen außerhalb des Arbeitsplatzes am tiefsten berührt. Auf die Familie übertragen bedeuten diese Werte einer flexiblen Gesellschaft: bleib in Bewegung, geh keine Bindungen ein und bring keine Opfer« (SENNETT 2000: 29).

Die starke Entfremdung der Hauptfigur wird durch die Stimme des Ich-Erzählers verstärkt, die dadurch, dass sie mit fünf Mikrofonen gleichzeitig aufgenommen wurde, einerseits ein übermäßig präsentes, andererseits distanziertes Timbre hat. Der Name des Ich-Erzählers bzw. des Protagonisten (Erzähltes ›Ich‹) bleibt zunächst für den Zuschauer ungewiss, wie seine als unsicher erlebte Identität. Mal nennt er sich (auf Namensschildern) »Cornelius«, mal »Rupert« oder »Travis«, was damit korrespondiert, sich als »Kopie von einer Kopie« zu fühlen. In meiner psychoanalytischen Filmbetrachtung werde ich den Protagonisten als ›Jack‹ bezeichnen, in Anlehnung an den Klappentext der DVD, die dieser Besprechung zur Vorlage diente.[1]

---

1   Das sich der Name ›Jack‹ für den Protagonisten durchgesetzt hat, ist einigermaßen unglück-

Das Leiden des Ich-Erzählers scheint schon bald nicht nur durch externe psychische Belastungen geprägt zu sein. Schwach und abhängig reagiert er, als sein Chef Arbeitsabläufe für ihn festsetzt und zu den Außeneinsätzen schickt. Jack fügt sich nach außen hin, seinen Ärger kann er nur durch inneres Aufbegehren als ironischen Kommentar zum Ausdruck bringen. Er scheint identifiziert zu sein mit einem starken abweisenden Vater, der Einwände nicht duldet und dem er sich unterwerfen muss.

Die einzige filmische Einstellung, die den Protagonisten im ersten Akt bei Tageslicht zeigt, ist die Begutachtung eines Totalschadens mit Todesfolge. Hier wird er mit Fakten konfrontiert, die zeigen, dass seine Arbeitswelt traumatisierend ist, da ihre Basis die Konfrontation mit den verbrannten, verschmolzenen Überresten der Autoinsassen darstellt. Äußerlich ganz sachlich, erfüllt Jack die an ihn gestellte Aufgabe, ohne Emotionen zu zeigen. Dass dies auf einen Affektstau vor dem Hintergrund seiner Depression zurückzuführen ist, verdeutlicht sich in einem Tagtraum auf dem Rückflug von einer Geschäftsreise, in dem Jack sich ausmalt, dass die Maschine mit Druckabfall dem Absturz entgegenrast und er im Gegensatz zu der imaginierten Todesangst der Passagiere ruhig bleibt und Erleichterung empfindet. Aus für den Zuschauer zu diesem Zeitpunkt noch nicht erklärbaren Gründen scheint Jack aktiv an seiner Situation nichts verändern zu können, stattdessen nimmt er die Position der Negation ein und sieht als einzige Lösung die herbeigesehnte Selbstauslöschung.

Doch der Tod als Erlösung durch den fantasierten Absturz tritt nicht ein, und Jack landet spät abends in seiner Wohnung, dem Ergebnis des ›Ikea-Nestbautriebs‹ als dessen »Sklave« er sich fühlt, und der die Eingespanntheit des Individuums in gesellschaftlich tradierte Lebensentwürfe satirisch thematisiert durch eine begehbare Ikea-Katalogseite² mit Preisschildern: die Wohnung des Protagonisten.

In der »Polstergarnitur, die meine Persönlichkeit definiert«, findet Jack die Freiheit, zumindest seine Wohnung individuell zu gestalten, wofür er die Möbel suchtartig im Katalog bestellt. Die äußere Struktur soll Halt geben und das schwache Ich stützen. Die Zuflucht zu den vorgefertigten Lebensentwürfen, die die Konsumwelt diktiert, zeigt die

lich, denn der Name taucht (zusammen mit ›Jill‹) im Film tatsächlich auf, wenn auch in einem ganz anderen Zusammenhang.

2 Im Film heisst dieser Möbelhersteller ›Fürni‹. Die Aufmachung des ›Katalogs‹ und die Anmutung der Produkte machen aber eine Anspielung auf ›IKEA‹ offensichtlich.

innere Leere und die eingefrorene Vitalität des Protagonisten. Jede Fantasietätigkeit ist erstarrt. Diese tote Warenwelt bildet den Lebensraum des Protagonisten außerhalb seiner Arbeitswelt, in dem die menschlichen Objekte fehlen.

Der französische Psychoanalytiker André Green (2001) beschreibt einen Zusammenhang zwischen dem Todestrieb und dem Abzug von Besetzungen. Je reduzierter der Kontakt zu anderen Menschen ist, desto stärker bewegt sich das Individuum auf eine Nullebene zu. Jacks gekränkte Abwendung führt zu einer Desobjektalisierung, die die zwischenmenschlichen Erfahrungen auf ein notwendiges Minimum reduziert. Zunächst wirkt der Ersatzcharakter der Substitute noch Sinn stiftend. Die Krise tritt ein, als das Einrichten der Wohnung fast abgeschlossen ist und dadurch eine stabilisierende Kompensationsmöglichkeit verloren zu gehen droht. Gequält von Schlaflosigkeit sucht Jack Hilfe bei einem Arzt, der sein Problem aber nicht allzu ernst nimmt und ihn mit ein paar guten Ratschlägen versorgt. Auf Jacks Insistieren hin, dass er leide, verweist ihn der Arzt dorthin, wo es »wirkliches Leid« gibt: In eine Selbsthilfegruppe für Männer mit Hodenkrebs.

In der Hodenkrebsgruppe trifft Jack auf Männer, die in ihrer Männlichkeit beschädigt, kastriert sind, aber wieder zu Männern werden wollen. Bob, ein ehemaliger Bodybuilder, dem durch die hormonelle Veränderung riesige Brüste gewachsen sind, drückt seine Hilflosigkeit über das veränderte Körperbild so aus: »Wir sind doch alle noch Männer?!« Damit formuliert er die zentrale Frage, um die es in dem Film geht: Der Verlust von männlicher Identität.

Hier deutet sich Jacks zentrales Problem an: Sein innerer Krebs scheint zu sein, dass seine Beschädigung in der Überzeugung liegt, psychisch kastriert und kein richtiger Mann zu sein. Der Kontakt mit den ›beschädigten‹ Männern ermöglicht Jack, endlich seinen erstarrten Gefühlen freien Lauf zu lassen und Jack versinkt zwischen Bobs riesigen Brüsten, an denen er sich ausweint wie an einer überdimensionierten Mutterfigur, wobei Bob genau genommen Männliches und Weibliches in einer Person verkörpert, wie ein zusammengewachsenes Elternpaar und von Jack als »Gott« bezeichnet wird, im Hinblick auf einen frühen Zustand des Aufgehobenseins. Auf Bobs T-Shirt hinterlässt Jack einen Abdruck seines tränennassen Gesichts und damit sichtbare Spuren seiner Existenz.

Der Trost, den Jack bei Bob findet, lässt ihn wieder schlafen wie ein Baby. »Ich wurde süchtig« sinniert der Protagonist und besucht weitere Selbsthilfegruppen, was sein Leben füllt wie zuvor das zwanghafte Einrichten seiner Wohnung, mit dem Unterschied, dass Jack in den Selbsthilfegruppen Kontakt zu den Mitgliedern aufnehmen muss. Damit überwindet Jack zunächst zwar seine Sekundärsymptome, sein Ich ist aber weiterhin zu schwach, um gegen die Verhältnisse anzugehen, unter denen er leidet. In den Selbsthilfegruppen zwischen Automatenkaffee, Donuts und der freundlichen Zugewandtheit der Gruppenleiter realisiert sich Jacks Sehnsucht nach einem versorgenden Objekt auf Zeit, das beruhigt, aber zu nichts verpflichtet. Jack regrediert auf einen früheren Zustand der elterlichen Versorgung und Aufmerksamkeit. »Ich bin das kleine warme Zentrum, um das sich die Welt dreht.« Nun kann Jack sich seiner inneren Eislandschaft nähern, die er bei einer Fantasiereise visualisiert. Die vorgestellte Eishöhle ist ein inneres Bild für Jacks eingefrorene Gefühle und seine Erstarrung. In der Fantasie findet er in seinem Krafttier ein Selbstbild: ein kleiner watschelnder Pinguin, der für sein kindlich gebliebenes und schwaches Ich steht. Das spielerische Gleiten des Pinguins stellt seine prä-ödipal entwickelte Sexualität dar, in der es um das Schauen, das Selbstverwöhnen und um Selbstbefriedigung geht.

Aufgeschreckt wird die Hauptfigur durch den Auftritt Marla Singers, die mit den Worten »Hier ist doch Krebs, oder?« in die Hodenkrebsgruppe stürmt und damit Jacks Rückzugsort bedroht. Durch die Anwesenheit von Marla wird ihm sein Eskapismus und die Verleugnung seiner Probleme bewusst gemacht. Marla, die er abfällig als »Elendstouristin« bezeichnet, dringt in seine Welt ein und nimmt sich offen die Zuwendung, die Jack sich nur zu erschleichen traut, indem er seine ›wahre Identität‹ hinter verschiedenen Namen verbirgt. Sie spiegelt ihm gleichzeitig seine eigene Bedürftigkeit und Schwäche wider, Jack fühlt sich erkannt und beschämt, denn »in ihrer Lüge spiegelt sich meine Lüge.«.

In Jacks Augen ist Marla der »Piranha, der auf Kuscheltier macht« und stellt für ihn eine Gefahr in zwei Richtungen dar, gegen die er sich nicht wehren kann:

Zum einen wirkt sie wie ein nachrückendes Geschwisterkind, das Jack von der Quelle der primären Liebe wegzudrängen droht. Andererseits steht Marla auch für die genitale sexuelle Versuchung, für das Eindringen in den weiblichen Körper, wovor Jack zurückschreckt, weil er sich dem nicht gewachsen fühlt. Dies wird ironisch in Szene gesetzt, als Marla auf Jacks nächster Fantasiereise in seiner Eishöhle sitzt und ihn mit ihrem »gleite« offen zur Sexualität auffordert. Marla hält nun

Jacks innere Objektwelt besetzt, wie »der kleine Kratzer am Gaumen«, dessen man sich ständig bewusst ist, den er aber abwehren muss, aus Angst vor seinen libidinösen Wünschen. Aber Jack findet in Marla auch eine Gleichgesinnte, die ihr Leiden und ihre Einsamkeit in Worte fassen kann: »Wenn Menschen glauben, dass man stirbt, hören sie dir zu [...]« und Marla ergänzt: »[...] statt darauf zu warten, dass deine Redezeit zu Ende ist.« Trotz dieser Gemeinsamkeit flieht Jack vor der Herausforderung, mit Marla in Beziehung zu treten, indem er versucht, eine Lösung im Kompromiss zu finden und die Selbsthilfegruppen zwischen sich und Marla aufteilt.

So verliert Jack einen Teil seines Paradieses und damit die Möglichkeit zur Regression, ohne etwas Grundsätzliches an seinem Ausgangszustand verändert zu haben. Die Symptome der inneren Unruhe und der Schlaflosigkeit kehren wieder, und zwar heftiger als zuvor: »Wenn man unter Schlaflosigkeit leidet, ist man immer wach, aber nie so richtig.« Es kommt zur krisenhaften Zuspitzung: Auf dem Rückflug von einer seiner zahlreichen Geschäftsreisen trifft Jack auf Tyler Durden, dargestellt von Brad Pitt, der bisher nur in Einblendungen von wenigen, kaum wahrnehmbaren Bildern zu sehen war. Mit der Einführung der Person Tyler Durdens als Jacks Alter Ego wird Jacks aufsteigende innere Wut, die er immer weniger zurückhalten kann, sichtbar.

Tyler Durden fasziniert Jack nicht nur durch seinen anarchistischen Humor, er bringt auch Jacks seelischen Zustand auf den Punkt: »Du hast so eine kranke Verzweiflung in deiner Lache.« Von da an wird eine Entwicklung in Gang gesetzt, aus der es kein Zurück mehr gibt.

Jacks Wohnung, die fast komplett eingerichtet war, fliegt in die Luft. Die Zerstörung der Wohnung steht gleichermaßen für die Zerstörung und den Ausstieg Jacks aus seiner bisheriger Existenz. Der hier beginnende zweite Akt leitet den Wendepunkt der Geschichte ein, in dem alles verloren zu sein scheint und der Protagonist gezwungen wird, einen Neuanfang zu starten. Jack sucht Zuflucht bei Tyler Durden. Resigniert sagt Jack: »Ich hatte alles. Ich war kurz davor, mich vollständig zu fühlen.« Tyler antwortet: »Fühl dich nie vollständig, Schluss mit der Perfektion. Ich sage: Entwickeln wir uns!« Tyler spricht aus, was Jack bisher nicht wahrhaben wollte, dass er aktiv werden muss, um seine erstarrte innere Entwicklung wieder in Gang zu bringen und damit seine passiv-masochistische Haltung aufgeben und seine Progressionsangst überwinden muß. Tyler Durden formuliert als Jacks Alter Ego Gefühle, die der Erzähler sich nicht einzugestehen wagt, weil sie seine bisherige Existenz in Frage stellen, und gleichzeitig präsentiert Tyler die dunkle, abgespaltene Seite von Jacks immer stärker werdender und immer weniger zurückzuhaltender inneren Wut. Tyler Durden wird zu einem Guide, der den Erzähler aus seiner vermeintlich sicheren Welt herausführt. Tyler hält Jack sein ganzes falsches Selbst vor Augen, indem er ihn fragt:»Warum wissen Männer wie wir, was ein Plaid ist?« Damit bringt Tyler Jacks Identifizierung mit weiblichen Werten auf den Punkt und stellt seine Flucht in die Ersatzbefriedigung als Lösungsversuch in Frage.

Als Tyler Jack auffordert, ihn zu schlagen, so fest er kann, bevor er ihn in sein Haus aufnimmt, da »Schmerz eine der größten und einprägsamsten Erfahrungen in unserem Leben ist«, kann Jack nicht mehr zurück, nimmt die Herausforderung an und schlägt zu.

Über die Schmerzen aus den Verletzungen des Kampfes erlebt Jack zunächst Authentizität. »Wenn die Empfindung subjektiver Individualität und Einzigartigkeit immer illusionärer wird, wenn also verbreitet Ohnmacht angesagt ist, dann [...] soll wenigstens die Herrschaft über den eigenen Körper gewahrt bleiben« (AIGNER 2001: 267). Die körperliche Erfahrung des Schmerzes gibt Jack ein Gefühl von Macht und Überlegenheit. Die Schmerzen eröffnen Jack eine andere Sichtweise auf seine Existenz. Der verdrängte innere Schmerz über die eigene Schwäche rückt in die Dimension konkret erlebter Erfahrung. »Durch das Erlebnis des Schmerzes wird der Reizschutz der Körperoberfläche aufgehoben. Der Schmerz enthebt dem Körper zunächst die Kontrolle und verlangt Bewältigung. Die Überwindung des Schmerzerlebnisses führt zu einer Stärkung des Ichs« (ANZIEU 1998: 259). Der narzistische Gewinn aus der Bewältigung des Schmerzes ist die Stabilisierung seines geringen Selbstwertgefühls.

Jack zieht zu Tyler in ein verlassenes, abbruchreifes Haus, in dem das Wasser auf dem Fußboden steht und die Fenster zugenagelt sind. Dieses Haus steht isoliert und ohne Nachbarhäuser, entrückt von der Realität, und erinnert durch seine Konstruktion an das Haus in Hitchcocks *Psycho*, ein Fantasieort im Kopf des Protagonisten und ein Sinnbild dafür, dass er immer mehr aus seiner Welt aussteigt. Formalästhetisch angedeutet wird dies dadurch, dass die Farbe zurückgenommen und der Film immer dunkler wird, als ob Jack in die dunkle Unterwelt seines eigenen Ichs herabsteigt. In dem Haus stößt Jack immer wieder auf Texte, die von einem unbekannten Autor verfasst sind und sich auf Körperteile beziehen. »Ich bin Jacks Medulla

Oblongata.«, oder »Ich bin Jills Brustwarze.« Die Besorgnis um den eigenen Körper steht hier für den früheren Bewältigungsversuch, Verletzungen und Kränkungen auf die Dimension der hypochondrischen Körperwahrnehmung zu beziehen und darüber die erlebten Kränkungen zu entgiften.

Im Gegensatz zu dem passiv vermeidenden Jack wird Tyler Durden eingeführt als ein aktiv Handelnder, als Untergrundkämpfer, der in verschiedenen Nachtjobs als Kellner oder Filmvorführer die Regeln der bürgerlichen Welt in adoleszentem Aufbegehren boykottiert. So schneidet Tyler als Filmvorführer beim Spulenwechsel kurze pornographische Abbildungen in die Familienvorführung nach dem Leitsatz des Regisseurs, »Sie haben es gesehen, aber sie wissen es nicht«, mit dem Fincher auch mit dem Zuschauer in *Fight Club* spielt.

Licht in die innere Motivation der beiden Protagonisten bringt ein Gespräch zwischen Tyler – in einer vergammelten Badewanne, als Symbol für das prägende und unentrinnbare der frühen Traumata –, und Jack als Zuschauer. Hier entschlüsselt sich ein weiterer Aspekt der zentralen Frage des Films: »Wir sind doch noch Männer?« Auf die Frage, gegen wen Tyler gerne kämpfen würde, antwortet er: »Gegen meinen Dad«, und fasst in Worte, was Jack bisher noch nicht bewusst gedacht hat, was ihn aber in seiner rezeptiven Lebenshaltung immer beeinflusst hat. »Wir sind 'ne Generation von Männern, die von Frauen großgezogen wurde«, sagt Tyler. »Ich frag' mich ob noch 'ne Frau wirklich die Antwort auf unsere Fragen ist.« Der Wunsch mit dem Vater oder einer Vaterfigur wie Hemingway, Gandhi oder Shathner (Captain Kirk) zu kämpfen, steht für den dringenden Bedürfnis nach Kontakt zu einem väterlichen Objekt, das gleichzeitig ein Leitbild darstellt. Diese Leitbilder sind virtuelle Vorbilder, die eine tatsächliche konkrete Begegnung ausschließen. Ihre Idealisierung verschiebt die reale massive Kränkung, die deutlich wird, wenn Tyler erzählt, dass ihn sein Vater verlassen hat, als er sechs Jahre alt war. Er habe eine andere Frau geheiratet und noch ein paar Kinder gezeugt. So mache er es alle sechs Jahre. Worauf Tyler antwortet: »Der Penner macht Filialen auf.«

Das Schicksal des abwesenden Vater teilt er mit Jack. Sie beide waren Jungen, die von Frauen sozialisiert wurden. Aber vielleicht reicht die »hinreichend gute Mutter« (Winnicott) für die Sozialisation zum Mann nicht aus. »Wie Winnicott betont hat, gibt es in der psychologischen Kindheitsentwicklung einen Prozeß beständiger Ablösung – ein Kind löst sich mit Hilfe des Vaters allmählich aus der engen Bindung an die Mutter und geht neue Bindungen ein. [...] Das Tempo der Ablösung wird durch innere Auslöser bestimmt und durch emotionale Zuwendung gefördert. Der Schock tritt ein, wenn dieser Prozeß plötzlich unterbrochen wird« (SYMINGTON 1999: 98). Wenn das kindliche Ich noch zu schwach ist, um mit einem plötzlichen Verlust fertig zu werden, kann dies zu einer traumatischen Erfahrung werden, deren Bewältigung in der narzisstischen Zentrierung auf das Selbst bei gleichzeitigem Verdrängen des schmerzlichen Verlustes beruht. Der Verlust des Vaters hat Jack stärker an die Mutter gebunden, was als Basis für seine spätere Identifikation mit eher weiblichen Werten diente.

Deshalb fühlt sich Jack »als dreißigjähriges Milchgesicht«, das seine Ich-Schwäche kompensiert, indem er, reduziert auf Lifestyle und Cocooning bei gleichzeitiger Kontaktabwehr, einen passiv femininen Lebensstil verfolgt und so den entscheidenden Schritt zum erwachsenden Mann noch nicht vollziehen konnte.

Jacks Trauma ist das Stigma der väterlichen Ablehnung. Es wird als eigenes Versagen gewertet und in Form von Selbsthass gegen sich gerichtet. »Unsere Väter haben sich verpisst. Wir sind Gottes ungewollte Kinder«, sagt Tyler. Sie sind Söhne von Vätern, die ihre väterliche Rolle nicht übernehmen wollen, sondern einfach weiterziehen. Die Lücke, die das Fehlen eines strukturbildenden Vaters für die Gewissens- und Über-Ich-Bildung, aber auch für die Entwicklung des Selbst reißt, wird in der Szene mit einem Angestellten eines Liquor-Stores verdeutlicht. Tyler übernimmt die Rolle des autoritär-fordernden Vaters, der aber auch Sicherheit bietet durch seine Vorgaben. Er fordert den Angestellten auf, sein Studium wieder aufzunehmen und zu meistern oder er wird ihn erschießen. In Bezug zu der gestellten Forderung resümiert Tyler, das morgen der umwerfendste Tag im Leben des Angestellten sei.

Der erste Kampf zwischen Jack und Tyler bildet den Auftakt zur Gründung und Ausbreitung des »Fight Club« als einer Geheimgesellschaft und Verschwörung von gleichgesinnten Männern, die sich auf Parkplätzen und abgelegenen Höfen treffen, um sich gegenseitig halbtot zu schlagen. Die Wunden der Männer, die sich bisher in marginalisierten Berufen wie Kellner oder Bürobote bewegten, sind das Erkennungszeichen der Zugehörigkeit zu der neuen Gruppe, die eine radikale Form der Selbsthilfegruppe bildet, mit dem Ziel das geschädigte Ich aufzuwerten. Tyler, als Initiator, stellt die Regeln auf, an die sich jeder halten muss. »Die erste Regel des Fight Club lautet: Ihr verliert kein Wort über den Fight Club!« Und: »Wer neu ist im Fight Club, muss kämpfen!« Und es wird gekämpft. Hier finden die

Mitglieder Gemeinschaft in einer Männergesellschaft, die als ›Peer Group‹ funktioniert und die notwendige männliche Initiation zu versprechen scheint. Die Zugehörigkeit verleiht ihnen die Bedeutung, die sie im Alltag nicht finden. Die verbindende narzisstische Kränkung formuliert Tyler in einer programmatischen Ansprache:»Eine ganze Generation zapft Benzin, arbeitet als Schreibtischsklave, räumt Tische ab. Wir machen Jobs, die wir hassen und kaufen dann Scheiße, die wir nicht brauchen. Wir sind die Zweitgeborenen der Geschichte. [...] Unser großer Krieg ist ein spiritueller. Unsere große Depression ist unser Leben. Wir werden durch das Fernsehen aufgezogen, in dem Glauben alle irgendwann mal Millionäre zu werden, Filmgötter, Rockstars. Werden wir aber nicht. Und das wird uns langsam klar, und wir sind kurz, ganz kurz vor dem Ausrasten.«

So wird die narzisstische Wut über die enttäuschten Hoffnungen formuliert, die die Ersatzvorbilder aus den Medien versprachen und die das passiv rezeptive Größenselbst der Hauptfigur nur allzu gerne aufnahm, darüber aber den notwendigen Austausch mit realen Objekten verpasste. Durch das Fehlen von lebendigen Leitbildern, an denen man sich messen kann, war die Anpassung an die Realität verwehrt. So schlägt der Versuch fehl, durch die Identifizierung mit medialen Vorbildern einen Ersatz zu schaffen, da sie nur adaptiert sind, die Entwicklung aber nicht vorantreiben. In den »Fight Clubs« wird versucht, die Kränkung durch den Verlust an Bedeutung durch die Peer Group zu kompensieren, indem sich Gleichgesinnte oder gleich Geschädigte treffen. Die Kämpfe bieten keine Weiterentwicklung, sondern nur Entlastung.»Wenn der Kampf vorbei war, war nichts gelöst, aber es war auch nichts mehr von Bedeutung.« Die Kämpfer finden zwar die Gemeinschaft der Gruppe und treten so aus ihrer Vereinzelung und Anonymität heraus, aber ihnen fehlt noch immer der Initiator.

Es geht hierbei nicht nur um die fehlenden Väter, auch die männlichen Leitbilder, die eine Ersatzfunktion anbieten und damit ein Rollenvorbild darstellen könnten, versagen im weiteren Verlauf des Films. Jacks Chef schreckt zurück vor dessen Unempfindlichkeit gegenüber den Wunden aus den Kämpfen und dessen demonstrativer Gleichgültigkeit gegenüber seiner zur Schau getragenen Selbstzerstörung. Die Grenzsetzung durch eine weitere Vaterfigur, Lou, den Besitzer des Kellers, in dem die Kämpfe stattfinden, eskaliert zu einem Konflikt. Indem Lou ein väterliches Verbot aufstellt und die Kämpfe in seinem Keller untersagt, wird er von Tyler herausgefordert, worauf es zu einem Kampf mit Tyler kommt. Zunächst lässt sich Tyler von ihm zusammenschlagen und unterliegt scheinbar. Dann fällt er über Lou her und spuckt ihm die ausgeschlagenen Zähne und Blut ins Gesicht.»Du weißt nicht, was ich hinter mir habe«, schreit er mehrmals und »ich will dein Wort!« aber Lou übernimmt nicht die Rolle der väterlichen Autoritätsfigur, sondern entzieht sich dem Konflikt und flieht vor der Heftigkeit der Gefühle des symbolischen Sohnes. Die Väter versagen genau da, wo sie dringend grenzziehend und richtungsweisend benötigt werden und bieten keinen Ansatzpunkt zur Auseinandersetzung.

Trotz der martialischen Kämpfe bleiben Jack und Tyler existenziell abhängig von der Versorgung durch die Mütter. Dies wird im Film ironisch dargestellt durch den nächtlichen Einbruch in eine Schönheitsklinik, wo Tyler und Jack das abgesaugte Fett stehlen, um es zu Seife zu verarbeiten und dann den Frauen wieder zu verkaufen. Die Verachtung gegenüber den Frauen, die sie mit der Seife täuschen, stellt eine Reaktionsbildung dar, in deren Zentrum ihre Wut auf die Abhängigkeit von den Frauen bzw. Müttern steht.

Im weiteren Verlauf findet Jack zwar in den »Fight Clubs« ein neues Zuhause und in Tyler einen Freund, beides wird aber durch das abermalige Auftauchen von Marla Singer bedroht. Jacks strikte, fast phobische Ablehnung von Marla führt dazu, dass sie eine Verbindung mit Tyler eingeht. Als Tyler kann Jack mit Marla eine sexuelle Beziehung eingehen, die exzessiv und süchtig ist, ohne den Kontakt auf einer reifen objektalen Ebene halten zu können. Die an die Urszene erinnernde traumhafte Sequenz der exzessiven Sexualität zwischen Tyler und Marla bringt Jack in die Position des ausgeschlossenen Dritten und reaktiviert schmerzliche Kindheitserinnerungen, in denen Jack nur dann eine Rolle spielte, wenn er als Vermittler Botschaften des streitenden Elternpaares hin- und herbrachte. Jacks Angst steigt, sein Alter Ego Tyler Durden an eine Frau zu verlieren, so wie der Streit der Eltern die Angst schürte, der Vater könnte die Familie verlassen, was er dann auch tat und Jack bei der Mutter zurückließ.

Jack fühlt sich so sehr in seiner männlichen Potenz beschädigt, dass er Marla nicht in der Position des Mannes gegenübertreten kann und ihre sexuelle Herausforderung vermeidet. Sein Streben richtet sich auf Tyler, nicht im Sinne eines negativen Ödipuskomplexes, der zur Folge hat, dass das libidinöse Streben sich auf den Vater richtet, sondern aus der Not heraus, die der Verlust eines väterlichen Leitbildes brachte.»Ich wollte Tyler, Tyler wollte Marla und Marla wollte mich.« Marlas Avancen stellen eine Versuchung dar, der Jack sich aber nicht gewachsen fühlt. Sie machen ihm Angst, dem Sog von Nähe- und Verschmelzungswünschen ausgeliefert zu sein. Eine Erfahrung, die Jack in der dyadischen Mutterbeziehung kennen gelernt haben wird, in der der triangulierende Vater als Ausweichmöglichkeit nicht zur Verfügung stand. Die Gefühle von Abhängigkeit und Trennungsangst reaktivieren die frühen Erfahrungen und lassen Jack wieder nicht schlafen. Jack versucht die innere Wunde der Kränkung und Beschämung unter Kontrolle zu bringen, indem Tyler ihm mit Lauge eine tiefe Wunde in seinen Handrücken brennt und er die damit verbundenen Schmerzen bewältigt, um sich selbst zu stabilisieren, bis er den Schmerz durch Essig neutralisieren kann. So wie er versucht, die innere Verletzung durch den äußeren Schmerz zu neutralisieren und damit dem Bewusstsein zu entziehen. Jack behält ein ›Branding‹ zurück, einen eingebrannten sichtbaren Hinweis auf seine innere Wunde, die ihn mit Tyler verbindet. Und je mehr Marla für Jack eine sexuelle Herausforderung darstellt, gegen die er sich immer weniger wehren kann, desto mehr wird die destruktive Entwicklung weiter vorangetrieben. Es kommt zu einem Impulsdurchbruch Jacks, der sich im Kampf gegen Angel Face, dem schönen androgynen Mitglied von »Projekt Chaos« entlädt und dabei das ganze Ausmaß der rasenden Aggression zeigt, in dem unbändigen Wunsch, »etwas Schönes zu zerstören«, und zwar die eigenen weiblichen Anteile, die für Jacks eigene Schwäche stehen.

Aufgeschreckt durch Marlas sexuelle Avancen reichen die Kämpfe in den »Fight Clubs« nicht mehr aus, um Jacks ramponiertes Selbstwertgefühl zu stabilisieren. »Auch die als eine Art ›Elternersatz‹ fungierende Gang oder Peer Group und ihre Funktion als Anerkennung stiftende Einheit vermittelt letztlich keine identitätsstiftende Kraft.« (AIGNER 2001: 199). Angeführt von Tyler entwickeln sich die Kampfgruppen zu einer Bewegung, genannt ›Projekt Chaos‹, eine paramilitärische Gruppe mit Kadavergehorsam und Führermentalität, deren boykottierende Aktivitäten den Streichen adoleszenter Jugendgruppen nahe kommen, wenn die brennenden Fenster eines Bürogebäudes das grinsende Konterfei eines ›Smileys‹ darstellen. Angriffsfläche bildet die Welt des ›Corporate America‹. Ströme von Gleichgesinnten lassen sich als Mitkämpfer rekrutieren und nehmen Erniedrigung und Verspottung in Kauf. »Weltraumaffen« nennt Tyler sie höhnisch, als Abwehr der damit herangebrachten Spiegelung des Selbst, das auf der Suche nach Orientierung ist. Als Bob, der mütterliche Riese aus der Selbsthilfegruppe für Männer mit Hodenkrebs, der auch Mitglied im ›Fight Club‹ geworden ist, bei einer Boykott-Aktion erschossen wird, gibt es ein Innehalten. Jack erlebt zum ersten Mal die Folgen seiner rasenden Wut durch den tragischen Verlust eines geliebten Objekts, des einzigen Freundes, den er neben Tyler hat, was eine Wende im Film einleitet. Die Trauer um Bob holt ihn aus der Anonymisierung der neuen Gruppe, indem Jack ihn bei seinem Namen nennt, denn »Nach dem Tod hat man einen Namen«. Damit verbunden erkennt Jack, dass gelebte Beziehungen identitätsstiftend sind und nicht die Forderung nach Einlösung der Größenfantasien, was einerseits einen Wandel bei Jack auslöst, andererseits ist dies der Auftakt dazu, dass »Projekt Chaos« Jack entgleitet. Der negative Nazissmus findet seinen Höhepunkt, indem Tyler seinen Plan, die in Hochhäusern untergebrachten Zentralen aller Kreditkartengesellschaften in die Luft zu sprengen, damit jeder Amerikaner wieder bei Null anfangen kann, weiter verfolgt. Damit würde Gleichheit für alle hergestellt werden. Dies würde einen Triumph über den enttäuschenden Vater bedeuten, dessen Welt damit angegriffen und zerstört wird, als Ausdruck unbewältigter Rachefantasien einerseits, aber andererseits auch, um das beschädigte Ich an der Zerstörung des Primärobjekts, das sich entzogen hat, gesunden zu lassen. Jack versucht diese Entwicklung zu stoppen und übernimmt damit erstmals eine aktive Position der Verantwortlichkeit. Tyler, den er zur Hilfe rufen will, ist verschwunden, sodass Jack auf sich allein gestellt ist. Auf der Suche nach Tyler vollzieht Jack sein eigenes Leben nach und fliegt die Strecken noch einmal ab, die Tyler in den letzten Wochen zurückgelegt hat. »Ich bin ganz allein, mein Vater hat mich im Stich gelassen, und Tyler ist auch weg.« Auf dieser rasenden Suche nach Tyler findet Jack seinen Namen: Tyler Durden, der für seine Identität steht, die er sukzessiv verloren hatte in der Welt der zunehmenden Anpassung. Die Reste seines Selbstgefühls brodelten in ihm als die abgespaltene Seite seiner rasenden Wut: »Alles was Jack wollte, ist Tyler.«

Das Erkennen seiner wahren Identität als Tyler Durden schärft Jacks Blick auf sich selbst. Er erkennt, dass seine destruktiven inneren Fantasien immer stärker nach außen drängten und sich nun seiner Kontrolle entziehen indem sie sich in einem zerstörerischen Akt zu entladen drohen, als Gegenschlag gegen die Lebensumstände, die er als Jack unerträglich empfand und die er glaubte, nicht ändern zu können. Nun erfahren die Zuschauer, daß die Schlaflosigkeit nicht nur mit der entfremdeten Existenz des Erzählers zu tun hat, sondern das Ergebnis der Doppelexistenz von Jack ist, der nachts als Tyler Filme vorführt oder kellnert und deshalb die Hauptperson morgens am Kopierer fast einschlafen lässt. Als es Jack immer weniger gelingt, die Position des falschen Selbst aufrechtzuerhalten, macht er einen Schnitt, indem er selber seine Wohnung sprengt und von da an immer mehr zu Tyler wird. Die Heftigkeit von Jacks destruktiver Innenwelt wird durch die Spaltung in die zwei Personen Jack und Tyler sichtbar gemacht, was die dramaturgische Spannung des Films erhöht. Jack war von Anfang an Tyler, cinematografisch angedeutet, dass es keine subjektive Einstellung von Tyler im ganzen Film gibt. Die kurzen Einblendungen Tylers zu Beginn des Films zeigen, dass die Dissoziation von Anfang an da gewesen ist und im Verlauf immer weniger zurückgehalten werden konnte.

Zunächst wehrt sich Jack gegen die Erkenntnis, dass Tyler seine abgespaltenen und nicht integrierten Gefühle repräsentiert, aber es gibt kein Zurück. Tyler sagt zu Jack ihm: »Du hast mich erschaffen. Ich habe kein Versager-Alter-Ego geschaffen, damit es mir besser geht.« Und Jack versteht, dass sein Versuch, mit seinem Trauma fertig zu werden, die Spaltung war, die ihn immer mehr auf die Seite Tylers zog, als Antwort auf den immer weniger funktionierenden Kompensationsversuch der Selbstverwöhnung. Deshalb wurden »die Phasen, in denen ich Tyler war, immer länger.«

Jack ist nun in der Realität angekommen, filmisch dargestellt durch den ersten Day-Shot der amerikanischen Großstadt, in der er lebt. Die Erkenntnis des abgespaltenen Kerns führt zu dessen Integration und zur Entwicklung. Jack kann Marla gegenübertreten und ihr seine Liebe gestehen und den Schritt in eine reale objektale Beziehung wagen. Jack versucht zu stoppen, was er als Tyler in Gang gesetzt hat. Im Kampf mit den Polizisten, die mittlerweile auch zur »Projekt Chaos« gehören, spricht Jack wie Tyler und übernimmt die Position des Handelnden. Als er den geplanten Anschlag nicht stoppen kann, schiebt Jack als Tyler sich selbst die Waffe in den Mund, um sich so von Tyler zu befreien. Der Schuss tötet Jack nicht, sondern durchschlägt seine Wange, während Tyler getroffen zusammensinkt. Am Schluss steht der Antiheld in Unterhosen Hand in Hand mit Marla am Fenster und sieht die Hochhäuser einstürzen. Zurück bleibt »Projekt Zero«, das Resultat seiner rächenden Größenfantasien. Selbstkritisch resümiert Jack: »Du hast mich in einer seltsamen Phase kennengelernt.« Zwischen letzter Szene und Abspann ist kurz ein Penis eingeblendet, ein ironischer Hinweis des Regisseurs darauf, dass Tyler nicht besiegt ist, sondern weiter als Selbstanteil in Jacks Kopf existiert, aber vielleicht auch als Hinweis darauf, dass Jack seine Männlichkeit nun besser integrieren kann. Oder ist es das ironische Resümee Finchers: Tyler hat selbst als Vorführer den Film präsentiert?

In seiner mutigen Interpretation des beeindruckenden Romans von Chuck Palahniuk gelingt es David Fincher, ein genaues Psychogramm einer durch mediale Bilder sozialisierten vaterlosen Männergeneration zu zeichnen, die unter ihrer Marginalisierung leidet. Da die eigene Existenz in einer immer stärker auf Leistung und Erfolg orientierten Welt als beschämend wahrgenommen wird, findet eine Flucht in einen negativen Narzissmus statt. Durch die Einführung des Doppelgängers Tyler gelingt es *Fight Club*, die Innenwelt der aufsteigenden und immer weniger kontrollierbaren Wut, die solche Männer weltweit empfinden, ins Bild zu setzen. Der Roman erschien fünf Jahre vor dem 11. September! Auch wenn der Film die Reise des Helden Jack als Entwicklungsgeschichte erzählt, erahnen wir das terroristische Potenzial, das aus Beschämung und Enttäuschung entsteht. In solch einer ausweglosen Situation der Unsichtbarkeit scheint es verlockend, als Amokläufer oder Selbstmordattentäter Bedeutung zu erlangen, wenn auch nur für wenige Augenblicke.

Literatur

AIGNER, JOSEF CHRISTIAN: *Der ferne Vater*. [Psychosozial Verlag] 2001
ANZIEU, DIDIER: *Das Haut-Ich*. Frankfurt/M. [Suhrkamp Taschenbuch] 1996
GREEN, ANDRE: Todestrieb, negativer Narzißmus, Desobjektalisierungsfunktion. In: *Psyche*, 55. Jg., Heft 9/10 2001
SCHNELLE, FRANK (Hrsg.): *David Fincher*. [Bertz] 2002
SENNETT, RICHARD: *Der flexible Mensch*. [Siedler] 2000
SYMINGTON, NEVILLE: *Narzißmus*. [Psychosozial Verlag] 2002

RAINER B. JOGSCHIES

Zur Chiffrierung von Atomkriegsängsten in
Science-Fiction-Filmen und ihrer
De-Chiffrierung in der Politik.
Erzählweisen zwischen Überlieferung und
Projektion in den USA, Großbritannien
und Japan – Wirklichkeitskonstruktion
zwischen Fantasie und ›Nuklearismus‹

1.   *Epochen und Entwicklungen der A- und B-Filme
von den 1950er- bis zu den 1980er-Jahren*

Zu keiner Zeit war das Wissen zu Ursachen und Gefahren wohl vorbe-
reiteter atomarer Kriege präziser als gegen Ende des 20. Jahrhunderts.
Gleichwohl wurden der Kalte Krieg und die militärisch einkalkulierte
und eingeübte Vernichtung der gesamten Menschheit seit Beginn der
1950er- bis in die 1990er-Jahre im öffentlichen Bewusstsein noch schicksalhaft verstanden. Kritik an einer ›Kriegsführungsstrategie‹, die das
Ende der Welt bedeuten könnte, wurde wider besseren Wissens landläu-
fig als ›Endzeit-Stimmung‹, als Glaubensfrage, denunziert. Befürworter
der Kriegstechnologie sprachen hingegen von einer ›Balance des Schreckens‹ welchen sie in doppeltem Sinne gezielt inszenieren. Ihr Tun stellten sie als rational in Abgrenzung zur emotionalen Kriegs-›Angst‹ hin.
Gleichwohl wählten sie für die militärischen Vernichtungs-Szenarien
den Ausdruck ›Theatre‹, also salopp gesagt: Illusionsstätte. Der Begriff

›Theatre‹ tauchte in politischen Debatten und in den ›Field-Manuals‹ der US Army gleichermaßen auf. Dass der rational gewollte Schrecken die gewünschte Wirkung in seiner realistischen Projektion des ›Theatre‹ zeigte, taten sie eigenartigerweise als irrational ab. Nach ›Auflösung der Blöcke‹ sind die weiter bestehenden Gefahren heute kaum noch gegenwärtig. An der Polarisierung zwischen Wissen und Schicksal, zwischen Schrecken und Balance, zwischen Szenario und Science-Fiction, hat sich erstaunlicherweise nichts geändert, obwohl alle politischen Fronten überwunden geglaubt werden.

Der gesellschaftliche Diskurs zum Thema atomarer Vernichtungspotenziale ist aber nicht nur deshalb abgebrochen. Auch die mediale Aufarbeitung des Themas fehlt inzwischen fast völlig. Den friedensbewegten 1980er-Jahren waren jahrzehntelang Filme vorangegangen, die die Gefahren einer atomaren Auseinandersetzung projizierten. Heute eilen die Fernsehstationen mit mobilen Teams von einer ›Kampfzone‹ zur anderen. Der Journalismus ist nicht mehr unabhängig, sondern ›embedded journalism‹.

Computerspiele wie *War in The Gulf* (1990) oder *America's Army* (2001) boten die späteren militärischen Aktionen schon lange vorher als Simulationen an. In diesem Umfeld befassen sich neuere Science-Fiction-Stoffe ausgerechnet mit einer grundlegenden Sinnsuche wie bei *Matrix* (1999) oder allgemeineren Fragen des Endes der Identität – nicht als gesellschaftliches Wesen, sondern als Individuum. Von der totalen Vernichtung aller Gesellschaften ist keine Rede mehr, obwohl Bomben für die vielfache Zertrümmerung des Planeten in den Arsenalen der ›Supermächte‹ und anderer Staaten gehortet werden – weder in der allgemeinen Öffentlichkeit, noch im Kino.

In dem früheren Spannungsfeld zwischen Wissen und Schicksalhaftigkeit, zwischen angeblicher Strategie und verbrämter Stimmung, zwischen behaupteter Rationalität und denunzierter Irrationalität lagen gesellschaftliche Zustandsstimmungen verborgen. Sie brachen beizeiten unkalkuliert, scheinbar plötzlich und grundlos hervor. Hörspiele oder Filme wurden als bloße Auslöser gedeutet. So nahm beispielsweise in den USA eine vermeintliche ›UFO-Hysterie‹ in den 1950er-Jahren sektenhafte Züge an.

Dahinter steckten zum Teil nicht einmal ›nur‹ Ängste, mit denen die Fantasien durchgingen, oder (filmische) Projektionen, die in der Wirklichkeit vermeintlich wiedererkannt wurden. Unbekannte Flugobjekte der damaligen Zeit sind beispielsweise inzwischen identifiziert. Es waren

größtenteils Testflugzeuge der US Airforce. Sie hatten für jene Zeit unge-
wöhnlichste Formen und Antriebe. Es waren seinerzeit zweifelsohne und
wortwörtlich unbekannte Flugobjekte.

Als diese banalen Tatsachen noch von Militär und Politik bestritten und
ihre Benenner verleumdet wurden, offenbarte sich dahinter ein noch tiefer
gehendes diffuses, un- oder vorbewusstes Weltbild. Es war ein Spiegel der
Verunsicherung nach dem Zweiten Weltkrieg. Unruhe zeigte sich nicht nur
in Demonstrationen angesichts der zahlreichen ›Stellvertreterkriege‹. Die
bürgerschaftliche Verunsicherung fand ihren Ausdruck beispielsweise in
scheinbar nicht zu dieser Welt gehörigen Welt-Bildern: In einer trivialen
oder auch trivialisierenden Form des Science-Fiction. Im Folgenden wird
davon vor allem am Beispiel einiger A- und B-Filme die Rede sein.

Aber auch in der gesellschaftlichen Wirklichkeit wurden Ängste teils
im wortwörtlichen Auftrag der Politik verarbeitet, mit dem Ergebnis
alles anderer als trivialer Konzepte. Das betrifft nicht nur nur Entwicklung und Bau der Atombombe in den 1940er- und weitergehender Waf-
fensysteme in den 1970er-Jahren. So wurde beispielsweise bereits Anfang
der 1980er-Jahre eine, differenzierte, post-atomare ›Religion‹ entwickelt,
die »Atompriesterschaft« nach Thomas Seboek (1984).

Von einer solchen politischen Konstruktion künftiger Wirklichkeit
muss kontrastierend zum Bemühen der De-Chiffrierung von Atomkriegsängsten die Rede sein, aber auch von der identitätsgründenden
Deutung der Realität durch die Naturwissenschaften. Nur so kann der
geschichtliche und gesellschaftliche Irrwitz, der uns immer noch umgibt,
durchdrungen und gegenwärtiger werden.

Die Beispielebene mag dazu zunächst analytisch ungeeignet erscheinen. Der Film ist ein flüchtiges Medium, was ihn methodisch nicht nur in
der Form, sondern auch seiner Rezeption schwer fassbar macht. Er erzeugt
gleichwohl bleibende, vor allem emotionale Eindrücke. Sie können nicht
nur formal rekonstruiert, sondern hermeneutisch bestimmten gesellschaftlichen Umgebungen zugeordnet werden. Wir können in ihm – im
günstigsten Falle – Bilder sehen, die es im Alltagsleben (noch) nicht gibt.
Wir können in ihm beispielsweise die UFOs bildlich sehen, auch wenn es sie
so nicht gab. Und wir sehen, was bildhaft damit gemeint war – selbst es
wenn es sich im Nachhinein nicht um geheimnisvolle Außerirdische, sondern um Geheimnisse von Militärs gehandelt haben sollte. Die gesellschaftliche Wirklichkeit ist gerade dort zu sehen, wo sie vorgeblich nicht
abgebildet werden soll, ob im Kino oder in der Politik.

Und wir können absonderlicherweise die Film-Bilder, die angeblich
Zukünftiges zu einer Gegenwart im Kinosaal profan rahmen, auch noch
verstehen, wenn es die Zeit, in der sie vermeintlich spielten, inzwischen
bereits anders gibt: Wenn die ausgemalte Wirklichkeit also ›anders‹
aussieht als die vorangegangene Projektion. Wir leben teilweise in jener
Zukunft, vor der sich gefürchtet wurde. Unsere Gegenwart sieht in den vergangenen Leinwandprojektion einerseits oft fremd und andererseits wieder
so vertraut aus, dass wir sie manchmal erschrocken wiedererkennen.

Jene Bilder von den Bedingungen unseres Seins entstanden und entstehen erst im Kinosaal, vor unserem inneren Auge – ob wir nun in den 1930er-
oder den 1980er-Jahren geboren wurden. Diesem Phänomen gilt es nicht
nur wahrnehmungspsychologisch oder mit Mitteln der Rezeptionsforschung nachzugehen, sondern vor allem sozial- und mediengeschichtlich.

Film ist dabei als eine Formulierungsübung von *Welt*anschauungen
zu verstehen, es handelt sich um eine Weltanschauung im wörtlichen
Sinn. In diesen Überlegungen bietet er gewissermaßen auch eine außergewöhnliche Laborsituation an. Abseits der wirtschaftlichen Bedingungen der Film-Produktion wird der Blick frei auf aktuelle politische Projektionen, die sich auffällig ähnlicher Erzähl-Elemente bedienen.

Es wird insoweit von den Metaphern und der Machart von Visionen zu reden sein. Weniger liegt das Augenmerk auf jenen scheinbar
verselbstständigten Ikonographien, wie sie inzwischen in der Rezeptionsforschung eigenartig unterstellt werden. Eine solche erkannte Bildsprache verdeckt die direkte Sprache der Bilder. Sie offenbart nicht, was
verstanden wurde, sondern ordnet eine Deutung zu.

Neben ›Film‹ und ›Politik‹, die hier zunächst nur als verschiedene
und doch Ähnlichkeiten zeigende Sprachsysteme aufgefasst werden,
muss jedoch vergleichend zum einen die Zukunftssicht der literarischen
Vorläufer von SF-Filmen berücksichtigt werden. Sie zeigen in verschiedenen gesellschaftlichen Formationen durchgängige Erzählstränge und
Geschichtenelemente. Zum anderen ist die spezifische Weltsicht der Naturwissenschaften zu berücksichtigen, die sich im Gegensatz zu genau diesem
Genre versteht, das sich doch vorgeblich ihrer Elemente bedient. Der Scientific Community war die ›fiction‹ nach eigenem Verständnis ein Graus. Erst
recht, wenn sie sich mehr oder weniger ernst auf die ›science‹ berief.

Im Vergleich und der Verbindung ihrer Erzählweisen und Topoi
werden jedoch Ähnlichkeiten und Parallelen offenbar, die weit über den
jeweiligen Bedeutungsgehalt hinausweisen.

Die Betrachtung von SF-Filmen hat darüber hinaus einen entscheidenden Vorzug gegenüber den geschlossenen Systemen der Teilöffentlichkeiten ›Politik‹ und ›Naturwissenschaften‹, wie sie Niklas Luhmann (1986) bzw. Douglas R. Hofstadter (1982) hinreichend analysiert haben. Film kann als Medium nicht das noch nicht sichtbare Künftige zeigen, sondern auch nur das Unaussprechliche aussprechen. Er kann auch das nie zu Zeigende zeigen: Verborgene Ängste werden sichtbar, aber auch verborgene Gesellschaftszusammenhänge, die unter die Oberfläche ihrer formalen Verfassung gehen. Demgegenüber sind ›Politik‹ und ›Naturwissenschaften‹ zu hermetisch, um ihnen jeweils für sich gerecht zu werden. An ihren Schnittstellen zur Gesellschaft offenbaren sich jedoch Brüche.

Sogar abstrakte Welt-Anschauungen sind so ›ansehbar‹. Im Film könnten sogar Vorstellungen von einem Leben inszeniert werden, das noch an jenen menschlich beharrenden Umständen der Zuschauer scheitert, die zumindest im Film mühelos aufzuheben sind oder wären. 1961 hat Kingsley Amis in seiner Analyse der Science-Fiction skeptisch von den »New Maps of Hell« gesprochen (AMIS 1961).

Solch eine Topographie bedarf der dauernden Beobachtungen, um bei kleineren Verwerfungen bereits künftige Erdbeben erkennen zu können.

Es sollen hier also keineswegs Wirkungsweisen zwischen den völlig unterschiedlichen Ebenen wie Erzählungen und Politik bloßgelegt und gar Kausalitäten behauptet werden.

Gleichwohl muss der Film immer wieder anknüpfen an die Wiedererkennbarkeit von Bildern, also an Sehgewohnheiten, Metaphern, Symbolen und Sinndeutungen. Wie kann Veränderung ›gedacht‹ werden? Diese Frage ist im doppelten Sinn zu verstehen.

Ein Film wäre demnach zunächst als Film in einer bestimmten Zeit so zu sehen, wie er gemeint war. Dies schränkt die vorgemachten Aussagen nicht ein. Im Gegenteil. Wer seinerzeit in den filmischen UFO-Fantasien bloß Angst vor UFOS bekam, der schloss den Film so auf, wie er als kommerzielles Produkt verkauft wurde.

Doch die rückblickende, analytische Sicht erschließt in der Gesamtschau gleichzeitiger medialer und gesellschaftlicher Entwicklungen die übergreifenden Erzählmuster – und gibt damit beispielsweise bei der Bewertung von überdauernden Symbolen und Metaphern einen doppelten Blick auf die Inhalte frei. Wenn wir uns heute noch gerne an den einen oder anderen utopischen Film erinnern – dann vielleicht gerade, weil der Film inzwischen eine andere Bedeutung durch die gesellschaftlichen

Umstände gewonnen hat. Oder auch, weil das ›Seherische‹ darin uns mehr
berührt als eine zeitgemäßere kühle Kommentierung des Alltags.

Epochen und Entwicklungstendenzen der A- und B-Filme
von den 1950er- bis zu den 1980er-Jahren

Die nachfolgend skizzierten und gesellschaftlichen Situationen zugeord-
neten Filmbeispiele sind nicht so sehr in der ihnen ganz eigenen Ästhetik
interessant. Erst durch das spezifische Aufgreifen vorgefundener zeitge-
schichtlicher und tradierter sprachlicher Chiffren sollte – durch eine ver-
fremdete Aktualisierung – der Blick in die Zukunft bzw. in eine rational
oder demokratisch sonst schwer erfassbare Gegenwart ermöglicht werden.
Die zitierten, für ihre Gattung typischen Filme haben allerdings – wohl
auch damit – einen außergewöhnlichen Erfolg über ihr Genre und ihre
Zeit hinaus und über nationale Grenzen hinweg gehabt, auch wenn sie
beispielsweise als B-Filme produziert wurden, weil das Thema fälschlich
nicht als erfolgversprechend genug für eine A-Ausstattung angesehen
worden war. Die trivialisierte und damit popularisierte Utopie rückt so im
wörtlichen Sinne auch in den Blick der Geschichte und ist der Spiegel von
Interesse für eine spätere Modellbildung einer »Atompriesterschaft« wie
sie Thomas Seboek im Auftrag der Bechtel Group für den US-Präsidenten
Ronald Reagan entwickelt hat (vgl. SEBOEK 1984: 229; BLONSKY 1984: 311).
    Die beispielhaften Filme, die ich aus der Fülle des Materials ausge-
wählt habe, sind nur auf den ersten Blick ein inhomogenes empirisches
Material. Dieser Eindruck wird nicht nur wegen der Zeitspanne von drei
Jahrzehnten zwischen 1950 und 1980 verstärkt. Auch die mehr oder weniger verschiedenen Kulturkreise der USA, Großbritanniens und Japans
und ihre Erzähltraditionen, die teils bereits stark medial vorgeformt
sind, lassen eine Vergleichbarkeit problematisch erscheinen. Schon die
Auswahl dieser drei Filmproduktionsländer wirkt willkürlich. Dazu
wären die Produktionsvolumina international zu ungleich verteilt. Auch
die Höhe der erzielten Erlöse könnte ein falsches Licht auf die Wirksam-
keit der Werke werfen.
    Grenzt man die umfassende Produktion mit Liebes-, Kriegs-, Wes-
tern-, Action- und sonstigen Genre-Filme jedoch auf Science-Fiction
ein, so ist auffällig, wie gegenwärtig beispielsweise in den 1960er-Jah-
ren japanische Produkte auf dem europäischen Markt waren. In den

1990er-Jahren kam die prominenteste japanische Figur, der monströse, vom Atomexplosionen geweckte Saurier *Godzilla* (1998), sogar als Remake von 1954 aus Hollywood wieder international mit Erfolg in die Kinos. Auch die britischen Filme der 1950er-Jahre hatten eine überproportionale Präsenz, die sich vor allem im aufkommenden Fernsehen zeigte, wo diese Filme häufiger wahrgenommen wurden als die japanischen im Kinosaal. In den 1970er-Jahren hatten wiederum US-Filme einen weltweiten Erfolg, die in ihrer Erzählweise nicht wie Kubricks *2001: Odyssee im Weltraum* (1968) auf ein europäisches Publikum zugeschnitten waren, sondern populäre, vor allem international verständlichere Erzählweisen anwandten. Sie griffen dabei auf Codes zurück, die lange tradiert waren. Die Filmreihe *Planet der Affen* (1968) schließlich wurde in vielen Nationen ›Kult‹, die den Genre-Mix jenes wüsten Epos scheinbar ohne Übersetzungsverluste goutierten.

Drei Phasen der Filmproduktion lassen sich grob nach den beiden Weltkriegen unterscheiden. Sie spiegeln gesellschaftliche Grunderfahrungen und Umbrüche wieder. Dies wird an einem Beispiel, *Planet der Affen*, ausführlicher gezeigt, um die Verzahnung von Elementen zu verdeutlichen:

In den 1950er-Jahren war der junge Frieden gefährdet. Es tobten ›kleine Kriege‹, so genannte ›Stellvertreterkriege‹, wie in Korea. Atombomben wurden in West und Ost oberirdisch getestet. Es zog der Kalte Krieg immer bedrohlicher manifest herauf. Die Filme jener Jahre handelten von Invasionen aus dem Weltall (nicht aus dem roten ›Reich des Bösen‹), von mutierten Insekten (nicht von der ›Gelben Gefahr‹ aus dem Mao-Reich China) und unbezwingbaren Monstren, die alles zerstören (und nur mit der Atombombe rettend beseitigt werden) und vom Atomkrieg (der immer nur ein Übergangsstadium in eine bessere Welt ist).

In den 1960er-Jahren war die Weltraumfahrt (mit der ersten Mondlandung) der Stoff, aus dem die Science-Fiction schöpfen konnte. Die Filme handelten vermehrt vom Aufbruch ins All statt von der Invasion aus dem All. Der Drehort wechselte sozusagen. Auf der Erde gab es aber noch die Studentenunruhen, die Rassenunruhen und den eskalierenden Kalten Krieg. Dadurch waren gegen Ende der 1960er-Jahre plötzlich andere Themen als der Mensch im Weltraum der Mittelpunkt der vermeintlich utopischen Filme: Mystizismus und Rassenkonflikte, Diktatur und quasi-religiöse Errettung durch eine verselbstständigte Technik.

In den 1970er-Jahren kamen noch die Umweltprobleme hinzu. Sie wurden – wenn überhaupt – in SF-Filmen überwiegend resigniert und fatalistisch abgehandelt. Allerdings prägten sie rasch ein eigenes Genre aus, das schließlich in den 1980er-Jahren in die verfremdeten Katastrophenfilme mündete.

Einige wenige, zeit- und genretypische Beispiele aus den drei Haupterzeugerländern von Science-Fiction-Filmen – Japan, Großbritannien und USA – sollen die Begleitung gesellschaftlicher Superzeichen anschaulich machen:

In den 1950er-Jahren waren es vor allem japanische Billig-Filme, die mit dem urzeitlichen Monster *Godzilla* (1954) die zerstörerische Kraft der Atombombe versinnbildlichten und verselbstständigten. Anfangs erweckte noch die Gewalt einer Atombombe das saurierähnliche Untier aus einem steinzeitlichen Schlaf. Es trampelte daraufhin japanische Städte klein. Später traten in Serie andere mythenhafte Figuren hinzu, beispielsweise ein mächtiger, fliegender Löwe, der in einer Art Olymp hauste. Sie vollführten Titanenkämpfen vor den staunenden Menschen. Die deutschen Fassungen erreichten erst in den 1960er-Jahren die Vorstadtkinos und ein gemischtes Publikum aus Erwachsenen und Jugendlichen.

Demgegenüber waren die britischen Zukunftsvisionen von der frühen europäischen Anti-Atombewegung der 1950er-Jahre geprägt. Sie schildern in einer akut bedrohten Gegenwart den Zynismus der herrschenden Nukleargemeinde als ausweglos. In *Sie sind verdammt* (*The Damned*, 1961), Ende der 1950er-Jahre als Roman verfasst von Evan Jones (*Children of Light*), werden beispielsweise Kinder (also ›die Zukunft‹) unter einem Militärdepot in Bunkern verwahrt. Ihre Mütter waren vor ihrer Geburt hoher radioaktiver Strahlung ausgesetzt. Als Gefangene werden sie nun darauf vorbereitet, die Keimzelle einer post-atomaren Menschheit zu sein – eine verwaltungsgemäße Version der Schöpfungsgeschichte. Doch diese Kinder, sonst Symbole der Unschuld, sind ebenfalls strahlenverseucht: Sie töten mit dieser auf sie geladenen Schuld der Eltern unfreiwillig ein junges Paar, das sie und ihr Geheimnis entdeckt und aus der bombengehärteten Höhle für kurze Zeit befreit – eine wortwörtlich post-moderne Adam- und Eva-Variation.

Die Höhle in *Sie sind verdammt* ist hier eine auch in zahlreichen anderen SF-Filmen eine wiederkehrende Metapher für die Hölle, das Totenreich, das von hier aus ›begangen‹ werden kann. Die antiken Welterklärungsmodelle, die sich bei der Orpheus-Erzählung, dem Nekyia-Kapitel der Odyssee oder der Heraufholung des Höllenhundes duch Herakles widerspiegelten, sind hier lediglich säkularisiert als der nun vorgebliche Kontrollbereich einer ebenfalls streng gläubigen Wissenschaftler- und Militärgemeinde.

Ein zweites Beispiel: In *Der Tag, an dem die Erde Feuer fing* (1961, aber Ende der 1950er-Jahre konzipiert) ist durch zwei zufällig gleichzeitige Atombomben-Tests in den USA und der UdSSR gleich der ganze Planet aus seiner Achslage gedrückt worden. Er droht aus der Umlaufbahn in die Sonne zu stürzen. Klimakatastrophen suchen die hilflose Menschheit heim. Im letzten Moment kann nur noch die Bombe selber – gleichermaßen allmächtig, zerstörerisch wie überlebenswichtig – retten, was der Mensch in Gefahr gebracht hat: Mit neuerlichen, zeitgleichen Nuklearsprengungen wird die Erdkugel wieder ins Lot gebracht. Die Balance des Schreckens wirkt in diesem Bildnis jedenfalls erstmals positiv. Es ist also nicht nur ein astrophysikalisches, sondern eher ein weltpsychologisches Gleichgewicht. Die Physiker und Militärs sind zudem in diesem Plot, im Unterschied zum vorher erwähnten, gottgleiche Vernichter und Schöpfer.

Trotz dieser Verschiedenheit der filmischen Macht- und Herrschaftssichten bleibt die vermittelte Grunderfahrung dieselbe: Der Bürger ist angesichts der Atombombe ohnmächtig. Sie bestimmt sein Leben in der Gegenwart und in der Zukunft. Die US-amerikanischen Filme dieser Zeit spiegeln im Gegensatz zu dieser exemplarischen Ohnmacht der Gesellschaft angesichts des Komplotts von Politik und Militär auch das brüchige und kurze Allmachtgefühl dieser ersten Nuklear-Nation. Die Sowjets hatten den offensichtlich höllenmächtigen Amerikanern mit ihren Atomtests einen Schock verursacht. Mit dem *Sputnik*-Start wurde die nationale Verunsicherung noch größer.

Im gesellschaftlichen Diskurs spielte Alltäglicheres eine Rolle. In *Der Tag, an dem die Erde stillstand* von 1951 kommt kurzzeitig eine antizivilisatorische Nachdenklichkeit auf: Ein Außerirdischer, der aussieht wie ein durchschnittlicher weißer, männlicher US-Mittelschichtsbürger (und keineswegs wie ein Russe oder ein Alien), landet mit seinem Raumschiff und einem golemhaften Roboter, vor dem Kapitol. Er will die Menschheit zur Umkehr zu bewegen. Mit einem elektromagnetischen Puls (EMP), wie er auch von einer Atombombe ausgelöst werden kann, bringt er allen Strom zum Stillstand, die Autos auf der Straße, die Fahrstühle und dergleichen. Doch diese Machtdemonstration, die sinnfällig den Alltag aufhebt, um den Atomkrieg zu verhindern, misslingt: Der Außerirdische wird von GIs getötet. Aber er wird von seinem Roboter (!) wieder zum Leben erweckt – eine alles andere als österliche Geschichte und die Verkehrung der Golem- und der Frankenstein-Metapher. Allerdings reist er nicht ganz unverrichteter Dinge ab. Er hat eine attraktive weiße US-Amerikanerin mit an Bord genommen. Die Witwe bringt sogar ein Kind mit in die überirdische Liebe. Es ist ein guter Grundstock für eine friedliche Fortsetzung der zerstörungswilligen Zivilisation auf der Erde – Lebensborn made in USA, ganz anders als der britische Höhlen-Hort des Militärs.

Von diesen deutlich erkennbaren typischen Metaphern abgesehen, knüpfen die japanischen Science-Fiction-Filme der 1950er-Jahre in ihrer gesamten Machart deutlich an die literarischen Erzähltraditionen der Gothic Novels mit ihren unbewusst psychologischen Zügen an (beispielsweise wie in Mary Shelleys *Frankenstein*). Das britische Beispiel verweist eher auf H. G. Wells (*Krieg der Welten*) und die amerikanischen mehr auf Jules Verne.

Allen Dreien ist in der unmittelbaren Nachkriegszeit eine passivische Anti-Utopie gemein, die über die Negation offenbar auch verschüttete, nicht eingelöste Sehnsüchte mitformuliert.

Neben der Revokation oder Ersetzung des Schöpfungsmythos durch die Atombombe, taucht – wie auch in den späteren Science-Fiction-Filmen der 1960er-Jahre – das Motiv des ›Bösen‹ oder der Göttlichkeit immer wieder verschlüsselt in der Gestalt der Androiden auf. Das künstlich geschaffene, menschengleiche Wesen versinnbildlicht beispielsweise in *Der Tag, an dem die Erde stillstand*, dass nicht mehr Gott dem Menschen in Menschengestalt erscheint, sondern beispielsweise ein zwar außerirdischer, aber doch irgendwie typischer Washingtoner (›Einer wie du und ich‹, ist die direkte bildliche Botschaft). Alltag und Allmacht verschmelzen in dieser Fantasie kindlich.

Jack Arnold, der in zahlreichen US-Fiction-Filmen die Tiefen des Kosmos für seine Katastrophenvisionen als Regisseur ausleuchtete, hatte noch eine ganz besondere Variante dieser Symbolik parat. Er kehrte gar die Gothic Novels ins Gegenteil: In *Gefahr aus dem Weltall* ließ er 1953 die extraterrestrischen Horrorwesen ausgerechnet in Menschengestalt schlüpfen. So mussten sie nicht fürchten, der kulturell niederen Zerstörungswut der Menschen gegen alles Fremde ausgesetzt zu sein.

Das war mehr als ein dramaturgischer Trick, um aufwendige, teure Spezialeffekte in einem von den Produktionskosten her billigen B-Film zu sparen: ›Der Mensch‹ wird so nicht nur zur bloßen Hülle. Er wird zur eigentlichen Horrorfigur. Er wird sich selber fremd – und Feind. Und selbst wenn er Freund und Feind unterscheiden wollte – er kann es nicht mehr. Nicht das Anderssein oder das Andersdenken wird sein Untergang, sondern die Gleichheit.

Für solche Parabeln war es allerdings eine gefährliche Zeit: 1950 war Joseph R. McCarthy Vorsitzender des »Senatsausschusses zur Untersuchung unamerikanischer Umtriebe« geworden. Er stellte u.a. öffentlich die Behauptung auf, dass das Außenministerium von Kommunisten unterwandert sei, und löste mit dieser und ähnlichen Anschuldigungen eine Welle heftiger Spekulationen aus, die zur teilweise hysterischen Verfolgung vor allem vermeintlicher Kommunisten führte, aber auch antisemitische und nationalistische Züge annahm. So mussten auch der Atombomben-Entwickler Robert J. Oppenheimer und andere Intellektuelle, wie der in die USA emigrierte Dichter Bert Brecht, vor dem Ausschuss aussagen. Im April 1954 erhob McCarthy schließlich gegen den Verteidigungsminister Anklage wegen Verschleierung ausländischer Spionagetätigkeit.

In den 1960er-Jahren entwickelten sich die Science-Fiction-Stoffe – von Resignation über die Nuklearisierung der Politik gezeichnet – allmählich zu epischen Gegenwarts-Mythen: Nach dem 1963 von Stanley Kubrick gedrehten Film *Dr. Seltsam oder Wie ich lernte, die Bombe zu lieben* (1963) gerieten die kritischen Katastrophenvisionen gegenüber den nun gängigeren ›space operas‹ endgültig in den Hintergrund.

Um diesen Kontrast zu verdeutlichen kurz die Konturen der Handlung von *Dr. Seltsam* und *2001: Odyssee im Weltraum*: Der Doktor »Seltsam«, wie in der deutschen Fassung der an den Rollstuhl gefesselte ehemalige deutsche Nazi-Wissenschaftler im Dienste der US-Militärs heißt, kann die von ihm (anders) geplante atomare Weltvernichtung nicht aufhalten. Die sonst gängige Experten-Verheiligung wird hier verhöhnt, nicht nur, weil einmal mehr der filmische Prototyp des ›Mad Scientist‹ auftritt, sondern die Interessengeleitetheit der Wissenschaft unverblümt aufscheint, auch wenn sie selber zu keinem wörtlichen Fort-Schritt mehr fähig ist. Es ist eine wahrlich seltsame Liebe. Es setzt sich in der Beziehung zur Wissenschaft die Dummheit der Militärs gegenüber der Naivität und Anmaßung der Wissenschaft durch. Ein US-Airforce-Stützpunktkommandeur mit dem klangvollen Namen ›Kong‹ (wie der weltbekannte filmische Monster-Affe *King Kong*) rastet aus, weil er argwöhnt, dass ›die Russen‹ hinter der Fluoridierung des amerikanischen Trinkwassers stünden. So werde die US-Bevölkerung dem geistigen und körperlichen Verfall überlassen, glaubt er. Kong verkörpert die Wesenszüge der McCarthy-Ära. Er hat sich von aller Kommunikation zur politischen und militärischen Führung systematisch abgeschottet. Und so befiehlt er einsam und verrückt die ›Strategische Bomberflotte‹ auf ihren Bestimmungskurs gen UdSSR. Ein Bomber-Kapitän reitet am Schluss mit einem Cowboyhut und Western-Juchhei auf einer A-Bombe wie beim Rodeo zum Ground Zero.

Der amerikanische Traum explodierte mit satirischem Gejohle im Kino – während sich der Kalte Krieg draußen verschärfte und der Vietnam-Krieg mit amerikanischem Chemiewaffen-Einsatz und endlosem, völkerrechtswidrigen Flächenbombardements eskalierte. Nur vier Jahre später verfilmte Kubrick nach einem gemeinsamen Drehbuch mit Arthur C. Clarke, einem der erfolgreichsten Science-Fiction-Autoren, *2001: Odyssee im Weltraum* (1968): Eine nur durch eine Wiedergeburt-Metapher gebrochene, ansonsten ambitioniert metaphysische Vision eines scheinbar unaufhaltsamen Technik-Terrors und der Erkundung neuer ›Grenzen‹ im Weltall.

Die Handlung: Affenhorden bekriegen sich am Anfang des Epos. Sie finden einen schwarzen monolithischen Quader, die Versinnbildlichung einer geheimnisvollen technischen Intelligenz. Als ein Menschenaffe einen als Waffe benutzten Knochen gen Himmel wirft, folgt die Kamera dem Flug und landet (gewissermaßen mit dem Zuschauer) auf dem Mond, hier einer aktuellen Metapher für ›die Zukunft‹. Dort erscheint ein weiterer Monolith, dessen Ursprung die vom Affen inzwischen zum Astronauten aufgestiegenen Menschen im Jahr 2001 (im magischen Jahr 2000 spielt übrigens *Metropolis* [1925/26]) auf dem Jupiter vermuten. Eine Raumschiff-Expedition wird entsandt. Doch eine Auseinandersetzung mit dem übermächtigen Bordcomputer HAL überlebt nur der Astronaut Dr. Bowman. Es gelingt ihm, mit einer fremden Lebensform auf dem Jupiter in Verbindung zu treten.

Nach einem für die Drehzeit typischen farbenfrohen, psychedelischen Trip landet er als sterbender Greis in einem französischen Empire-Doppelbett. Die Geburt und die Entwicklung des Universums hat er vor seinem inneren Auge gesehen. Nun taucht der mythenhafte Monolith wieder auf, ewig und unvergänglich.

Dr. Bowman stirbt stellvertretend für die Menschheit. Doch durch das unendliche Weltall schwebt zerbrechlich eine Fruchtblase mit einem Embryo, Symbol für die Unsterblichkeit einer aus Allmacht geborenen und atomisierten Erlösungs-Mystik.

In den 1970er-Jahren treibt diese Entwicklung der 1960er-Jahre zu weitgehend sinnentleerten und damit Ideologie-unverdächtigen ›space operas‹ weiter. Der Name ist an die seinerzeit noch gängigen ›horse operas‹ angelehnt, also die langatmigen Western in den Weiten der Wüste. Betrachtet man den Aufbau und die zentralen Rollenbeschreibungen sowie die Themen, ja teils sogar das Personal, so sind viele der ›space operas‹ eigentlich auch nur verkleidete Western, die in den 1950er- und 1960er-Jahren den ethischen Konflikt um den Kalten Krieg folkloristisch gewandeten. Die Anti-Utopien werden darin immer fremder und entfremdeter: In *Star Wars* (1977) und *Star Trek – Der Film* (1979) beispielsweise schippern die Menschen nur noch orientierungslos durch die Galaxis, eine ständige Odyssee im Über-All.

Die Verkleidung der Akteure ist simpel und sinnreich: Die Roboter in *Star Wars* von George Lucas beispielsweise ähneln auffällig antiken Kriegern.

In der Fernseh-Serie *Raumschiff Enterprise* wird der Vulkanier Spock mit »Mr.« angeredet, was in der kumpeligen Raumfahrer-Männergemeinschaft allein schon außerirdisch wirkt. Sonst unterscheiden ihn nur spitzere Ohren vom russischen Navigator Chekov. Der kühl berechnende Außerirdische Spock vom Planeten Vulkan ist als dramaturgischer Widerpart zum hitzköpfigen, menschlichen Befehlshaber Captain James T. Kirk angelegt – einem modernen Odysseus, der mit List, Herz und Verstand kosmische Klippen antiker Dimension umschifft. In einer recht irdischen Szene küsst der allerdings überraschend den Kommunikationsoffizier Uhura – zu jener Zeit ein Skandal, weil es sich um eine Schwarze handelte. Da wurde ein russischer Navigator für die ›USS Enterprise‹ schon eher akzeptiert.

Das kuriose, scheinbare Sammelsurium aus Anleihen und Zitaten ist in einer anderen Serie der 1970er komprimiert zu betrachten. In *Kampfstern Galactica* (1978) spielt der Westernserien-Star aus *Bonanza*, Lorne Greene, den Protagonisten Commander Adama. In Namensgebungen wie ›Adama‹ sowie in der Ausstattung klingen scheinbar beiläufige Zitate aus griechischen, biblischen oder römischen Mythen an. Der ›Kampfstern‹-Kommandant Adama trug Gewänder, die Assoziationen zu dem Habit eines römischen Patriziers zulassen. Sein Sohn namens ›Apollo‹ war Kampfpilot und bekämpfte mit seinem Raumgleiter die ›Zylonen‹, angebliche Roboter-Wesen. Es kommt zu heftigen Schießereien wie in einem Western, nur im Weltall. Doch der computerisierte Feind ist menschlich hinterhältig. So missglückt letztlich in der zweiten Folge der Angriff auf einen angeblichen Eckposten des ›Delphischen Imperi-

ums‹ der Zylonen, das im ›Krylion-Sternsystem‹ liegt. Und das, obwohl
unerwartet ein zweiter ›Kampfstern‹ sich nach Südstaaten-Manier in
die Schlacht um den zentralen Planeten namens ›Gomorrha‹ einmischt.
›Pegasus‹ heißt jenes Raumschiff, dessen Kommandant die Suche nach
seiner geliebten ›Cassiopeia‹ umtreibt. Die Zeit der Handlung ist für uns
nicht nachvollziehbar, es ist weder 2001 noch 2010. Die Zeit wird nämlich
in ›Zentoren‹ gemessen.

Die Handlung der entscheidenden dritten und letzten Folge kann
so umrissen werden: Die letzten Überlebenden jenes Weltraumkrieges
gegen die ›Roboter-Rasse‹ (ein kurioser Widerspruch in sich) der Zylonen sind in die Vergangenheit zurückgeirrt, nämlich die Gegenwart der
1970er. Dort mischen sie sich unter die Bevölkerung, um ihr die letzten
Geheimnisse atomarer Technik zu offenbaren, damit in der Zukunft, aus
der sie kommen, der Krieg gegen die Roboter-Rasse, also die Technik,
doch noch gewonnen werden könnte. Leider demonstrieren auf den
Straßen gerade Studenten gegen eine weitere Atomwaffenforschung. Das
zögert das Happyend um etliche Minuten hinaus.

Die Trivialmuster dieser Kernwaffen-Klamotte können kaum über
die bedeutsame Rolle identitätssuchender Mythen-Zitate und -anklänge
hinwegtäuschen: Wie in kaum einem anderen an die gesellschaftliche
Wahrnehmung gebundenen Medium hat sich in diesen Fiction-Filmen
der Mythos von der Allmacht der Atombombennationen und der existen-
ziellen, durchaus realen Angst vor einem Atomkrieg in einer zynischer-
weise offenbar erfolgreichen Codierung verselbständigt.

Kampfstern Galactica, *Star Wars* und *Star Trek* erlebten trotz einfacher
dramaturgischer Strickart gepaart mit filmtechnischer Finesse international größte Publikumsanerkennung. ›Das Böse‹ der Welt war als
Unterhaltung ganz erträglich und für die Kassen gar einträglich. Ein
nach *2001: Odyssee im Weltraum* immer wieder genanntes Beispiel der Filmgeschichte macht die rasante Entwicklung der Science-Fiction-Filme von
der Vision zur Gegenwartskommentierung deutlich: Die in den 1960er-
Jahren kommerziell erfolgreichste und in den 1970er-Jahren fortgesetzte
Filmreihe vom *Planet der Affen* ist eine bitter ironische Geschichte von der
unwissentlichen Rückkehr Raumreisender zur atomar verwüsteten Erde.
Sie wird inzwischen von einer durch Mutation zur Zivilisation gereiften
Affengesellschaft bevölkert. Die Menschen sind sprachlos geworden und
ausgerechnet den Primaten, ihren Ursprungswesen, lästige Untertanen.
Man muss dazu erwähnen, dass in den USA in jener Zeit (und bis heute),

die Darwin'sche Evolutionstheorie von der ›Moral Majority‹ fanatisch verleugnet wird. Diese versucht gerichtlich und politisch immer wieder ein Verbot zu erwirken. An Schulen und Universitäten dürfe keine Evolutionstheorie unterrichtet werden. Die christliche Schöpfungsgeschichte reiche aus.

Die Affen verehren in *Planet der Affen* von 1968 ausgerechnet einen Schimpansen als Gott, der sie nach seinem Ebenbild perfekt geschaffen habe, wie es der Hohepriester, der Wissenschaftler Professor Zaius, predigt. Seine Gebote befolgen sie, soweit es Wissenschaft und Militär als nützlich für den inneren wie äußeren Frieden ansehen. Eines ist das Verbot, in die ›Zerstörte Zone‹ zu gehen. Einer der Raumfahrer aus unserer Gegenwart, der in dieser verdrehten Zukunft landet, ist der Astronaut Brent. Er flieht aus der Gefangenschaft der Affen. Sie halten Menschen wie Sklaven. Auch medizinische Experimente werden mit ihnen gemacht wie heutzutage mit Versuchsaffen. Beim Weg in die ›verbotene Zone‹ entdeckt er in der vermeintlich fernen Zivilisation die ›Statue of Liberty‹. Später flieht er vor einem Heer von Gorills in das ausgebrannte New York. Es taucht als Chiffre der ohnmächtigen Gegenwart schemenhaft vor ihm auf.

In der zweiten Folge des fünfteiligen Affenplaneten-Epos wird die atomare Apokalypse sogar wörtlich rituell wiederholt. Die Affen stürmen nämlich in einer Art Kreuzzug die unterirdischen Katakomben der letzten noch sprechenden und daher als gotteslästerlich empfundenen Menschen. Die haben sich im Unterschied zu den nicht-sprechenden Menschen-Horden in den paradiesischen Gärten der Affen eine eigene katastrophische Kultur geschaffen: Sie beten ›Die Bombe‹ in einer Höhlen-Kathedrale an. Das Böse ist somit sinnstiftende Religion.

Dem ungläubigen menschlichen Astronauten aus der Gegenwart erklären die Atompriester, sie seien bloß friedliche Menschen. Sie würden jedenfalls im Gegensatz zu den Affen nicht morden, sondern nur ihre ›Feinde‹ so weit bringen, einander selbst zu töten. Dies ist nichts anderes als die bekannte ›Logik der Abschreckung‹. Diese Logik der Abschreckung hat nicht funktioniert und alles menschliche ins animalische gekehrt. Aber die filmische Abrechnung mit der Irrationalität der Militärs und der Politik geht in der religiös bemäntelten Auseinandersetzung zwischen Vernunft, Moral und Macht weiter: Nachdem die Affen das gotische Kirchenportal aufgebrochen haben, wollen sie den Altar umreißen, der aus der so genannten ›Alpha-Omega-Bombe‹ gebaut ist.

Es kommt zum Kampf Mann gegen Affe. Der im Kampf angeschossene
Astronaut aus der Gegenwart warnt den äffischen Wissenschaftsminister
und Schöpfungsverkünder, den Schimpansen Prof. Zaius, sterbend noch:
»Das Ende der Welt ist da.« Doch der will daran nicht glauben. Während
seine Hand auf den Atombomben-Auslöser knallt, sagt er verächtlich:
»Der Mensch ist schlecht, zu nichts weiter fähig als zu zerstören.«
Der Affe ist also auch nicht schlauer oder dümmer als der Mensch.

Dieser finstere, aber augenzwinkernd inszenierte Sieg des irrationalen
›Bösen‹ über das Rationale ist im Trivialmythos des Science-Fiction-
Films nicht ohne Grund verschlüsselt immer wieder zum atomaren Ende
gekommen. Anscheinend, so die versteckte Botschaft, ist eine ständige
Wiederholung der mörderischen Menschheitsgeschichte unabwendbar.
Es ist damit auch eine Niederlage der Aufklärung, die den Menschen zum
Gestalter seiner eigenen Geschichte machen möchte.

Diese Genre-Entwicklung über drei Jahrzehnte markiert hilflose
Formulierungsversuche, die mit dem Tempo der gesellschaftlichen Entwicklung nicht Schritt halten: Dem traumatischen Ereignis der ersten
Atombombenabwürfe, der Aufrüstung mit Massenvernichtungswaffen,
dem Kalten Krieg und der Vielzahl von ›kleinen‹ Kriegen sowie einer
hemmungslosen Re-Industrialisierung. Dies alles beschleunigte den Zerfall gesellschaftlicher Sinnstrukturen, dem in den SF-Filmen jener Jahre
simple Sinnfälligkeiten entgegengesetzt wurden.

Spätestens mit dem Wiederaufleben der aufklärerischen Tradition in
den Studentenunruhen der 1960er-Jahre kam die Frage nach politischer
Ethik und der gesellschaftlichen Veränderungsfähigkeit auf die Tagesordnung. Auch wer sich den beängstigenden Wahrheiten dieses Protestes
gegen atomare Aufrüstung und imperiale Drohgebärden entzog, kam
dennoch nicht umhin, die Dimension des ›Bösen‹ hinter den täglichen
Meldungen des Maliziösen zu ahnen. Die filmischen Fiktionen befreiten
ironischerweise davon, obwohl sie zum Teil mit dem Impetus der Aufklärung daherkamen.

Ihre vorgeführte, teils bitter zynische Abrechnung mit Krieg und
Irrsinn gerann in dem spektakulären Scheitern der Fiction-Heroen oder
zweifelhaften ›happy ends‹ zu einer passivischen Ergebenheitsadresse
an das Böse. Ohne dass dies ausgesprochen werden musste, verband sich
diese Realitätsentlastung mit einer Art Zukunftsaufhebung. Man musste sich nicht mehr vor dem Fortschritt fürchten. Es war sowieso immer
schon zu spät, egal wie lange hin es noch zur Zukunft sein mochte.

2. *Grundlagen der Göttergeschichten als Zitatenschatz*
    und Diskursersatz

So wunderlich die Welt des Wahnsinns in den Weltraum-Opern ab den
1950er-Jahren auch ist, so eigentümlich sich die Zukunftsvisionen in
den modernen medialen Phantasmagorien dann in den Achtzigern und
Neunzigern gerieten, in denen Menschen kaum mehr von Androiden
oder manischen Outlaws zu unterscheiden sind – es bleiben die Parallelen zu den antiken Mythologien. Dies trifft nicht nur die Oberfläche der
Filme wie *Mission Galatica: Angriff der Zylonen* (1978). Es geht tief bis in die
Erzählweise wie bei den *Godzilla*-Filmen und darüber hinaus direkt in die
gesellschaftliche Erzählstrukturen wie bei *Planet der Affen*.

Anknüpfend an die Marx'sche Religionskritik zu den Feuerbach-The-
sen wäre nicht zu fragen, welche irdischen Zustände sich welche »ver-
himmelten Formen« gesucht haben, sondern welcher Glauben in welcher
Weise und in welchen SF-Filmen die Verhältnisse ausdrückte? Diese
Fragestellung setzt allerdings nicht erst beim Film als gesellschaftliche
Formulierungsform an. In einer vorliteralen Zeit waren die Göttergeschichten und andere Mythen die einzige, narrative Form, sich über ethi-
sche Fragen und das Fehlen gesellschaftlich rationaler Zusammenlebens-
formen auseinanderzusetzen. Erst die Schriftlichkeit legte den Grundstock für ein geschichtliches Verständnis von Gesellschaft und damit für
deren Veränderlichkeit. Die einsetzende Entwicklung der Philosophie
löste die Mythologie scheinbar endgültig ab. Ihr Höhepunkt lag in der
Epoche der Aufklärung. Ausgerechnet in den von Medien geprägten
Gesellschaften des zwanzigsten Jahrhunderts erleben wir, und sei es nur
als Zitatenschatz, vermehrt die Rückkehr von Mythen. Es ist vermutlich
nicht zufällig in einer zunehmend nachliteral werdenden Kultur. In ihr
stellt sich die Frage nach dem Guten und dem Bösen nicht mehr abstrakt
und zukunftsgewandt, sondern kriegerisch und alltäglich.

Eines ihrer narrativen Medien ist der Trivialfilm. Daher ist es unan-
gebracht, die oftmals billig gemachten, alptraumhaften Visionen
kulturpessimistisch zu tabuisieren oder sie als Produkt unter vielen zu
katalogisieren. Ebenso wenig können Mythen allein als vor-religiöse
Geschichten oder nur Vorgeschichtliches aufgefasst werden. Im Gegenteil
sind Mythen und Filme als lebendige Artikulationsversuche gesellschaftlicher (Ur-)Ängste und Befindlichkeiten Wesenszeichen einer sich unges-
chichtlich gebenden Gegenwart der Vergesslichkeit.

Am Ende des 20. Jahrhunderts wurde beispielsweise *Star Wars* (1999) zu einem der erfolgreichsten Film aller Zeiten. Dieser Film bzw. diese Filmreihe nahm Themen vom Anfang des Jahrhunderts wieder auf, als sei dazwischen keine Geschichte geschehen, sondern nur Film-Geschichtchen gezeigt worden.

Kurz die Handlung: Das »Reich« einer Königin wird darin von einer mächtigen »Handelsföderation« bedroht. Zur Hilfe kommen der zarten Königin nicht etwa andere Mächte, sondern eine Gruppe tapferer Ritter. Die Politiker bilden einstweilen Ausschüsse. Ausgelöst wird der Konflikt um das kleine »Reich« durch eine Steuererhöhung. Die Profanität der Alltagspolitik schlägt in der filmisch überdimensionierten Produktion Kapriolen. Es geht hier vorgeblich also wie immer gegen den kleinen Mann. Währenddessen quatschen die Demokraten nur. Die Mächtigen in Handel und Industrie reiben sich die Hände.

Dies Erzählmuster ist nur zu bekannt aus den 1920er-Jahren. In der vorletzten Episode von *Star Wars* kehrt nicht nur die Demokratieverachtung eines Fritz Lang zurück, sondern mit ihr gleich die gesamte Palette an Ressentiments und nationalen Stammtisch-Weltanschauungen.

Die ›Bösen‹ in *Star Wars* sehen wie Juden-Karikaturen des *Stürmers* aus, so hat der Pop-Kritiker Diedrich Diedrichsen getadelt. Ein anderes Mal, so kritisierte Volker Marquardt, sehen sie aus wie François Mitterand und ›französelten‹ vor sich hin. Wieder andere ›Böse‹ haben den für deutsche Synchronisationen gerne abfällig verwendeten, vermeintlich schwulen Sprach-Duktus verpasst bekommen.

Es ist mit anderen Worten, um zum Ausgangspunkt dieser Betrachtung zurückzukehren, die Frage, welche unserer auch in Vorurteilen verpackten Gefühle berührt werden durch die vereinfachende Chiffrierung von Atomkriegsängsten, die heute Kriegsgrund und -mittel geworden sind.

Ein sowohl filmhistorisches als auch inhaltsanalytisches und sozialwissenschaftliches Untersuchungsdesign zu den в-Filmen aus diesen drei Nach-Weltkriegs-Jahrzehnten erlaubt mit der Kennzeichnung und Zuordnung ihrer Zitate und Zeitbezüge nicht nur systematische Rückblicke auf populäre Kultur als gesellschaftliche Spiegelungen der Atomkriegsängste und politischer Macht, sondern auch Ausblicke auf künftige Forschungsfelder. Denn scheinbar weit entfernte Realitäts- und Rezeptions-Ebenen weisen signifikante Übereinstimmungen auf.

Eine Untersuchungsfrage ist danach, inwieweit vor-, außer- oder nicht-sprachliche Codierungen, Metaphern oder sublimiertes Verhalten zur konkreten Atomkriegsgefahr in den Fünfzigern bis zu den Neunzigern und nach der Abrüstung und dem Ende der Blockkonfrontation über den geplünderten Fundus der Mythen hinaus heute bereits so weit Platz gegriffen haben, dass von einer schleichenden, gesellschaftlichen Re-Mythologisierung gesprochen werden kann – die die Erfolge der Aufklärung in Frage stellt.

Anlässlich einer Betrachtung der Mythenbildung in den aktuellen Medien hat Jo Groebel gefolgert:»Die Informationsgesellschaft ist, gerade durch die immer größeren visuellen Möglichkeiten, auch eine Gefühlsgesellschaft.« Miriam Meckel glaubte, dass der Journalismus in der Informationsgesellschaft eine»Thematisierungs- und Aktivierungsfunktion der Gefühlsgesellschaft« leiste. Seine Vertreter agierten als»moderne Märchenerzähler«.

Dafür gibt es leider zahlreiche Belege in der Golfkriegsberichterstattung 2003, beispielsweise die weltweit zelebrierte»Befreiung« der »schönen Soldatin« Jessica Lynch, die von unter anderem der *Bild*-Zeitung in mehreren Titelgeschichten wie eine Ilias aufbereitet wurde. Der Angriff der US-Truppen erschien auf einmal wie das Aufziehen fremder Heere vor Troja.

3. Utopische Romane als Diskursersatz und Erzählmodelle für Science-Fiction

Die Machart und Bedeutung der Chiffrierung von Atomkriegsängsten in B-Filmen erschließt sich weiter durch eine Einbeziehung und Zuordnung der Erzähltraditionen. Dies ist zum einen die direkte mündliche, welche vor allem in den Mythen existiert. Doch diese Tradition ist abgerissen, sie wird nur noch schriftlich überliefert, weshalb die Rückbesinnung darauf willkürlicher und dennoch wirkungsvoll ist. Zum anderen ist die mittelbare Überlieferung einzubeziehen wie sie in literarischen Genres vorliegt, die der Science-Fiction vorausgingen. Hier ist vor allem der utopische Roman zu nennen, auf den sich der ›Utopische Film‹ als Vorläufer der SF zunächst noch mehr oder minder bezog. Das Zusammenspiel wird im Folgenden skizziert. Dadurch werden weitere gängige Muster für die Bildung von Trivial-Mythen deutlich.

Gesellschaftliche Utopien wurden in popularisierter Form nicht erst im Film formuliert. Auch die Wünsche und die Vorstellungen an eine Zukunft, also verdeckte Kritik an der Gegenwart sowie die verschütteten

Träume, die verdrängten Ängste und die verschwiegene Klage waren
zuvor bereits in Romanen populär. An zwei weithin bekannten Beispielen werden solche Pole aus Gegenwart-Fortschreibung und -kritik schnell
deutlich: Die literarische Blütezeit der utopischen Reise- und Staatsro-
mane fiel mit der Renaissance und der Aufklärung zusammen. Sie waren
also für das gerade erstarkende Bürgertum auch als Oppositionschiffren
zu lesen, sozusagen als schreibende Suche nach dem neuen Gemeinwesen
und als Ausbruch aus der Enge des Feudalismus und des Klerus.

Jules Verne war einer der profiliertesten Schreiber dieser neuen
Gattung der Zukunftsentwürfe, der – wie es heute in der Unterhal-
tungsbranche üblich ist – nach einem frühen Bucherfolg (*Fünf Wochen
im Ballon*, 1963) von seinem Verleger gleich für eine ganze Serie Fiktionen verpflichtet wurde, unter anderen *Die geheimnisvolle Insel* (1960) und
20.000 Meilen unter dem Meer (1954), beides Stoffe, die hundert Jahre später
als »utopische Filme« immer noch Faszination ausübten.

Die »geheimnisvolle Insel« ist nicht nur ein abgelegener Ort, sondern
birgt eine riesige Höhle in sich – seit jeher Aufbewahrungsort letzter
Wahrheiten und verbotener Phantasien. Auch jene paradiesische Stadt
auf dem Meeresboden ist nicht gerade eine der originellsten Erfindungen
von Verne. Er zeichnete – linear – absehbare technische Entwicklungen
als für die Zeitgenossen noch ferne Realität vor. Hier war die Utopie also
eher literarisch-pragmatische Prognose. Der Handlungsrahmen blieb
bürgerlich. Die Welt blieb heil – auch wenn sie künftig scheinbar krasser
zerfiel als ohnehin in der Erzählergegenwart.

Im Gegensatz dazu kleidete H. G. Wells eine stark karikierte Klassenauseinandersetzung in die Form eines vermeintlich »utopischen«
Abenteuers: In dem Roman *Die Zeitmaschine* (1895) leben die Armen,
die Eloi, in einem paradiesgleichen Garten – von allen Mühen der
Arbeit befreit. Doch es ist nicht der Sozialismus, der herrscht, sondern
das unterirdische Volk der Morlocks, die Reichen, die unsichtbar alles
kontrollieren und sich Maschinen zum Betrieb der Welt bedienen. Sie
geben den Eloi lediglich zu essen, um sie dann zu fressen – der Kanniba-
lismus als höchste Form des Kapitalismus. Die Errettung der Eloi kommt
mit der Zeitmaschine aus der vordemokratischen Vergangenheit – mit
dem Wissen und den Werten der spätbürgerlichen Vergangenheit.

Allerdings sind nicht diese Zukunftserkundungen der frühen Fic-
tion-Themen – jene zumeist ängstlicher Gegenwartsverneinung, die sich
die Utopie genau so wünscht, wie alles vorher einmal war – der haupt-

sächliche Bezugspunkt moderner Massenartikel wie Zukunftscomics oder Science-Fiction-Filme. Vielmehr sind in erheblichem Maße die zum Teil drogenbeeinflußten »Gothic Novels« Vorbild. Hier handelt es sich um Schauerromane, in denen alptraumhafte Wesen den Menschen heimsuchen und schon die Gegenwart zur Hölle machen – nicht erst die Zukunft.

1818 schrieb beispielsweise Mary W. Shelley den Roman *Frankenstein*. Sie schildert darin das Grauen in der Gegenwart – eine verschlüsselte Schöpfungsgeschichte des beginnenden Industrie-Zeitalters. Der Protagonist Doktor Frankenstein – der Untertitel des Buches lautet übrigens *The Modern Prometheus* – bricht nämlich mit den Jahrtausende alten, kirchlichen Lehren: Im Labor »erfindet« der Wissenschaftler den Menschen »neu«. Er setzt ihn aus Leichenteilen zusammen – eine Vision, die heute zum Teil Wirklichkeit geworden ist. Doch damals scheiterte die autonome Menschenschöpfung noch an der unverständigen, nämlich religiösen Bevölkerung, der Gesellschaft der umliegenden, ungebildeten Bauern. Sie hat Angst vor dem arglosen Wesen von Frankensteins Hand, verfolgt es und treibt es erst so in den Wahnsinn und zu Bluttaten.

Im Hintergrund ist *Frankenstein*, der moderne Prometheus, also auch Sinnbild für die vergewaltigte Natur und den Typ des von der Welt abgekehrten Wissenschaftlers, der ohne Ethik und Gedanken an die Folgen der Forschung sich aufschwingt zur Revision der Schöpfungsgeschichte.

Für die Entwicklungsgeschichte von Utopien im Film ist an den Beispielen Jules Verne, H.G. Wells und Mary Shelley bedeutsam, dass die frühen literarischen Utopien offenbar Erfolg hatten, weil sie drei Grundbedingungen erfüllten, indem sie
- Trends extrapolierten,
- Klassenauseinandersetzungen und Herrschaftskritik im vermeintlich unpolitischen Raum zum Thema machten und
- indem sie Fortschrittsängste verdeutlichten, beispielsweise in der wiederkehrenden Form des verrückten Wissenschaftlers, der sich zum Herrn der Welt aufschwingen will.

Allen drei Merkmalen ist übrigens in unseren Beispielen gemeinsam, dass sie indirekt das Verblassen der Religion als eine Spielart der Utopie markierten. An den Beispielen der erfolgreichen SF-Filme nach diesem Muster wurde dies bereits deutlicher.

H. G. Wells war es, der den Begriff der »scientific romance« prägte, indem er nicht mehr die Entwicklung einzelner Charaktere und Schick-

sale zum Mittelpunkt seiner Romane machte, sondern eine Fülle aufkeimender Ideen, Erfindungen, Ängste und Entwicklungen. Die Zeitreise,
die Invasion aus dem All oder die streng wissenschaftlich beförderte
Unsichtbarkeit wurden in seiner literarischen Verarbeitung dabei zu
jeweiligen Vexierbildern längst bekannter Erzählfiguren und Themen,
die sonst kaum mehr die notwendige Aufmerksamkeit gefunden hätten.

Allerdings – und das ist das Auffällige, worüber wir im Zusammenhang
mit den Nachfahren des utopischen Films in den Sechzigern des Zwanzigsten Jahrhunderts schnell stolpern – rückte der Begriff der ›Science‹
gegenüber der ›Fiction‹ immer mehr in den Hintergrund. Die Urängste
und gesellschaftliche Entfremdung wurden also – mehr noch als in den
literarischen Vorläufern – Thema der die Gegenwart geradlinig in die
Zukunft projizierenden Visionen. Der Horror der eigenen Ohnmacht, das
handgreiflich inszenierte Böse, wird immer wieder mythologisiert.

Die Abgrenzung, ob ein Film ›utopisch‹ genannt wird (was häufig
unberechtigt der Fall war) oder ›science fiction‹ (was nur zu oft noch
weniger dem eigenen Anspruch nachkam) oder schlicht »Zukunftsfilm«
(was oft das Genre auch kaum mehr denn als Ausstattungstechnik kennzeichnete), ist formal wenig, inhaltlich noch weniger sinnvoll: Denn
selbst wenn sich Filmstoffe in negativen Zukunftsvisionen erschöpften,
transportierten sie immer utopische Splitter in sich – selbst wenn sie akademischen Abgrenzungen nicht im mindesten genügen, bleiben diesen
trivialen Utopien doch zumindest die mit Sympathie, mit einem lachenden und einem weinenden Auge zuschauenden Menschen erhalten, die
sich längst von den großen Entwürfen verabschiedet haben.

Bereits in den 1920er-Jahren war dies zu beobachten, als Utopien die
dauerhafteste Währung waren. Fritz Lang griff 1927 – zur Zeit der Weltwirtschaftskrise – sehr stark zur Mythologisierung als Mittel des Mediums. Wir begegnen überdies (wie kurz zuvor bei Wells) der Klassenauseinandersetzung, (wie bei Shelley) dem verrückten Wissenschaftler
und einer für die junge deutsche Weimarer Demokratie augenfälligen
eigenartigen Staatsutopie: In der unterirdischen Stadt *Metropolis*, so auch
der Titel des Films, ist John Frederson der »uneingeschränkte Herr über
Maschinen und Arbeiter«.

Der reiche Herrscher lebt oben, inmitten paradiesischer Gärten in
Himmelsnähe, in einem Penthouse – eine völlige Umkehrung der Wells-
Motive aus der *Zeitmaschine* (1960). Die Arbeiter, die neuen Eloi, schuften
dagegen qualvoll in der Tiefe: einer künstlichen Hölle.

Sie schuften als gleichförmige »Masse Mensch« bis ihnen die junge Frau »Maria« erscheint, die sich zur »Arbeiterführerin« aufschwingt. Doch ein Wissenschaftler Fredersons lässt eine Androidin nach ihrem Ebenbild schaffen, eine Abwandlung und Verkehrung des *Frankenstein*-Motivs. Diese Roboterin wiegelt die Arbeiter just in dem Moment auf, in dem die Revolte blutig niederschlagen werden kann. Die Revolution scheitert wie es in Deutschland seinerzeit nicht anders erwartet wurde; die Unterdrückten sind teils massakriert, teils frustriert. Aber alles wird gut. Das Melodrama findet sein Ende in der Vermählung Marias mit dem Sohn Fredersons – einer kleinbürgerlich herbeigeträumten Klassenversöhnung, die alle Elemente der NS-Ideologie enthielt, eine »Kreuzung aus Krupp und Wagner«, wie ein zeitgenössischer französischer Filmkritiker bemerkte.

Kaum zehn Jahre nach dieser Film-Vision waren Arbeitssklaven in Europa Wirklichkeit. Die Nationalsozialisten bauten unterirdische Produktionsstätten, um nicht nur die Rüstung bombensicher zu machen. Bis 1937 wollten sie »weitere 7.500.000 m³« Raum in Berge getrieben haben, woran Alexander Kluge 1977 in seinem Text »Eines der sieben schönsten Gebiete in Deutschland« detailliert erinnerte.

Metropolis ist das augenfälligste Beispiel für die Anfangszeit des utopischen Films, der sich immer wieder mit der bedrohlich empfundenen Industrialisierung und der Modernisierung der Gesellschaften befasste, also einer im Gegensatz zu Jules Verne insgesamt skeptischen Zukunftssicht.

Fritz Lang, wunderlicherweise als Jude anfangs selber engagierter Nationalsozialist, formulierte mit Sinn für Effekte den utopisch angehauchten NS-Zeitgeist. Hitler liebte seine Filme, die *Nibelungen* (1922/24) wie den Nachfolger *Metropolis* (1925/26) gleichermaßen.

Der Trend, latente Stimmungen fast propagandistisch aufzugreifen, setzte sich nach dem Zweiten Weltkrieg fort. Er wurde in der Bildsprache einerseits extremer und in den Aussagen andererseits eher verschlüsselter. Die zukunftsgläubigen Visionen (wie noch bei Verne) wurden seltener und zudem nicht mit dem Publikumserfolg der schockierenden Utopien geadelt.

4.   *Mythologie als Fundus der Naturwissenschaften –*
Elemente einer erzählten Identität des Nuklearismus

Aus der Betrachtung der Vergangenheit ließ sich die Begrifflichkeit für eine Bewältigung der Zukunft solange noch entwickeln wie die soziokulturelle und die technische Entwicklung miteinander Schritt hielten. Dem Sprung ins Atomzeitalter sind Sprache und sprachliche Auseinandersetzungen jedoch trotz der fast noch gegenwärtigen Erfahrungen zweier vernichtender Weltkriege offenbar nicht gewachsen. Es fehlen die demokratisch angemessenen Formulierungsübungen für die Fortschritts-Gläubigen und -Skeptiker. Ungeeignete, aber aussagestarke Formulierungsübungen sind in B-Filmen aus drei Jahrzehnten vor dem Jahrtausendende zu sehen.

Wie kommt aber das eine zum anderen? Die billige, wenn auch nicht gerade preiswerte Filmillusion zur riskanten und hermetischen Politik? Gerade Linien wird man dazwischen kaum zeichnen können, schon gar nicht Kausalitäten ausmalen. Aber es ist schon bedeutsam zu wissen, woher Missverständnisse rühren.

Die Machtverhältnisse spiegeln sich, sei es im Film zur Politik oder umgedreht. Dieser Vorgang ist medial geformt, so sehr, dass Medien darauf immer wieder gerne einsteigen, wenn nicht sogar darauf hereinfallen. So deckt das Image des *Kriegs der Sterne*, das Anfang der Achtziger dem Reagan'schen Waffen-Plan zugeordnet wurde, längst nicht das Unrealistische daran auf, sondern etikettiert spätestens seit seiner Fortsetzung durch George W. Bush eher treffend die geistige Basis einer solchen Politik im Dauerkrieg gegen das Böse oder den Terrorismus.

Die »symbolic uses of politics«, von der Murray Edelman 1964 in einer allgemeinen Analyse *Politik als Ritual* sprach, haben möglicherweise inzwischen profanisierte mediale Formen gefunden. Mehr als Politik im klassischen Sinne zählt die Symbolik oder »symbolisches Handeln«. Daher wird hier Politik auch nur als Diskursebene aufgefasst und nicht auf deren differenzierte Formen und differierende Inhalte eingegangen.

Wenn aber mehr die Symbolik oder das »symbolischen Handeln« in den zeitgenössischen trivialen Mythen zählt, dann ist die Frage: Symbolik – für was? Ist der SF-Film inzwischen so etwas wie das symbolische oder ersatzweise Handeln einer ansonsten schweigenden Öffentlichkeit? Zeigen diese Filme symbolisches Handeln – eines, das wiederum für den Alltag nutzbar wäre? Und wenn, für was im Alltag?

Wie lassen sich in einem Alltag, der von Simulationsfilmen und -spielen strotzt, noch die Eckpunkte für eine kritische Auseinandersetzung ausmachen: An denen deutlich zu unterscheiden ist zwischen Phantasie und Fantasy, zwischen Vision und Fiktion, zwischen Traum und Tagtraum, zwischen Vorstellung und Phantasmagorie, zwischen Entwurf und

Design, zwischen Widerspiegelung und realistischer Ab- oder Nachbildung, zwischen gesellschaftlicher Antizipation und Science-Fiction, zwischen Prognose und Prophezeiung, und schließlich zwischen Realität und Realismus – oder zwischen ›Welt‹ und unserer Vorstellung von einer Welt.

Der letzte Punkt ist nicht einmal religiös oder erkenntnisphilosophisch zu verstehen, sondern ganz vordergründig, alltagspraktisch: Was bleibt im Alltag von der immer schnelleren Welt des Wissens? Was haben wir von der Informationsgesellschaft, in der das vermittelte Wissen beispielsweise zur Atomkriegsgefahr weniger wiegt als ein diffuser Glaube an eine atommächtige Gegenwart?

Offenbar fehlt es bereits an der Glaubwürdigkeit der vermittelnden Instanz, den Naturwissenschaften. Sie werden in den Filmen zumeist abschätzig als ver- oder entrückt dargestellt. In jedem Fall aber sind sie auf der Seite der Politik – und damit auch letzthin der atomaren Vernichtung.

Diese gesellschaftliche Rollenzuweisung im Film hat durchaus nachvollziehbare geschichtliche Grundlagen, die auf den dramatischen Änderungsprozess der gesellschaftliche Identitätsfindung weisen, der vor allem in den B-Filmen sein Ventil hat.

Die Naturwissenschaften waren im 18. und 19. Jahrhundert noch eine der treibenden Kräfte der Aufklärung. Heute werden sie allenfalls als praktische und weniger als gestaltende Einrichter unserer Gegenwart akzeptiert.

Mehr noch als die heraufziehende gestrenge Vernunft mit all ihren philosophischen und ursprünglich menschenliebenden Fortschritten, wurde das Ende einer schicksalsgläubigen Epoche von den naturwissenschaftlichen Erfindungen eingeleitet, der angebahnten industriellen Revolution, die so ungleich unvergänglicher und spektakulärer war als die gesellschaftlichen Revolutionen gegen den Feudalismus und die Leibeigenschaft.

Dessen sind sich die Gesellschafts- und die Wissenschaftsgeschichte noch zu wenig bewusst: Unser heutiges Menschenbild und unsere gesellschaftlichen Strukturen sind (spätestens nach dem Niedergang der aus der philosophischen Aufklärung entwickelten Utopien wird dies deutlich) stark geprägt von den ursprünglich naturwissenschaftlich entstandenen Gedanken- und den realen Welten (lange vor der Virtuellen Realität), die Wertfreiheit und scheinbar egalitäre Nutzenorientierung immer noch für sich beanspruchen. Gleichwohl ist deren fortschrittliche Rolle gesellschaftlich verloren. Es fehlt an einer so Zukunft gestaltenden

Zunft. Die Lücke ihrer ausbleibenden gesellschaftlichen Projektionen füllt die ›science fiction‹.

Von den Naturwissenschaften in diesem Entwicklungsprozess zunehmend behauptete Wertfreiheit und technischer Fortschritt lassen sich indes nicht mehr einfach wie vor der ›industriellen Revolution‹ behaupten ohne dabei zugleich die ökologischen und ökonomischen Folgen zu bagatellisieren. Die Rolle der Naturwissenschaften in der Gesellschaft ist mit diesen alltagsbedeutsamen Anforderungen der Folgenbegrenzung und Verantwortung freilich weder zu rechtfertigen, noch überhaupt zu klären. Der Prozess der Selbstfindung und der normativen Sinnzuweisung, wie er in der Philosophie seit der Aufklärung stattgefunden hat, kann den Naturwissenschaften auf Dauer nicht erspart bleiben. Die Zeichen deuten freilich vorerst in eine andere Richtung, von der Aufklärung hin zur Verklärung.

Mit dem Bau der ersten Atombomben war diese überfällige Diskussion bereits einmal kurzzeitig aufgebrochen, jedoch vom Fortgang der Ereignisse belastet. Der voraussichtlich einmalige Einsatz gegen Hitler zur Beendigung des Zweiten Weltkrieges schien den nuklearen Massenmord zugunsten des höheren Zieles ethisch hinnehmbar zu machen. Die Frage nach der Verantwortung der Naturwissenschaft wurde von Politikern und Militärs wenn nicht beantwortet, so doch abgenommen.

Die Namensgebung für die im *Manhattan-Projekt* produzierten Massenmord-Maschinen verriet allerdings eine mehr als nur zynische Verunsicherung: »Little Boy« wurde verharmlosend die holozidale Hiroshima-Bombe nicht nur von den Militärs, sondern auch von ihren ›Vätern‹ wie J. R. Oppenheimer genannt. Sie war drei Meter lang und viereinhalb Tonnen schwer war. Es sei »entbunden«, wurde der »Erfolg« von den US-Piloten metaphorisch vermeldet. Bis heute starben Millionen an den direkten und indirekten Folgen. Drei Tage später verbrannte der »Fat Man« die Stadt Nagasaki. Diese Schwäche, das Unaussprechliche angemessen zu benennen, spiegelt nur die grundlegende Unsicherheit gegenüber der eigenen Rolle und gesellschaftlichen Verantwortung.

Die technisch revolutionäre Fortentwicklung der Atomspaltung wäre ohne den Zweiten Weltkrieg und ›die Bombe‹ nicht so rasch möglich gewesen. Das Verbundensein mit der Geschichte hat aber kein Bewusstsein für die Wissenschaftsgeschichte ausgelöst, das eine größere Debatte über das gesellschaftliche Verständnis stützen könnte.

Im Gegenteil: In den 1950er-Jahren, also der Zeit des an den gerade beendeten Krieg anschließenden ›Kalten Krieges‹ mit seiner massenhaften Raketen-Rüstung für die anlaufende A- und H-Bombenproduktion, wurden beispielsweise in den USA die an humanistischen Idealen orientierten Bildungspolitiker von ›Reformern‹ kritisiert, unter denen sich der Vize-Admiral Hyman G. Rickover hervortat. Unter Hinweis auf den »Rüstungsvorsprung« der UdSSR wurde der »Mangel an technischen Wissenschaftlern« beklagt.

Auf dem Höhepunkt des Korea-Krieges wurde in den USA folgerichtig ein »Wehrdienstgesetz« verabschiedet, das nicht allein für eine Rekrutierung durch allgemeine Dienstpflicht sorgte, sondern gleichzeitig den Militärbedarf an Wissenschaftlern deckte: Denn die Akademiker wurden darin freigestellt. In einem bis dahin nicht beobachteten Maß drängte die US-amerikanische Mittelschicht in die Colleges.

Doch 1957 erlebten die Vereinigten Staaten den »Sputnik-Schock«. Wieder schien die UdSSR militärisch überlegen. Rickover und andere forderten erneut erfolgreich Reformen. In der Mathematik und den Naturwissenschaften wurde fortan mehr Grundlagenforschung betrieben. 1958 trat der »National Defense Education Act« in Kraft, sozusagen ein Landesverteidigungsausbildungsgesetz, das die Naturwissenschaftlerausbildung beschleunigen sollte. Diese politische Rahmung hat das Selbstverständnis der Wissenschaftlergemeinde in den USA geprägt.

Erst in den 1960er-Jahren schlossen sich in den USA Naturwissenschaftler zusammen, die ihre allgemeine soziale Verantwortung erkannten. Die Organisationsform ähnelte den bundesrepublikanischen Stände-Gruppierungen der Fünfziger. Nach dem Harrisburg-GAU im März 1979 demonstrierten Naturwissenschaftler erstmals auch gegen die »friedliche Nutzung der Kernenergie«. Während der »NATO-Nachrüstung« in den Achtzigern setzten sich einige für den Frieden ein.

Damit verbunden war jeweils eine zaghafte Diskussion über das eigene Rollenverständnis. An den Umständen der Finanzierung amerikanischer Wissenschaftler hat sich indessen kaum etwas geändert. Es gibt keine staatliche zweckfreie Wissenschaftsfinanzierung etwa nach dem Vorbild der Bundesrepublik Deutschland, die auch nur materiell die heute gleichwohl noch landläufige Rede von der »Wertneutralität« der Naturwissenschaft glaubhaft machen könnte.

1966 wies der US-amerikanische Psychologe Abraham Maslow in *The Psychology of Science: A Reconnaissance* (Die Psychologie der Wissenschaften:

Eine Erkundung) erstmals darauf hin, dass in der wissenschaftlichen
»attitude«, also einer deutlich image-befrachteten Verfahrensweise,
auch ein Mechanismus der Selbsterhaltung zu sehen sei. Es könne sich
zunächst um eine Art »Sicherheitsphilosophie« handeln, um berufliche
und gesellschaftliche Ängste zu umgehen:
»Im äußersten Fall bietet es eine Möglichkeit, das Leben selbst zu verdrängen nach Art einer Selbsteinschließung in ein Kloster.«
    Der Psychiater Robert Jay Lifton hat diesen Gedanken 1979 in seiner
Untersuchung *The Broken Connection – On Death an the Continuity of Life* (*Der
zerbrochene Zusammenhang – Über Tod und den Fortbestand des Lebens*) zugespitzt. Er kennzeichnet die wissenschaftlich akzeptierten Erkenntnisse
über die Vernichtungskraft der Atomwaffen als »Nuklearismus«, nämlich »die passionierte Umarmung von Nuklearwaffen als Befreiung von
Todesangst und als Weg zurück zur verlorenen Unsterblichkeit«. Nuklearismus sei »die Religion des Jahrhunderts, eine totale Ideologie, in der
»Gnade« und sogar »Erlösung« – die Überwinder von Tod und Weltende
– durch die Macht einer technologischen Gottheit errungen werden.«
    Diese Gottheit werde gleicher Weise der apokalyptischen Zerstörung
und der unbegrenzten Schöpferkraft für fähig erachtet. Der Nuklearist
verbinde sich selbst mit dieser Macht und fühle sich so genötigt, die
Tugenden seiner Gottheit zu preisen, beispielsweise ihre Fähigkeit zur
Friedenserhaltung durch Abschreckung. Lifton schlussfolgerte:
»So kann er dazu kommen, von den Waffen abhängig zu werden, um
die Welt fortbestehen zu lassen.«
    Interessanterweise sind – gleichgültig ob die ›Unabhängigkeit‹ der
Wissenschaft bloße Forderung oder Finanzierungsgebot ist – die Beobachtungen von Maslow und Lifton zur Nuklearismus-Religion auch
anwendbar auf europäische Diskussionen. Auch hier steht die Abschot-
tung eher im Vordergrund als das Aufbrechen der eigenen, privilegierten
Wissenschaftsgemeinde.
    Wolf Häfele, der Erfinder des »Schellen Brüters« und Kernkraft-
Lobbyist, gab bereits 1963 in dem Aufsatz *Neuartige Wege naturwis-
senschaftlicher Entwicklung* grandseigneurhaft das nukleare Risiko zu, glie-
derte es jedoch als heroisches, spannungsgeladenes Element in eine allgemeine »Atomzeitalter«-Mythologie ein: In Reaktoren wie dem »Schnellen
Brüter« sah er »Atomstädte«, die mit den Pyramiden des alten Ägypten
und den Kathedralen des Mittelalters vergleichbar seien, jenen nach Häfele
»rational nicht begründbaren Akten der Vergegenständlichung einer Zeit.«

Sind denn Atomkraftwerke und Atomraketen rational wirklich nicht begründbare Akte der Vergegenständlichung unserer Zeit? Einer Zeit, die sich am erfolgreichen Ende der Aufklärung wähnt, am bahnbrechenden Sieg der Vernunft über unrealistische Utopien? Es scheint fast so. In einer vermeintlich nahezu schriftungebundenen Kultur ist eine solche stilisierte, moderne Mythologie ein gefährliches Instrument der Verklärung geworden.

E. F. Schumacher kritisierte 1977 in *A Guide for the Perplexed*, dass – ein anderes Beispiel für den Niedergang zu einer angeblich nach-literalen, post-utopischen Kultur und den anhaltenden Ikarus-Flug der sich nach wie vor neutral gebenden Wissenschaften – die Feststellung, Leben sei nichts weiter als eine bestimmte Kombination von Atomen dem Schluss gleichkomme, Shakespeare's *Hamlet* bestehe lediglich aus einer Kombination von Buchstaben:

»Das Außergewöhnliche an den modernen »Wissenschaften vom Leben« ist, dass sie sich mit dem Leben an sich kaum je befassen.«

Es ist dies ein Problem der Sprache selbst und des Verstehens. Während der antike Mythos eine Formulierungsübung zum bisher Unbenannten, des Abstrakten, war, der mit dem so zunehmendem Sprachvermögen auch problemlos wieder entschlüsselt werden konnte, ist der abstrakt hergeleitete, künstliche »Mythos« beispielsweise einer »Atompriesterschaft« im Gegenteil eine wissenschaftlich gestützte Verschlüsselung eines Sprachunvermögens, nicht aber ein Versuch zu dessen Beseitigung. Dies zeigt sich, wie weiter oben gesagt, in der Verkleinerung des Vergangenen oder Künftigen sowie den szenarisch vorhergesehenen Schrecken des Vernichtungskrieges, aber auch in der affektierten Überhöhung durch das Vergangene – beispielsweise die Benennung von Weltende-Maschinen mit Namen griechischer Mythos-Gestalten wie »Poseidon« oder »Nike«.

Der Ursprung der Sprache, ihrer Begriffe und mitgedachten Hintergründe hat in der griechischen Antike – folgt man Heidegger – eine Gedankenwelt geprägt, die nicht »in das Wesen der Dinge« einzudringen vermochte – denn sie galt gerade einmal der eigenen Ortsbestimmung, der Identitätsbenennung. In der »Tiefe« der nordischen, nach-mittelalterlichen Sprache sei dies erst möglich.

Doch vor dem Hintergrund des Mythos einer »Atompriesterschaft« scheint es nachgerade umgekehrt: Nicht mehr die durch Identitätssuche befrachtete Sprache begrenzt das Denken über die Dinge und deren Sinn,

sondern die vermeintlich unbegrenzte Sprache – von den Fesseln der
Götter- und Weltbilder befreit und von der Wissenschaft geweiht – lässt
das Denken an den Schranken des bloßen Seins und seiner möglichen
totalen Auslöschung durch ein atomares Prometheus-Feuer verharren.
Was wir heute sind, wissen wir mehr oder weniger genau als es die Grie-
chen zu ihrer Zeit von sich wussten – aber wir glauben, es könnte nicht
anders kommen als in unserem Da-Sein.

Jene ›katastrophische‹ Katharsis des atomaren Weltenendes wird
auch in anderen Visionen eines Willens, sich und andere gleichwohl zu
überleben, gespiegelt, beispielsweise in der Rede von den erringbaren
Siegen auch in Atomkriegen. Der Ausgangspunkt für diese Anmaßung
liegt, wie bei der Entwicklung der Erzählformen, in der philosophischen und gesellschaftlichen Geschichte begründet. Gott war der letzte
phantastische Widerschein seiner selbst in der Leere des entgöttlichten,
demythologisierten abendländischen Firmament. Seine Allmacht ist mit
den Techniken der Naturbeherrschung zunächst verblasst. Das Christen-
tum hat danach als Religion abgedankt. Geblieben wäre lediglich der dem
Glauben innewohnende Weltwille, in dem der Mensch sich über die Natur
stellen zu können glaubt. Ihn verkörpern die Naturwissenschaften.

Die unwirkliche Gegenwart zeitigt grundsätzlich das Problem, dass
der vergängliche sichtbare Schrecken der Atommaschinerie erst die
Dimension einer unsichtbaren, unvergänglichen Welt der Strahlung
eröffnet. Günther Anders nannte dies »Idiotenaxiomen«.

Das Unsichtbare und wörtlich Übersinnliche ist nicht mehr länger
nur Religion, sondern Realität. Das Nicht-Sichtbare wie die Radio-
aktivität oder nur zum Teil Sichtbare wie die Reaktorkuppeln der
Atommeiler haben nicht das der realen Gefahr entsprechende Wirklich-
keitsbewusstsein. Sprache gewann ihren Horizont gemeinhin aus Erfahrung und Überlieferung. Die wesentlichen Gefahren, von denen wir
derzeit umgeben sind, sind aber zumeist unsichtbar, entziehen sich also
der Erfahrung. Ebenso ist unsichtbar welche Folgen dies für uns hat:
Nämlich unsere unsichtbaren Ängste oder – allgemeiner gesagt – unsere
Gefühle.

Somit stellt sich die Frage der individuellen wie auch der gesellschaftlichen Identität anders als durch die Bedrohung ihrer Integrität durch
Krieg. Die menschlichen Gefühle wie Ängste und Verunsicherungen,
die mit Veränderungen einhergehen und inzwischen mit der atomaren
Drohung latent zu werden scheinen, sind in den bisherigen Überlegun-

gen zu kurz gekommen. Damit sind wir auch bei einer Frage, warum in den vergangenen zwei Jahrzehnten Bücher der Fantasy-Gattung wie beispielsweise *Harry Potter* und Science-Fiction-Filme wie *Star Wars* in der öffentlichen Wirkung vehementer beachtet wurden als alle Informationen und Nachrichten. Die Wahrnehmung der Welt wird so unwissentlich und mythisch aufgeladen.

E. F. Schumacher hat darauf hingewiesen, dass das Unsichtbare für den Menschen eine ungleich größere Bedeutung gehabt habe als das Sichtbare. Diese »Kernweisheit« zu lehren sei Rolle der Religion gewesen bis die Wissenschaften andere Antworten auf Lebensfragen gaben. Seither sei »die westliche Zivilisation« im »Zusammenhang des zentral Menschlichen« sowohl »ignorant« als auch »inkompetent«.

Ganz gleich, ob man solche Analyse einer sich selbst einschließenden »Sicherheitsphilosophie« oder gar die eines sektenähnlichen »Nuklearismus« für realistische Beschreibungen hält oder nicht, bleibt der Umstand zu bedenken, dass ausgerechnet in einer bloß noch technikgläubigen Moderne die Naturwissenschaften offenkundig keine diskursfähige eigene Ethik ausgeprägt haben, sondern Mythen der Vor-Aufklärungszeit – sie andererseits aber im Gegenteil fremde Legitimation nur zu schnell übernahmen. Zumindest die us-amerikanischen Naturwissenschaften erfreuen sich bis heute andauernd der finanziellen Förderung der Militärs, die damit zugleich die Sinnfrage abnehmen.

Dieses Defizit treibt indes eigenartige Blüten: Alwin M. Weinberg, Prophet der »Big Science« und Promoter des SDI-Projekts Ronald Reagans, schrieb 1971 über *The moral Imperatives of Nuclear Energy*, die »moralischen Gebote« der Atomkraft: »We nuclear people have made a Faustian bargain with society.«

Nun schloss Faust freilich seinen Pakt mit dem Teufel, nicht mit der Gesellschaft. Aber es soll wohl in der us-amerikanischen Lesart der klassischen Literatur auch bedeuten, dass am Ende – wenn's denn nicht gut geht – die böse Gesellschaft schuld ist, die den Naturwissenschaftler wie weiland Faust gleichartig teuflisch verführte.

Die ›friedliche‹ Nutzung der Atomkraft, deren wirtschaftlicher Betrieb (der im übrigen Voraussetzung für die Produktion von Atombomben ist) hat in diesem Zitat erkennbar eine seelische Entlastungsrolle – zumindest für die Atomwissenschaftler: Nach Hiroshima wird das erschütterte Gewissen der Physiker in einer nuklearen Ersatzreligion scheinbar salviert. Züge eines Weltmodells, einer Weltanschauung, scheinen darin auf.

Es gibt, folgt man den obigen Definitionen und zahlreichen Selbst-
erklärungen, seit langem bereits eine ungeweihte „Atompriesterschaft",
die sich aus Militärs, Wissenschaftlern und Politikern zusammensetzt.
Sie wird in den B-Filmen insbesondere aus den USA, aber auch aus Großbritannien widergespiegelt.

Diese faktische Atompriesterschaft

- sieht in den Massenvernichtungswaffen Positives, denn mit ihrem
angedrohten Einsatz fühlt sie sich im Recht, sei es, weil es gegen
das ›Reich des Bösen‹ geht oder für die eigene ›Verteidigung‹.

- Nur sie kontrolliert die ›Gottheit Bombe‹, an der ihre jeweilige,
scheinbar grenzenlose Macht hängt.

- Nur sie wird ihren Einsatz in speziell gehärteten Bunkern, den
Klöstern für den High-Tech-Holocaust wie die NORAD oder in der
bezeichnenderweise »Doomsday«-Maschine genannten fliegenden
Führerkanzel des US-Präsidenten überleben, also eingehen in eine
nachatomare Welt.

5. *Science-Fiction als Fundus für Politik –*
das Beispiel der Atompriesterschaft

Nach der Fiction der Filme soll ein Beispiel zur Science, die sich der Fiction bedient, illustrieren, inwieweit sich Erzählweisen verschoben haben.
Dabei wird – wie in einem SF-Film – die Besonderheit der Dramaturgie
umfassend wissenschaftlich deutlich.

Ausgerechnet der renommierte Kommunikationswissenschaftler
Thomas A. Seboek stellte dem gerade ins Amt eingeführten US-Präsidenten Ronald Reagan 1981 ein Szenario zwischen Science-Fiction und Trash
vor: Die Story einer verschworenen Priesterschaft, die über dreihundert
Generationen geheimnisvolle Riten pflegt und strahlendes Wissen von
der Welt weitergibt.

Die Bechtel Group Inc. war seinerzeit beauftragt worden, für ein
»Nationales Müll-Lagerungs-Programm« zu klären, wie heutige Informationen über Atommüll und Giftgas in hundert Jahrhunderten noch
verstanden würden. Die vorgebliche Grundannahme war, dass sich
bereits nach drei Generationen Wortbedeutungen oder auch die sozialen
Bezugssystemen menschlicher Sprach- und Zeichenmuster derart verändern, dass eine Verständlichkeit nicht mehr angenommen werden kann.

Worauf konnte man bei dieser gesellschaftlichen Aufgabenstellung wissenschaftlich bauen? Die Sprachgeschichte, insbesondere die Entzifferung unbekannter Schriften, war am Anfang der 1980er-Jahre zu Ergebnissen aus der Vergangenheit über gerade ein Drittel des nachgefragten Zeitraumes von zehntausend Jahren gekommen. Der Schwierigkeitsgrad der Entschlüsselung hing von der Vergleichbarkeit mit bereits bekannten Sprachen oder Zeichensystemen ab. Studien über das zielgerichtete Absenden an und das erfolgreiche Empfangen von Nachrichten in ›Zukunft‹ liegen bis heute nicht vor.

Thomas Seboek ersann daher eine Methode zur regelmäßigen Aktualisierung der Atommüll-Nachrichten an das 120. Jahrhundert: Die altbewährte Mund-zu-Mund-Propaganda. Seboeks Grundüberlegungen wichen aber von der sprachgeschichtlichen Erfahrungsvoraussetzung ab: Er suchte einen »Standort jenseits der Linguistik«. Allgemein werde zwar laut Seboek angenommen, dass die »soziale Funktion der Kommunikation« in der »Sicherung der Kontinuität« einer Gesellschaft durch allgemeinverständlichen Zugang zu den Erfahrungen und Ideen der Vergangenheit liegt, einer »Vergangenheit«, die zu ihrer notwendigen sinnfälligen Übertragung durch Raum und Zeit in Symbolen ausgedrückt ist. Das sei die »zeitaufhebende Funktion« sozialer Kommunikation. »Zeit« werde also in Sprache »transzendiert«. Seboek aber versucht in seinem Lösungsansatz nicht mehr an eine – an gemeinsame Erfahrungen gebundene – Sprache oder ein Symbolverständnis anzuknüpfen, sondern »Zeit« in Richtung »Zukunft« in einem unerprobten, und doppelten Sinne zu transzendieren.

Dabei unterschied Seboek zwischen »konventionellen Nachrichten«, die einer Übereinkunft bedürfen, und »natürlichen Nachrichten«, die an jedem Ort und zu jeder Zeit verständlich sind. Nur solche, nonverbale Nachrichten kamen für die Problemstellung in Frage. Ihre Übermittlung stellte die eigentliche Herausforderung dar, da »Nachrichten« immer kontextbezogen sind. Um das »Rauschen« zu verringern sah Seboek die Notwendigkeit, eine größtmögliche Redundanz in seinen künstlichen Kommunikationsprozess einzubeziehen, das heißt einen »inneren Kontext« zur Nachricht aufzubauen, der in einem »feed-process« den Gehalt der Information ständig neu prüfen und aktualisieren lässt durch die Quelle, die fragt, ob ihre ausgesandte Nachricht den Empfänger erreicht hat (feedforward) und durch das feedback, dass der Empfänger die Nachricht erhalten hat.

Dies ist nicht durch künstliche Relais allein zu gewährleisten, zumal Seboek zu bedenken hatte, dass auch die von ihm bevorzugten nicht-sprachlichen Zeichen kontextgebunden sind. Er ersann daher eine Methode zur Redundanz und jeweils zeitgemäßen Aktualisierung der Nachricht, indem er sich auf ein »künstlich geschaffenes Ritual mit zugehöriger Legende« stützen will, die »eine falsche Spur« legen müsste, die »Uneingeweihte aus anderen Gründen als aus denen wissenschaftlicher Kenntnis der Strahlung und ihrer Folgen von den gefährlichen Stätten fernhalten«. Seboek folgerte: »Der Aberglaube wäre dann letztlich das Motiv, ein bestimmtes Gebiet zu meiden.«

Eine für diesen »Aberglauben« zu schaffende »Atompriesterschaft« aus »kompetenten Physikern, Experten für Strahlenkrankheiten, Anthropologen, Linguisten, Psychologen, Semiotikern und wer immer zusätzlich als Verwaltungsexperte jetzt und in Zukunft gebraucht werden sollte«, müsste sich ständig »selbst ergänzen« und ein jährlich erneuertes Ritual abhalten, bei dem die Legende mit Abwandlungen zu erzählen sei im gleichzeitigen elitären Wissen der »Wahrheit«. Wie diese »Folklore« inszeniert werden solle, lässt Seboek offen. Die »Nachricht« der »Legende« sollte sich jeweils an drei Generationen wenden, weil in dieser überschaubaren Periode nicht mit einem entscheidenden Informationsverlust gerechnet werden müsste. Ergänzend sieht Seboek »meta-sprachliche Nachrichten« vor, die beispielsweise in künstlichen Sprachen wie mathematischen Formeln am Lager-Ort auffindbar sein müssten.

Zu bedenken gibt Seboek, dass künftige Generationen sich nicht »Geboten der Vergangenheit« verpflichtet fühlen konnten. Die »Atompriesterschaft« wäre dann mit einer »zusätzlichen Verantwortung« belastet, wenn ihre Anweisungen nicht aufgrund eines »Gesetzes«, dann aufgrund »moralischer Verpflichtung« erfüllt würden. Zur Einhaltung beziehungsweise Durchsetzung schlägt Seboek die »verschleierte Drohung« vor, »dass die Nichtbeachtung des Befehls übernatürliche Vergeltungsmaßnahmen herausfordern könnte«.

Wissen wäre also nur noch für Eingeweihte wichtig und Unwissende hätten mit Gewalt zu rechnen. Wer sollten solche »Eingeweihten« in einer ferneren Zukunft sein? Zehn Jahre nach der ersten Vorstellung 1991 fügte Seboek an, dass auch »zeitgenössische Schamanen und Druiden« zur Rekrutierung für seine sonderbare Sekte sein müssten.

Kritiker des Untersuchungsansatzes und der Folgerungen zu einer »Human Interference Task Force« sehen in den »intelligenten Wesen«, die Seboeks Zeichensystem dereinst entschlüsseln sollen, verwilderte Überlebende eines Atomkrieges. Wer wollte warum Angst haben, wenn

Regierungen und Wissenschaftler sich Lösungen annehmen, wie sie in einem sf-Film kaum vorkommen würden? Wie sollte sich Zukunftsangst angesichts solcher Realität noch artikulieren?

Literatur

ACKERMAN, F. J.; A. W. STRICKLAND: *A Collection of Great Science Fiction Films.* Bloomington 1981

ADAMSKI, G.; D. LESLIE: *Flying Saucers have Landed.* 1953

AGEL, J. (Hrsg.): *The Making of Kubrick's 2001.* New York 1970

ALLAN, F.: *The Science Fiction and Fantasy Film Handbook.* London 1982

ALPERS, H.-J.; W. FUCHS; R. M. HAHN; W. JESCHKE: *Lexikon der Science Fiction-Literatur.* 2 Bde. München 1980

ANNAN, D.: *Cinefantastic. Beyond the Dream Machine.* London 1974

ANNAN, D.: *Robot. The Mechanical Monster.* London 1976

ANNAN, D.: *Catastrophe. The End of Cinema?* London 1975

ATKINS, T. R. (Hrsg.): *Science Fiction Films.* New York 1976

BAXTER, J.: *Science Fiction in the Cinema.* New York/London 1970

BLONSKY, M.: *Wes Geistes Kind ist die Atomsemiotik? In: Zeitschrift für Semiotik,* Bd. 6, H. 3, hrsg. v. R. Posner. Tübingen 1984, S. 311-324

ERMERT, K. (Hrsg.): *Verfremdung und Erkenntnis – Phantastik in Literatur, Bild und Film.* Rehburg-Loccum 1985

EVANS, C.: *Kulte des Irrationalen.* Reinbek b. Hamburg 1976. (Orig.: *Cults of Unreason,* 1973)

FAULSTICH, W.: *The War of the Worlds* von Byron Haskin. Ein Transkript. Tübingen 1982

FAULSTICH, W.; H. KORTE (Hrsg.): Fischer Filmgeschichte – Bd. 4: Zwischen Tradition und Neuorientierung 1961-1976. Frankfurt/M. 1992

FAULSTICH, W.; H. KORTE (Hrsg.): Fischer Filmgeschichte – Bd. 3: Auf der Suche nach Werten, 1945 – 1960. Frankfurt/M. 1990

FISCHER, J. M.: *Filmwissenschaft – Filmgeschichte.* Tübingen 1983

FOSTER, A. D.: *Das Ding aus einer anderen Welt.* München 1982

GEDULD, C.: Filmguide to *2001: A Space Odyssey.* Bloomington 1973

GIEGERICH, W.: *Die Atombombe als seelische Wirklichkeit. Versuch über den Geist des christlichen Abendlandes.* Zürich 1990a

GIEGERICH, W. (Hrsg): *Das Schreckliche. Mythologische Betrachtung zum Abgründigen im Menschen.* Zürich 1990b

GIEGERICH, W.: *Drachenkampf oder Initiation ins Nuklearzeitalter.* Zürich 1991

GIESEN, R.: *Science Fiction. 50 Klassiker des SF-Kinos.* Schondorf am Ammersee 1980

GIESEN, R.: *Science Fiction. 50 Klassiker des SF-Films.* Schondorf am Ammersee 1981

GIESEN, R.: *Der phantastische Film. Zur Soziologie von Horror, Science-Fiction und Fantasy im Kino. 2 Bde.* Schondorf/Ammersee 1980 und Neubearb. Ebersberg 1983

GIESEN, R.: *Der phantastistische Film,* Ebbersberg/Obb. 1983

GIESEN, R.: *Lexikon des phantastischen Films. 2 Bde.* Frankfurt/M., Berlin, Wien 1984

GIESEN, R.: *Sagenhafte Welten. Der phantastische Film.* München 1990

GIFFORD, D.: *Science Fiction Film.* New York/London 1971

GLUT, D. F.: *The Frankenstein Legend. A Tribute to Mary Shelley and Boris Karloff.* Metuchen, N.J. 1973

GRAFE, F.; E. PATALAS; H. H. PRINZLER: *Fritz Lang.* München 1976

HAHN, R. M.; V. JANSEN: *Lexikon des Science Fiction Films. 1000 Filme von 1902 bis 1986.* München 1986

HAHN, R. M.; V. JANSEN: *Kultfilme. Von »Metropolis« bis »Rocky Horror Picture Show«.* München 1985

HAMMOND, P.: *Marvellous Méliès.* London 1974

HARBOU, T. VON: *Metropolis.* Frankfurt/M./Berlin (West)/Wien 1984

HARDY, P. (Hrsg.): *The Aurum Encyclopedia: Science Fiction.* London 1984

HARRISON, J. E.: *Prolegomena to the Study of Greek Religion.* Cambridge 1903

HARRY, B: *Helden der Galaxis.* München 1982

HEINZLMEIER, A.; J. MENNINGEN; B. SCHULZ: *Kultfilme.* Hamburg 1983

HELLMANN, C.: *Der Science-Fiction-Film.* München 1983

HOFSTÄTTER, P. R.: *Fischer Lexikon Psychologie.* Frankfurt/M. 1970

HUSTON, D.: *Science Fiction Heroes.* New York 1980a

HUSTON, D.: *Science Fiction Villains.* New York 1980b

JOGSCHIES, R. B.: Das Böse und die Phantasie. Trivialmythen und Anti-Utopie, In: *universitas – Zeitschrift für interdisziplinäre Wissenschaft,* Wissenschaftliche Verlagsgesellschaft, Stuttgart 1990

JOGSCHIES, R. B.: Die Atomkriegsgefahr und die Rückkehr des Mythologischen. In: *Wissenschaft und Verantwortung,* Hamburg/Münster 1991

JOGSCHIES, R. B.: Die Metaphorik des Massenmordens. In: *Sprach-Report, Zeitschrift des Instituts für deutsche Sprache,* Mannheim 1991

JOGSCHIES, R. B.: Krieg in den Medien – Krieg der Medien? Über Macht,

Zensur und Öffentlichkeit. In: *Surgery Strike – Über Zusammenhänge von Sprache, Krieg und Frieden*; Loccumer Protokolle 1992

JOGSCHIES, R. B.: Der Tod kommt live, In: *Kulturpolitische Mitteilungen Nr. 52, Zeitschrift der Kulturpolitischen Gesellschaft,* Hagen 1991

JUNG, C. G.: *Ein moderner Mythus.* Frankfurt/M. 1958

KAGAN, N.: *The Cinema of Stanley Kubrick.* New York 1972

KELLER, K.: *Der utopische Film.* Aachen o. J. (1974)

LEE, W.; B. WARREN (Hrsg.): *Reference Guide to Fantastic Films, Science Fiction, Fantasy and Horror.* Vol.1: A – F (Los Angeles 1972), Vol.2: G – O (Los Angeles 1973), Vol.3: P – Z (Los Angeles 1974)

LOSANO, W.A.: *The Horror Film and the Gothic Narrative Tradition.* (Diss.) New York 1973

LUCAS, G.: *Krieg der Sterne – Star Wars.* München 1978

MANTHEY, D. (Hrsg.): *Die Welt des Fantasy-Films.* Hamburg 1981

MENNINGEN, J.: *Filmbuch Science Fiction.* Köln 1975

MENVILLE, D. A.: A *Historical and Critical Survey of the Science Fiction Film* (Diss.). Los Angeles 1959

MENVILLE, D. A.; R. REGINALD: *Things to Come.* An Illustrated History of the Science Fiction Film. New York 1976

NICHOLS, P. (Hrsg.): *Encyclopedia of Science Fiction.* Garden City 1979

PARISH, J. R.; M. R. PITTS,: *The Great Science Fiction Pictures.* Metuchen, N.J. 1977

PICKARD, R.: *Science Fiction in the Movies. An* A-Z. London 1978

PIETSCHMANN, W.: *Das Ende des naturwissenschaftlichen Zeitalters.* Wien/Hamburg 1980

PLACK, A.: *Die Gesellschaft und das Böse. Eine Kritik der herrschenden Moral.* München (7.Aufl.) 1970

POHL, F.: *Science Fiction Studies in Film.* New York 1981

ROLOFF, B.; G. SEESSLEN (Hrsg.): *Grundlagen des populären Films. Geschichte und Mythologie in 10 Bde.* Reinbek b. Hamburg 1980ff.

ROVIN, J.: *A Pictorial History of Science Fiction Films.* Secaucus, N.J. 1975

ROVIN, J.: *From Jules Verne to Star Trek.* New York/London 1977

SALEH, D.: *Science Fiction Gold. Classic Films of the 1950s.* New York 1979

SCANLON, P.; M. GROSS: *The Book of Alien.* London 1979

SCHEUGL, H.: *Sexualität und Neurose im Film. Die Kinomythen von Griffith bis Warhol.* München 1974

SEBOEK,T. A.: Die Büchse der Pandora und ihre Sicherung – Ein Relaissystem in der Obhut einer Atompriesterschaft. In: *Zeitschrift für Semiotik,* H. 3, 1984, hrsg. v. R. Posner, S. 229-253

SEESSLEN, G.: *Kino des Utopischen. Geschichte und Mythologie des Science-Fiction-Films.* Reinbek b. Hamburg 1980

SEESSLEN, G.; C. WEIL: *Kino des Phantastischen.* München 1976

SEESSLEN, G.; B. KLING: *Unterhaltung. Lexikon zur populären Kultur.* 2 Bde. Reinbek b. Hamburg 1977

SHAHEEN, J. G. (Hrsg.): *Nuclear War Films.* Carbondale, Ill. 1978

SICLIER, J.; A. S. LABARTHE: *Images de la science fiction.* Paris 1958

SONTAG, S.: Die Katastrophenphantasie. In: *Kunst und Antikunst. 24 literarische Analysen.* Reinbek b. Hamburg 1968

SPITTEL, O. R. (Hrsg.): *Science-fiction. Essays.* Halle/Leipzig 1987

STRESAU, N.: *Der Fantasy-Film.* München 1984

STRICK, P.: *Science Fiction Movies.* London 1976

WARREN, B.: *Keep Watching the Skies!* 2 Bde. Vol.1: New York, London 1982 / Vol.2: New York/London 1986

WARREN, B.: *Keep Watching the Skies!* Vol. I: American Science Fiction Movies of the Fifties (1950-1957). Jefferson 1982

WERCKMEISTER, O. K.: Das gelbe Unterseeboot und der eindimensionale Mensch. Zur Utopie der Kunst in der Kulturindustrie und in der Kritischen Theorie. In: *Neue Rundschau* 3/1970, S. 475-509

WILK, M.: The Beatles in *Yellow Submarine.* London 1968

WILLIS, D. C.: *Horror and Science Fiction Films: A Checklist.* Metuchen, N.J. 1972

WILLIS, D. C.: *Horror and Science Fiction Films II.* Metuchen, N.J. 1982

URSULA GANZ-BLÄTTLER

Schöpferische Fantasie und ›Realität‹ im Katastrophenfilm: Die De(kon)struktion als Modell und Spektakel

Thank you for that fine forensic analysis, Mr. Bodine.
Of course the experience of it was somewhat less clinical.
(Rose DeWitt Bukater, in *Titanic* [1997] von
James Cameron)

Dieser Aufsatz hat zwei Anfänge und zwei Enden: Ganz zu Beginn stand die Idee, ein paar verblüffend ähnliche Szenen aus diversen US-amerikanischen Katastrophenfilmen der 1990er-Jahre zu einem Strauß zu bündeln, diesen mit Hilfe stringenter Analyseansätze systematisch einzukreisen und als hübsch gebundenes Bouquet in fünfzehn bis zwanzig Referatsminuten zu präsentieren. Folgende Filmszenen von skizzenhaft vorgezeichneten und irgendwann später im Detail ausgeführten Katastrophenszenarien wollte ich dabei vergleichen:

a) Armageddon – Das jüngste Gericht (1998): Ein NASA-Funktionär zeigt einem Haufen hartgesottener Rednecks, die als Bohrexperten den todbringenden Asteroiden vom Kurs auf die Erde abbringen sollen, wie sie die beiden Spaceshuttles sicher um den Mond herum in den Windschatten des Asteroiden manövrieren. Dazu bedient er sich zweier Spielzeugmodelle aus Kunststoff, wendet einfachste Zeigetechnik an *und verzichtet auf eine Simulation am Computerbildschirm.*

b) Twister (1996): Zwei konkurrierende Gruppen von Meteorologen bzw. ›Sturmjägern‹ versuchen eine ausgeklügelte Untersuchungsanlage namens ›Dorothy‹ in das Innere eines ausgewachsenen Tornados zu befördern; *dabei dient eine Computersimulation dazu, das Ausmaß der im Falle eines Erfolgs zu erwartenden Analyseergebnisse anschaulich zu vermitteln.*

c) *Dante's Peak* (1997): Eine besorgter Vulkanologe verbündet sich mit der Bürgermeisterin eines aufstrebenden Touristenortes und versucht mit ihr gemeinsam die Bewohner davon zu überzeugen, dass der idyllische Berg, der der Gemeinde den Namen gab, jederzeit Feuer speien und Verderben säen kann; *eine Computersimulation des zu erwartenden Vulkanausbruchs verdeutlicht dabei die Warnungen in drastischer Weise.*

d) *Titanic* (1997): Eine Gruppe von Unterwasser-Archäologen und Schatzjägern demonstriert einer älteren Überlebenden des ›Titanic‹-Unterganges anhand einer Computersimulation im Detail, wie das Schiff seinerzeit nach der Kollision mit dem Eisberg voll Wasser lief, in zwei Stücke zerbrach und auf den Grund des Ozeans sank; *sie vergräbt das Gesicht in den Händen und beginnt dann zu erzählen,»wie es wirklich war«.*

Der zweite Anfang dieser Geschichte muss, ganz ähnlich wie der zweite Anfang des Films *Titanic* (der mit den lebendig gewordenen Erinnerungen der alten Rose DeWitt Bukater einsetzt), als eigentliche ›Stunde der Wahrheit‹ bezeichnet werden. Eine neuerliche Sichtung der betreffenden Filmszenen förderte nämlich zu meiner Überraschung höchst divergierende und in drei von vier Fällen komplett andere als die subjektiv erinnerten Szenarien zutage. Zum Vergleich:

a) *Armageddon*: ein NASA-Funktionär zeigt einem Haufen hart gesottener Rednecks, die als Bohrexperten den todbringenden Asteroiden vom Kurs auf die Erde abbringen sollen, wie sie die beiden Spaceshuttles sicher um den Mond herum in den Windschatten des Asteroiden manövrieren sollen. Dazu bedient er sich zweier Spielzeugmodelle aus Kunststoff, *verweist aber für den möglichen Ausgang der Rettungsaktion (die glücklich erfolgte Sprengung des Asteroiden, der in zwei Teilen an der Erde vorbeifliegt bzw. alternativ dazu der Einschlag des Asteroiden, der die Erde förmlich auslöscht) auf eine Simulation am Computerbildschirm.*

b) *Twister*: Zwei konkurrierende Gruppen von Meteorologen bzw. ›Sturmjäger‹ versuchen eine ausgeklügelte Untersuchungsanlage namens ›Dorothy‹ in das Innere eines ausgewachsenen Tornados zu befördern; *nachdem das waghalsige Experiment geglückt ist, sehen wir, wie die Tornadostruktur von Hunderten von Sensoren auf dem Computerbildschirm nachgezeichnet wird, begleitet von einem Strom von Rechendaten.*

c) *Dante's Peak*: Eine besorgter Vulkanologe verbündet sich mit der Bürgermeisterin eines aufstrebenden Touristenortes und versucht mit ihr gemeinsam die Bewohner, die Bewohner eines aufstrebenden Touristenortes davon zu überzeugen, dass der idyllische Berg, der der

Gemeinde den Namen gab, jederzeit Feuer speien und Verderben säen kann; *nachdem bereits der halbe Ort durch Erdbeben und Lava-Eruptionen in Schutt und Asche gefallen ist, kündigt der Computerbildschirm mit warnenden Richtungspfeilen den bevorstehenden Ausbruch an – der sich gleich darauf in Form einer ›pyroklastischen Wolke‹ drastisch manifestiert.*

d) *Titanic:* Eine Gruppe von Unterwasser-Archäologen und Schatzjägern demonstriert einer älteren Überlebenden des ›Titanic‹-Untergangs anhand einer Computersimulation im Detail, wie das Schiff seinerzeit nach der Kollision mit dem Eisberg voll Wasser lief, in zwei Stücke zerbrach und auf den Grund des Ozeans sank; *sie bedankt sich mit einem sarkastischen Seitenhieb auf die »forensische Genauigkeit« des geschilderten Sterbeprozesses und beginnt dann zu erzählen, wie sie die Dinge erlebte. Dabei verschmelzen die Unterwasseraufnahmen, die sie sich auf einem der analogen Fernsehbildschirme ansieht, mit ihren eigenen Erinnerungen, und sie vergräbt für einen Moment das Gesicht in ihren Händen.*

Vier Szenen, die zwar übereinstimmend von Expertendiskursen zu Katastrophenszenarien und damit zusammenhängend von (mehrheitlich computergestützten) Modellversuchen handeln, die aber keineswegs in Bild und Ablauf explizit wiedergeben, was ich mir offenbar gerne gewünscht hätte und entsprechend bildhaft ausmalte – den Gegensatz nämlich zwischen einer herkömmlichen analogen Präsentation eines Katastrophenszenarios (in *Armageddon*) und drei Beispielen ausgeklügelter Warn- oder zumindest Ankündigungsszenarien in Form von Computersimulationen. Und bevor ich hier und heute öffentlich darüber sinnieren kann, weshalb die Designer und Animateure von digital erzeugten Naturgewalten ein gewisses Interesse daran zu haben scheinen, ihr spektakuläres Zerstörungswerk gleich mehrfach in der filmischen Diegese zu platzieren, als virtuellen (›möglichen‹) Entwurf ebenso wie als möglichst naturalistische, nahtlos sich einfügende fiktionale ›Wirklichkeit‹, muss ich mich erst kritisch fragen, was sich denn meine eigene Imagination aus den jeweiligen Spielhandlungen als zumindest subjektiv ›mögliche‹ Szenarien herausgepickt und zusammengereimt hat, und *weshalb* sie dies tat.

Was sehe ich denn ›wirklich‹, wenn ich Filmkatastrophen im Kino erlebe? Wann genau werde ich im Kino zur Augenzeugin und ›weiss‹, was auf mich bzw. auf die Protagonisten zukommt – unter welchen Umständen der sich in Spannungsbögen entwickelnden Geschichte und mit welcher narrativen Begründung bzw. dramaturgischen Rechtfertigung? Mit wessen Augen ›sehe‹ ich das Unheil, wenn es erwartungsgemäß wuchtig und mit verheerenden Auswirkungen über die bis dahin als mehr oder minder heil konstruierte Welt der Fiktion hereinbricht? Und was davon vermag ich später aufgrund meiner subjektiven Erinnerung zu rekonstruieren, mehr oder weniger analog zu dem, was andere Filmbesucher im selben Augenblick des Handlungsablaufes gesehen und für ›wahr‹ genommen haben?

Erinnerung als (Re-)Konstruktion und Wunschbild

Kurt Tucholsky hat einmal gesagt, dass Reiseberichte stets mehr über den berichtenden Reisenden und seine Kultur aussagen als über die im Reisebericht eingefangene fremde Welt. Auch von spontan abgerufenen Augenzeugenberichten weiss man, dass sie im Detail erheblich voneinander abweichen können – sei es, dass mehrere Personen über dasselbe Ereignis ganz unterschiedlich berichten, oder dass dieselbe Person bei mehreren sich folgenden Befragungen die Dinge aus unterschiedlichen Perspektiven darstellt und beleuchtet. Es ist, als würde bei einem neuerlichen Erzählen ein ganz neuer Filmstreifen generiert, wobei sich die Versionen überlagern und immer wieder neue Ansichten des Beobachteten bzw. Erlebten produzieren können.

Dabei denken wir ja, visuelle Informationen seien unmittelbarer und ›eindeutiger‹ in ihrer Aussage als Gehörtes oder Gelesenes, das wir von Fall zu Fall bereitwillig in neue Kontexte einordnen.[1] Aber auch erinnerte Bilder sind subjektiv angereichert, wie etwa die bei polizeilichen Ermittlungen eingesetzten Phantombilder belegen, die als repräsentatives Genre zunächst einmal mit bestimmten Situationen (und Personen) in Verbindung gebracht werden und keineswegs so ›objektiv‹ sind, wie sie scheinen.[2] Was explizit als solche deklarierte Fiktionen betrifft, und zwar in jedem Medium bzw. Codesystem, so sind wir sowieso erst einmal ›gerngläubige‹ Konsumenten, die gemäß Samuel Taylor Coleridge unser

---

1   Daher stammt die Idee, Verfilmungen von bekannten Stoffen würden die Imagination von uns Zuschauern automatisch stärker ›besetzen‹, als es mündliche oder schriftliche Erzählungen tun. Zur postulierten Objektivität photographischer Abbilder vgl. die kognitionspsychologische Diskussion in CURRIE 1995 und ANDERSON 1996).

2   Ende 1996 publizierten Otto Mittmannsgruber und Martin Strauss unter dem Titel *13 tote Österreicher* namenlose Konterfeis von dreizehn bedeutenden Wissenschaftlern und Künstlern als Fahndungsfotos auf Werbeplakaten in Wien, Zürich und Berlin. Tatsächlich reichte der Überraschungs- und Verfremdungseffekt (der ungewohnten Darstellung in ungewohntem Kontext) aus, um bekannte Köpfe wie die von Freud, Mozart oder Schubert weitgehend ›unkenntlich‹ zu machen.

grundsätzliches Misstrauen um des kindlichen Staunens willen gerne
für ein paar Momente ablegen,[3] auch wenn wir dafür fliegende Autos,
sprechende Fische, mordende Ehegatten und anderes physikalisch oder
moralisch ›Undenkbares‹ in Kauf nehmen müssen. Weshalb denn sollten
wir ausgerechnet im Kino, bei der spektakulären Umsetzung von Fantasi-
en, Träumen und Urängsten, wo unsere (re-)kreative Imagination besonders gefragt oder sogar zünftig gefordert ist, diese Vorstellungskraft
hinsichtlich einer späteren Rekonstruktion des Geschehens plötzlich
tunlichst im Zaume halten wollen?

Spannender als unsere Bereitschaft zur (vorübergehenden) Aufgabe
des Unglaubens, die sich beim Nacherzählen fiktionaler Begebenheiten
ins durchaus Visionäre versteigen kann, scheint mir die Frage nach den
Mustern, die sich bei individuellen und insbesondere kollektiven Abweichungen von der (medial dokumentierten und somit auch nachprüfbaren)
›Ursprungsgeschichte‹ ergeben können. Bekannt geworden ist hier das
Beispiel der verschiedenen Sichtweisen (oder ›readings‹) einer Folge der
US-amerikanischen Fernsehserie *Dallas*, die von gebürtigen Amerikanern,
Kibbuzbewohnern, arabischen Männern und Frauen und endlich russischen Einwanderern in Israel gänzlich unterschiedlich, jedoch innerhalb
der jeweiligen Rezipientengruppe erstaunlich konsistent interpretiert
wurden, in Abhängigkeit vom jeweiligen Vertrautheitsgrad mit dem
Genre amerikanischer Soap Operas, dem Betroffenheitsgrad und der mehr
oder weniger kritischen Einstellung gegenüber dem, was als typische US-
amerikanische Wertvorstellungen identifiziert wurde (vgl. LIEBES/KATZ
1990).[4] Interessant sind aber auch solche Abweichungen von intendierten
(oder dominanten) Lesarten, die sich als subjektive (Wunsch?-)Vorstellung
in die Erinnerung an fiktionale Handlungsabläufe einschleichen.

So schildert die US-amerikanische Fernsehforscherin Sue Brower
in ihrer 1990 erschienenen Dissertation zu *Moonlighting* und anderen
populären Fernsehserien der späten 1980er-Jahre anschaulich einen
Beinahe-Autounfall, bedingt durch die heftigen Körperverrenkungen
der zwei verliebten Protagonisten der Serie (gespielt von Cybil Shepherd
und Bruce Willis), die sich so leidenschaftlich küssen, dass die Scheiben
des Wagens beschlagen. Eine (zufällige) Sichtung meinerseits hat dem-

3   Von Coleridge (bzw. aus seiner *Biographia Literaria*, 1817) stammt der bekannte Satz von der
    »... willing suspension of disbelief for the moment, which constitutes poetic faith«.
4   Die Studie konnte übrigens auch nachweisen, weshalb *Dallas* im japanischen Fernsehen par-
    tout kein Publikum fand: Während die Serie in diversen Kulturkreisen signifikant ›anders‹
    verstanden wurde, nahm man sie in Japan prinzipiell nicht als ›glaubwürdig‹ wahr.

gegenüber ergeben, dass es zwar mit den Körperverrenkungen im Auto
seine Richtigkeit hat, dass dadurch aber der Schalthebel in den Leergang
befördert wird, worauf der Wagen rückwärts einen Abhang hinunter-
und damit auch aus unserer Sicht rollt.[5]

Was nun die Katastrophen im Katastrophenfilm beziehungsweise deren
computeranimierte Vorstudien als von mir gleich mehrfach missdeutetes
Handlungselement angeht, so bekenne ich mich genauso wie Sue Brower
schuldig, meiner Fantasie ungezügelt freien Lauf gelassen zu haben. Ich
stellte mir (soweit richtig!) Fachleute vor, die Nicht-Fachleuten demonstrieren, was sie im Falle eines *worst-case*-Szenarios zu erwarten haben, und
fand diese Fachleute auch prompt und übereinstimmend in *Armageddon*,
Twister, *Dante's Peak* und *Titanic*. Ich suchte darüber hinaus nach computeranimierten Modellversuchen dieser Fachleute, die sich bei genauerer
Betrachtung doch wohl aus der Trickkiste der Schöpfer der ›wirklichen‹,
im Computer generierten Katastrophe hervorzuzaubern lassen würden, und
siehe da – ich fand diese Modellversuche. Den ganzen Rest, mitsamt den
Parallelen von Bildschirmmodell und Vollformatkatastrophe, habe ich
mir anschliessend zusammengereimt ... und dabei interessanterweise die
individuellen Handlungsabläufe ebenso meinem aktuellen Bedürfnis nach
computergenerierten ›Vorstufen‹ angepasst wie die subjektiv erinnerten
Bildtypen: Bei *Armageddon* fehlte plötzlich die Computersimulation, und
ich sah Billy Bob Thornton stattdessen wild mit den Händen gestikulieren.
In *Twister* schwebte ›Dorothy‹ schon majestätisch und malte spiralförmige
Hurrikanwirbel an den Computerbildschirm, lange bevor sie tatsächlich
›flog‹ und Daten für künftige Sturmwarnungen generierte. Und in *Dante's
Peak* sah ich deutlich, wie die Spitze des gezeichneten Vulkans auf dem Bild-
schirm abbrach, während es doch ›tatsächlich‹ nur einen unspektakulären
Berggipfel mit auf die Gefahrenzone hindeutenden Warnpfeilen gab, dem
Pierce Brosnan als Vulkanologe – immerhin – gut zuzureden versuchte.

Meine Fantasien, zugegeben – aber sie belegen doch augenfällig, dass
im Katastrophenfilm als solchem, beziehungsweise in der subjektiven
Rückschau von Zuschauern als ›Augenzeugen‹, die Grenzen verschwimmen können zwischen

a) der handlungsrelevanten Erzählung der Protagonisten, die uns und
   anderen mitteilen, was geschehen wird oder könnte,

---

5   Kulturbedingt mag im Fall der ersten Interpretation die fehlende Vertrautheit mit Hand-
    schaltungen sein, die das einschlägige Geräusch ausfilterte und stattdessen die *steamy win-
    dows* als passende Metapher generierte.

b) der von mir als Rezipientin individuell erinnerten Simulation dessen, was geschehen wird oder könnte oder vielleicht tatsächlich ›so‹ vor 84 Jahren geschah, und endlich

c) dem von mir ebenso subjektiv erinnerten spektakulären Event (das ich mir ja vermutlich schon aufgrund meiner Bereitschaft zur vorübergehenden ›suspension of disbelief‹ so naturalistisch wie notwendig ausmale, um dann auch ›wirklich‹ mitzufiebern und erschüttert zu sein).

Bleibt als Frage höchstens, weshalb sich denn die (kollektiven) Schöpfer der modell- und computeranimierten *worst-case*-Szenarien soviel Mühe geben, bei ihren Kon- und Destruktionen so ›realistisch‹ wie möglich zu bleiben, wenn ich doch als Zuschauerin, ganz respektlos, alle greifbaren medialen Repräsentationen in denselben Topf werfe, allfällige diegetische Löcher bereitwillig und nach meiner Fasson stopfe und mir so letztlich mein eigenes, hausgemachtes Szenario der Katastrophe als Spektakel bastle?⁶

Die Katastrophe als Schöpfungsakt und (mediale) Realität

Während in meinen Beispielfilmen – gemäß wiederholter Sichtung und übereinstimmender Beobachtung – eine von vier dramaturgisch eingesetzten Computersimulationen (jene der interstellaren Kollision in *Armageddon*) hypothetisch bleibt und eine andere erst *nachträglich* zum Einsatz kommt, als Resultat des geglückten Feldexperiments, das eine Fülle neuer Messdaten zur Berechnung von Tornados bereitstellt und so für *künftige* Katastrophenwarnungen maßgeblich werden kann, nehmen zwei der animierten Computersequenzen – immerhin – das nachfolgende Desaster im Sinne einer visualisierten Wahrscheinlichkeitsrechnung voraus. Bloß wird im einen Fall der Experte selbst (und nicht etwa die Dorfbevölkerung, die es eigentlich zu warnen galt) in Kenntnis der Tatsache gesetzt, dass ihm der Vulkan da oben gleich um die Ohren fliegen wird. Und da, wo die Vorstudie detailreich genug wäre, um allenfalls mit der naturalistischen Rekonstruktion des Geschehens später im Film verglichen zu werden, wird schon die Skizze selbst als bis ins Detail getreue

---

6   Zum Vergleich: Zuschauer der frühen italienischen Katastrophen-Stummfilme (z. B. *Cabiria*, 1914) dürften empathisch mit den Filmfiguren gebangt und gelitten haben, auch wenn diese während des historischen Ausbruchs des Aetnas – für unser Empfinden wenig spektakulär – von Kartonfelsen erschlagen wurden.

Rekonstruktion des Geschehens bezeichnet, das seinerzeit, 1912 auf nachhaltige Weise Geschichte schrieb.

Wie ernst es James Cameron, der Drehbuchautor und Regisseur von *Titanic*, mit der von ihm beschworenen ›Authentizität‹ beim Nachbau des Events (gemeint: des Schiffes und seiner Jungfernfahrt ebenso wie der Katastrophe des Untergangs) meinte, illustrieren Aussagen von ihm wie diese (zit. in MARSH/KIRKLAND 1997: VIII):»There are responsibilities associated with bringing a historical subject to the screen, even though my primary goal as a filmmaker is to entertain. Research, and more research, ongoing and never-ending, was the key to complete accuracy. But from my own research I discovered that *Titanic*'s history is a form of consensus hallucination. It's really no surprise, for example, that crew members describe things differently than do passengers, or that first-class accounts do not match those from third-class. Consciously or not, each survivor has reasons for remembering events a certain way«. In Camerons Aussage treffen der Anspruch auf historische Wahrheit und Unmöglichkeit einer medialen Rekonstruktion als Einlösung dieses Anspruchs unmittelbar aufeinander. Die Detailverliebtheit in der Rekonstruktion hat Camerons Film denn auch harsche Kritiken wegen Budgetüberschreitungen und Geldverschwendung eingetragen, während der unbedingte Anspruch auf Historizität in Internet-Diskussionszirkeln heftig debattiert wurde.[7]

Meiner ursprünglichen Hypothese zufolge sollten sich die kollektiven Schöpfer aufwendiger digitaler Katastrophenszenarien (und hier denke ich weniger an die Regie als vielmehr an die CGI-Spezialisten als virtuelle ›Weltenbauer‹) mit Vorliebe über den Einbau einer Art ›Skizze‹ des zentralen Zerstörungsspektakels im Film verewigen wollen, wobei die auf einem Computerbildschirm ablaufenden und als Trick-Animation klar erkennbare Blaupause in der filmischen Diegese selbst die Rolle eines Warninstruments oder auch einer Rekonstruktion ›post festum‹ übernehmen könnte. Es wäre also um die Frage gegangen, wie (und warum) zeitgenössische Filmkünstler die Zerstörung, die sie digital säen, im Sinne eines heimlich platzierten ›easter eggs‹ immer schon zum Voraus ankündigen bzw. vorwegnehmen.[8]

7 Zu beiden Diskussionen, um die Legitimität der Ausgaben wie um die Einlösung der damit einhergehenden Versprechen, mehrere Aufsätze in SANDLER/STUDLAR 1999.

8 Als ›Ostereier‹ werden die bei Computerspielen oder anderen Software-Applikationen heimlich eingebauten Überraschungseffekte bezeichnet, die sich nur über hartnäckiges Suchen und Tüfteln erschließen; sie tragen zumeist Signatur-Charakter und verweisen auf den – ansonsten anonym bleibenden – Schöpfer des digitalen Werks oder der Kompilation.

Die Antwort auf diese Frage muss ich hier schuldig bleiben, weil die Beweislage äusserst dürftig ist: Zum einen hat sich die Datenbasis, auf die sich meine Hypothese stützte, als bei weitem zu schmal erwiesen, um tatsächlich von Fall zu Fall ›Studie‹ und ›Ausführung‹ nutzbringend und sinnvoll miteinander in Zusammenhang bringen zu können. Dazu nochmals eine synthetische Zusammenfassung der analysierten Ereignisse, von Film zu Film:

TABELLE 1
Synthetische Darstellung der vier Simulationen in den vier Katastrophenfilmen:

	Simulation	Medium	Funktion	Katastrophe	Augenzeugen
Armageddon	manuell/anim.	live/Computer	strateg. Planung	Meteoreinschlag	(Hauptevent verh.)
Twister	animiert (grid)	Computer	Feldexperiment	div. Tornados	›wir‹ mit Helden
Dante's Peak	animiert,Pfeile	Computer	Warninstrument	Vulkanausbruch	wir als Zuschauer
Titanic	animiert (full)	Computer	Rekonstruktion	hist. Untergang	›wir‹ mit Heldin

Die Tabelle der vier angekündigten Katastrophen in meinen Fallbeispielen zeigt nicht nur die Bandbreite der Funktionszusammenhänge auf (in Hinblick auf das Ereignis, das später oder auch früher erfolgen kann), sondern auch den Variantenreichtum des Auftretens der Katastrophe. Von der glücklich abgewendeten Planetenkollision in *Armageddon* (mit relativ verheerenden Vorgeplänkeln; so bricht einmal die Spitze des Chrysler Buildings in New York herunter und Paris wird nebenbei zerstört) reicht das Spektrum über die historisch belegte Katastrophe des *Titanic*-Untergangs von 1912 und das verhältnismäßig seltene Ereignis eines Vulkanausbruchs (dem ein anderer bereits im Prolog zu *Dante's Peak* vorausgeht) hin zu einer ganzen Ansammlung von Wirbelstürmen, die uns mit spektakulären Bildern von zerstiebenden Scheunenfassaden und unkontrolliert vom Himmel fallenden Tanklastwagen in Atem halten.[9]

Eine eindeutige und für alle vier Fälle gemeinsame Funktion kann dabei der Computersimulation im Hinblick auf die jeweilige *full-scale*-Umsetzung des entsprechenden Großereignisses nicht zugestanden werden. Während zumindest die eine Simulation in der zeitgenössischen

---

9 Wie *Twister* die Spannung von Akt zu Akt bzw. von Tornado zu Tornado steigert, lässt sich bei EDER 1999 im Detail nachlesen.

Rahmenhandlung von *Titanic* die nachfolgenden Ereignisse (gemeint: des filmischen *plots*, nicht der länger zurückliegenden *story*) im Detail vorzeichnet und uns so eine Art Blaupause für die komplexen Zusammenhänge von Eisberg, Schiffsposition, Detailschäden und die Unausweichlichkeit des Untergangs liefert, kommt den anderen Skizzen keine eigentliche dramaturgische Funktion im Sinne einer *Vorwegnahme* der Ereignisse zu: In *Armageddon* wird die zunehmende Zeitknappheit durch klassisches Minuten- und Sekundenzählen umgesetzt (und nicht etwa durch den Rückgriff auf die eingangs erwähnte Simulation am Modell), während das Element der Zeit in *Twister* zwar angesprochen, aber visuell nicht umgesetzt werden kann (erst *nach* der Auswertung der Analysedaten aus dem geglückten Experiment wird man die Sturmwarnzeit erhöhen können – allenfalls).

Und so hat einzig in *Dante's Peak* die Computersimulation einen spezifischen Vorwarncharakter, jedoch wirken die animierten Pfeile, die auf die – noch intakte – Spitze der gezeichneten Bergsilhouette gerichtet sind, im Angesicht der drohenden Gefahr reichlich abstrakt. Mit einem Klopfen an den Bildschirm und einem leisen »*Wait!*« wird der Vulkanologe den gezeichneten Berg vom Ausbrechen abzuhalten versuchen, ehe er Rettungsgerät nach draußen und in den Fluchtwagen bringt – nur wenige Sekunden, bevor wir Zuschauer den ›wirklichen‹ Berg da draußen, hoch über dem Dorf und den flüchtenden Protagonisten, spektakulär in die Luft fliegen sehen.

Aber auch abgesehen von diesen heterogenen Detailbefunden stehe ich mit leeren Händen da: Weder die systematische Suche in Internet noch die bibliographische Recherche in der einschlägigen Fachliteratur hat mich (bisher) auf explizite Belege oder gar Bekenntnisse einer absichtlichen visuellen Spurenlegung speziell im Katastrophenfilm gebracht. Ich kann, mit anderen Worten, nicht die eine Geschichte von den Experten und determinierten Wissenschaftlern, die in der Filmhandlung mit Computersimulationen möglicherweise eintretender (also virtueller) Großereignisse hantieren, von der anderen Geschichte scheiden – jener von den Experten und determinierten CGI-Gestaltern, die ja für die Filmhandlung (und damit extradiegetisch) mit Computersimulationen von irgendwann mit Bestimmtheit eintretender, virtuell am Rechner entworfenen, Großereignissen hantieren *müssen*.

Statt einer Beweisführung deshalb hier zwei Überlegungen, die meine Hypothese immerhin als wahrscheinlich erscheinen lassen: Zum einen sind bildliche Signaturen als intertextuelle Bezüge bei aufwändigen, aber weitgehend anonym bleibenden Kunstprodukten seit jeher üblich. Das fängt bei der diegetischen Einarbeitung von Auftraggebern und ausführenden Künstlern in die offizielle Kirchenmalerei und -plastik des Mittelalters an und hört bei symbolischen Spielereien mit Namen und Zahlen und entsprechenden Notierungen bei repräsentativen Auftragsmusiken des Barocks gewiss nicht auf.[10] Des Weiteren lassen sich immer wieder aktuelle Hinweise auf Künstlersignaturen in Handlungen von populären Filmen und Fernsehserien finden, die, auch wenn sie nicht wirklich als solche gemeint sein sollten, doch zumindest als solche gelesen werden können.[11]

Unbestritten ist nur, dass die Schöpfer von computergenerierten Fantasiewelten, seien sie utopisch-optimistisch oder dystopisch-pessimistisch, hyperreal (wie im Science-Fiction-Film) oder betont naturalistisch wie im zeitgenössischen bzw. historizierenden Katastrophenfilm, in ihren entsprechenden Ausführungen stets auf eine möglichst große Realitätstreue pochen. Dahinter steckt nur zum Teil die Angst, vor dem kritischen Auge des Zuschauers (der ja, wie wir zuvor gesehen haben, durchaus kreative Eigeninitiative beim Rekonstruieren von Handlungszusammenhängen entwickelt) zu versagen. Vielmehr geht es um einen expandierenden Markt mit extrem hohen Investitionskosten, in dem ›Realitätstreue‹ als einmal etabliertes Qualitätsmerkmal gesetzt erscheint, dabei aber laufend neue technische und ästhetische Standards setzt.

Dabei hat sich der Prozess der digitalen Gewinnung von Trickbildern als *Special Effects* längst ausdifferenziert in einen ganzen sich verästelnden Industriesektor mit einer Fülle von Branchen und Fachrichtungen (die sich dann jeweils im Abspann im Detail nachlesen lassen), und computergestützte Animationen kommen auf jeder Stufe des Produktionsprozesses zum Einsatz. Wo ganze Szenerien im Computer (bzw. in verschiedenen Computerstudios) generiert werden (statt nur einzelner Bestandteile, die später mit Einstellungen aus herkömmlicher Tricktechnik wie etwa

10 Zum Phänomen der musikalischen Signatur, mit ganz ähnlichen Problemen der Beweisführung, JUNG 2003.
11 In der Pilotsendung zur von naturwissenschaftlichen Erkenntnissen geprägten forensischen Detektivserie *C.S.I.* (für *Crime Scene Investigation*) gerät ein Hersteller von täuschend echt nachgemachten menschlichen Einzelteilen vorübergehend in Mordverdacht – gerade weil seine gruseligen Spielzeuge so authentisch wirken. Genau solche Requisiten aus Latex und Gummi sind es aber, die der Fernsehserie zu ihrem (von der Kritik unterschiedlich bewerteten) ›authentischen‹ Charakter verhelfen.

dem *matte painting* kombiniert werden), ist es heute üblich, so genannte *animatics* zu produzieren, nicht zur Veröffentlichung bestimmter aufwändiger Computertrickfilme, die als bewegte Storyboards nicht nur das Set und die Stellung der Filmfiguren im Detail vorwegnehmen, sondern auch Kamerapositionen und -einstellungen inklusive wechselnder Perspektiven. Nicht zu verwechseln sind solche visuellen Hilfsmittel der *preproduction* mit dem eigentlichen Drehprozess bzw. mit der Integration von Schauspielern und anderem aktuell gedrehten Material in digitalisierte Ablaufszenarien im Verlauf der *postproduction* (dazu im Detail WASKO 1994 und 2003). So soll etwa George Lucas nach einer ersten Demonstration des animatronisch visualisierten Science-Fiction-›Seifenkistenrennens‹ (für den Film *Star Wars – Episode 1: Die dunkle Bedrohung* [1999]) begeistert ausgerufen haben:»Let's go podracing! How do we make these *real?*«.[12]

›Realität‹ ist dann aber bereits ein äußerst dehnbarer Begriff, der sich aus Produzentensicht je nachdem auf einen postulierten Gegensatz zwischen der Projektierung eines Films und dessen Ausführung beziehen kann, auf die (historische oder zeitgenössische) Vorlage, an die man sich strikt zu halten gedenkt, auf den illusionistischen Charakter, den man in bester Hollywood-Tradition zu wahren hofft, oder einfach auf jegliche Fiktion, die – siehe Coleridges Postulat – einen mehr oder minder ernst gemeinten Anspruch auf Glaubwürdigkeit erhebt. Berühmt-berüchtigt ist hier, wie bereits erwähnt, James Camerons Detailversessenheit hinsichtlich seiner *Titanic*-Verfilmung geworden: Digitale wie analoge Requisiten wurden ebenso wie diverse (digitale und analoge) Modelle des Ozeandampfers als ›Bühne‹ bis in Details historischen Vorbildern und entsprechenden Zeugenschaften nachempfunden und mit zum Teil computergenerierten Komparsen bevölkert. Dabei sollte die Unterscheidung von ›fact‹ und ›fiction‹ (gemeint: die romantische Liebesgeschichte zwischen der Erstklass-Passagierin Rose und dem Drittklass-Passagier Jack) in der Umsetzung des Films als Drama zusehends verschwimmen und an Bedeutung verlieren.[13]

12 *Premiere* vom Mai 1999, S. 86.
13 Vgl. Cameron, nochmals in MARSH/KIRKLAND 1996, S. XIII:»Where the facts are clear we have been absolutely rigorous in restaging events. Where they are unclear, I have made my own choices, a few of which may be controversial to students of *Titanic* history. Though I may not always have made a traditional interpretation, I can assure the reader and the viewer that these are conscious and well-informed decisions and not casual Hollywood mistakes.«

Die Katastrophe im Katastrophenfilm:
Die ›poiesis‹[14] als Poesie oder Lehrstück?

Wilhelm Hofmann hat 1996 Überlegungen zum westlichen Katastrophen-(spiel)film als Risikokommunikation angestellt und dabei ein interessantes Paradox festgestellt (vgl. HOFMANN 1996): Auch wenn im Vordergrund des Katastrophenfilms die angekündigte Katastrophe steht und damit ein erwartbares Schauvergnügen, das uns Zuschauerinnen und Zuschauer nur gerade soweit in Mitleidenschaft zieht, als wir unsererseits bereit sind, Mitleid und Anteilnahme zu entwickeln, scheint das Genre auf moralischen Wertungen und damit zusammenhängend auf mehr oder weniger eindeutigen Schuldzuweisungen zu bestehen. Es muss nicht immer ein unüberlegter, typisch ›moderner‹ Eingriff des Menschen in die Natur sein, der zentral angeprangert und in seinen Auswirkungen drastisch visualisiert wird. Es werden aber stets Protagonisten und Antagonisten als Gegensätze aufgebaut, die den Kampf ›gut‹ gegen ›böse‹ (oder ›weitsichtig‹ gegen ›kurzsichtig‹) stellvertretend austragen und dabei gegen die Uhr als unparteiisches Schiedsgericht antreten.

Das gilt so auch für die hier näher beleuchteten Beispiele, selbst wenn drei von vier bildlich umgesetzten Desastern natürlichen Ursprungs sind und nicht etwa durch klimatische Veränderungen innerhalb der letzten fünfzig Jahre erklärt werden. In *Armageddon* ist der Asteroid zwar nicht wirklich ›böse‹, aber doch immerhin lebensfeindlich genug, um einzelne der Helden zu korrumpieren und die meisten anderen physisch zu dezimieren. *Dante's Peak* und *Twister* beziehen ihr Konfliktpotenzial übereinstimmend aus Loyalitätskonflikten: Im einen Fall werden dem ›guten‹ Expertenteam seitens eines uneinsichtigen Vorgesetzten Steine in den Weg gelegt, während im anderen Fall ein eigentlicher Wettlauf zwischen zwei konkurrierenden Forschergruppen stattfindet, mit unterschiedlichen Forschungszielen und entsprechend unterschiedlich transparenter Methodik. Als klassisches ›Drama der Moderne‹ ist einzig das *Titanic*-Epos konnotiert bzw. konstruiert, mit dem mächtigen, als unsinkbar geltenden Schiff selbst als »... ultimate symbol of technological failure« (nochmals Cameron, in MARSH/KIRKLAND 1996, S. v).

---

14 Nach Aristoteles' *poetica* als Theorie des klassischen Dramas: Damit gemeint ist der gestalterische Akt, der Neues im Bildnis von Altem und in der Erinnerung an immer schon Bestehendes schafft.

Und doch ist es wohl kein Zufall, wenn in allen vier angekündigten filmischen Umsetzungen von unaufhaltbaren Katastrophen ausgerechnet Wissenschaftler mit den Elementen bzw. den Tücken des titelgebenden Objekts ringen, sei es als Überbringer der unheil verheißenden Nachricht (*Dante's Peak*), als wagemutige bis tollkühne Herausforderer der Naturgewalten (*Twister*) und zweimal, in Rahmenhandlungen, als Tüftler und Strategen mit eindeutiger Agenda. Da bekommt es der nüchtern rechnende Realist von der Raumschiffbehörde NASA mit einem charismatischen Ölbohrer und *blue collar*-Haudegen in Gestalt von Bruce Willis zu tun (der dann im atemlosen Finish intuitiv alles richtig macht), während die High-Tech-Verliebtheit der ursprünglichen Konstrukteure der *Titanic* ihr würdiges Pendant in der hypermodernen Ausrüstung der zeitgenössischen Unterwasser-Archäologen findet, die für Geld und Ruhm alles tun würden und die detailgenaue Computerstudie des Untergangs des Ozeandampfers mit einem »pretty cool, huh?« kommentieren. Solch unsensiblen Blind-Gängern wird die überlebende Augenzeugin des Geschehens, die über 100-jährige Rose, gewiss nicht aushändigen, was sie doch so intensiv suchen und begehren – das ›Herz des Ozeans‹, das nur denen sein Geheimnis eröffnet, die es auch wirklich zu »sehen« vermögen.

Zwar kann die Wissenschaft in den von mir näher untersuchten Filmen Unsichtbares sichtbar oder sogar vorhersehbar machen, in Form von Zahlendiagrammen und mehr oder weniger ausgeklügelten Computersimulationen. Zu einer erfolgreichen Umsetzung der Laborrecherchen draussen im Feld braucht es aber, im Katastrophenfilm zumindest, durchwegs ›unwissenschaftliche‹ Qualitäten, nämlich die Bereitschaft zum Handeln, eine Prise Wagemut, Intuition wider besseres Wissen und vor allem eines: Herz.

Am weitreichendsten erweist sich denn auch im Handlungszusammenhang von präventiv errechnetem und rechnerisch umgesetztem, bildmächtigem Desaster die Frage nach der Augenzeugenschaft, die in allen vier Kinofilmen unterschiedlich thematisiert wird. Zum einen werden wir in allen Fällen notgedrungen, oder auch wunschgemäß, Augenzeuge grandioser Zerstörungen, wobei diese Gratifikationen entweder in Appetithäppchen über den Film verteilt werden (*Armageddon, Twister, Dante's Peak*) oder aber als Kette von verhängnisvollen Ereignissen die eigentliche Peripetie des Films darstellen (*Titanic*). Wir ›sehen‹ die sich anbahnende Katastrophe im Regelfall mit den Augen der Filmfiguren, wobei sich das Problem für die Filmemacher stellen kann, wer der aktuellen Gewaltattacke als namenloses oder kollektives Opfer passiv ausgeliefert wird und wer aktiv überlebt (um Zeugnis abzulegen, was zumeist ein Privileg der Hauptfiguren ist).

Armageddon lässt uns da als typischer Action-Streifen wenig Handlungsspielraum beim Schauen – wir sind hauptsächlich *onlookers*, die mitverfolgen, wie kollektiv Stadtbewohner New Yorks oder später Neben- und Hauptfiguren zusehends von den Naturgewalten aus dem Weltall dezimiert werden, bis nur noch ganz wenige als gefeierte ›Helden‹ übrig bleiben. *Dante's Peak* wiederum lässt seine Helden nicht gewinnen, aber immerhin knapp überleben, nach einem Wettrennen gegen die Uhr und mehreren Tagen der Ungewissheit, die sie als ziemlich unspektakulär Verschüttete verbringen. Und ›wir‹ haben den definitiven Vulkanausbruch auch noch vor ihnen zu sehen bekommen, wenige Sekunden, bevor uns ihr gefasster Blick erzählt, dass sie wissen, was sie erwartet.

Eigentliche Auseinandersetzungen mit den Blicken wissender Experten (gemeint hier im doppelten Sinne als entsprechend ausgebildete Fachleute oder aber als Personen mit einschlägiger Erfahrung) vermitteln uns *Twister* und *Titanic*. Nachdem es den Tornadojägern glücklich gelungen ist, ihr Experiment zu starten, und nachdem die Computerbildschirme ihren Erfolg in Daten und Zahlen belegen (»*Look at these readings!*«), geraten Heldin und Held doch noch selbst in den Sog des *Twisters*: Angebunden an ein Wasserrohr (dem man soviel Robustheit gar nicht zutrauen möchte, aller ›suspension of disbelief‹ zum Trotz) sehen sie sich ›Auge in Auge‹ mit dem Hurrikan und erleben das Spektakel – wie wir auch – als faszinierendes Naturschauspiel nochmals völlig neu.

Auch *Titanic* operiert, gezielter noch, mit zwei Sichtweisen auf ein- und dieselbe Katastrophe: Während der Blick der Wissenschaftler in der Rahmenhandlung ein von kommerziellen Interessen und vom Glauben an die Berechenbarkeit der Dinge geprägter analytischer ist und bleibt, nimmt uns die Augenzeugin Rose mit auf einen ›wirklichen‹ Trip in die Unterwelt (im doppelten Sinn): Die analogen, fotografischen Unterwasseraufnahmen lassen vor ihrem geistigen Auge die Ereignisse von damals lebendig werden, und es werden im Verlaufe des Films immer wieder ihre Augen (oder die Augen von Jack, dem Kunstmaler) sein, die uns in der ausgedehnten Rückblende wissen lassen, wie wir uns das historisch belegte Geschehen im Detail ausmalen sollen – wann genau, wie genau, und vor allem *wo* genau was geschah. Und ganz zum

Schluss wird Rose an unserer Stelle die Entscheidung treffen, welche Sichtweise die ›richtige‹ ist – wenn sie den gesuchten Schatz eben nicht der Wissenschaft überlässt, sondern lieber mit sich nimmt in das Totenreich der *Titanic*, wo sie von der Schiffscrew, und ganz zuletzt von ihrem seinerzeit im Ozean verschollenen Geliebten Jack, herzlich willkommen geheissen wird.

Der Wissenschaft kommt so im Katastrophenfilm durchaus eine bestimmte Rolle zu – die des Sichtbarmachens, des Enthüllens und detailgenauen Berechnen von Risiken, wie es Hofmann (1996) beschreibt. Daneben aber braucht es offenbar, zur Erkenntnis des Sichtbaren, zur Interpretation des Enthüllten und zur Konfrontation mit dem Risiko, dezidierte (Helden-)Qualitäten, die sich nur draußen im Feld, oder weit droben am Berg, jenseits der Schwerkraft im Weltall oder in den mystischen Tiefen des Ozean gewinnen und anwenden lassen. Da lässt sie sich denn aufspüren und handfest erleben, die eigentliche, mythische Realität des Katastrophenfilms.

Zitierte Kinofilme

Armageddon - Das jüngste Gericht	(USA 1998. Regie: Michael Bay)
Dante's Peak	(USA 1997. Regie: Roger Donaldson)
Titanic	(USA 1997. Regie: James Cameron)
Twister	(USA 1996. Regie: Jan de Bont)

Websites

Transkript der Handlung von *Twister*, inklusive der im Film verwendeten Musik:

www.script-o-rama.com	(2.4.2003)

Transkript der Handlung von *Titanic*:

www.geocities.com/SoHo/4588/titanscr.html	(2.4.2003)

Banned From the Farm (inzwischen aufgelöste CGI-Firma):

www.bftr.com/Pages/projects/dante.html	(5.5.2003)
www.bftr.com/Pages/projects/titanic.html	(5.5.2003)
www.bftr.com/Pages/projects/twister.html	(5.5.2003)

Literatur

ANDERSON, J. D.: *The Reality of Illusion. An Ecological Approach to Cognitive Film Theory.* Carbondale / Edwardsville [Southern Illinois University Press] 1996

BARKER, M.: *From Antz to Titanic. Reinventing Film Analysis.* London 2000

BAUMAN, Z.: *Liquid Modernity.* Cambridge 2000

BROWER, S.: *The Poetics of Marketing: Promotion and the Fictional Processes of Television,* Diss. phil. (Ms.), Austin 1990

BROWER, S.: *Story and Discourse. Narrative Structure in Fiction and Film.* Ithaca/London 1978, 1993[6]

CURRIE, G: *Image and Mind. Film, Philosophy, and Cognitive Science.* Cambridge (MA) 1995

DEBORD, G.: *La société du spectacle.* Paris 1971, 1992

EDER, J.: *Dramaturgie des populären Films: Drehbuchpraxis und Filmtheorie* (Enthält eine Analyse von *Twister*). Münster 1999

GEIMER, P. (Hrsg.): *Ordnungen der Sichtbarkeit. Fotografie in Wissenschaft, Kunst und Technologie.* Frankfurt/M. 2002

HOFMANN, W.: Nichts ist so unterhaltend wie der Untergang der Welt. Überlegungen zur Risikokommunikation in Katastrophenfilmen. In: Ders. (Hrsg.): *Sinnwelt Film. Beiträge zur interdisziplinären Filmanalyse.* Baden-Baden 1996

ISER, W.: *Das Fiktive und das Imaginäre. Perspektiven literarischer Anthropologie.* Frankfurt/M. 1991

JUNG, H.: »Vorsicht, nicht voll beweisbar!« Wege und Irrwege bei der Erforschung musikalischer Zahlensymbolik. In: GANZ-BLÄTTLER, U.; P. MICHEL (Hrsg.): *Sinnbildlich schief. Missgeschicke bei Symbolgenese und Symbolgebrauch.* Bern u.a. 2003 (Schriften zur Symbolforschung 13)

LIEBES, T.; E. KATZ: *The Export of Meaning. Crosscultural Readings of Dallas.* Cambridge 1990, 1993[2]

MARSH, E.; KIRKLAND, D.: *James Cameron's Titanic.* New York 1997

SANDLER, K. S.; G. STUDLAR (Hrsg.): *Titanic. Anatomy of a Blockbuster.* New Brunswick/London 1999

STEHR, N.: Im Zeitalter der Ungewissheit. In: GEO *Wissen* 31, 2003, S. 126-131

STEHR, N.: *Knowledge Societies.* London u.a. 1994

WASKO, J.: *Hollywood in the Information Age. Beyond the Silver Screen.* Cambridge/Oxford 1994

WASKO, J.: *How Hollywood Works.* London et al. 2003

OLAF SANDERS

Cronenbergs Pädagogik, Wachowskis Pädagogik – Deleuzes ermächtigende Filmtheorie

Als *Matrix* (1999) in die Kinos kam, war der französische Philosoph Gilles Deleuze schon vier Jahre tot. Der Film der Brüder Andy und Larry Wachowski lädt zum Theoretisieren ein wie kaum ein anderer seit Quentin Tarantinos *Pulp Fiction* (1994). Hätte sich Deleuze mit *Matrix* auseinandergesetzt? Die Frage mag überflüssig scheinen, weil sie nur spekulative Antworten erlaubt. Der Reiz eines Antwortversuchs liegt darin, seitwärts ins Thema einzusteigen. Die Kinobücher 1 und 2, *Das Bewegungs-Bild* (frz. 1983, dt. 1989) und *Das Zeit-Bild* (frz. 1985, dt. 1991), greifen auf mehr als 600 Filme zurück. Science-Fiction-Filme machen sich in diesem Fundus rar. Ausnahmen bilden Stanley Kubricks *2001: Odyssee im Weltraum* (1968) oder Andrej Tarkowskis *Solaris* (1972), die enge Genregrenzen allerdings zum Autorenfilm hin überschreiten. Das gilt auch für *Matrix* und für die Filme des Kanadiers David Cronenberg, die – so man sie einem Genre zuordnen will – wohl am ehesten zum Horrorfilm gehören, den Deleuze auch vor allem historisch zu schätzen scheint. Murnaus *Nosferatu. Eine Symphonie des Grauens* (1921/22) oder James Whales *Frankenstein* (1931) interessieren ihn vor allem wegen ihres Lichts, das durch eine »›gotische‹ Geometrie [...] den Raum konstruiert, statt ihn zu beschreiben« und dessen Intensität er mit Kants dynamisch Erhabenen in Verbindung bringt (vgl. DELEUZE 1989: 78ff.).

Kant unterscheidet in der *Kritik der Urteilskraft* (1790, § 24) mathematisch und dynamisch Erhabenes. Mathematisch erhaben nennt er, »was *schlechthin groß* ist« (A 79). Dynamisch erhaben hingegen wirke die uner-

messliche Macht der Natur im ästhetischen Urteil, zu dem wir nur fähig
seien, wenn wir »einen Gegenstand als *furchtbar* betrachten, ohne uns vor
ihm zu fürchten« (A 101). Unsere eigene Macht wird im Vergleich zwar
»zur unbedeutenden Kleinigkeit« (A 103), weil aber »die Menschheit in
unserer Person unerniedrigt bleibt« (A 104), gelangen wir über die »Idee
der Erhabenheit« (A 108) zum »Vermögen, welches in uns gelegt ist, jene
[die Macht der Natur, o.s.] ohne Furcht zu beurteilen, und unsere Bestimmung als über sie erhaben zu denken.« Auch das mathematisch Erhabene
funktioniert zweischrittig. Die Unlust, mit der die Einbildungskraft an
der Größe scheitert, wird kompensiert durch die Lust, die sich einstellt,
wenn die Vernunft mit der Idee Unendlichkeit aushilft. Die Vernunft, die
Kant (1790, A 100) als »als Quell der Ideen« bestimmt, ist das erhabene
Vermögen. Sie empfindet Lust an sich.

Sicher verführen Deleuze nicht nur Kants Beispiele für Naturphäno-
mene außerordentlicher Macht – »Orkane mit ihrer zurückgelassenen
Verwüstung, grenzenlose Ozeane, in Empörung gesetzt« (A 102f.) –, die
Kritik der Urteilskraft »ein stürmisches Werk« (DELEUZE/GUATTARI 1996:
6) zu nennen, sondern vor allem ihre Tendenz zur Überschreitung seiner
Vernunftkritik. Meere und Wüsten gelten Deleuze als paradigmatisch für
glatte, nicht metrisierte Räume, in die hinein auch gotische Baumeister
ihre Kirchengewölbe bauen, die der Unendlichkeit dann einen gekerb-
ten, metrisierten Raum abtrotzen (vgl. DELEUZE/GUATTARI 1992, 12. Pla-
teau). Gotische Geometrie meint projektive Geometrie. Deleuze (1989: 80)
begreift »das Maßlose und das Formlose« als Medien im ursprünglichen
Sinne. Es sind Medien des Werdens. Im Hinblick aufs Werden weitet er
Kants Bestimmungen des Erhabenen:

»Im Mathematisch-Erhabenen verändert sich die extensive Maßein-
heit derartig, dass die Einbildungskraft sie nicht mehr fassen kann, an
ihrer eigenen Grenzen kommt, zunichte wird, aber einer Denkmöglich-
keit Platz macht, die uns zu einer Konzeption des Unermesslichen oder
Maßlosen als Ganzem zwingt. Im Dynamisch-Erhabenen erhebt sich die
Intensität zu einer solchen Macht, dass sie unser organisches Wesen blendet oder vernichtet, in Entsetzen versetzt, jedoch eine Denkfähigkeit hervorruft, durch die wir uns dem, was uns vernichtet, überlegen fühlen«
(DELEUZE 1989: 80).

Das Organische ist ein weiteres großes Thema in den Arbeiten Deleuzes. Seit der ersten Gemeinschaftsarbeit mit dem Psychoanalytiker Félix
Guattari, dem *Anti-Ödipus* (frz. 1972, dt. 1977: 14), entwickelt er eine

Theorie des »organlosen Körpers« als Körper »ohne Form und Gestalt«, auf dem sich alle Organisation abzeichnet und wieder zerfällt. Eine drastische Darstellung plötzlichen Zerfalls ist die Szene in *Scanners - Ihre Gedanken können töten* (CDN 1980) von David Cronenberg in der ein Kopf explodiert oder wortwörtlich durch die zu große Macht des Denkens zerbricht. Es gibt andere. Trotzdem hat sich Deleuze nicht mit den Filmen David Cronenbergs beschäftigt. Cronenberg taucht im Namenregister von *Kino 2*, das beide Bände umfasst, nicht auf – was aus noch weiteren Gründen verwundert.

Deleuze und Cronenberg schätzen ähnliche Autoren – Franz Kafka, William S. Burroughs, Sigmund Freud oder Jacques Lacan – und teilen eine Vorliebe für Metamorphosen und die Rückkehr des ausgeschlossenen Dritten. *Videodrome* (1983) sei, so Manfred Riepe (2002: 106) die »Darstellung eines gescheiterten Subjektentwurfs«, ebenso könnte er die Deterritorialisierung eines Subjekts ins Bild setzen, was auch zu den wichtigeren Themen Deleuzes gehört. Manfred Riepe analysiert Cronenbergs Filme aus der Perspektive Freuds und Lacans. Dergleichen unternimmt Slavoj Zizek (2000) für *Matrix,* der auf den ersten deleuzianischen Blick auf Ununterscheidbarkeitspunkte zu läuft. Deleuze (1993: 13) weist Lewis Caroll eine Sonderstellung zu, weil er »die erste große Untersuchung, die erste große Inszenierung der Sinnparadoxa vornimmt«; *Matrix* zitiert *Alice's Adventures in Wonderland.* Alice folgt einem weißen Kaninchen, auf Neos Bildschirm erscheint die Aufforderung, genau dies zu tun. »Knock, knock, Neo« steht dort und schon klopft es. Choi, Dujour und andere stehen vor der Tür. Das Tattoo eines weißen Kaninchens ziert Dujours Schulter.

Weil sich Deleuze seit dem *Anti-Ödipus* als Kritiker der Psychoanalyse profiliert hat, scheint es reizvoll, *Videodrome* und *Matrix* samt ihrer Analysen durch Riepe und Zizek einer Relektüre zu unterziehen. Obwohl die Rezeption der Kinobücher breiter zu werden scheint (vgl. FAHLE/ENGELL 1999; FLAXMAN 2000; SCHAUB 2003b), sollte der Relektüre zumindest die Skizze der Filmphilosophie und ihrer Verbindungen zu einigen von Deleuzes anderen Arbeiten voran stehen. Wie schnell sich diese Verbindungen zu einem Rhizom auswachsen, das deutet schon diese einleitende Passage und der Kant-Exkurs an. Abschließend wird es dann im engeren Sinne darum gehen, was der Titel verspricht, also um die Pädagogik Cronenbergs oder die Pädagogik der Wachowskis.

Pädagogik ist nicht randständig im Denken Deleuzes. In *Was ist Philosphie?* (frz. 1992, dt. 1996: 17f.), dem letzten Buch, das er gemeinsam mit

Guattari verfasst hat, schreiben beide der »Pädagogik des Begriffs« allein
die Fähigkeit zu, das Denken vor dem absoluten Desaster seines bloß
noch in zu engem Sinne ökonomischen Gebrauchs zu bewahren. Ähnlich, wenn auch pessimistischer, äußert sich Deleuze in den *Unterhandlungen* (frz. 1990, dt. 1993: 107) in Bezug auf eine »Pädagogik der Wahrnehmung«, zu der auch die Kinobücher ihren Beitrag leisten:

»Enzyklopädie der Welt und Pädagogik der Wahrnehmung sind einer
professionellen Bildung des Auges gewichen, einer Welt der Kontrolleu-
re und Kontrollierten, die sich einig sind in ihrer Bewunderung für die
Technik, für nichts als die Technik.«

Der Technik gilt es eine *kritike techne* entgegen zu setzen, die auch
zur Orientierung in der Kontrollgesellschaft taugt, die nach Deleuze die
Foucault'sche Disziplinargesellschaft ablöst (vgl. DELEUZE 1993: 254ff.,
auch HARDT/NEGRI 2002). Deleuze wäre ein schlechter Leser Foucaults,
wenn es ihm nicht auch um die Kunst ginge, »nicht dermaßen regiert
zu werden« (FOUCAULT 1992: 12). Die filmpädagogischen Überlegungen
Deleuzes gehen aus von der Pädagogik Godards und Straubs, die der
Filmkritiker Serge Daney (2000: 78ff.) ins Spiel gebracht hat. Ihr Ziel
lautet: Ermächtigung. Denn was sollte es sonst bedeuten, sich – mit Kant
gesprochen – dem, was uns zu vernichten droht, überlegen zu fühlen?
Dieses Gefühl ist allerdings kein Selbstzweck. Es geht – im Sinne der
Cultural Studies – um die Erschließung neuer Denkmöglichkeiten und
Erweiterung von Handlungsfähigkeiten.

Deleuzes Pädagogiken und einige Kontexte
seiner Filmphilosophie

Pädagogik ist in den Werken Deleuzes weder randständig, noch zentral.
Seit den 1970er-Jahren sind drei Pädagogiken entstanden, die sich gegenseitig beeinflussen. Da ist zunächst die anti-ödipale Pädagogik, deren Ziel in
der Emanzipation von vorgeblich basalen Gesetzen besteht. Dazu kommt
die Pädagogik der Wahrnehmung, die kritisch bleibt und für die das Kino
paradigmatisch wird (vgl. FRANÇOIS/THOMAS 1999). Schließlich legen Deleuze und Guattari den Akzent auf das Denken selbst (vgl. SANDERS 2003). Die
Rede von Straub'scher und Godard'scher Pädagogik macht Jean-Marie
Straub oder Jean-Luc Godard nicht zu ›Beybringern‹. Daney (2000: 78f.)
beschreibt Straubs und Huillets »hartnäckige Verweigerung aller Kräfte

der Homogenisierung«, ihre Anstrengungen,»die filmische Heterogenität ernst zu nehmen«, und auch bei Godard mutiert die Schule zum Ort des Aufschubs und der Differenz. Mit Godard wird die schwarze oder weiße Leinwand zum Grund der Konfusion, zur Leerstelle, die als Lehrstelle einer »Pädagogik des Bildes« fungiert (vgl.: 87, DELEUZE 1989: 28). Bezogen auf Roberto Rosselini, dem Deleuze (1991: 317) die Neu-Erfindung einer »absolut unerlässliche[n] Grundschule« sowie eine eigene Didaktik zuschreibt, präzisiert er, dass es ihm nicht um die Darstellung von Sachverhalten geht, also nicht um Dokumentarfilme oder Reportagen, sondern durch die Freilegung von Strukturen durch das »audiovisuelle Bild«, auf das ich unten zurück komme. Differenzierungsprozesse und vor allem die »Dissoziation« von akustischen und visuellen Bildern im Tonfilm erfordern eine »Pädagogik, insofern wir in einer neuartigen Weise das Visuelle lesen und den Sprechakt hören müssen« (ebd. 316). Godard, Straub, Rosselini und andere Filmemacher sind weniger Lehrer als Bildner, die Zeit geben und Bildungsräume eröffnen. Das Kino wird zum Ort der Bildung als »Kultur nach Seite ihrer subjektiven Zueignung« (ADORNO 1959: 94) – und zwar auf der Leinwand *und* für die Zuschauerinnen und Zuschauer.

Die Anschlussfähigkeit von Adornos Definition der Bildung hängt ab vom zu Grunde gelegten Kulturbegriff. Die Definition stammt aus der *Theorie der Halbbildung,* die er 1959 auf dem Berliner Soziologentag vortrug. Heute unterscheidet kaum noch jemand zwischen hoher und populärer Kultur – und wenn, dann um darauf hinzuweisen, dass Pop inzwischen die vorherrschende Kultur sei. Das kulturelle Kapital, um dessen Kurs Adorno fürchtete, ist teilweise in subkulturelles konvertiert (vgl. THORNTON 1995). Demokratisierung hat stattgefunden. Die *Popular art*-Qualitäten von Filmen stehen nicht mehr grundsätzlich in Frage. Der Bildungswert hängt weniger vom Medium ab als vom jeweiligen ästhetischen, in der Popkultur oft multimedialen Produkt, das inzwischen meist elektronisch miterzeugt worden ist. Populäre Kultur bildet emergente Kraftfelder. Sie heilt nicht notwendig, der Umgang mit ihr ermöglicht aber noch immer ›lebendige Erfahrung‹ (wenn auch anderer Art als mit der so genannten ›Hochkultur‹ einst) und kann heilende Wirkungen entfalten.

Diese Grundeinsichten der Cultural Studies verfeinern die Fragen. Dass Deleuzes Überlegungen dazu beitragen können, diese Prozesse und Zusammenhänge noch genauer zu verstehen, dafür spricht die anhaltende Rezeption durch die englischsprachigen Cultural Studies, die sich seit ihrer Entstehung in den 1960er-Jahren mit Bildungsprozessen in und durch Alltagskultur befassen. Dies wäre eine Antwort auf die Frage »Warum Deleuze?«, die sich spätestens stellt, wenn der Materialreichtum und das Netz aus philosophischen Bezügen bei der Lektüre zu dicht werden. Die Erfahrung, Deleuze nicht auf ein System reduzieren zu können, ähnelt der des Erhabenen. Es gibt keine Erfolgsgarantie für den zweiten Schritt, Deleuze eröffnet Chancen. Das zeigt auch Mirjam Schaubs (2003a: 14) Antwort auf die Frage »Warum Deleuze?«:

»Deleuze ist einer der wenigen Intellektuellen dieses Jahrhunderts, der mit der Innovationskraft und Fertilität seines Denkens nicht einschüchternd, sondern ansteckend wirkt. Er erteilt seinen Lesern und Leserinnen ganz explizit die Erlaubnis zu philosophieren.« Ein Anliegen der Arbeiten Deleuzes ist die Korrektur einer fatalen Entscheidung Platons, der dem Sein und der Identität Vorrang einräumt vor dem Werden und der Differenz. Platon lässt Timaios im gleichnamigen Dialog (28a–f) folgendes sagen:

»Zuerst nun haben wir, meiner Meinung nach, dies zu unterscheiden: was ist das stets Seiende, das Entstehen nicht an sich hat, und was das stets Werdende, aber niemals seiende; das eine stets gemäß demselben Seiende ist durch Vernunft mit Denken zu erfassen, das andere dagegen durch Vorstellung vermittels vernunftloser Sinneswahrnehmung vorstellbar, als entstehend und vergehend, nie aber wirklich seiend.«

Das Werden verhalte sich zum Sein, folgert Platon/Timaios (29c), wie die Wahrheit zum Glauben. Das Seiende verliert in dieser Relation seine zweite Bedeutung als Werdendes. *Nomos* verkümmert in der Folge zu *logos*. Deleuze will den Platonismus umkehren. Die überarbeitete Fassung eines Aufsatzes dieses Titels findet sich im Anhang von *Die Logik des Sinns* (frz. 1969, dt. 1993).

»Den Platonismus umkehren«, fragt Foucault (1970: 21), »welche Philosophie hat sich nicht daran versucht?« und antwortet: »Vielleicht könnte man als Philosophie jedwedes Unternehmen bezeichnen, das den Platonismus umkehren möchte.«

Ein weiteres Anliegen der Philosophie Deleuzes besteht im Nachweis, dass die binäre Logik die Mannigfaltigkeit nie begriffen habe (vgl. DELEUZE/GUATTARI 1992: 14) und mündet in Versuche ihre Hegemonie zu brechen. In der gemeinsamen Arbeit mit Guattari steht dem »Wurzel-Kosmos« ein »Nebenwurzel-Chaosmos« beiseite: das Rhizom.

Neben Büchern, die Facetten einer Theorie des Werdens oder der Mannigfaltigkeit direkt und eher systematisch zusammentragen wie *Differenz und Wiederholung* (frz. 1968, dt. 1992) oder *Die Logik des Sinns*, die Foucault mit der Aussicht begleitete, dass das Jahrhundert vielleicht eines Tages deleuzianisch sein werde, oder – gemeinsam mit Guattari – *Tausend Plateaus* (frz. 1980, dt. 1992), stehen Monographien zu Philosophen, die sich zu einer alternativen Philosophiegeschichte abseits des Mainstreams zusammensetzen lassen. Von den Stoikern spannen sich Fäden zu Spinoza, Leibniz, Hume, Kant, von der *Kritik der Urteilskraft* her gelesen, Nietzsche, Bergson und anderen.

Eine dritte Textgruppe widmet sich den Künsten: der Literatur Prousts, Herman Melvilles, Carrolls, Kafkas oder der Beat-Generation oder der Malerei Francis Bacons. In diese Gruppe gehören auch die Kinobücher, bei denen es sich auch um Bücher über Peirces Semiotik, besonders seine Taxonomie der Zeichen, und Bergson-Kommentare handelt. Des Weiteren konkretisieren sie die Philosophie des Werdens und der Mannigfaltigkeit, der eine in *Differenz und Wiederholung* entwickelte und später immer wieder modifizierte Theorie der Zeit, genauer dreier koexistierender Zeiten zu Grunde liegt. Schließlich könnte man die Kinobücher und *Was ist Philosophie?* zu Deleuzes pädagogischen Schriften zusammenfassen, die zumindest indirekt versuchen uns eine »neue und zeitgemäße Ontologie« (WELSCH 1996: 356) zu vermitteln. Dies geschieht in der Filmphilosophie auf zweierlei Weisen durch das Bewegungs- und das Zeitbild.

Bewegungs- und Zeitbilder

Deleuze nennt sein Denken materialistisch und greift auf Bergsons Bestimmumg der Materie zurück, die sich gleich am Beginn der Vorrede zur 7. Auflage von *Materie und Gedächtnis* (frz. 1896, dt. 1991, I) findet:

»Für uns ist die Materie eine Gesamtheit von ›Bildern‹. Und unter ›Bild‹ verstehen wir eine Art der Existenz, die mehr ist als was der Idealist ›Vorstellung‹ nennt, aber weniger als was der Realist ›Ding‹ nennt – eine Existenz, die halbwegs zwischen dem ›Ding‹ und der ›Vorstellung‹ liegt. Diese Auffassung ist ganz einfach die des gesunden Menschenverstandes.«

Für den gesunden Menschenverstand, ergänzt Bergson (II), sei ein Gegenstand »ein Bild, das an sich existiert.« Hier spätestens irrt der gesunde Menschenverstand, sitzt einem Trugbild auf, einer Art Absonderung des »Materiestroms« (DELEUZE 1989: 16), der aus Bildern in Bewegung besteht, aus Bewegungs-Bildern. Der Film wird zum Paradigma der

Wahrnehmung: »Kurz«, heißt es im *Bewegungs-Bild* (1989: 15), »der Film gibt uns kein Bild, das er dann zusätzlich in Bewegung brächte – er gibt uns unmittelbar ein Bewegungs-Bild.« Daraus folgt im Umkehrschluss, dass wir immer schon gefilmt haben, ohne es zu wissen und vor aller Kinoerfahrung. Der Film ermöglicht uns Einsichtnahme in die Konstruktionen unseres Weltverhältnisses.

Deleuze unterscheidet fünf Spielarten des Bewegungsbildes, die er wiederum Zeichentypen der Peirce'schen Semiotik zuordnet. Ob ihm das gelingt, soll hier undiskutiert bleiben (vgl. VANDENBUNDER 1999). Die Besonderheit der Peirce'schen Semiotik liegt darin, dass es sich um eine Theorie der Bildzeichen handelt und nicht der Schriftzeichen. Er konzipiert das Zeichen nicht dualistisch wie de Saussure durch Signifikant und Signifikat, sondern triadisch (vgl. ebd.: 107; ECO 1994: 28ff.). Die Hauptformen des Bewegungsbildes sind das Wahrnehmungs-, Affekt- und Aktionsbild, die jeweils wieder durch die Zwischenformen Trieb- und Transformationsbild getrennt werden. Das große Genrekino Hollywoods versucht durch seinen Realismus, die Filmerzählung störende Wahrnehmungsbilder, wie sie beispielsweise durch das sowjetische Kino der 1920er-Jahre – am avanciertesten wohl durch Dziga Vertov – in Szene gesetzt worden sind, zu überspielen. Es schafft eine »organische Repräsentation« (DELEUZE 1989: 194), die die Organisation als Norm etabliert.

Deleuze nennt zwei Formeln für das Aktionsbild, für seine große Form *Situation – Aktion – modifizierte Situation* (SAS') und für seine kleine Form *Aktion – Situation – modifizierte Aktion* (ASA'). Beispielhaft für die große Form im Mustergenre Western sind Filme von Howard Hawks und John Ford, z. B. *Red River* (1948) oder *Der Mann, der Liberty Valance erschoß* (USA 1961). Für die kleine Form steht *Little Big Man* (1970) von Arthur Penn. Die jüngere kleine Form folgt dem Gesetz der kleinsten Abweichung: Handlungen verdichten »sich allmählich erst zu einer mehrdeutigen Organisation« (DELEUZE 1989: 221). Die große Form hingegen wird von Deleuze charakterisiert als »der große, keine Zweideutigkeiten zulassende, der die Organe und ihre Funktionen umfasst«. Den Handlungsschemata korrespondieren Zeit- und Raumvorstellungen, die als natürlich gelten, obwohl sie sozial gewachsen und somit selbst Resultat einer langen Entwicklung sind, die lineare Zeit und die Zentralperspektive. Die Genese der *Perspektive als »symbolische Form«* zeichnet Erwin Panofsky im gleichnamigen Text von 1927 nach. Die Perspektive ist zentral für den modernen Subjektbegriff, der wesentlich ist für den Anspruch des Menschen auf Selbstherrschaft, die ›Anthropokratie‹, die sich als symbolische Form begreifen lässt und von Panofsky so aufgefasst wird. Cassirer (1996) bestimmt Mythos und Religion, Sprache, Kunst, Geschichte und Wissenschaft als symbolische Formen. Gemeinsam ist ihnen ihre je besondere narrative Struktur. Es sind allesamt große Erzählungen wie auch der durch das Aktionsbild dominierte Film. Der Tonfilm steigert sich durch das Aktionsbild zuerst zu einer Repräsentationsform sozialer Interaktionen und dann durch das Auseinandertreten von Bild und Ton und die dadurch eingezogene Differenz weiter zu einer interaktionistischen Soziologie *in actu* (vgl. DELEUZE 1991: 292).

Das Aktionsbild folgt einer ›doppelten Gliederung‹: Als Bewegungsbild zerstört es ein Bild des Denkens, das es durch Schnitt und Montage zu verfestigen sucht. Dem Werden des Bewegungsbildes steht das SAS'-Schema gegenüber, das sich übersetzen ließe in Bild – Bewegung – modifiziertes Bild. Diese Formel liegt noch zeitgenössischen Theorien der Bildung zu Grunde, die Bildung »als grundlegenden Transformation des Welt- und Selbstbezugs« (KOLLER 1999: 14) fassen. In den 1940er-Jahren gerät das Aktionsbild wie viele andere große Erzählungen auch in die Krise. Das sensomotorische Band, die Einheit von Wahrnehmung und Handlung, reißt (DELEUZE 1991: 347). Die Zeit gerät aus den Angeln, Räume werden amorph, Bilder vervielfältigen sich. Jean-François Lyotard, vor allem bekannt durch den Ausruf vom Ende oder dem Glaubwürdigkeitsverlust der großen Erzählungen (vgl. LYOTARD 1986: 112), hat diese Bewegung in *L'acinéma* (1992) vorweggenommen.

Ein Wechsel der leitenden symbolischen Form deutet sich an. Der Medientheoretiker Lev Manovich schlägt in *The Language of New Media* (2001), das nicht zufällig mit Filmstills von Vertov beginnt, die Datenbank vor: *database*. Sie wäre die erste nicht-narrative symbolische Form. Und wie es scheint, verhält es sich mit dem neuen Medium Computer ähnlich wie mit dem einstmals neuen Film: Die mediale Praxis war lange vor der technischen Realisation aktuell.

Die Krise des Aktionsbildes hängt zusammen mit der Krise der Institution, die den Übergang von der Foucault'schen Disziplinar- zur Deleuze'schen Kontrollgesellschaft markiert. Gänzlich unbeirrt von dieser Krise folgt das Blockbusterkino weiterhin dem Aktionsbild. Die Formen koexistieren. Es ist ein medientheoretischer Gemeinplatz, dass neue Medien ältere in der Regel nicht verdrängen, sondern verändern. Der Film hilft sich mit dem direkten Zeit-Bild über die Krise. Exemplarisch nennt

Deleuze die Nachkriegsavantgarden, den italienischen Neorealismus, die Nouvelle Vague, den neuen amerikanischen und schließlich deutschen Film. Paradigmatisch sind *Citizen Kane* (1941) von Orson Welles und *Letztes Jahr in Marienbad* (1960) von Alain Resnais (Regie) und Alain Robbe-Grillet (Drehbuch). Dass sich die Zeit aus ihren Angeln befreit, zeigt sich darin, dass sie nicht mehr der gerichteten Bewegung untergeordnet ist.

Der natürliche, euklidische Raum büßt seinen Status als vorherrschende Raumvorstellung ein, z.B. zu Gunsten Riemann'scher Räume, die zwar berechenbar sind, aber amorph bleiben, ähnlich wie die Biomacht im *Empire* Toni Negris und Michael Hardts. Sie stehen den Bewegungen der Schlange näher als den Maulwurfsgängen, die Deleuze im *Postskriptum über die Kontrollgesellschaft* (1993b: 254ff.) anführt. Die nomadische Schlange schafft durch ihre Bewegung glatte Räume. Der Film wäre demnach – und das ist meine Definition – eine Mannigfaltigkeit, der man bei ihren (Ent-)Faltungen zusehen kann. Darin besteht auch das pädagogische Angebot des Zeitbildes. Es gewährt Einblick in eine zeitgemäße Ontologie, ohne noch zu repräsentieren. Das Zeitbild liegt zwischen Perspektive und Datenbank. Es perspektiviert Datenbanken.

Der Materiestrom sedimentiert zu Schichten, die sich an ihren Grenzen immer wieder abtragen. Die Zwischenräume nennt Deleuze ›Milieus‹. Ein Milieu wird durch einen bestimmten Rhythmus bestimmt, den Deleuze und Guattari (1992: 427) als permanente Abweichung, das Ungleiche und kritisch von der Frequenz abgrenzen.

Zeitbilder führen in die Indifferenz, die Ununterscheidbarkeit. Aber auch hier wirkt die doppelte Gliederung. Der moderne Film erzeugt optische und akustische Bilder, die voneinander unabhängig sind und heautonom, d.h. in Anlehnung an Kant (1790: 39), dass sie *nur* sich selbst die Regeln geben. Am Ende des *Zeit-Bildes* wird Deleuze nachgerade emphatisch. Der moderne Film ist zwar nicht mehr ›Symbol des Sittlichguten‹ wie das Schöne bei Kant, aber doch Teil einer Ethik, die mit Hilfe ›reflexiver Urteilskraft‹ Umgangsformen für eine kontingente und offene Zukunft erschließen hilft. In diesem Sinn ist Film bildend.

»Der Film«, schreibt Deleuze (1991: 277), »zeichnet den filmischen Vorgang in der Weise auf, dass er einen zerebralen Vorgang projiziert. Ein Gehirn das flackert, neu verkettet oder Schleifen durchläuft: das ist Kino.« Diese Definition erinnert an die Bildungsvorstellungen mittelalterlicher Mystiker, das ›Überbildetwerden‹ oder ›wieder Eingebildetwerden‹ in Gott. Dieser Verweis ist im Rahmen einer spinozistischen

Ethik der Immanenz, die Gott = Natur = Mensch setzt und ihn so zum Verschwinden bringt, weniger erschreckend.

›Videodrome‹ und ›Matrix‹

Filme sind Erzählungen, aber sie lassen sich nicht erzählen. Trotzdem ist es sinnvoll, sich kurz in Erinnerung zu rufen, wovon die Filme handeln. Max Renn (James Woods) betreibt in *Videodrome* einen privaten Fernsehsender. Civic TV strahlt Softpornos und Gewaltfilme aus. Auf der Suche nach härterem Material empfängt der Videopirat Harlan (Peter Dvorsky), das Signal eines nicht identifizierbaren Satelliten. Max beauftragt die Sexfilmproduzentin Masha (Lynne Gorman), die Herkunft der mitgeschnittenen Folterszene zu klären. Masha warnt Max, was er da sehe, das geschehe wirklich, sei real und – schlimmer noch – habe eine Philosophie. In einer Talkshow lernt Max Nicki Brand (Deborah Harry) kennen, die im Radio eine Beratungssendung moderiert. Außerdem ist der Medienprofessor Brian O'Blivion (Anklang an McLuhan, Jeck Creley) auf einem Monitor zugeschaltet. O'Blivion, der mit seiner Tochter Bianca (Sonja Smits) eine Kathodenstrahl-Mission betreibt, wo es Fernsehen gibt wie in anderen Missionen warme Suppe, soll hinter Videodrome – so der Name des Signals – stecken. Tatsächlich ist O'Blivion längst tot, seine Tochter Bianca hält ihn medial aus dem Videoarchiv am Leben. Max beginnt eine Affäre mit Nicki, die sich – Brand, so der Nachname: Brandmal – als Masochistin entpuppt, die der Videodrome-Mitschnitt ebenso fesselt wie Max und beschließt, als Darstellerin zu Videodrome zu gehen. Die Organisation, die hinter allem steht, wird verkörpert durch Berry Convex (Les Carlson), der mit Harlan zusammen arbeitet und vorgibt, die Wirkung des Videodrome-Signals an Max erprobt zu haben. Sein Effekt sei ein Gehirntumor, der die Halluzinationen erzeuge, die Max mehr als genossen habe.

Manfred Riepe (2002) unterzieht *Videodrome* einer klugen und detaillierten Analyse und findet zunächst ein ödipales Drama. Er identifiziert Brian O'Blivion und Barry Convex als Vaterfiguren, und Masha als »mütterliche Figur« (ebd.: 96), die auf O'Blivion hindeutet. O'Blivion ist bereits tot und repräsentiert den »mystischen Vater, der nur als abwesender Vater wirkt«, während Convex »eher die Parodie eines Vaters« (ebd.: 97) sei. Beide seien Substitute, jener ein Medien-Zombie, dieser »eine hingewunderte Menschengestalt nach Art der ›flüchtig hingemachten

Männer«« (SCHREBER 1973: 101). Das werde deutlich durch »das groteske Zerfallen dieser Figur« (RIEPE 2002: 97), nachdem sie von Max erschossen worden ist. Das Inszestmotiv findet Riepe auch in Max' Angebot mit Mascha zu duschen, nachdem sie ihm den Ursprung des Videodrome-Signals genannt habe. Später peitsche er sie/den Bildschirm aus und findet sie leblos neben sich im Bett, Harlan, der die Leiche fotografieren soll, findet keine. Riepe folgert Halluzination. Aber kann man das noch unterscheiden? Wenn es sich wirklich um einen Firstperson-Film handelt – und Riepe folgt dieser Zuschreibung Cronenbergs – dann kann die Zuschauerin so wenig unterscheiden wie Max Renn selbst. Interessant ist dabei der Hinweis, dass die unkonventionelle Erzählperspektive systematisch normalisiert werde »[d]urch den konventionellen Einsatz von Schuss/Gegenschuss-Aufnahmen« (ebd.: 101). Form und Inhalt »durchdringen einander wechselseitig wie bei einen Möbiusband« (ebd.: 103).

Riepe erklärt das Scheitern des Subjektentwurfs durch »einen Defekt der Vaterfunktion« (ebd.: 96). »Die Erzählung aus der ersten Person Singular entspricht hier einem Ich, das nicht zum Du werden kann. Diese Dysfunktion wurzelt im ödipalen Subtext« (ebd.: 116). Das Scheitern belegt Max Besuch in der Kathodenstrahl-Mission – er sieht aus wie alle dort – und sein Selbstmord. Für die Störung spricht auch seine Programmierbarkeit. Er ist ein menschlicher Videorekorder, eine Tötungsmaschine. Cronenberg führt die clichéhaften Vorstellungen über Medienwirkung *ad absurdum* mit Hilfe wörtlich genommener Metaphern, die den Anschein erwecken, dass *Videodrome* im Filmverlauf immer stärker den Gesetzen der Traumdeutung folgt. Dem menschlichen Videorekorder tut sich ein Schlitz im Oberbauch auf, dort verwahrt er auch die Pistole, die ihm mit der Hand verwächst und organisch wird.

Die Firstperson-Perspektive führt Riepe auch zum Vergleich mit *Letztes Jahr in Marienbad* (1960). Der Vergleich führt ihn aber nicht weiter zu Deleuzes Kinobüchern, die Michael Palm (1992) bei ꞩeiner Analyse von *Videodrome* von Beginn an im Hinterkopf zu haben scheint. Palm zeigt, dass Cronenberg den Film als Immanenzebene anlegt. Ein Außen existiert nicht, Unschärfe ist nicht gänzlich aufzuheben. Max sei in etwa gleich Civic TV = Videodrome = *Videodrome*. Organisationen lösen sich auf. Das Subjekt scheitert nicht an seinem Entwurf, sondern erscheint als larvenhaftes, als bewegliches Fleisch, das »verhackte Max-Fleisch« (ebd.: 169), das sich zerstreut. Der Film wirkt folglich verwirrend, weil er aus der Mitte heraus erzählt, von dort, wo wir für gewöhnlich eine erste Person erwarten, die sich hier allerdings zusehends verflüchtig und selbst nur Substitut war, wenn nicht viele und wird. Aktuelles und Virtuelles, schreibt Palm (1992: 171), erlangen Gleichgültigkeit. Desgleichen gelte für Reales um Imaginäres im neuen Fleisch. Das Resultat ist eine irreduzible Ambiguität. Palm zufolge geht es weniger um Narration als vielmehr um aufgezeichnete Bewegung und das wäre Kinematographie im eigentlichen Sinne (vgl. LYOTARD 1982: 25): Bewegungsbild, wie es sich in einer der vielen Szenen, in denen der Bildschirm als Spiegel funktioniert, hinter den man könne, selbst inszeniert, z.b. als der Professor O'Blivion (oblivion, dt. Vergessenheit) aus dem Screen zu Max spricht und ihn versöhnlich durchbricht.

Slavoj Zizek (2001: 68) lobt den Anti-Ödipus als »letzte[n] große[n] Versuch, die marxistische und die psychoanalytische Tradition zu verbinden.« Gegen die ödipale Repression setzen Deleuze/Guattari (1977: 33) das »Unbewusste als Fabrik«, die wuchernde Produktion. Sie lässt sich in Videodrome ebenso entdecken wie das wiederholte Scheitern des ödipalen Dramas. Insofern gilt für Videodrome, was Zizek (2000: 43) für Matrix diagnostiziert: Es handele sich um »eine Art Rohrschach-Test«, wo alle sehen, was sie sehen wollen. Auch Zizek sieht, was er oft sieht und diagnostiziert Folgewidrigkeiten sowie Mangel an Radikalität.

Worum geht es in Matrix? In einem Wort: Erlösung. Neo (Keanu Reeves) ist der Eine, the One (Anagramm), der die Menschheit außerhalb Zions aus ihrer realen Knechtschaft in den Kraftwerken und virtuellen Befangenheit in der Matrix befeien soll, aus der Maschinenherrschaft. Er wird gesucht von Morpheus (Laurence Fishburne) und seiner Crew, zu der auch Trinity (Carrie-Anne Moss) gehört, der das Orakel (Gloria Foster) vorher gesagt hat, dass sie sich in den Erlöser verliebe, und Cypher (Joe Pantoleano), der Verräter. Die Besatzung des Schiffes, das an die Nautilus erinnert, gehört zu einer größeren Widerstandsbewegung, die die auf Selbsterhaltung bedachten Maschinen vernichten wollen. Das klingt nach Actionfilm mit Boy meets girl-Anteilen. So wundert auch Zizeks (2000: 44) Kritik nicht. Matrix radikalisiere die nicht sonderlich originelle Idee des Lebens in einem total kontrollierten Universum. Die Matrix sei »die virtuelle symbolische Ordnung, das Netz, welches für uns die Realität strukturiert« (ebd.: 48).

Der Film sei allerdings nicht radikal genug, weil er eine ›reale‹ Realität hinter der Matrix annehme. Das Reale sei aber nicht die »wahre Realität«, sondern die Leere, was die Matrix verschleiere (ebd.: 51). Die Matrix selbst sei das Reale, das unsere Realitätswahrnehmung verzerre (ebd.: 57). Schließlich benennt Zizek eine »radikale phantasmatische Inkonsistenz« (ebd.: 64ff.): Die Erfahrung des Mangels als Indikator für die Täuschung durch die Matrix. Dagegen setzt Zizek die Erzählung Agent Smiths (Hugo Weaving), der Zizek als Analytiker gilt, dass die Menschheit mindestens ein unüberwindliches Hindernis als Bedingung *sine qua non* brauche. Agent Smith ist allerdings nur *a* Smith, ohne Identität. Smith ist Agent, sprich: Inszenierung der Matrix ohne körperliche Verankerung, er braucht nur einen Avatar zur Verkörperung. Er ist also weder Täuschung, noch Realität, sondern schlicht ein Bild im Sinne Bergsons und insofern nicht unterschieden von seinen Gegnern. Zizek setzt die Spaltung zwischen Virtualität und Realität voraus. *Matrix* funktioniert aber nur oberflächlich durch diese Dichotomie, die durch Ununterscheidbarkeitspunkte gestört wird. Dies zeigt sich schon anhand der oben genannten Passage.

Sie beginnt mit einer Kamerafahrt durch einen Datentunnel, der im Wort »search« auf Neos Bildschirm endet. Neo hat die Augen geschlossen, hört Musik, schläft vielleicht. Auf dem Monitor erscheint die Aufforderung »Wake up, Neo«. Neo hebt die Augenbraue. Die nächste Aufforderung erscheint »Follow the white rabbit«. Es folgt das bereits zitierte »Knock, knock, Neo.« Es klopft an der Tür. Neo öffnet mit vorgelegter Kette. Choi (Marc Gray), Dujour (Ada Nicodemou) und andere stehen dort, um Datendrogen zu kaufen. Neo klagt über Chois Verspätung und holt die MiniDiscs aus einem ausgehöhlten Baudrillard-Band: *Simulacra and Simulation*. Choi nennt Neo seinen Erlöser – »you are my savior« – und fragt, wie es so gehe. Neo antwortet, dass er verwirrt sei von seinen Computer, und fragt zurück, ob Choi den Zustand kenne, nicht unterscheiden zu können zwischen Traum und Wirklichkeit. »Meskalin«, sagt Choi und fordert Neo auf, nicht so lange vor dem Computer zu sitzen und lieber mit ihnen auszugehen. Dujour unterstützt das Angebot, das Neo annimmt, als er bemerkt, dass das weiße Kaninchen als Tattoo ihre Schulter ziert. In einem Club trifft er Trinity zum ersten Mal. Sie spricht ihn mit seinem Netznamen Neo an. Eigentlich heißt er Thomas Anderson. Trinity verständigt sich mit Neo über die gemeinsame Frage – »What is the matrix?« – und bereitet ihn auf den Kontakt mit Morpheus vor, den er ja selber suche. Neo erwacht, er hat verschlafen – unklar bleibt ob alles oder nur, weil er in der Nacht unterwegs war. Das ist so unentscheidbar wie bei Alice in den Romanen Carrolls.

In der Sequenz wird der Unterschied zwischen Virtualiät und Realität fließend. In anderen Szenen bricht Reales ein, z. B. in Form einer Wanze, die in der Matrix aus dem Bauch von Neo entfernt werden muss.

Am Ende des finalen *Showdowns* in der Untergrundbahnstation sprengt Neo den aktuellen Smith von innen, er bewegt sich wie vorher die lebendige Wanze und bildet Beulen. Diese Szenen zitieren Cronenberg. Wo Zizek den Mangel annimmt, bleibt so unklar wie der Status des Subjekts. Zizek bezieht sich auf die Szene in der Wohnung des Orakels, wo ein kleiner Junge durch Gedanken einen Löffel verbiegt und Neo verrät, wie es geht. Man müsse sich klar machen, dass es keinen Löffel gebe. Es gibt auch keinen Erlöser und insofern keinen Mangel. Zum Erlöser wird Neo erst durch Morpheus' Glauben und Trinitys Liebe. Mangel wird es erst nach der Befreiung geben, die nicht stattfindet und noch mit ganz anderen Widerstand rechnen muss, dem Cyphers und seiner Sehnsucht nach dem virtuellen Steak, das den Mangel im faden Geschmack der Nahrung außerhalb der Matrix lokalisiert. Der Mangel ist aber zugleich eine Überfülle, die Überfülle der Leere, genau das war doch das Erhabene. Die weiße Leinwand in *Matrix,* die schwarze am Ende von *Videodrome* schließen an die Pädagogik Godards an, indem sie Denkmöglichkeiten eröffnen.

Matrix ist ein Film über Datenbanken und Interfaces, durch die wir die *database* immer filmisch wahrnehmen, als Datenfolge. Für Manovich ist Vertov der Regisseur der Datenbank.

In mancher Hinsicht übersetzen ihn die Wachoski-Brüder in die Massenkultur. Der Film wird zu einer mehr als eindimensionalen, fraktalen Narration. Martin Friesenbiller (1992: 147f.) zeigt, wie sich das Stöhnen in der ersten Liebesszene vom Max und Nicki zu einem Tonbild verselbstständigt, das in der Folge verfremdet wiederkehrt:»es stehen nur noch zwei heautonome Bilder einander gegenüber, das der Stimmen und das der Blicke, doch jedes für sich und innerhalb seines Rahmens. [...] Und dennoch gibt es zwischen ihnen einen Bezug, ein freies indirektes oder inkommensurables Verhältnis, da die Inkommensurabilität ein neues Verhältnis und keineswegs dessen Fehlen bezeichnet« (DELEUZE 1991: 356). Genau für diese indirekten Zusammenhänge und sich permanent öffnende Zwischenräume sensibilisieren auch die beiden Beispielfilme.

Literatur

ADORNO, T. W.: Theorie der Halbbildung. In: Ders.: *Gesammelte Schriften,* Bd. 8, Darmstadt 1998, S. 93-121

CASSIRER, E.: *Versuch über den Menschen. Einführung in die Philosophie der Kultur.* Hamburg 1996

DANEY, S.: *Von der Welt ins Bild. Augenzeugenberichte eines Cinephilen.* Berlin 2000

DELEUZE, G.: *Das Bewegungs-Bild.* Frankfurt/M. 1989

DELEUZE, G.: *Das Zeit-Bild.* Frankfurt/M., New York 1991

DELEUZE, G.: *Differenz und Wiederholung.* München 1992

DELEUZE, G.: *Die Logik des Sinns.* Frankfurt/M. 1993

DELEUZE, G.: *Unterhandlungen 1972-1990.* Frankfurt/M. 1993b

DELEUZE, G.; F. GUATTARI: *Anti-Ödipus. Kapitalismus und Schizophrenie I.* Frankfurt/M. 1977

DELEUZE, G.; F. GUATTARI: *Tausend Plateaus. Kapitalismus und Schizophrenie.* Berlin 1992

DELEUZE, G.; F. GUATTARI: *Was ist Philosophie?* Frankfurt/M. 1996

ECO, U.: *Einführung in die Semiotik.* München 1994

FAHLE, O.; L. ENGELL (Hrsg.): *Der Film bei Deleuze. Le cinéma selon Deleuze.* Weimar/Paris 1999

FLAXMAN, G. (Hrsg.): *The Brain is the Screen. Deleuze and the Philosophy of Cinema.* Minneapolis/London 2000

FOUCAULT, M.: Theatrum Philosophicum. In: DELEUZE, G.; M. FOUCAULT: *Der Faden ist gerissen.* Berlin 1977, S. 21-58

FOUCAULT, M.: *Was ist Kritik?* Berlin 1992

FRANÇOIS, A.; Y. THOMAS: Die kritische Dimension von Gilles Deleuze. Eine Pädagogik der Perzeption. In: FAHLE, O.; L. ENGELL (Hrsg.): *Der Film bei Deleuze. Le cinéma selon Deleuze.* Weimar/Paris 1999, S. 219-240

FRIESENBILLER, M.: Der Ton und Videodrome. In: ROBNIK, D.; M. PALM (Hrsg.): *Und das Wort ist Fleisch geworden. Texte zu Filmen von David Cronenberg.* Wien 1992, S. 145-154

HARDT, M.; A. NEGRI: *Empire. Die neue Weltordnung.* Frankfurt/M. 2002

KANT, I.: *Kritik der Urteilskraft.* Werkausgabe Bd. X. Frankfurt/M. 1974

KOLLER, H.-C.: *Bildung im Widerstreit.* München

LYOTARD, J.-F.: L'acinéma. In: Ders.: *Essays zu einer affirmativen Ästhetik.* Berlin 1980

LYOTARD, J.-F.: *Das postmoderne Wissen. Ein Bericht.* Wien 1986

MANOVICH, L.: *The Language of New Media.* Cambridge (MA), London 2001

PALM, M.: See you in Pittsburgh. Das neue Fleisch in Videodrome. In: ROBNIK, D.; M. PALM (Hrsg.): *Und das Wort ist Fleisch geworden. Texte zu Filmen von David Cronenberg.* Wien 1992, S. 155-173

PANOFSKY, E.: Die Perspektive als »symbolische Form«. In: Ders.: *Deutschsprachige Aufsätze. Studien aus dem Warburg-Haus*, Bd. 1.2. Berlin 1998

PLATON: Timaios. In: Ders.: *Werke*, Bd. 4. Reinbek b. Hamburg 1994, S. 11-103

RIEPE, M.: *Bildgeschwüre. Körper und Fremdkörper im Kino David Cronenbergs.* Bielefeld 2002

ROBNIK, D.; M. PALM (Hrsg.): *Und das Wort ist Fleisch geworden. Texte zu Filmen von David Cronenberg.* Wien 1992

SANDERS, O.: Deleuzes kritische Pädagogik. In: PONGRATZ, L. A.; W. NIEKE; J. MASSCHELEIN (Hrsg.): *Kritik der Pädagogik – Pädagogik als Kritik.* Opladen 2004, S. 156-179

SCHAUB, M.: *Gilles Deleuze im Wunderland: Zeit- als Ereignisphilosophie.* München 2003a

SCHAUB, M.: *Gilles Deleuze im Kino: Das Sichtbare und das Sagbare.* München 2003b

SCHREBER, D. P.: *Denkwürdigkeiten eines Nervenkranken.* Frankfurt/M./ Berlin/Wien 1973

THORNTON, S.: *Club Cultures. Music, Media and Subcultural Capital.* Cambridge 1995

VANDENBUNDER, A.: Die Begegnung Deleuze und Peirce. In: FAHLE, O.; L. ENGELL (Hrsg.): *Der Film bei Deleuze. Le cinéma selon Deleuze.* Weimar/ Paris 1999, S. 99-112

WELSCH, W.: *Vernunft. Die zeitgenössische Vernunftkritik und das Konzept der transversalen Vernunft.* Frankfurt/M. 1996

ZIZEK, S.: *Lacan in Hollywood.* Wien 2000

ZIZEK, S.: *Die gnadenlose Liebe.* Frankfurt/M. 2001

Für Hinweise danke ich Markus Wiemker und Manuel Zahn.

MARKUS WIEMKER

Das Genre des Simulationsfilms

Genre als Kategorisierungssystem

Genre, als bedeutungsvoller Diskurs, wird als Kategorisierungssystem
von Zuschauern, Kritikern und der Filmindustrie gleichermaßen genutzt
und bezeichnet in der Regel eine Gruppe von Filmen (CREEBER 2001: 3),
die gewisse Charakteristika miteinander teilen (MÜLLER 1995: 133).[1] Das
Genre schreibt dabei, mehr oder weniger zwingend, die wiederkehrende
Verwendung bestimmter Themen und Situationen, Handlungen und
Entwicklungen vor.

Wiederholung und Variation

Das Spiel zwischen Variation und Wiederholung, die »Differenz in der
Duplizierung« (NEALE 2000: 100) ist dabei von großer Bedeutung (KRUT-
NIK 1994: 11f.; NEALE 2000: 99ff.). Das Genre muss einerseits Bestandteile
des Originals enthalten, um das gleiche Publikum begeistern zu können,
andererseits darf es keine komplette Kopie sein, keine simple Wiederho-

---

1 Bei jeder Klassifikation eines Genres ergibt sich ein empirisches Problem. Der Forscher ist
   in einem Zirkel gefangen, da er zuerst die in Frage kommenden Filme isolieren muss, dafür
   ist jedoch bereits ein Kriterium notwendig, das von den entsprechenden Charakteristika des
   Films abhängig ist. Dieses empirische Dilemma hat zwei Lösungen: Die erste Möglichkeit
   ist es, Filme entsprechend einer a priori gewählten Kategorie, abhängig vom kritischen Interesse des Kritikers zu klassifizieren. Die zweite besteht darin, sich auf einen gemeinsamen
   kulturellen Konsens zu beziehen, welche Elemente ein Genre konstituieren und dann das
   Genre im Detail zu untersuchen (vgl. TUDOR 2000: 96).

lung eines Sets von Charaktertypen und Handlungselementen (KRUTNIK 1994: 10). Denn nur durch kleine Veränderungen (SEESSLEN 1987: 213f.) wird eine Weiterentwicklung des Genres ermöglicht (KAMINSKY 1984: 225; KRUTNIK 1994: 7) und entsteht die Möglichkeit Bedeutung und Vergnügen für den Zuschauer zu generieren (NEALE 2000: 100). Ein angenehmes Gefühl der Spannung entsteht während der Rezeption, da der Zuschauer nicht alle Modifikationen eines Genres kennen kann (SOBCHACK 1982: 156f.). Das Genresystem bietet zugleich den Komfort und die Sicherheit des Vertrauten (SOBCHACK 1982: 157), wie auch eine Stabilisierung der Erwartungen der Rezipienten (KRUTNIK 1994: 7).

Genrekonventionen

Ein Genre bildet keine großen ästhetischen Imperative aus (SEESSLEN 1987: 211), vielmehr etablieren sich über einen längeren Zeitraum gewisse Gewohnheiten und kulturelle Konventionen (TUDOR 2000: 97; SOBCHACK 1982: 156f.; CRANE 1994: 22; CREEBER 2001: 2). Der Zuschauer weiß dadurch, was er zum Beispiel von einem »art-movie« im Gegensatz zu einem Genrefilm zu erwarten hat (TUDOR 2000: 97). Diese Konventionen stellen einen Kanal der Verständlichkeit bereit, sodass das »Neue« über das »Bekannte« eingebunden werden kann (KRUTNIK 1994: 13). Manche Filme spielen dabei mit den Konventionen eines Genres (TUDOR 2000: 95), andere versuchen diese Grenzen zu überschreiten, und weitere stellen diese Regeln und Normen auf den Kopf (SEESSLEN 1987: 211). Genres formen so ein Netzwerk von industriellen, ideologischen und institutionellen Konventionen, die den Produzenten und Zuschauern gleichermaßen bewusst sind (FISKE 1993: 111).

Produktion und Rezeption

Genres sind somit ein System von Orientierungen und Erwartungen (KRUTNIK 1991: 18), die zwischen den Produzenten und den Zuschauern zirkulieren (CREEBER 2001: 7) und interagieren (TUDOR 2000: 97). Den Rezipienten hilft das Genresystem den Film zu klassifizieren, zu selektieren und zu verstehen (CREEBER 2001: 1, 5). Die Filme eines Genres sind deshalb immer zum Wissen und zu den Emotionen der Zuschauer hin geöffnet (MIKOS 2003: 22ff.). Das dazu notwendige Wissen erwerben die Rezipienten durch Filmtitel, das Mitwirken von Stars, Kinowerbung, Rezensionen der Kritiker und Filmtrailer (CREEBER 2001: 1). Die Zuschauer müssen also um die Filme eines Genres zu verstehen sie erst in einen bedeutungsvollen Kontext bringen. Diese Aneignung eines Genres durch die Zuschauer impliziert auch, dass ein gegebener Film in einer bestimmten Weise funktioniert, weil das Publikum bestimmte Erwartungen an das Genre hat (TUDOR 2000: 97). Die Erwartungen des Publikums werden dabei gerahmt und durch den eigenen Geschmack und der von anderen definiert (HOLLOWS et al. 2000: 87). So entstehen Erwartungsaffekte, die dem Zuschauer über situative Erlebnisqualität und sinnliche Erfahrung Emotionen versprechen (MIKOS 2003: 22ff.).

Genres sind für die Filmindustrie ein Mittel der strategischen Planung (NEALE 2000: 101) um ihr Produkt zu standardisieren, die Kosten zu reduzieren und kommerziellen Erfolg planbar zu machen. So wird immer mit Orientierung auf den Zuschauer hin konzipiert, produziert und inszeniert. Genres regeln also den Austausch von Produktion und Rezeption (vgl. MÜLLER 1995: 119f; HOLLOWS et al. 2000: 83) und fungieren als kulturelle Praxis, die versucht, zum Nutzen von beiden, eine Struktur in den großen Bereich von Texten und Bedeutungen, die in unserer Kultur zirkulieren, zu bringen (FISKE 1993: 109; MÜLLER 1995: 119f.). Ein Genre ist also einerseits eine ästhetische Praxis, geprägt durch Gewohnheiten und Konventionen, andererseits ein Verfahren der Systematisierung für die Zuschauer und die Filmindustrie.

Genre und Gesellschaft

Welche Verbindung besteht zwischen der Entstehung und Entwicklung eines Genres und der Gesellschaft, die das Genre rezipiert, kritisiert und produziert? Schon der Versuch der Definition eines neuen Genres stellt eine kulturelle Übereinkunft[2] dar, und Genredefinitionen, beziehungsweise die dazu notwendigen Faktoren, sind nicht allein durch die Analyse der Filme zu gewinnen (TUDOR 2000: 97), vielmehr lassen sie sich

---

2 »Genre is what we collectively believe it to be. It is for precisely this reason that genre notions are so potentially interesting. But more for the exploration of the psychological and sociological interplay between film-maker, film, and audience, than for the immediate purposes of film criticism« (TUDOR 2000: 97).

im Zusammenhang von Genre und Gesellschaft finden (GLEDHILL 2000: 221).[3] Genredefinitionen müssen deshalb als produktive Elemente im sozialen Prozess, als Form der Praxis, in der sich Sozialität erst spezifisch herstellt, gesehen werden (MÜLLER 1995: 122).

Probleme und Antworten

Genres entstehen, beziehungsweise werden populär und erfolgreich, weil sie die ›passenden‹ Antworten auf das Interesse (KAMINSKY 1984: 3), das Vergnügen, das Bedürfnis, manchmal sogar die Probleme vieler Zuschauer bieten. Diese Antworten können umfassend sein und die verschiedensten Interessen und Bedürfnisse befriedigen; sie können aber auch sehr spezielle, historisch und politisch begrenzte Lösungen anbieten (SEESSLEN 1987: 213). Das Genre ist der Kristallisationspunkt kultureller Auseinandersetzungen (MÜLLER 1995: 122) und ein Spiegel aktueller Entwicklungen. Es dient einer Kultur dazu, wiederholbar und für eine gewisse Zeitspanne stabil, ein soziales Konfliktfeld ästhetisch zu gestalten und das Thematisierte ins kulturelle Bewusstsein zu rücken (MÜLLER 1995: 122). Die kulturellen und sozialen Probleme stellen dabei das Material für erneute generische Produktionen bereit (GLEDHILL 2000: 238).

Anpassung des Genres

Ein Genre muss jedoch, um zu überleben, sowohl in seinen Formen als auch in seinen Absichten, sich bis zu einem gewissen Grade den gewandelten gesellschaftlichen Bedingungen anpassen (SEESSLEN 1987: 212). So versucht es flexibel und dynamisch auf filmische und außerfilmische Reize und kulturelle Transformationen zu reagieren (KRUTNIK 1994: 10ff.). Wandlungen des Genres gehen Wandlungen der Gesellschaft voraus und bei einer gewissen Energie der Veränderung kann das Genre sich bis zur Unkenntlichkeit in anderen, neuen oder alten Genres verbergen oder eine neue Qualität erreichen (SEESSLEN 1987: 212).

---

3   Letztendlich ist ein Genre jedoch nicht hinreichend definierbar (vgl. HOLLOWS et al. 2000: 87), so erscheinen Genrekategorisierungen immer etwas willkürlich (vgl. TUDOR 2000: 96).

Soziale Funktion

Welche soziale Funktion übernimmt ein Genre? Ein Genre muss, damit es sich entwickelt und kommerziell durchsetzt, spezifische soziale Funktionen übernehmen, die andere Genres nicht, nicht so gut oder nicht in dieser Kombination erfüllen, sonst hätte es sich nicht in dieser Form entwickelt, durchgesetzt und verbreitet. Der »soziale Gebrauchswert« (MÜLLER 1995: 116) eines Genres liegt dabei in der Bestätigung der Gemeinschaftsbildung, der Sinnstiftung und Sinnvergewisserung. Genres sorgen so, funktional gedacht, für die Aufrechterhaltung des Status quo. Welche Funktionen ein Genre spezifisch hat, lässt sich jedoch nicht allgemein entscheiden, sondern nur in Bezug auf die Interpretationsgemeinschaft, in der es auftritt (MÜLLER 1995: 116ff.).

Analyse des Simulationsfilms

Während der Zuschauer in der Regel keine Rechenschaft darüber abgeben muss, warum er bestimmte Filme als einen zusammenhängenden Komplex, als ein Genre betrachtet, verpflichtet sich die Genreanalyse herauszuarbeiten, welches die entscheidenden Merkmale und Konventionen eines Komplexes ähnlicher Formate sind und inwiefern diese ein historisch signifikantes und sozial funktionales Genre bilden (MÜLLER 1995: 132). Die Genreanalyse muss dabei vor allem die kommunikative Funktion berücksichtigen, weil nur so die historische und gesellschaftliche Bedeutung erfasst werden kann.

Genreanalyse

In diesem Sinne versucht Genreanalyse zu bestimmen, was an einem bestimmten Genre in seiner ästhetischen oder narrativen Form besonders ist, was es artikuliert, was sich in ihm widerspiegelt und gesellschaftlich ausdrückt (vgl. u.a. MÜLLER 1995: 141). Grundsätzlich lassen sich dabei der »rituelle« und der »ideologische« Ansatz (vgl. MÜLLER 1995: 118) unterscheiden. Geht dem »Ritual-Ansatz« zufolge das Zuschauerinteresse von einem Bedürfnis innerhalb »der Gemeinschaft« aus, so thematisiert die »ideologiekritische Genreanalyse« soziale Akteure in ihrem Kampf um

ökonomische, ideologische und kulturelle Macht (vgl. WINTER 1998: 48).
Der Genrefilm wird dabei oft mit dem von der Kulturindustrie produzierten »Hollywood-Kino« gleichgesetzt (MÜLLER 1995: 118).

Folgende Untersuchungsmöglichkeiten bieten sich bei der Analyse
an: Ein Genre lässt sich isoliert untersuchen (KAMINSKY 1984: 4), um zu
zeigen, welche Elemente Filme eines Genres miteinander teilen (HOLLOWS et al. 2000: 85), man kann zweitens die Entwicklung[4] aufzeigen
oder drittens unterschiedliche Genres miteinander vergleichen, um zu
betrachten, welche Charakteristika nicht geteilt werden (HOLLOWS et al.
2000: 85).[5] Es lassen sich jedoch auch einzelne Genrefilme, die prototypischen
Charakter (MIKOS 2003: 251ff.) haben, isoliert untersuchen. Dabei kann
sich das Erkenntnisinteresse auf den repräsentierten Inhalt, die Narration und Dramaturgie, die Figuren und Charaktere und Formen der
Ästhetik und Gestaltung richten. Bei der Untersuchung des Inhalts ist es
wichtig, wie er präsentiert wird, was er repräsentiert und wie er zur Produktion von Bedeutung und der sozialen Konstruktion von gesellschaftlicher Wirklichkeit beiträgt.

Die Narration besteht in der kausalen Verknüpfung von Situationen,
Akteuren und Handlungen, während die Dramaturgie ein System für
den Handlungsaufbau schafft und dadurch die Ereignisabläufe strukturiert. Die sozialpsychologischen Konzepte von Selbst, Person und Identität werden durch Figuren und Akteure verkörpert, während Ästhetik
und Gestaltung die Wahrnehmung und Aufmerksamkeit der Zuschauer
lenken und sie in das Geschehen auf der Leinwand einbinden. Ihre Mittel
sind der Einsatz von Kamera, Licht, Schnitt und Montage, Ausstattung
(Mise-en-Scène), Ton und Musik und Spezialeffekten (vgl. MIKOS 2003:
37ff.). Genreanalyse untersucht dann die Konventionen und Stereotypen,
die Ikonographie, die gemeinsamen Eigenschaften, Charaktere, Einstellungen und Orte eines Genres (MALTBY 1995: 121).

---

4   Durch die Untersuchung des historischen Wandels eines Genres lassen sich besonders gut
     kulturelle und gesellschaftliche Veränderungsprozesse fokussieren.
5   Da nie die gesamte Menge eines Genres die gleichen Merkmale besitzt, sollten wir in einem
     Genre nicht nach einer festen Formel oder einem gemeinsamen Faktor suchen, den alle
     Filme teilen; wichtiger ist die Untersuchung der Tendenzen, Ähnlichkeiten und Differenzen, also der Variationsbreite innerhalb eines beziehungsweise verschiedener Genres.

Simulationsfilme[6]

Seit Ende der 1990er-Jahre lässt sich eine starke Zunahme eines neuen Typus von Filmen konstatieren. Filme, die sich mit der Macht der Medien, sowohl politische Öffentlichkeit als auch Subjektivität und soziale Erfahrung (mit) zu konstruieren, beschäftigen. Der Simulationsfilm in seinen verschiedenen Variationen problematisiert die Verselbstständigung der Medien, die Mediatisierung der Realität und kritisiert die zunehmende Verwendung medialer Repräsentationen als objektive Reproduktionen vorgefundener Wirklichkeiten.

Die Entstehung[7] dieses Genres setze ich 1983 mit David Cronenbergs *Videodrome* (1983) an.[8] In *Videodrome* führt die Rezeption eines neuen, von Gewaltfantasien beherrschten, Fernsehprogramms zu einem Gehirntumor, durch den die Betroffenen nicht mehr zwischen Einbildung und Wirklichkeit unterscheiden können. In Barry Levinsons *Wag the Dog – Wenn der Schwanz mit dem Hund wedelt*[9] (1997) täuscht der amerikanische Präsident einen Krieg gegen Albanien vor, um von einer außerehelichen Affäre abzulenken. *Die Truman Show*[10] (1997) von Peter Weir[11] erzählt von einem Menschen, der herausfindet, dass er sein ganzes Leben lang der

---

6 Ich beziehe mich dabei auf das vierphasige Simulationsmodell von Jean Baudrillard. Zuerst erscheinen die Bilder als Reflex einer tieferliegenden Realität, der Zuschauer vertraut den Bildern des Films als Repräsentanten der Wirklichkeit; dann verbergen und verhindern die Bilder eine tieferliegende Realität, Zweifel kommen an der Herkunft der Bilder auf; in der dritten Phase maskieren die Bilder die Abwesenheit einer tieferliegenden Wirklichkeit, es ist nicht mehr möglich zwischen Simulation und Realität zu trennen, und am Schluss verweisen die Bilder auf gar keine Realität mehr. Die Bilder werden so zu ihrem eigenen Trugbild und die Differenz zwischen ›Wahrem‹ und ›Falschem‹, ›Realem‹ und ›Imaginärem‹ wird aufgehoben.

7 Die Wurzeln des Simulationsfilms liegen im experimentellen und im reflexiven, voyeuristischen Kino (vgl. DENZIN 1997: 48, 45). Beide Filmgenres versuchen, den Zuschauer herauszufordern, die verzerrten Repräsentationen der cinematischen Gesellschaft, die die amerikanische Traumfabrik ihnen anbietet, zu hinterfragen (vgl. DENZIN 1991: 145).

8 Es besteht natürlich die Möglichkeit, dass, bevor ein neues Genre entsteht, es aufgrund einer gegensätzlichen, gesellschaftlichen Entwicklung nur zu einem filmischen Zyklus kommt.

9 Ein anderer Film, der auch die Verselbstständigung der Medien kritisiert, ist *Man Bites Dog*, beide Filme deuten interessanterweise schon im Titel diese Problematik an.

10 Interessanterweise geht es bei *Die Truman Show*, wie auch bei *Videodrome*, um die Entstehung und die Auswirkungen eines neuartigen Fernsehformats.

11 Peter Weir zu der Idee *Die Truman Show* zu drehen: »On the very day that Paramount began promoting *Die Truman Show* in The Los Angeles Times, television viewers, many of them children, were riveted by coverage of a freeway chase in which a man set himself and his dog on fire and then shot himself. One of the writers in the newspaper said ›that the only way that he knew this was real, as opposed to unreal, was that there was a dog dying in the front seat of the vehicle, too,‹ Weir said. ›And you don't see dogs killed on television in fictional shows‹« (NY Times, 21.9.1998).

Hauptdarsteller einer populären Fernsehshow war. Und in David Cronenbergs *eXistenZ* (1998) geht es um eine Computerspieldesignerin und ihr neues Programm eXistenZ, das die Grenzen zwischen Wirklichkeit und simulierter Wirklichkeit verschwinden lässt.[12]

Die vier untersuchten Filme[13] bilden jedoch keine genealogische Reihe, sondern ein typologisches Feld, das seit dem Beginn von ›realitätsproblematisierenden‹ Diskussionen zunehmende Bedeutung erlangt hat. Seitdem haben sich natürlich weitere unterschiedliche Formen ausdifferenziert. Die Beispiele stehen für eine allgemeine Tendenz, die auch in anderen gesellschaftlichen Bereichen sichtbar geworden ist.

Analysemethoden

Es lassen sich drei Analysemethoden[14] unterscheiden:
- die Themenanalyse zur Kategorisierung der filmischen Inhalte,
- die Analyse der Schlüsselwörter zur Aufdeckung verborgener Tendenzen innerhalb des Genres
- und die Rezensionsanalyse zur Untersuchung des tatsächlichen Rezeptionsverhaltens.

Themenanalyse

Bei der Analyse der Themen, die in den Filmen auftauchten, konnte ich drei Themenkomplexe identifizieren. Neue Medien produzieren neue

---

12 Weitere Beispiele für das Simulationsgenre sind: *Mann beißt Hund* (1992), *Pleasantville - Zu schön um wahr zu sein* (1998), *Dark City* (1998), *EDtv* (1999), *Matrix* (1999), *Abwärts in die Zukunft* (orig.: *The Thirteenth Floor*, 1999), *Nurse Betty* (2000), *Matrix Reloaded* (2003).

13 Da eine gewisse Zufälligkeit oder Willkürlichkeit bei der Auswahl von Filmen zur Definition eines Genres unvermeidbar ist, besonders da auch der Bezug auf einen kulturellen Konsens für ein neues Genre noch nicht möglich ist, begründe ich meine Auswahl durch die Nützlichkeit für die Analyse.

14 Eine weitere Möglichkeit zur Untersuchung einzelner ›prototypischer‹ Genrefilme bietet die Szenenanalyse. So sehen wir in der Eröffnungssequenz der *Truman Show* eine ›close-up‹-Einstellung von Truman Burbank. Der Hauptdarsteller der Reality-Soap scheint uns direkt anzuschauen, in Wirklichkeit blickt er jedoch nur in einen Spiegel, in der eine Kamera versteckt ist. Dann erklärt uns Christof, der Produzent der Serie, dass die Fernsehzuschauer gelangweilt von ›künstlichen‹ TV-Shows sind, dass er der einzige ist, der ›wahre‹ Emotionen zeigt. Es folgen Interviews mit den Schauspielern der Serie, die behaupten, dass die Fernsehshow ihr Leben, ihre einzige Realität darstellt (GODZIC 2000: 40). Im Anfang des Films

Gefahren, beziehungsweise die Angst davor. Während in den 1980er-Jahren noch die negativen Wirkungen von Video und Fernsehen die Gesellschaft beschäftigten, ging es im Kino Ende der 1990er-Jahre um den Computer, die Wirkung von Videospielen und die gesellschaftlichen Folgen des Internets. Die Grenzen zwischen vormals getrennten Bereichen scheinen sich aufzulösen. Die Trennung zwischen der öffentlichen und privaten Sphäre wird durch die Inszenierung von Authentizität im voyeuristischen Medienraum abgelöst. In der journalistischen Berichterstattung, aber auch in Spiel- beziehungsweise Dokumentarfilmen, wird die Differenz zwischen realistischen und fiktionalen Anteilen, und damit auch zwischen Wahrheit und Täuschung, aufgehoben.

Schlüsselwortanalyse

Die Schlüsselwortanalyse gibt uns einen Einblick in verborgene oder maskierte Inhalte eines Genres (KRUTNIK 1991: 18). Beim Vergleich der Filme fallen Formulierungen auf, die normalerweise im philosophischen oder religiösen Bereich Verwendung finden. So gibt es in *Videodrome* die »Kathodenstrahl-Mission« des »Medienpropheten« Brian O'Blivion. Professor O'Blivion erscheint wie eine Karikatur des kanadischen Medienphilosophen Marshall McLuhan, der durch das Buch *Understanding Media* und den Slogan »The medium ist the message« bekannt wurde. Das Videospiel *eXistenZ* stellt sich als das Spiel »transZendenZ« heraus, der Ort der Testvorführung gleicht dabei einer Kirche. Die Gamedesignerin Allegra Geller wird von ihren Fans zuerst wie eine Göttin verehrt, später kehrt sich dieses Verhältnis jedoch um und sie erscheint als ›dämonische‹ Bedrohung der Gesellschaft. Die Gegensätze Göttin und Dämonin scheinen Fluch und Segen der neuen Medien zu symbolisieren. Der Produzent der *Truman Show,* heißt Christof: Der Name erinnert zum einem an Christus, den Sohn Gottes (PORTON 1998), und zum anderen an Christophorus, der die ganze Last der Welt, symbolisiert durch die Gestalt des Christuskindes, über einen Fluss trug (MEYER 2000: 12). In dieser Interpretation scheint die Mediatisierung der Welt zu Orientierungslosigkeit zu führen. Medienpropheten und Stars werden zu neuen Orientierungsgrößen und stillen scheinbar ein Bedürfnis nach Transzendenz.

deuten sich somit schon alle Themenfelder (wie z. B. Überwachung und Voyeurismus, Manipulation, Illusion und mediale Realitätskonstruktion) des späteren Films an.

Rezensionsanalyse

Die Untersuchung von Rezensionen erlaubt uns Rückschlüsse über die unterschiedliche gesellschaftliche Rezeption eines Genres zu einer gewissen Zeit. (vgl. DENZIN 1991, 1995, NEALE 1990: 52; GLEDHILL 2000: 224, KRUTNIK 1994: 18). Ein gutes Beispiel ist die Diskussion über den Film *Wag the Dog* und seine ›mögliche‹ Verflechtung mit der ›Wirklichkeit‹.[15] Zeitgleich mit der Erstaufführung des Films wurde spekuliert, ob Bill Clintons Angriffe auf Afghanistan und den Sudan nicht nur dazu dienten, von seiner Affäre mit Monica Lewinsky abzulenken. Hierzu Robert Dallek von der LA *Times*: »Are they truly a response to the Kenya-Tanzania bombings of American embassies, or a manufactured crisis to divert public attention from his personal troubles?« (LA *Times*, 21.8.1998). Frank Bruni von der NY *Times*: »In the movie, the president's handlers invent a war to distract public attention from his sexual transgressions. In real life, was the Clinton administration doing something similar? Cynical in the extreme, that was a question that some residents of the New York region could not avoid asking themselves Thursday.« (NY *Times*, 21.8.1998) Jodi Wilgoren, NY *Times*: »If President Clinton was trying to divert attention from his personal problems by bombing Iraq on Wednesday, he succeeded. Instead of talking about his probable impeachment by the House of Representatives, instead of discussing his sex life and debating whether lying is a high crime or misdemeanour, Americans had turned their attention to questioning the president's motives in launching air strikes, finding the timing more than a little coincidental« (NY *Times*, 17.12.1998).

Lawrie Mifflin, auch NY *Times*: »The *Wag the Dog* analogy was almost an obsession during the afternoon's coverage. In Washington, two Republican senators, Daniel Coats and Arlen Specter, quickly questioned whether the real-life president was also trying to divert attention from his admission on Monday that he had lied about his sexual relationship with Ms. Lewinsky. [...] Ms. Lewinsky's appearance before the grand jury Thursday, which otherwise would have been prominent news, was relegated to brief reports near the end of the three broadcast-network evenings news programs« (NY *Times*, 21.8.1998). Mike Downey von der LA *Times* hat eine etwas andere Meinung: »Dumb Questions Aside, Airstrikes Didn't Imitate Art [...] A few hours after President Clinton's order to launch military

---

15 Dieses Thema wurde auch in einer *Talk im Turm*-Sendung mit Erich Böhme und Peter Scholl-Latour in ähnlicher Weise behandelt.

attacks Thursday on select targets in Afghanistan and Sudan, it became clearer than ever before that Americans watch way too many movies« (*LA Times*, 21.8.1998).

So erscheint das Genre des Simulationsfilms als eine kollektiv geformte Art des Erzählens, in der sich gesellschaftliche Entwicklungen als Verdichtung des Dominanten, als Interface zwischen der Kultur und den Zuschauern, zeigen.

Fazit

Die Analyse eines Genres kann uns also, ohne die Konstruktion eines Autors zu bemühen, nicht nur etwas über die Eigenschaften der untersuchten Filme untereinander, sondern auch etwas über die kulturellen Faktoren der Produktion und Rezeption und die aktuelle Agenda der Gesellschaft sagen (vgl. u.a. GLEDHILL 2000: 222; TUDOR 2000: 98).

Literatur

BAUDRILLARD, J.: *Agonie des Realen*. Berlin 1978

BLISS, M.: *Dreams within a Dream. The Films of Peter Weir*. Carbondale/ Edwardsville 2000

CRANE, J. L.: *Genre Criticism and the Horror Film*. In: Ders.: *Terror and Everyday Life. Singular Moments in the History of the Horror Film*. London/Thousand Oaks/New Delhi 1994, S. 22-45

CREEBER, G.: *What is Genre?* In: Ders. (Hrsg.): *The Television Genre Book*. London 2001, S. 1-7

DENZIN, N. K.: *Images of Postmodern Society: Social Theory and Contemporary Cinema*. London/Thousand Oaks/New Dehli 1991

DENZIN, N. K.: *The Cinematic Society. The Voyeur's Gaze*. London/Thousand Oaks/New Dehli 1995

DENZIN, N. K.: *Interpretative Ethnography. Ethnographic Practices for the 21st Century*. London/Thousand Oaks/New Dehli 1997

DREW, W.: *David Cronenberg*. London 1984

ECO, U.: Casablanca. Cult Movies and Intertextual Collage. In: LODGE, D. (Hrsg.): *Modern Criticism and Theory. A Reader*. London/New York 1988, S. 445-455

FISKE, J.: *Television Culture*. London/New York 1993

GLEDHILL, C.: *Rethinking Genre*. In: GLEDHILL, C.; L. WILLIAMS: *Reinventing Film Studies*. London 2000, S. 221-243

GODZIC, W.: Discoursive spaces of The Truman Show. In: SOROVO CEN-TRUM (Hrsg.): *Priestor vo filme. Space in film*. Bratislava 2000, S. 29-46

HALTOF, M.: *Peter Weir. When Cultures Collide*. New York 1996

HICKETHIER, K.: Methodische Probleme der Fernsehanalyse. In: Ders. (Hrsg.): *Aspekte der Fernsehanalyse. Methoden und Modelle*. Münster/ Hamburg 1994

HOLLOWS, J.; P. HUTCHINGS; M. JANCOVICH (Hrsg.): Genre Criticism. In: Dies.: *The Film Studies Reader*. London/New York 2000, S. 83-88

KAMINSKY, S. M.: Introduction. What is film genre?/Conclusion and summary. The importance of film genre. In: Ders.: *American film genres*. Chicago 1984, S. 1-20/225-231

KITSES, J.: Authorship and Genre: Notes on the Western. In: HOLLOWS J.; P. HUTCHINGS; M. JANCOVICH (Hrsg.): *The Film Studies Reader*. London/ New York 2000, S. 89-94

KRUTNIK, F.: Classical Hollywood: film and genre/Genre and the problem of film noir. In: Ders.: *In a Lonely Street. Film noir, genre, masculinity*. London/New York 1994, S. 3-14

MALTBY, R.: Genre. In: MALTBY, R.; I. CRAVEN: *Hollywood Cinema. An Introduction*. Oxford/Massachusetts 1995, S. 107-143

MATHEWS, S.: *35mm Dreams. Conversations with Five Directors about the Australian film revival*. Melbourne 1984, S. 1-21/69-114

MCARTHUR, C.: Counter-Introduction: Limits of Auteurism. In: WAYNE, D. (Hrsg.): *David Cronenberg*. London 1984, S. 1-2

MCFARLANE, B.: The Films of Peter Weir. In: *Cinema Papers* 26, 1980, S. 1-24

MCGREAL, J.: Interview with David Cronenberg. In: WAYNE, D. (Hrsg.): *David Cronenberg*. London 1984, S. 3-15

MEYER, T.: *Neue Medien Neue Ordnungen*, Unveröffentlichtes Manuskript, Universität Hamburg 2000

MIKOS, L.: *Film- und Fernsehanalyse*. Konstanz 2003

MOIR, P.: The Truman Show. Review. A darkly comic view of media manipulation. In: *Cinefantastique* 7/8, 1998, S. 76-77

MÜLLER, E.: ›Genre‹ als produktive Matrix. Überlegungen zur Methodik historischer Genreanalyse. In: HARTMANN, B.; E. MÜLLER (Hrsg.): *7. Film- und Fernsehwissenschaftliches Kolloquium/Potsdam 94*. Berlin 1995, S. 116-122

MÜLLER, E.: Genre: Prototyp, lebendiges Genrebewußtsein und Funktion. In: Ders.: *Paarungsspiele. Beziehungsshows in der Wirklichkeit des neuen Fernsehens.* Berlin 1999, S. 131-141

NEALE, S.: Extract from Genre. In: HOLLOWS, J.; P. HUTCHINGS; M. JANCOVICH (Hrsg.): *The Film Studies Reader.* London/New York 2000, S. 98-101

PORTON, R.: *The Truman Show.* In: *Cineaste* 4, 1998, S. 48-49

RAYNER, J.: *The Films of Peter Weir.* London/New York 1998

SCORSESE, M.: Internal Metaphors: External Horror. In: WAYNE, D. (Hrsg.): *David Cronenberg.* London 1984, S. 54

SEESSLEN, G.: Genre – mehr als ein Begriff. Die Übermittlung von Botschaften in ästhetischen Strukturen. In: *Medien & Erziehung* 4, 1987, S. 209-218

SHIACH, D.: *The Films of Peter Weir.* London 1993

SILVERMAN, M.: A Post-Modern Cronenberg. In: WAYNE, D. (Hrsg.): *David Cronenberg.* London 1984, S. 31-34

SOBCHACK, V.: Genre Film: Myth, Ritual, and Sociodrama. In: THOMAS, S.: (Hrsg.) *Film/Culture. Explorations of cinema in its social context.* London 1982, S. 147-165

TASKER, Y.: New Hollywood, Genre and the Action Cinema. In: Dies.: *Spectacular Bodies. Gender, genre and the action cinema.* London/New York 1993, S. 54-72

TUDOR, A.: Critical Method – Genre. In: HOLLOWS, J.; P. HUTCHINGS; M. JANCOVICH (Hrsg.): *The Film Studies Reader.* London/New York 2000, S. 95-98

VERED, K. O.: Plotting New Media Frontiers: Myst and Narrative Pleasures. In: *Visual Anthropology Review*, 1997, S. 39-47

WATERS, J.: John Waters on David Cronenberg. In: WALLACE, D. F. et al. (Hrsg.): *Grand Street.* New York 1997, S. 58-61

WINTER, R.: Witnessing and Beating Witness: The Ontogeny of Encounter in the Films of Peter Weir. In: SMITH, J. H.; W. KERRIGAN (Hrsg.): *Images in Our Souls. Cavell, Psychoanalysis, and Cinema.* Baltimore/London 1987, S. 82-108

WINTER, R.: Dekonstruktion von Trainspotting. Filmanalyse als Kulturanalyse. In: *Medien Praktisch Texte,* 1, 1998

WINTER, R.; R. ECKERT: *Mediengeschichte und kulturelle Differenzierung. Zur Entstehung und Funktion von Wahlnachbarschaften.* Opladen 1990

SEBASTIAN NESTLER

Die Dezentrierung des Weste(r)ns.
Zum Begriff fragmentierter Identitäten in Jim Jarmuschs *Dead Man*

1. *Einleitung: Film als Teil der Populärkultur*

Film ist ein zentraler Bestandteil der Populärkultur und entfaltet in der Rezeption sein Potenzial zur Dekonstruktion machtvoller Beziehungen im diskursiven Feld von Kultur, Medien und Macht. Dies gelingt ihm primär über das Vergnügen, welches nach Grossberg am Anfang jeder populärkulturellen Erfahrung steht (vgl. GROSSBERG 1999a). Der Begriff des Vergnügens fasst vielfältige Aspekte, die sich zusammenfassend charakterisieren lassen als »[...], Genuß, tun zu können, was man will; den Spaß, Regeln zu brechen; die Erfüllung von Wünschen, wie vorübergehend und künstlich sie auch sein mögen [...]; den Reiz, die Gefühlswelt anderer zu teilen« (ebd.: 221). Populärkultur bietet Entspannung und Vergnügen, wodurch sich Räume des Wohlbefindens bilden können, die sich einer bloß ideologischen Dimension entziehen (vgl. ebd.: 226ff.). Besonders zu betonen ist allerdings, dass die Populärkultur dieses Potenzial zwar entfalten kann, aber nicht muss. Denn ihre formalen Charakteristika bestimmen ihre Wirkungen, die immer erst in der Rezeptionspraxis real werden, nicht. Daher lässt sich Populärkultur »[...], nicht durch formale Charakteristika bestimmen, sondern nur innerhalb der Formation und der Empfindungsweise, in denen sie sich artikuliert« (ebd.: 227). So ist die Rezeption von Populärkultur neben ihrer Produktion[1] ein Ort, an dem sich machtvolle Bedeutungen formieren können: »Populärkultur

---

1 In Anlehnung an Halls *Encoding/Decoding*-Modell sind sowohl Produktion als auch Rezeption bedeutungstragend. Keines der beiden Momente darf hierbei aus dem Blick der Analyse geraten (vgl. HALL 1999b).

operiert mit einer affektiven Empfindungsweise und bildet die Grundlage, auf der Leute anderen Leuten, kulturellen Praktiken oder sozialen Gruppen die Autorität zusprechen, ihre Identität zu formen und sie in die verschiedenen Machtkreisläufe einzubinden« (ebd.: 232). Film als Teil der Populärkultur kann daher für die Identität seines Publikums bedeutungsvoll sein, er kann Identitäten produzieren, die u.a. gegen die dominant-hegemonialen Machtkreisläufe widerständig sein können.[2] Der Film ermächtigt also sein Publikum, »[...], stellt Resourcen [sic!] zur Verfügung, die mobilisiert und in populäre Kampf-, Widerstands- und Oppositionsformen verwandelt werden können« (ebd.: 235).

Der Zusammenhang von Film und seinen möglichen Funktionen in Bezug auf Identitätsfragen soll im Folgenden an Jim Jarmuschs *Dead Man* (1995) erörtert werden. In dieser Westernparodie greift Jarmusch vielfältige Aspekte um die Konstruktion nationaler Mythen auf. Durch Stilmittel der Genreparodie thematisiert er, inwiefern Begriffe wie ›Nationalität‹, ›Kultur‹ oder ›Ethnie‹ einheitliche Identitäten bilden können – oder eben daran scheitern. Es wird dargestellt, welche Bruchstellen einheitlicher Identitätskonzepte dieser Film bietet und wie eine mögliche Rezeption im Kontext einer durch die Cultural Studies beeinflussten Auseinandersetzung um Identität diese Bruchstellen aufgreifen und für eine identitätskritische Diskussion nutzen kann. Hierbei gilt es zunächst, eine Verbindung zwischen Film und Gesellschaft herzustellen, wozu die film- und mediensoziologischen Arbeiten *Filmsoziologie* (vgl. WINTER 1992) sowie *Der produktive Zuschauer* (vgl. WINTER 1995) Rainer Winters genutzt werden. Insbesondere dem in diesen Veröffentlichungen entwickelten Genrebegriff gelingt diese Verbindung und erklärt die soziale Dimension von Film. Anschließend werden exemplarisch einige zentrale Einstellungen[3] aus Jarmuschs *Dead Man* in einem Close Reading mit den von Winter dargestellten Wright'schen Westerntypen (vgl. WINTER 1992: 46ff.) verglichen, um aufzuzeigen, auf welche Genremerkmale sich der Film bezieht und wie er sie bestätigt bzw. umkehrt und negiert. Abschließend wird Jarmuschs Film in engere Beziehung zu Stuart Halls Essays *Kulturelle Identität und Globalisierung* (vgl. HALL 1999a) sowie *Die Konstruktion von ›Rasse‹ in den Medien* (vgl.

---

2 Zu betonen ist jedoch, dass der Widerstand nur eine Möglichkeit neben der dominant-hegemonialen und der ausgehandelten Position ist (vgl. HALL 1999b).

3 Der hier vorliegende Artikel ist die gekürzte Fassung eines Vortrags, der am 26.01.2005 am Institut für Medien- und Kommunikationswissenschaft der Universität Klagenfurt gehalten wurde.

HALL 2000) gesetzt, um die Diskussion um fragmentierte Identitäten und anti-essenzialistische Kulturbegriffe am Beispiel von *Dead Man* aufzunehmen.

2. Der Analyserahmen: Genre(parodie) und Gesellschaft

Auch wenn Jim Jarmuschs *Dead Man* in weiten Teilen eine Parodie des Westerngenres ist, so kann Jarmusch die Genrekonventionen doch nur zum Teil brechen – zu einem anderen Teil bewegt er sich notwendigerweise innerhalb der Genrekonventionen, da sein Film sonst nicht als Westerparodie verstanden werden würde. Gerade als Parodie aber entfaltet der Film seine speziellen Bedeutungen, da die Parodie eines Genres dessen sonst unsichtbar bleibende Konventionen sichtbar macht. Max Horkheimer und Theodor W. Adorno bestreiten diese Möglichkeit für alle kulturindustriellen Produkte – und insbesondere für den Film – zwar, da sie im Film nur den permanenten »[...], Zwang zu neuen Effekten, die doch ans alte Schema gebunden bleiben, [...] die Gewalt des Hergebrachten« (HORKHEIMER/ADORNO 1998: 136) erkennen. Mit Bezug auf Alexander Kluge meint Rainer Winter hierzu jedoch, »[...], daß auch die [...] geschmähten Genrefilme, bei denen der Zuschauer infolge seiner Seherfahrung ganz bestimmte Erwartungen hegt, auf plötzlichen Überraschungen und neuen Erfahrungen aufbauen« (WINTER 1995: 25).

Diese Ambivalenz zwischen bestimmten Erwartungen und neuen Erfahrungen ist konstitutiv für den Film als künstlerisches Medium im Allgemeinen und für die Parodie im Besonderen. Jurij Lotman führt hierzu aus: »Die künstlerische Struktur unterdrückt die Redundanz. Außerdem erhält der Teilnehmer am Vorgang der künstlerischen Kommunikation eine Information nicht nur aus der Botschaft, sondern auch aus der Sprache, in welcher die Kunst mit ihm spricht. [...] Daher ist in der künstlerischen Kommunikation die Sprache niemals ein unauffälliges, automatisiertes, voraussagbares System. Folglich müssen bei der künstlerischen Kommunikation sowohl die Sprache des ästhetischen Kontakts als auch der Text in dieser Sprache über seine ganze Länge hin das Moment des Überraschenden bewahren« (LOTMAN 1977: 75). Es ist für den Film konstitutiv, dass er weder der von Horkheimer und Adorno attestierten Gewalt des Hergebrachten vollständig unterliegt, noch dass seine künstlerische Struktur vollständig die Konventionen der Filmsprache ignoriert. So oszilliert jeder Film zwischen Gesetzmäßigkeit und Abweichung, zwischen Voraussagbarkeit und Überraschung. Indem der Film stets Elemente der Redundanz und der Varietät in sich kombiniert, schafft er durch das Aufeinanderprallen dieser beiden Bedeutungssysteme neue überraschende, also künstlerische Bedeutungen, die die hergebrachten Bedeutungen verschieben, ohne sie jedoch vollständig aufzulösen. Welche Bedeutungen hierbei überwiegen, ist sowohl vom Film und seinen zur Verfügung gestellten Interpretationsangeboten als auch von den einzelnen Rezipientinnen und Rezipienten sowie ihren konkreten Erfahrungen abhängig, und deshalb kaum vorhersagbar. Daher gilt auch für Jarmuschs *Dead Man*, dass er seinem Publikum die Möglichkeit zu neuen und widerständigen Lesarten von Identität gibt, wovon die hier entwickelte nur eine mögliche ist.

In der Regel erscheinen die Codes eines Genres als naturgegeben, nicht als konstruiert. Denn sie sind bereits erlernt worden und funktionieren in der alltäglichen Praxis, ohne Fragen aufzuwerfen (vgl. WINTER 1995: 85). Tatsächlich aber wirkt in dieser Naturalisierung der Codes diskursive Macht, die deshalb normalisierend wirken kann, weil sie in alltäglichen Situationen unsichtbar bleibt. Michel Foucault beschreibt dies mit dem Wandel der Macht von der Souverän- zur panoptischen Disziplinarmacht, die bei ihm der Prototyp des modernen normalisierenden Machtmodells ist (vgl. FOUCAULT 1977). Zeigte sich die Souveränmacht als »[...], Abwehr eines außerordentlichen Übels« (ebd.: 263), so kann die panoptische Disziplinarmacht als ein »[...], verallgemeinerungsfähiges Funktionsmodell [...], das die Beziehungen der Macht zum Alltagsleben der Menschen definiert« (ebd.: 263) beschrieben werden. Die Macht entwickelt sich von der Ausnahmesituation zur Normalität, sie wird universell, alltäglich und kaum noch wahrnehmbar. Das widerständige Potenzial der Genreparodie liegt nun im Sichtbarmachen dieser ›natürlichen‹ Codes als das, was sie sind: nämlich diskursiv konstruiert. Der Genreparodie kann es gelingen, die normalerweise unsichtbar bleibenden, und deshalb so machtvoll wirkenden Beziehungen zwischen Macht, Wahrheit und Subjekt sichtbar zu machen, sie einer Dekonstruktion und Kritik zu unterziehen, um schließlich Machteffekte verschieben zu können.[4] So liegt im populärkulturellen Medium Film ein durchaus politisches Potenzial: »Wenn es sich bei der Regierungsintensivierung darum handelt, in einer sozialen Praxis die Individuen zu unterwerfen [...], dann [...] hätte die Kritik die

---

4 Judith Butler nutzt diesen Parodiebegriff, um am Beispiel des Transvestiten die Konstruktion geschlechtlicher Identitäten offenzulegen (vgl. BUTLER 1991: 209ff.).

Funktion der Entunterwerfung« (FOUCAULT 1992: 15). Gerade Fragen der Identität haben machtvolle Dimensionen und die diskursive Dominanz bei der Deutung dieser Fragen ist hart umkämpft. Die Akteure dieses Kampfes sind stets unmittelbar selbst in ihrer Identität von diesen Auseinandersetzungen betroffen, wenn sie scheinbar ›natürliche‹ Identitäten nicht akzeptieren. Jim Jarmusch greift in *Dead Man* diese Fragen auf und demontiert die ›Natürlichkeit‹ spezifischer Identitäten durch die Parodie auf spielerische Weise. Auch einem nicht-akademischen Publikum wird so die Möglichkeit zur Verschiebung und Entmachtung dominant-hegemonialer Deutungsstrategien von Identität gegeben.

Dieser allgemeine Zusammenhang von Genre und Gesellschaft und die sich daraus ergebenden Möglichkeiten zum Widerstand sollen nun für das Westerngenre spezialisiert werden. Anhand der Westernfilmstudie von Will Wright und der Horrorfilmstudie von Andrew Tudor zeigt Rainer Winter die Zusammenhänge von Genre und Gesellschaft auf (vgl. WINTER 1992: 43ff.).[5] Während Wrights Studie zum Western simplifizierend verfährt, weil sie die Funktionsweise des Westerns eindimensional als Stiftung eines Mythos begreift und so einer vielfältig differenzierten sozialen Welt nicht Rechnung trägt, gelingt es Andrew Tudor in seiner Studie zum Horrorfilm, einen wichtigen Beitrag zur Soziologie des Filmgenres zu liefern, da Tudor sowohl die polyseme Struktur von Filmen als auch die durch spezifische Kontexte gerahmte Rezeption berücksichtigt. Für Tudor ist das Filmgenre »[...], eine soziale Konstruktion, die in den Filmen und in den Vorstellungen der Rezipienten verankert ist. [...] Erst im Akt der Rezeption wird ein Film als ein kulturelles Objekt mit einer je besonderen Bedeutung konstituiert« (ebd.: 51). Dennoch hat Wright mit seiner Analyse wichtige Strukturmerkmale des Westerngenres beschrieben, die bei der folgenden Analyse von Jarmuschs *Dead Man* als eine Art Vergleichsfolie genutzt werden können. So lässt sich ablesen, welche Stilmerkmale Jarmusch nutzt und in welcher Weise – zitierend, parodierend etc. – er Bezug auf die Tradition des Westerngenres nimmt. Hierdurch wird deutlich, dass die Aktualisierung der genretypischen Strukturen in anderen Kontexten die ursprüngliche strukturelle Bedeutung verschieben und umdeuten kann.

Dass jedes Genre im Sinne Tudors eine soziale Konstruktion ist, zeigt sich in Bezug auf *Dead Man* daran, dass sich dieser Film mit den innerhalb

---

5   Ergänzend hierzu sei Sandra Rauschs Artikel *Männer darstellen/herstellen. Gendered Action in James Camerons Terminator 2* (vgl. RAUSCH 2004) erwähnt, in dem Rausch die gegenseitige Beeinflussung von Genre und Gender ins Zentrum ihrer Analyse stellt.

SEBASTIAN NESTLER

der Globalisierungsdiskussion thematisierten Auswirkungen der Globalisierung auf Identitätskonzepte und -praktiken (vgl. CLIFFORD 1999;
HALL 1999a; MORLEY 1999) in Verbindung setzen lässt. Insbesondere Stuart Hall stellt mit seinem Essay *Kulturelle Identität und Globalisierung* (vgl.
HALL 1999a) einen für die Analyse von *Dead Man* hervorragend geeigneten
Bezugsrahmen her, da Hall die Konsequenzen der Globalisierung auf das
moderne Subjekt als das einheitliche Subjekt fragmentierend beschreibt,
wodurch es zum fragmentierten postmodernen Subjekt wird, das jede
gesicherte und essenzialistische Identitätskonzeption hinter sich lässt
(vgl. HALL 1999a: 393ff.). Identität ist nicht biologisch, sondern historisch
definiert, weshalb sie kontinuierlich gebildet und verändert wird, wobei
widersprüchliche Identitäten zum Normalfall werden und eine kohärente Identität eine Illusion bleibt (vgl. ebd.). Vorherrschend sind – zumindest als analytischer ›Kunstgriff‹: »[...], Diskontinuität, Fragmentierung,
Bruch und Zerstreuung« (ebd.: 399). Der weiße westliche Mann im Zentrum des Universums, vor dem die Welt zur Beherrschung ausgebreitet
liegt (vgl. ebd.: 402), ist keine gültige Subjektkonzeption mehr. Das
wissende, vernünftige, selbstbestimmte, in seiner Identität einheitliche
Subjekt der Moderne wird aufgelöst. Hiernach ist das Subjekt nur noch
als fragmentierte Identität in Abhängigkeit von vielfältigen Diskursen
denkbar, was seine privilegierte Stellung entscheidend relativiert.

Besonders eng verknüpft die Moderne kulturelle mit nationaler Identität (vgl. HALL 1999a: 414). Obwohl Nationalitäten erst durch Repräsentationen entstehen, »[...], denken wir alle über sie, als wären sie Teil unserer
wesenhaften Natur« (ebd.: 414). Doch sind Nationen imaginierte Gemeinschaften, die Bedeutungen konstruieren, die sowohl unsere Handlungen
als auch unsere Identität organisieren (vgl. ebd.: 416). Diese Erzählung
von Nation hat nicht nur textuelle, sondern auch materielle Aspekte: »Sie
gibt unserer eintönigen Existenz Bedeutung und Sicherheit« (ebd.: 417)
und zeigt, dass sich diese materiellen Aspekte nicht ohne weiteres ›ent-
materialisieren‹ lassen. In der Nation finden sich essenzialistische Ideen
von Ursprung, Kontinuität, Tradition, Zeitlosigkeit, Gründungsmythos,
einem reinen und ursprünglichen Volk (vgl. ebd.: 417ff.). Gleichzeitig ist
eine Nation eine Struktur kultureller Macht: Sie unterdrückt kulturelle
Differenzen, indem sie Differenzen als Einheit repräsentiert (vgl. ebd.:
421ff.) und unterschlägt so, dass Nationen aus den verschiedensten sozialen Klassen, Geschlechtern, Ethnien etc. bestehen. Nach Hall wirkt die
Globalisierung dekonstruierend auf diese imaginierte nationale Einheit,

weshalb sich in der Folge traditionelle nationale Identitäten auflösen. Dies führt einerseits zum Erstarken lokaler Partikularismen als Widerstand gegen die Globalisierung. Andererseits füllen neue hybride Identitäten das Vakuum der vergangenen nationalen Identitäten (vgl. ebd.: 425ff.). Diese Tendenzen verhalten sich ambivalent zueinander und lassen keine monokausalen Erklärungen der Wirkungen der Globalisierung zu.

Das Modell Halls kann man sich als anti-essenzialistisch beschreiben, da es die Möglichkeit eindeutiger Ordnungen ablehnt und stattdessen die strukturelle Unbestimmtheit von Identitäten, Kulturen etc. betont. Bestimmen lassen sich Identitäten erst innerhalb bestimmter Identitätspraktiken, die für ihre Subjekte reale materielle Konsequenzen haben, jedoch nicht identisch reproduziert werden müssen, da es innerhalb dieser Praktiken Momente der Variation und der Bedeutungsverschiebung gibt. So betont der hier gebrauchte Begriff des ›Anti-Essenzialismus‹ einerseits die Unbestimmtheit und Offenheit von Identität, er löst aber andererseits Identität nicht in einem immateriellen Textbegriff auf. Mit Grossberg lässt sich formulieren: »Vom Blickwinkel des Essenzialismus aus stehen die Antworten fest, und alles ist im vorhinein etikettiert. Die Identitäten sind festgelegt. [...] Andererseits sagt der Anti-Essenzialismus, dass es nicht notwendigerweise Beziehungen gibt. Beziehungen sind eine Illusion. Ihre Erscheinung wird durch Macht erzeugt, und daher ist die einzige Antwort auf eine Beziehung, sie zu dekonstruieren [...]. Cultural Studies nehmen keine dieser Positionen ein [...]. Für sie gilt, daß Beziehungen zwar immer real, jedoch niemals notwendig sind« (GROSSBERG 1999b: 64). Entsprechend lässt Jim Jarmusch in Dead Man seine Protagonisten kulturelle Beziehungen aufbrechen, zeigt jedoch gleichzeitig die materiellen und realen Komplikationen, die damit verbunden sind. Identität erscheint hier nicht als ein leichtfüßiger Akt des Jonglierens, sondern als eine im Sinne Foucaults machtvolle diskursive Beziehung (vgl. FOUCAULT 1977; BUTLER 1991, 1995).

3. Die Analyse: Dead Man

3.1 Dead Man als Genrefilm und -parodie

Um Dead Man als Genrefilm und -parodie zu verstehen, wird im Folgenden mit Bezug auf die vier Westerntypen nach Wright dargestellt, wie sich *Dead Man* in einzelnen Elementen zum Genre des Westerns verhält.[6] Dadurch wird verständlich, warum der Film das Thema der fragmentierten Identitäten nicht in einem klassischen Western, der auf einem binär codierten essenzialistischen Weltbild basiert, sondern nur im parodisierenden Auflösen dieses Weltbilds behandeln kann.

Die beiden Hauptfiguren in *Dead Man* sind der weiße Ostküsten-Amerikaner William Blake und sein im Westen der USA beheimateter indianischer Gefährte Nobody. Hier werden diese beiden Hauptfiguren auch als Helden im weiteren Sinne verstanden, da sich durch dieses Verständnis Parallelen zum und Abweichungen vom Westerngenre gut nachzeichnen lassen. Wird der Held im klassischen Western (vgl. WINTER 1992: 46) als ein mit besonderen Fähigkeiten ausgestatteter Individualist vorgestellt, offenbart sich ziemlich bald, daß William Blake eher ein Antiheld ist. Er kann auch nicht gut mit dem Colt umgehen, sondern hat als einzige besondere Fähigkeit vorzuweisen, dass er lesen und schreiben kann. Allerdings gilt dies in der rauen Gesellschaft des Westens kaum als Vorteil. Ein ausgesprochener Individualist ist William Blake ebenfalls nicht, denn er sucht aus eigenem Interesse die Zugehörigkeit zu einer Gesellschaft. Zwar sieht man ihn zu Beginn des Films auf einer Zugreise, doch unternimmt er diese Reise zu dem Zweck, in einer neuen Stadt namens Machine, wo ihm ein Posten als Buchhalter in einer Metallfabrik versprochen wurde, ein neues Zuhause zu finden, weil er in seiner früheren Heimat in Cleveland keine Arbeit finden konnte. Abenteuerlust und Individualismus sind nicht die Gründe seiner Reise. Doch erhält William Blake nicht den versprochenen Posten bei dem einzigen Arbeitgeber im Ort, da dieser bereits weitervergeben wurde – der Versuch, durch Arbeit ein Gesellschaftsmitglied zu werden, scheitert. Hierauf beginnt Blake eine kurze Romanze mit der Blumenverkäuferin und ehemaligen Prostituierten Thel Russell, die aber vor den Augen William Blakes von ihrem eifersüchtigen ehemaligen Verlobten Charlie Dickinson, dem Sohn des Industriellen John Dickinson, erschossen wird. William Blake, der von nun an als Mörder von Thel Russell und Charlie Dickinson gejagt wird, muss aus der Stadt fliehen, wodurch er im weiteren Verlauf des Films dem individualistischen Helden eines klassischen Western immer ähnlicher wird. Allerdings resultiert diese Ähnlichkeit aus einer Zwangslage, denn im Gegensatz

---

6 Ergänzend zu den traditionellen Formen, Charakteren und Erzählweisen des Westerngenres vgl. auch SEESSLEN 1995.

zum Held des klassischen Westerns ist William Blake ein Individualist wider Willen. Auch auf den Rache-Western (vgl. WINTER 1992: 47ff.) nimmt Jarmusch mit *Dead Man* Bezug, indem er den gesamten Film um eine Verfolgungsjagd durch den Westen organisiert, an deren Ende die Rache John Dickinsons für seinen getöteten Sohn Charlie steht. Jedoch ist dieser Plot eine Variation des Rache-Western, weil der Rache nehmende John Dickinson zu menschenverachtend erscheint, als dass man Sympathie für seine Rachepläne empfinden könnte. Auch geht es hier nicht um persönliche Rache ›Mann gegen Mann‹, da Dickinson professionelle Killer beauftragt, die diese ›schmutzige‹ Angelegenheit für ihn bereinigen sollen. Mit den Killern findet sich auch ein Hinweis auf Elemente des Profi-Plot-Westerns, die weiter unten noch thematisiert werden. Es bleibt festzuhalten, dass die Rache nur als teilweise gelungen beschrieben werden kann: Am Ende des Films erschießen sich der letzte verbleibende Killer, Cole Wilson, und Nobody gegenseitig, während der im Sterben liegende, aber noch lebende William Blake in einem indianischen Kanu aufs Meer hinausfährt. So findet die Rache John Dickinsons keinen Abschluss, denn er forderte von den Killern, ihm William Blake tot oder lebendig zu bringen. William Blake fährt zwar seinem Tod entgegen, doch Dickinson wird davon nichts erfahren und daher keine Genugtuung empfinden.

In Bezug auf den Übergangswestern (WINTER 1992: 48ff.) gibt es mehrere Übereinstimmungen. Wie der Held des Übergangswestern ist William Blake zu keinem Zeitpunkt Mitglied einer Gesellschaft. Nur Nobody – selbst ein Außenseiter – geht eine Verbindung mit ihm ein, eine Art Solidargemeinschaft gegen eine korrupte Gesellschaft, deren tyrannischer Herrscher der Industrielle John Dickinson ist. Ein Merkmal für den Zustand dieser korrupten Gesellschaft ist, dass nicht das Gesetz vertreten durch einen Marshall eingesetzt wird, um den Mord aufzuklären und die Schuldigen dingfest zu machen, sondern dass professionelle Killer beauftragt werden, die – korrupte – Ordnung wiederherzustellen. Erst nachdem der Erfolg der Killer zu lange auf sich warten lässt, gibt John Dickinson den Auftrag Steckbriefe zu verteilen und zwei Marshalls nehmen sich in einer kurzen Episode, allerdings erfolglos, des Falles an.

Schließlich finden sich in *Dead Man* Elemente des Profi-Plot-Westerns (vgl. WINTER 1992: 49ff.), denn die Jagd auf William Blake und Nobody ist vollständig professionalisiert. Das auf den Steckbriefen angegebene Kopfgeld zur Ergreifung William Blakes steigt von zunächst 500 auf

1000, schließlich auf 2000 Dollar. Die Killer, insbesondere Cole Wilson, empfinden Lust am Töten und begrüßen es, mit etwas Geld zu verdienen, was ihnen ohnehin Spaß macht. Hier zeigt sich ebenfalls der für *Dead Man* typische parodisierende Umgang mit den Konventionen des Genres. Auch wenn die Helden des Profi-Plot-Western einen Auftrag annehmen, weil es sich primär in ökonomischer Hinsicht für sie lohnt, lassen sie sich meistens auf der Seite des Guten verorten. Durch ihren korrupten Auftraggeber John Dickinson stehen die Killer aber auf der Seite des Bösen.

Ohnehin sind die Killer an sich bereits parodistisch angelegt: Johnny ›The Kid‹ Pickett, ein Afroamerikaner, kleidet sich elegant und kann als einziger der drei Killer lesen, wodurch er im scharfen Gegensatz zur für Hollywoodfilme üblichen Codierung von Schwarzen steht, die diese meist als einfältig und primitiv darstellen (vgl. HALL 2000: 160ff.). Auch die Befähigung lesen zu können ist für Killer des klassischen Western nicht unbedingt üblich, wird die Schrift im unzivilisierten Westen doch nicht sehr wertgeschätzt – außer auf Steckbriefen. Mit Balász gesprochen ist der Westen eine visuelle Kultur, in der die begriffliche Kultur keinen hohen Stellenwert besitzt (vgl. BALÁSZ 1995: 228). Der Killer Conway Twill braucht einen Teddybären zum Einschlafen, was sein Image des harten Killers, das er tagsüber präsentiert, zum Einsturz bringt. Außerdem redet er für einen typischen Killer, der eher schweigsam ist, zuviel. Cole Wilson schließlich ist ein Killer ohne jegliche Moral. In vielen Westernfilmen haben selbst die Killer eine Art ›Berufsethos‹, das ihnen z.B. den Mord an Kindern verbietet. Cole Wilson allerdings tritt u.a. als Leichenschänder, Vergewaltiger und Kannibale auf und neigt zu exzessivem Gewalteinsatz, einer ›schmutzigen‹ Form der Gewalt, die der im Western gemeinhin als ›sauber‹ dargestellten gegenübersteht.

Auch weitere Einstellungen widersprechen den üblichen Konventionen des Westerngenres. In regelmäßigen Abständen tauchen über den Film verteilt Aufnahmen von niedergebrannten und geplünderten Indianerdörfern auf. Die Indianer wohnen mittlerweile in einem notdürftig eingerichteten Reservat auf engstem Raum. Nichts deutet mehr auf ihren Ursprungsmythos vom freien Volk, dessen Heimat die Weiten der Prärie sind, hin. Schließlich ist der Showdown, ein beinahe konstitutives Element klassischer Westernfilme, in *Dead Man* eine Variation des finalen Duells. Ist es für die klassische Bildsprache des Westerngenres üblich, den Showdown in den Mittelpunkt des Geschehens zu setzen, kommt er bei Jarmusch nur am Rande vor: aufgenommen mit einer extremen Weitwinkelperspektive, die William Blakes Kanu mit seinen Grabbeigaben ins Zentrum setzt, während der Showdown – fast marginalisiert – am rechten äußeren Bildrand stattfindet.

Dead Man erschöpft sich jedoch nicht in der ausschließlichen Bezugnahme auf das Westerngenre, auch andere Genres werden aufgegriffen und funktionieren so als weitere Bezugsrahmen für mögliche Interpretationen des Films. Eine Szene, in der Cole Wilson die Hand des toten Conway Twill abnagt, ähnelt frappant einer Szene aus George A. Romeros Zombiefilm *Die Nacht der lebenden Toten* (1968) von Romero. Schließlich sind die zu Beginn des Films mehrmals gezeigten rollenden Räder eines Zuges, die Bewegung und einen Ortswechsel metaphorisch darstellen, typische Elemente des Roadmovies.

3.2 Fragmentierte Identitäten und die Dezentrierung des Weste(r)ns

Mit Bezug auf die Zusammenhänge von Genre und Gesellschaft hinterfragt Jarmusch mit *Dead Man* analog zu den von Hall beschriebenen Effekten der Globalisierung essenzialistische und homogene Identitäten und bietet Gegenkonzepte an. Dies kann als Dezentrierung des Westens im Allgemeinen und des Westerns im Besonderen aufgefasst werden, da im Allgemeinen die Zentralität westlicher Weltbilder hinterfragt und im Besonderen genretypische Identitäten im Westernfilm aufgebrochen werden.

Während William Blake erst allmählich seine fragmentierte Identität offenbart, erfährt man über Nobody schon bald Details seiner Biographie, die sich im Sinne Halls als eine Identität zwischen den Kulturen begreifen läßt (vgl. HALL 1999a). Nobody erzählt, dass seine Eltern verschiedenen Indianerstämmen angehörten, weshalb er schon in der indianischen Gesellschaft als ›Bastard‹ galt und verstoßen wurde. Ferner wurde er als Kind von englischen Soldaten gefangengenommen und nach England verschleppt. Hier lernte er das Lesen und Schreiben, Kulturtechniken, die gemeinhin als ›weiß‹ gelten. Nobody, von den Engländern als Exot betrachtet, versuchte, sich ihnen anzunähern, indem er ihre Kultur nachahmte. Dies ließ ihn aber noch exotischer erscheinen, da er nach englischem Verständnis eben nur dann authentisch ist, wenn er sich als ›Wilder‹ darstellt. Er konnte der Wahrnehmung der Engländer nicht entrinnen, die ihn als jemanden einordneten, der »[...], die weißen Manieren seines Herrn verspottet, selbst dann, wenn er sich bemüht, die weiße Kultiviertheit nachzuäffen« (HALL 2000: 160). So lebt Nobody zwischen den Kulturen, authentisch nur in seinem Status als Exot, was auch in einer Einstellung deutlich wird, in der sich Nobody William Blakes Hut und Brille aufsetzt. Nobody nimmt damit oberflächlich die Identität eines Weißen an, kann diese Identität allerdings nicht überzeugend darstellen, da seine traditionelle Stammeskleidung sowie seine Körperhaltung und Mimik diesen ›weißen‹ Attributen widersprechen. Unterhalb dieser oberflächlichen Wahrnehmung ist Nobody vielleicht aber ›weißer‹ als William Blake. Dieser kann zwar lesen und schreiben, jedoch erschöpft sich seine Bildung in Geschäftskorrespondenz und Werbebroschüren, wohingegen Nobody während seiner Zeit in England die Poesie des Dichters William Blake kennen- und schätzengelernt hat. Sein Gefährte William Blake kennt seinen Namensvetter nicht einmal.

In der Figur Nobodys wird deutlich, dass Kulturen nicht essenzialistisch sind, dass sie keine homogene Einheit bilden. Vielmehr durchdringen sich Kulturen gegenseitig und produzieren hierbei unvorhersehbare Effekte. Diese kulturelle Hybridität erfährt auch William Blake im Verlauf des Films sowohl in Bezug auf Aspekte der eigenen ›weißen‹ Kultur, die ihm bisher unbekannt waren, als auch in Bezug auf die für ihn fremde indianische Kultur. Zunächst ein schüchterner Buchhalter, dem das Leben in der Wildnis vollkommen fremd ist, adaptiert er nach und nach den ihm anfänglich noch fremden, aber seiner eigenen Kultur zugehörigen Habitus eines Revolverhelden, der sich durch den geschickten Gebrauch seiner Waffe gegen Gegner zu verteidigen weiß.

Darüber hinaus wird er durch Nobody mit indianischer Kultur vertraut gemacht, auch wenn es immer wieder fundamentale Missverständnisse gibt. Eines dieser Missverständnisse greift der Film immer wieder auf: Während für Nobody Tabak ein wichtiger symbolischer Bestandteil seiner Kultur ist, hat Tabak für William Blake nur den Gebrauchswert einer Rauchware. So quittiert William Blake jede Nachfrage Nobodys, ob er etwas Tabak hätte, mit dem Hinweis: ›I don't smoke‹. Die Kulturen durchdringen sich zwar gegenseitig, doch bedeutet diese Hybridität kein vollständiges gegenseitiges Verstehen, da ein Individuum niemals alle Aspekte seiner eigenen Kultur in sich vereint und die eigene Kultur nicht einheitlich repräsentiert.[7] Ob und wie in diesem Zusammenhang noch von Authentizität gesprochen werden kann, bleibt offen. Doch auch

7   Dieses Identitätskonzept findet sich in Bezug auf geschlechtliche Identität (gender) bei Judith Butler präzisiert (vgl. BUTLER 1991, 1995).

Nobody, der bereits viele Aspekte ›weißer‹ Kultur kennengelernt hat, lernt noch dazu. Neu ist für ihn der Umgang mit Feuerwaffen, den Waffen den ›weißen Mannes‹. Feuert Nobody anfänglich eher unbeabsichtigt ein Gewehr ab und tötet dadurch einen Gegner, so lernt er im Verlauf des Films den gezielten Einsatz dieser Waffe. Gegen Ende schultert er das Gewehr wie selbstverständlich und im Showdown legt er gekonnt an und erschießt seinen Gegner – aber dieser auch ihn.

Jarmusch thematisiert neben den Unterschieden auch die Parallelen zwischen beiden Kulturen und entkräftet die Vorstellung vom Anderen als exotisch und von Grund auf verschieden. Immer wieder zeigt der Film offensichtliche Gemeinsamkeiten weißer und indianischer Kultur: Sowohl im Stadtbild der Industriestadt Machine als auch im Indianerdorf dominiert eine schlammige, eher ›unzivilisierte‹ Hauptstraße mit vielen Schlaglöchern. In beiden Siedlungen sind Tod und Verfall allgegenwärtig, man sieht Skelette und Särge, beide Kulturen sind schmutzig und depressiv. Auch die weißen Siedler verfügen nicht über das, was man als eine elaborierte Hochkultur oder zivilisierte Gesellschaft bezeichnen würde. Schließlich beauftragt John Dickinson, die Ikone weißer amerikanischer Kultur, die Killer auch, das Pferd, das William Blake ihm auf seiner Flucht gestohlen hat, zurückzubringen. Dies erstaunt, da es sich um einen Schecken, d.h. um kein reinrassiges Pferd handelt.

Mit *Dead Man* revidiert Jarmusch die Vorstellung vom Subjekt als weißem integeren Mann im Zentrum des Universums, vor dem die Welt zur Beherrschung ausgebreitet liegt (vgl. HALL 1999a: 402). William Blake ist männlich und weiß, jedoch kein Herrscher. Nobody ist Indianer und daher ›natürlicherweise‹ nicht zum Herrschen bestimmt. Der einzige weiße männliche Herrscher ist der Industrielle John Dickinson, der aber nicht integer, sondern korrupt ist und dem es an ethischen Werten jenseits der Steigerung seines Profits mangelt. Auf der Seite der Indianer demontiert Jarmusch den Mythos vom ›edlen Wilden‹. In einer Szene gegen Ende des Films, William Blake wurde bereits von Nobody in das Reservat gebracht, begaffen die Indianer William Blake als Fremden: ein Habitus, den Nobody aus seiner Zeit in weißer Gefangenschaft selbst erfahren hat, als er von Engländern begafft wurde.

Jarmusch zeigt die amerikanische Nation als heterogen und widersprüchlich – so, wie es Nationen in ihrer Selbstdarstellung zu vermeiden suchen (vgl. HALL 1999a: 421ff.). So dekonstruiert Jarmusch mit *Dead Man* die nationale Einheit und die nationalen Mythen, indem er ihre diskursiven Bedeutungen verschiebt und verkehrt. Diese Dekonstruktion der Einheit geschieht global nicht nur symbolisch, sondern auch materiell (vgl. ebd.: 424). Nach Hall verhalten sich die Tendenzen der Globalisierung ambivalent zueinander, niemals nur vereinheitlichend oder nur hybridisierend (vgl. ebd.: 439). Dieser Tatsache trägt auch *Dead Man* Rechnung: Westernmythen versagen im Angesicht hybrider Identitäten, obwohl versucht wird, die Mythen am Leben zu erhalten. Einerseits ist z. B. die Figur des John Dickinson sehr mächtig: Ihm gehört die Stadt Machine, die ohne seine Industrie nicht existieren würde. Er wird als Präsident Roosevelt, den Mythen zum unerschrockenen Bärenjäger stilisieren, und Prototyp des tyrannischen Monopolkapitalisten inszeniert. Andererseits ist er sentimental und nicht so ›weiß‹, wie er sich darstellt, denn er hängt an seinem Schecken. Auch gelingt es ihm nicht, William Blake zu fassen oder seinen Schecken wiederzubekommen. Obwohl er durch seinen Reichtum eine Unzahl an Mitteln zur Verfügung hat, wird er durch einen erfahrenen Indianer überlistet, sodass die Strategien des Mächtigen vor den Taktiken des Marginalisierten versagen. Dennoch sind diese Westernmythen mächtige Mythen, denn sie haben die Hauptprotagonisten erst erzeugt: William Blake erlebt als Arbeitsloser die Kehrseite des amerikanischen Traums, Nobody wird durch Kolonialherren nach Europa verschleppt und in seiner Identität fragmentiert. So bestätigt Jarmusch Halls These über die Effekte der Globalisierung: »Heute scheint die Globalisierung weder einfach den Triumph des Globalen zu erzeugen noch die Beharrung in älteren nationalistischen Formen des Lokalen. Die Verschiebungen und Zerstreuungen der Globalisierung erwiesen sich als verschiedenartiger und widersprüchlicher, als alle ihre Verteidiger oder Gegner erwartet hatten. Dies läßt auch erwarten, daß die Globalisierung sich als Teil der langsamen und ungleichen, doch andauernden Geschichte der Dezentrierung des Westens erweisen wird, obwohl sie auf vielfache Weise erst durch den Westen ihre Macht erlangte« (HALL 1999a: 439).

4.   *Fazit*

Die Voraussetzung für einen Film, populär zu sein, ist, seinen Rezipientinnen und Rezipienten zunächst Vergnügen zu bereiten, weshalb er auf der Ebene des Affektiven ansetzen muss (vgl. GROSSBERG 1999a). Nur so kann das eigensinnige und widerständige Potenzial der Populärkultur genutzt werden, um in kulturellen Formationen und Allianzen über das Wirken dominant-hegemonialer Macht zu reflektieren und deren Effekte möglicherweise in andere Sinnhorizonte zu verschieben und umzudeuten, was zur Ermächtigung der Rezipientinnen und Rezipienten führen kann (vgl. ebd.: 234). Da gerade die Gegenstände der Populärkultur äußerst polysem strukturiert sind, lassen sie niemals nur eine einzige gültige Interpretationsmöglichkeit zu – es konkurrieren dominante mit widerständigen Diskursen (vgl. HALL 1999b; FISKE 1999).

Vor allem der Genrefilm stellt diese affektiven Ressourcen zur Verfügung. Ein Genre funktioniert wesentlich aus dem Grund, dass seine Fans Vergnügen daran haben, einerseits ihre Erwartungen erfüllt zu sehen, andererseits aber auch Erweiterungen und Überschreitungen des bisher Bekannten implizit erwarten, weil ein Genre nur so dauerhaft Vergnügen bereiten kann. In diesem speziellen Spannungsverhältnis aus Bekanntem und Neuem nimmt die Genreparodie eine Sonderrolle ein, indem sie durch Überzeichnung bestimmter Genrestereotypen die Konstruiertheit der Strukturen eines Genres bewusst macht. Diese Einsichten in den Konstruktionscharakter bestimmter Figuren oder Erzählstrukturen eines Genres können auch auf die eigene soziale Situation übertragen werden, da zwischen Genre und Gesellschaft ein enger Zusammenhang besteht. Mit Blick auf kulturelle Identitäten stellt Jim Jarmuschs *Dead Man* diesen Zusammenhang zwischen Genre und Gesellschaft her und entlarvt den Konstruktions- und Erzählungscharakter kultureller Identitäten durch Mittel der Parodie. Die Figuren dieses Films entsprechen nur oberflächlich betrachtet den Konventionen klassischer Western, denn bei näherem Hinsehen offenbaren sie alsbald widersprüchliche Aspekte ihrer Identität.

Doch sind es nicht nur diese widersprüchlichen Aspekte einer jeden Identität, die in *Dead Man* verhandelt werden. Gerade der Western bietet sich durch seine Symbolsprache, die auf einer westlich und weiß geprägten hegemonialen Kultur beruht, an, in seiner Parodie die für die westliche Welt zentralen, weitgehend homogenen Identitätskonzepte der Moderne zu dekonstruieren. Insbesondere die Vorstellung einer Welt, die vor einem universalen männlichen, weißen und integerem Subjekt zur Eroberung ausgebreitet liegt, wird in kulturkritischer Hinsicht nicht nur bei Stuart Hall problematisiert (vgl. HALL 1999a). Auch Jim Jarmusch gelingt es, im Medium Film diese essenzialistische Position zu widerlegen und nicht nur den Westen, sondern auch den Western zu dezentrieren.

Lawrence Grossberg fordert im Sinne Antonio Gramscis für die Cultural Studies »[...], mehr zu wissen als die andere Seite« und »[...], dieses Wissen zu teilen« (GROSSBERG 1999b: 78). Das Teilen des Wissens jedoch ist oft ein großes Problem, da um mehr zu wissen als die andere Seite, ein akademisches Vokabular notwendig ist, dessen Beherrschung nicht allgemein vorausgesetzt werden kann. Jim Jarmusch transferiert mit *Dead Man* ein intellektuell hoch anspruchsvolles Thema durch das Element des Vergnügens aus akademischen Zirkeln in die Populärkultur, ohne jedoch an Komplexität einzubüßen oder gar simplifizierend zu verfahren. Vielleicht liegt gerade in der Ermangelung einer kleinsten semiotischen Einheit (vgl. METZ 1995; LOTMAN 1977) ein großer Vorteil der Filmsprache: Das Vermögen, durch Bilder und ihre Montage komplexe Sachverhalte verhältnismäßig leicht zugänglich zu machen, ohne sie jedoch ihrer Ambivalenzen und inneren Widersprüche zu berauben.

Literatur

BALÁSZ, B.: Der sichtbare Mensch. In: ALBERSMEIER, F.-J. (Hrsg.): *Texte zur Theorie des Films*. Stuttgart [Reclam] 1995, S. 227-236

BHABHA, H. K.: *Die Verortung der Kultur*. Tübingen [Stauffenburg] 2000

BUTLER, J.: *Das Unbehagen der Geschlechter*. Frankfurt/M. [Suhrkamp] 1991

BUTLER, J.: *Körper von Gewicht*. Berlin [Berlin Verlag] 1995

CLIFFORD, J.: Kulturen auf der Reise. In: HÖRNING, K. H.; R. WINTER (Hrsg.): *Widerspenstige Kulturen. Cultural Studies als Herausforderung*. Frankfurt/M. [Suhrkamp] 1999, S. 476-513

DE CERTEAU, M.: Die Kunst des Handelns: Gehen in der Stadt. In: HÖRNING, K. H.; R. WINTER (Hrsg.): *Widerspenstige Kulturen. Cultural Studies als Herausforderung*. Frankfurt/M. [Suhrkamp] 1999, S. 264-291

FISKE, J.: *Media Matters. Everyday Culture and Political Change*. Minnesota [University of Minnesota Press] 1994

FISKE, J.: Populäre Texte, Sprache und Alltagskultur. In: HEPP, A.; R. WINTER (Hrsg.): *Kultur, Medien, Macht. Cultural Studies und Medienanalyse*. Opladen [Westdeutscher Verlag] 1999, S. 65-84

FOUCAULT, M.: *Von der Subversion des Wissens*. München [Hanser] 1974

FOUCAULT, M.: *Überwachen und Strafen. Die Geburt des Gefängnisses*. Frankfurt/M. [Suhrkamp] 1977

FOUCAULT, M.: *Was ist Kritik?* Berlin [Merve] 1992

GROSSBERG, L.: Zur Verortung der Populärkultur. In: BROMLEY, R.; U. GÖTTLICH; C. WINTER (Hrsg.): *Cultural Studies. Grundlagentexte zur Einführung*. Lüneburg [zu Klampen] 1999a, S. 215-236

GROSSBERG, L.: Was sind Cultural Studies? In: HÖRNING, K. H.; R. WINTER (Hrsg.): *Widerspenstige Kulturen. Cultural Studies als Herausforderung*. Frankfurt/M. [Suhrkamp] 1999b, S. 43-83

HALL, S.: Kulturelle Identität und Globalisierung. In: HÖRNING, K. H.; R. WINTER (Hrsg.): *Widerspenstige Kulturen. Cultural Studies als Herausforderung*. Frankfurt/M. [Suhrkamp] 1999a, S. 393-441

HALL, S.: Kodieren/Dekodieren. In: BROMLEY, R.; U. GÖTTLICH; C. WINTER (Hrsg.): *Cultural Studies. Grundlagentexte zur Einführung*. Lüneburg [zu Klampen] 1999b, S. 92-110

HALL, S.: Die Konstruktion von ›Rasse‹ in den Medien. In: Ders.: *Ideologie, Kultur, Rassismus. Ausgewählte Schriften 1*. 3. Aufl. Hamburg [Argument] 2000, S. 150-171

HEPP, A.; R. WINTER (Hrsg.): *Kultur – Medien – Macht. Cultural Studies und Medienanalyse*. Opladen [Westdeutscher Verlag] 1999

HORKHEIMER, M.; T. W. ADORNO: *Dialektik der Aufklärung. Philosophische Fragmente*. Frankfurt/M. [S. Fischer] 1998

LOTMAN, J. M.: *Probleme der Kinoästhetik. Einführung in die Semiotik des Films*. Frankfurt/M. [Syndikat] 1977

METZ, C.: Probleme der Denotation im Spielfilm. In: ALBERSMEIER, F. J. (Hrsg.): *Texte zur Theorie des Films*. Stuttgart [Reclam] 1995, S. 324-373

MORLEY, D.: Wo das Globale das Lokale trifft. Zur Politik des Alltags. In: HÖRNING, K. H.; R. WINTER (Hrsg.): *Widerspenstige Kulturen. Cultural Studies als Herausforderung*. Frankfurt/M. [Suhrkamp] 1999, S. 442-475

RAUSCH, S.: Männer darstellen/herstellen. Gendered Action in James Camerons Terminator 2. In: LIEBRAND, C.; I. STEINER (Hrsg.): *Hollywood hybrid. Genre und Gender im zeitgenössischen Mainstream-Film*. Marburg [Schüren] 2004, S. 234-263

SEESSLEN, G.: *Western. Geschichte und Mythologie des Westernfilms*. Marburg [Schüren] 1995

WINTER, R.: *Filmsoziologie. Eine Einführung in das Verhältnis von Film, Kultur und Gesellschaft*. München [Quintessenz] 1992

WINTER, R.: *Der produktive Zuschauer. Medienaneignung als kultureller und ästhetischer Prozeß*. München [Quintessenz] 1995

Filmverzeichnis

JARMUSCH, J.: *Dead Man*. USA/D [Pandora Film, JVC, Newmarket, L. P., 12 Gauge] 1995

ROMERO, G.A.: *Night of the Living Dead*. USA [Image Ten, Laurel, Market Square Productions] 1968

Autorinnen und Autoren

BLOTHNER, DIRK, Jg. 1949, Dr., Studium der Psychologie in Köln. 1990 Habilitation in Psychologie an der Uni Köln. Dort seit 1996 apl. Professor für Psychologie. Lehranalytiker (DGPT) für Psychoanalyse. Vorsitzender der Gesellschaft für Psychologische Morphologie e.V. (GPM). Zahlreiche empirische Forschungsarbeiten zu Film- und Fernsehwirkung. Weiterbildungsseminare für TV-Redakteure, Drehbuchautoren, Script Consultants und Filmproduzenten. Als Scriptanalytiker beteiligt an der Entwicklung mehrerer, auch internationaler Filmstoffe. Seit 4 Jahren wirkungsanalytische Auswertung des GfK-Panels der FFA. Veröffentlichungen: *Der glückliche Augenblick* (Bonn 1993); *Erlebniswelt Kino – Über die unbewußte Wirkung des Films* (Bergisch Gladbach 1999); *Das geheime Drehbuch des Lebens – Kino als Spiegel der menschlichen Seele* (2003).

ENGELL, LORENZ, Jg. 1959, Dr., Studium der Theater-, Film- und Fernsehwissenschaft, Romanistik, Kunstgeschichte in Köln 1977-1982, Habilitation Köln 1993, Professor für Wahrnehmungslehre und Mediengeschichte Weimar 1993, Gründungsdekan der Fakultät Medien d. Bauhaus-Universität 1996-2000, Prof. f. Medien-Philosophie Weimar seit 2001; wichtigste Arbeiten: *Vom Widerspruch zur Langeweile. Logische und temporale Begründungen des Fernsehens* (1989); *Der gedachte Krieg. Wissen und Welt der Globalstrategie* (1989); *Sinn und Industrie. Einführung in die Filmgeschichte* (1992); *Das Gespenst der Simulation* (1994); *Bewegen beschreiben. Theorie zur Filmgeschichte* (1995); *Ausfahrt nach Babylon. Vorträge und Essais zur Kritik der Medienkultur* (2000); *Bilder des Wandels* (2003); Mitherausgaben u.a.: *Der Film bei Deleuze /Le cinéma selon Deleuze* (zus. m. O. Fahle, 1997); *Das Gesicht der Welt. Medien in der Digitalen Kultur* (zus. m. B. Neitzel, 2004); *Jahrbuch »Archiv für Mediengeschichte«* (mit B. Siegert und J. Vogl, seit 2001) und das *Kursbuch Medienkultur* (1999, zus. m. J. Vogl u.a.).

GANZ-BLÄTTLER, URSULA, Jg. 1958, Dr., unterrichtet Fernsehkommunikation als Assistenzprofessorin an der Università della Svizzera Italiana in
Lugano. Studium der Allgemeinen Geschichte, Publizistik- und Kunstgeschichte an der Universität Zürich, Doktorat zu den spätmittelalterlichen
Reiseberichten von Pilgern nach Jerusalem und Santiago de Compostela.
Redaktorin der Film- und Medienzeitschrift ZOOM in Zürich. 1993 Beginn
eines Habilitationsprojekts zu US-amerikanischen Fernsehserien der
1980er- und 1990er-Jahre. Publikationen im Bereich der Populärkultur,
insbesondere zu Fernsehfiktionen.

HIPFL, BRIGITTE, Dr., Studium der Psychologie und Pädagogik an der
Universität Graz, Habilitation in Medienwissenschaft an der Universität Klagenfurt, ao. Universitäts-Professorin am Institut für Medien- und
Kommunikationswissenschaft der Universität Klagenfurt. Forscht und
lehrt in den Bereichen Cultural Studies, Medien- und Rezeptionsforschung, Identitätsformationen, Medien und Geschlecht. Publikationen:
Suendiger Genuss? Filmerfahrungen von Frauen (1995, gem. hg. mit Frigga
Haug); *Bewegte Identitaeten. Medien in transkulturellen Kontexten* (2001, gem.
hg. mit Brigitta Busch und Kevin Robins); *Identitaetsraeume. Nation, Körper
und Geschlecht in den Medien. Eine Topografie* (2004, gem. hg. mit Elisabeth
Klaus und Uta Scheer); *Media Communities* (in Dr., hrsg. mit Theo Hug).

JOGSCHIES, RAINER B., Dr., Diplom-Politologe mit dem Schwerpunkt
Vergleichende Regierungslehre; arbeitet als freiberuflicher Publizist seit
1979 in Hamburg. Neben (Sach-)Büchern und Belletristik schrieb und
inszenierte er Fernsehfilme; 1992 erhielt er den *Glashaus*-Preis für sein
medienkritisches Fernsehspiel *Vier Wände* (NDR). Zuletzt veröffentlichte
er den Essay *Blitzkrieg gegen sich selbst: Die Non-Stop-Gesellschaft* (Berlin
Oktober 2004) und die Satire *Der Buchmesser – Kurze Erzählung vom Ende
des Erzählens* (Berlin 2004). Demnächst erscheint seine Medienkritik am
Diktum von der Ökonomie der Aufmerksamkeit« und zur vorgeblichen
»Gobalisierung der Medien« als Plädoyer für einen anderen, subjektiven
Journalismus *Nirwana der Nichtse. Ortskunde* (Berlin 2005).

KEPPLER, ANGELA, Dr.; Studium der Ethnologie, Germanistik, Soziologie
und Politikwissenschaft in Heidelberg und Konstanz. 1997 Professorin
für Kommunikationswissenschaft an der TU Dresden, seit 2001 Professorin für Medien- und Kommunikationswissenschaft an der Universität

Mannheim. Veröffentlichungen: *Tischgespräche. Über Formen kommunikativer Vergemeinschaftung am Beispiel der Konversation in Familien*, Frankfurt/M. 1994; *Wirklicher als die Wirklichkeit? Das neue Realitätsprinzip der Fernsehunterhaltung*, Frankfurt/M. 1994; *Verschränkte Gegenwarten*. Medien- und Kommunikationsforschung als Untersuchung kultureller Transformationen, in: *Soziologische Revue*, Sonderheft 5, München 2000, S. 140-152; *Mediales Produkt und sozialer Gebrauch*. Stichworte zu einer inklusiven Medienforschung, in: Sutter, T./Charlton, M. (Hrsg.), *Massenkommunikation, Interaktion und soziales Handeln*, Opladen 2001, S. 125-145; *Für eine Ästhetik des Fernsehens*, in: *Zeitschrift für Ästhetik und Allgemeine Kunstwissenschaft*, H.48/2, Hamburg 2003, S. 285-296; *Die Gegenwart des Fernsehens. Theoretische Grundlagen und ästhetische Analysen* (im Erscheinen).

LENZ, KARL, Jg. 1955; Dr., Studium der Soziologie, Sozial- und Wirtschaftsgeschichte und Psychologie an der Ludwig-Maximilians-Universität München; 1981-1985 Wissenschaftlicher Mitarbeiter an der Universität Regensburg; 1985 Promotion; 1985-1991 wissenschaftlicher Assistent an der Universität Regensburg; 1992 Habilitation; 1992 Oberassistent an der Universität Regensburg; Wintersemester 1992/93: Vertretung an der TU Dresden; seit 1993 Professor für Mikrosoziologie an der TU Dresden. Forschungsschwerpunkte: Soziologie persönlicher Beziehungen; Soziologie der Geschlechter; Biographie- und Lebenslaufforschung; Interaktion und Kommunikation sowie Qualitative Sozialforschung. Ausgewählte Publikationen: zusammen mit H. Funk (als Hrsg.): *Sexualitäten. Diskurse und Handlungsmuster*. Weinheim 2005; zusammen mit W. Schelfold und W. Schröer: *Entgrenzte Lebensbewältigung*. Weinheim 2004; *Soziologie der Zweierbeziehung. Eine Einführung*. 2. aktualisierte Aufl., Opladen 2003; (als Hrsg.): *Frauen und Männer. Zur Geschlechtstypik persönlicher Beziehungen*. Weinheim/München 2003; zusammen mit L. Böhnisch als Hrsg.: *Familien. Eine interdisziplinäre Einführung*. 2. Aufl. Weinheim 1999.

MAI, MANFRED, Jg. 1953, Dr., Studium der Sozialwissenschaften und Germanistik in Berlin, Zürich und Marburg. 1998 Habilitation an der Uni Münster. 1998-2003 Vertretung einer Professur für Politikwissenschaft an der Universität Essen. 2004 apl. Professor an der Universität Duisburg-Essen. Mehrjährige Berufspraxis in der Landesregierung Nordrhein-Westfalen (u.a. als Leiter des Referats »Medienwirtschaft« in der Staatskanzlei). Veröffentlichungen: *Von den Neuen Medien zu Multimedia* (hrsg. mit Klaus Neumann-Braun), Baden-Baden 1999; *Popvisionen* (hrsg. mit Klaus Neumann-Braun), Frankfurt/M. 2002.

MIKOS, LOTHAR, Jg. 1954, Dr. phil. habil., Dipl.-Soz., seit 1999 Professor für Fernsehwissenschaft an der Hochschule für Film und Fernsehen »Konrad Wolf« in Potsdam-Babelsberg; 2004 Gastprofessor für Audience Studies an der University of Westminster, London. Letzte Buchveröffentlichung: *Film- und Fernsehanalyse.* Konstanz 2003; ›Big Brother‹ as Television Text: Frames of Interpretation and Reception in Germany. In: Ernest Mathijs/Janet Jones (Hrsg.): *›Big Brother‹ International. Formats, Critics & Publics.* London/New York 2004.

NESTLER, SEBASTIAN, Jg. 1975, M.A., ist wissenschaftlicher Mitarbeiter am Institut für Soziologie der RWTH Aachen. Lehr- und Forschungsschwerpunkte sind Cultural Studies, die Machtanalysen Foucaults und ihre Bedeutung hinsichtlich Gouvernementalität und Populärkultur sowie Kultur- und Mediensoziologie mit besonderer Schwerpunktsetzung auf Film. Dissertation zu Fragestellungen der Performanz und Kritik in einer nachmodernen ethnographischen Sozialforschung.

SANDERS, OLAF, Jg. 1967, Dr., Studium der Erziehungswissenschaft und Philosophie. Promotion und Assistenz an der Universität Hamburg. Zurzeit Studienrat im Hochschuldienst an der Universität zu Köln. Veröffentlichungen zu Bildungsphilosophie, Cultural Studies und Medienpädagogik, u.a.: *Romantik, Zerstörung, Pop* (Opladen 2000); gemeinsam mit Werner Friedrich (Hrsg.): *Bildung / Transformation* (Bielefeld 2002) und gemeinsam mit Andrea Liesner (Hrsg.): *Bildung der Universität* (Bielefeld 2004). Beiträge zu Deleuze zuletzt in: Ludwig Pongratz u.a. (Hrsg.): *Nach Foucault* (Verlag für Sozialwissenschaften: Wiesbaden 2004) und Dies.: *Kritik der Pädagogik – Pädagogik als Kritik* (Opladen 2004).

WIEMKER, MARKUS, Studium der Soziologie, Psychologie und Philosophie mit dem Schwerpunkt Medien an der RWTH Aachen. 1998 veröffentlichte er seine Magisterarbeit mit dem Titel *Trust No Reality. Eine soziologische Analyse der X-Files.* Er arbeitete als wissenschaftlicher Mitarbeiter an den Universitäten Chemnitz, Mannheim und Klagenfurt in den Bereichen Mediennutzung, Medien- und Kommunikationswissenschaft und Medienpädagogik. Im Moment schließt er sein Promotionsvorhaben zur Realitätskonstruktion in den Medien ab und untersucht den gesellschaftlichen Einfluss digitaler Spiele. Seit 2005 ist er wissenschaftlicher Lektoran der Fachhochschule St. Pölten (Österreich).

WINTER, RAINER, Jg. 1960, studierte Soziologie, Philosophie und Psychologie (Dipl.-Psychologe, M.A., Dr. phil. habil.), seit 2002 Professor für Medien- und Kulturtheorie an der Alpen-Adria-Universität Klagenfurt, Mitglied im Sprecherrat der Sektion Medien- und Kommunikationssoziologie der DGS. Wichtige Veröffentlichungen: *Filmsoziologie. Eine Einführung in das Verhältnis von Film, Kultur und Gesellschaft* (1992, München); *Der produktive Zuschauer. Medienaneignung als kultureller und ästhetischer Prozeß* (1995, München) und *Die Kunst des Eigensinns. Cultural Studies als Kritik der Macht* (2001, Weilerswist).

ZIOB, BRIGITTE, Diplom-Psychologin und Psychoanalytikerin DPV/IPV in Düsseldorf. Arbeitet in eigener psychotherapeutischer Praxis und in der Weiterbildung.

Sach- und Personenregister

Die Titel aller Medientexte sind hervorgehoben. Handelt es sich nicht um einen Kino- oder Fernsehfilm, so ist dies gesondert gekennzeichnet. Der Eintrag von Kino- und Fernsehfilmen wurde mit Informationen zum Entstehungsland, dem Jahr der Erstaufführung, dem Verweistitel (in [ ]), dem Namen des Regisseurs sowie dem Originaltitel ergänzt.